B. Traven
Werkausgabe
Band 12

B. Traven

Ein General kommt aus dem Dschungel

Roman

Eine Edition der
Büchergilde Gutenberg
im Diogenes Verlag

Werkausgabe B. Traven in Einzelbänden
Herausgegeben von Edgar Päßler

Veröffentlicht als Diogenes Taschenbuch, 1983

Büchergilde Gutenberg, Frankfurt am Main
80/83/36/1
ISBN 3 257 21109 0

Erstes Kapitel

I

›*Tierra y Libertad!*‹ Mit diesem Kriegsruf marschierte ein Heer von Indianern aus dem Dschungel im Süden der Republik hinaus, die Diktatur zu stürzen und Land und Freiheit für sich zu erobern. Schlicht und kurz, wie dieser Kriegsruf auch war, für die Marschierenden klang er gleich einem Heldenlied.

Was sie in ihrer Gedrücktheit und in ihrer bemitleidenswerten Unwissenheit an Poesie empfanden, an Sehnsucht nach Schönheit, an Wunsch nach Frieden, an Liebe zu Menschen und Geschöpfen, an natürlichem Glauben an eine unerschütterliche Gerechtigkeit, die irgendwo zu finden sein mußte, sowie was sie an tiefer Trauer fühlten um Kameraden, die schmählich ermordet oder bestialisch zu Tode gemartert worden waren, alles das, und vieles mehr, was, ihnen unbewußt, in ihnen schlummerte, vermochten sie in jenem Kriegsschrei auszudrücken. Auch wenn sie, als geschlossene Masse, von einem und demselben Willen getrieben, ihre geballten Fäuste mit einem Ruck hochstreckten, als wollten sie Gott aufmuntern, ihrer nicht zu vergessen, und sie dabei gleichzeitig wie mit einer vereinten Stimme ihren Schrei in das Weltall hinausbrüllten, daß es ertönte, als brandete eine mächtige Woge des Meeres gegen die Felsen, so fühlte dennoch ein jeder einzelne in der Menge seinen eigenen Ruf deutlich heraus, denn er fühlte ihn in seiner Seele, als wäre er sein ureigenes, sein urpersönliches Gebet.

Volkslieder, wohlklingende Reime, politische und patriotische Phrasen verlieren sofort Sinn und Bedeutung und offenbaren ihre Hohlheit im selben Augenblick, wenn sie nüchtern untersucht und folgerichtig durchdacht werden. Und es mochte wohl geschehen, daß auch dieser Kriegsruf rebellierender Indianer, wenn unbefangen untersucht, sich aufgelöst haben würde in bedeutungslose Worte.

Als ihre Leiden, ihre Peinigungen, ihre Entbehrungen, ihre Wehrlosigkeit gegenüber den Herrschern im Dschungel, den Caobakonzessionären und deren Vasallen, so unerträglich geworden wa-

ren, daß sie, und merkwürdigerweise alle beinahe zur selben Zeit und gleichzeitig in den fernsten Regionen der tropischen Urwälder, zur Erkenntnis gelangten, es sei besser und menschenwürdiger, in einem Aufstande zugrunde zu gehen, als noch länger unter solchen Demütigungen und Qualen zu leben, da packten sie zu. Sie packten fest und entschieden zu, um endlich ein Ende herbeizuführen, sei es ein Ende mit ihrem eigenen Leben oder ein Ende mit dem Leben ihrer Tyrannen.
Trotz ihrer Leiden und Demütigungen hatte sich in ihnen noch ein Schimmer von Verständnis für ihre bittere Lage erhalten. Angesichts der Vögel im Dschungel, und selbst der Millionen von Insekten, die alle, in Freiheit und Lebensfreude, kamen und gingen, wie es ihnen zu Sinn war, verloren sie niemals das Gefühl der Sehnsucht nach Freiheit.
Furchtsam, zaghaft, unsicher zuerst; kräftig und entschieden gleich darauf, hatten sie sich endlich zur Rebellion entschlossen. Einmal begonnen, verlief alles viel schneller, als sie je geglaubt hatten, daß es geschehen könnte.
Die Besitzer, Verwalter und Aufseher in den Monterias, die infolge ihrer Macht und ihrer Grausamkeit mehr gefürchtet waren als selbst der allmächtige Gott, schrumpften in den ersten zwei Stunden des Aufstandes, sobald sie sahen, daß ihre Autorität selbst gegenüber den verschüchtertsten und verprügeltsten Ochsenjungen zerbrach, zu hilflosen, erbarmungswürdigen Puppen zusammen, die plötzlich vergessen zu haben schienen, wie zu sprechen, wie sich zu bewegen und wie mit Anstand ihren längst verdienten gerechten Lohn hinzunehmen.
In einem kurzen Kampfe wurden alle erschlagen, die nicht zu ihnen, den aufständischen Indianern, gehörten.
Hierbei erbeuteten die Rebellen einige Waffen. Es waren nicht viele. Etwa fünfundzwanzig Revolver, nicht alle gut. Jagdgewehre etwa zwölf. Einige davon unzuverlässig und völlig verrostet in dem ewig heißfeuchten Klima des Dschungels. Hinzu kamen noch einige leichte Vogelbüchsen und zehn alte spanische Vorderlader. Die erbeutete Munition, nicht viel, war sowenig gleichmäßig im Kaliber, wie es die Waffen waren.
Jedoch alle Muchachos trugen als vortreffliche Waffen Machetes,

Buschmesser, Äxte und Beile. Mit diesen Waffen vermochten sie, die mit diesen Machetes und Äxten täglich den Dschungel zu bekämpfen gezwungen gewesen waren, besser und geschickter umzugehen als mit Repetiergewehren.
Gegenüber den modern bewaffneten Federal-Truppen und den Truppen der Rurales, konnten die aufständischen Caoba-Arbeiter des Dschungels freilich von einer Bewaffnung nicht reden. Den regulären Truppen gegenüber mußten ihr Mut, ihr Haß, ihre wilde Wut gegen ihre Unterdrücker ersetzen, was ihnen an Waffen fehlte. Das wußte ein jeder von ihnen. Und jeder betrachtete diesen Haß und diese Wut von größerem Kampfwert als einen Überfluß an Munition.

2

Unter der Diktatur war, außer dem Diktator, El Caudillo, niemand mehr gefürchtet, aber auch niemand mehr gehaßt, als die Rurales.
Die Rurales waren eine berittene Staats- und Landpolizei, die besondere Waffe des Diktators, der zuweilen der Offiziere der Federal-Armee nicht völlig sicher war. Die Rurales, besonders gefürchtet von meuternden und streikenden Arbeitern, waren eine auserlesene Truppe von Männern und Burschen, vorzüglich bewaffnet, vorzüglich gedrillt, gut verpflegt und gut gelöhnt. Hunderte von jungen Männern wurden in die Truppe eingereiht, besonders ihrer sadistischen Instinkte wegen. Für die Handlungen und Taten, Verhaftungen und Hinrichtungen, verübt von den Rurales, waren ihre Offiziere keinem Richter, sondern nur El Caudillo, dem Diktator selbst, verantwortlich. Sie waren das Instrument des Schreckens, mit dessen Hilfe El Caudillo jede, auch die winzigste Auflehnung oder Kritik gegen seine Herrschaft erbarmungslos und mitleidlos unterdrückte. Wenn, wie es in mehreren Streiks der Textilarbeiter sich ereignete, die Offiziere der Armee sich weigerten, nach Unterdrückung des Streiks ein bestialisches Abschlachten unter den nun gedemütigten und besiegten Arbeitern und Arbeiterinnen vorzunehmen, wie ihnen von El Caudillo befohlen war, so wurde ein Trupp Rurales in Eilmärschen in die Region geschickt. Und was die Offiziere der Armee sich geweigert

hatten zu tun, führten die Rurales nun aus, und sie führten es mit einer solchen Bestialität aus, daß sie bei dem allgemeinen Abschlachten niemanden schonten, der das Unglück hatte, sich in jenem Fabrikarbeiter-Dorf oder in jenem Stadtteil zu befinden, der von den Rurales umzingelt worden war. Arbeiter und Nichtarbeiter, Frauen, Kinder, Greise, Kranke, kein Unterschied wurde gemacht. Und das geschah nicht während eines Streiks, sondern geschah Tage, ja oft zwei Wochen nach Beendigung des Streiks, wenn die Arbeiter in die Fabriken zurückgekehrt waren und der Ort sich in völliger Ruhe befand. Es war das Straf- und Rachegericht, das der Diktator anordnete als eine Warnung an alle, die mit ihm nicht übereinstimmten hinsichtlich der Vorzüge des goldenen und glorreichen Zeitalters, das er, El Caudillo, dem Volke gebracht hatte.

Einem halben Bataillon dieser Rurales auf ihrem Marsch zu begegnen, mußte, nach jeglichem gesunden Urteil eines jeden vernünftigen Mannes, den sicheren Untergang der Schar aufständischer Dschungel-Arbeiter bedeuten, und mit deren Vernichtung das rasche Ende der Revolution in den Regionen des Dschungels.

3

Wenngleich der Kriegsruf der Muchachos, die sich aufgemacht hatten, den Diktator zu stürzen, klar und deutlich schien, wenn er voller Begeisterung hinausgeschrien wurde, so wären alle Leute wortkarg geworden, hätte sie jemand darum befragt, was sie sich eigentlich denn nun unter Erde und Freiheit dachten, um die zu kämpfen sie sich entschlossen hatten.

Jeder einzelne von ihnen trug in sich eine andere, rein individuelle Idee von Tierra y Libertad. Denn für jeden von ihnen bedeutete Erde und Freiheit etwas anderes, je nach seinen Wünschen, Sorgen, Verhältnissen, Hoffnungen.

Manche, die für eigene Schulden, oder für Schulden ihres Vaters, oder für nichtbezahlte Polizeistrafen oder Gerichtsstrafen oder als Bürge für zahlungsunfähige Verwandte, die gestorben waren, als Kontrakt-Arbeiter in die Monterias verkauft worden waren, besaßen in ihrem Heimatdorf ein Stückchen eigenes Land, das sie liebten und für kein anderes erobertes Land vertauschen würden,

auch wenn es besser und reicher sein sollte. Für diese Leute hatte der Schlachtruf scheinbar keine Bedeutung, weil sie bereits Erde besaßen. Aber sie zu bebauen und die Erzeugnisse ihrer Arbeit in Frieden und Ruhe zu genießen, dafür fehlte es ihnen an Freiheit.
Und es fehlte ihnen an Freiheit gegenüber den Tausenden von korrupten Beamten aller Art, großen und kleinen, herangezüchtet von der Diktatur zu ihrem Schutz und ihrer Erhaltung, die gemästet werden mußten, um El Caudillo nicht gefährlich zu werden. Kein Richter verurteilte sie. Geschah es, daß ihre Handlungen gar zu sehr zu stinken begannen, dann wurden sie entschuldigt, daß sie aus Übereifer im Interesse des Staatswohls und aus Hingabe für ihren angebeteten El Caudillo so gehandelt hätten.
Wer immer von diesen Parasiten befreit wurde, durfte mit Recht sagen, daß er nun wisse, was Freiheit sei.
Für andere bedeutete Tierra y Libertad die ungehinderte Freiheit, zurückkehren zu können zu ihren Eltern, zu ihren Frauen, ihren Kindern, ihren Bräuten, ihren Freunden und Verwandten, ihren heimatlichen Dörfern.
Wieder andere sahen in Tierra y Libertad das einfache Recht, dort arbeiten zu dürfen, wo es ihnen gefiel, und für den, der sie gut behandelte, und für einen Lohn, den sie als gerecht anerkannten.
Für die Mehrzahl dieser indianischen Caoba-Arbeiter, die zu neunzig Prozent Leute der Landwirtschaft waren, verdichtete sich der Begriff Libertad zum schlichten klaren Wunsche, einfach in Ruhe gelassen zu werden von allem, was sich Regierung nannte, Staatswohl, Vaterlandsliebe, Produktionssteigerung, wirtschaftliche Ausdehnung, Eroberung der Märkte, Gehorsam, Pflichten ohne Rechte, geschmeidige Einfügung in das Volksganze, und was dieser gedankenlosen und sinnwidrigen Tugenden mehr waren, die unter der Diktatur herangepäppelt wurden, um das Hirn der Regierten zu verblöden und sie zu hindern, dorthin zu blicken, wo die Wurzeln aller Übel wucherten.
Wenn sie nach Libertad schrien, so hofften die Muchachos, daß sie, nach gewonnenem Kampfe um die Freiheit, ihr Leben führen möchten nach ihrer eigenen Weise, unbehelligt von Männern, denen sie kein Vertrauen schenken konnten, weil die von ihren Nöten und Sorgen nichts verstanden und sich keine Mühe gaben,

sie verstehen zu lernen, sondern nur immer und immer mit Zetteln kamen, die ausgefüllt und bezahlt werden mußten. Die Befreiten wollten die Erzeugnisse ihrer schweren Arbeit allein genießen; und sie wollten nicht von hundert Stellen aus dieser Erzeugnisse oder eines erheblichen Teiles ihrer Arbeit beraubt werden für Zwecke, die für sie keinen Sinn hatten und keinerlei Wert und lediglich dazu dienten, El Caudillo mehr Gelegenheit und Mittel zu geben, seine Herrschaft zu seinem goldenen Zeitalter aufzublähen.

Wie unklar aber auch im einzelnen die Begriffe Erde und Freiheit für die Rebellen sein mochten, so fühlten sie dennoch instinktiv richtig und völlig richtig, was sie wollten. Und was sie wollten, war, nicht mehr beherrscht, nicht mehr kommandiert zu werden. An den großen Kulturgütern der modernen Zivilisation teilzunehmen, wie es das Industrie-Proletariat zivilisierter Völker in seinen Programmen verlangt, ein solcher Wunsch war ihnen fremd. Sie hätten ein solches Verlangen nicht verstanden, hätte man selbst tagelang und wochenlang versucht, es ihnen klarzumachen. Sie wußten nichts von Demokratie, Sozialismus, Organisation. Und hätte gar jemand davon geredet, daß sie einen Sitz im Parlament oder im Kongreß der Nation verlangen sollten, so hätten sie den, der das riet, für einen Betrüger gehalten, der sie nur verwirren wollte, und sie würden zweifellos geantwortet haben: »Was kümmert uns Parlament und Kongreß, in Ruhe wollen wir gelassen werden, verflucht noch mal, das ist alles, was wir wollen, und nun raus mit euch, ihr Schwindler.«

4

Die unwürdige, schmähliche und grausame Behandlung, die sie und alle, die ihres sozialen Standes waren, in den langen Jahren der Diktatur zu erdulden gezwungen gewesen waren, hatte die Rebellen in ihrem Charakter von Grund auf und durch und durch verändert.

Aus friedliebenden Ackerbauern, Holzfällern, Kohlenbrennern, Töpfern, Deckenwebern, Hutflechtern, Korbmachern, Gerbern, Mattenwirkern, die kein anderes Lebensziel wünschten, als ungehindert arbeiten zu dürfen, ihr Land zu bebauen, ihr Vieh zu züchten, ihre Waren unbehelligt zu Markte zu bringen, eine Familie zu gründen, Kinder zu haben, gelegentlich ein Fest zu feiern, und einmal oder zweimal im Jahr zu den großen Ferias im Staate zu pilgern, und dann, alt geworden, in Ruhe und Frieden und im Kreise guter Freunde und Nachbarn sterben zu können, hatte es die Diktatur verstanden, diese Menschen in rachsüchtige, widerspenstige, ewig mißtrauische, streitsüchtige, heuchlerische, branntweingierige Wilde zu verwandeln. Darum, und nur darum, dachten diese Wilden, nachdem die Rebellion einmal begonnen hatte, an nichts anderes, als alles zu zerstören, dem sie nahe kamen, und jeden und alle mitleidlos zu vernichten, die Uniform trugen oder auch nur eine Uniformkappe auf dem Kopfe hatten, und alle die, die nach Stellung und Beruf von ihnen als ihre Peiniger und Unterdrücker angesehen werden mußten.

Wie unmündige Sklaven, die das Maul nur öffnen durften, wenn sie gefragt wurden, waren sie behandelt worden. Und gleich solchen Sklaven, deren Fesseln plötzlich zerrissen, benahmen sie sich nun.

Von Bestien mit menschlichen Gesichtern waren sie gefoltert, gepeitscht, gedemütigt, aufs Maul geschlagen worden. Und gleich Bestien gingen sie nun drauflos, das Land zu verwüsten und jeden zu erschlagen, der ihrer Klasse nicht zugehörte.

Wenn dann eines Tages alles zerstört und verwüstet sein wird, was El Caudillo mit ihrem Blut, mit ihrem Schweiß, mit ihrer Not, mit ihrem Kummer, mit ihren Tränen errichtet hatte, das goldene Zeitalter der Republik, dann würden sie, in ihrer Rache befriedigt, heimkehren, zurück zu ihren Wohnplätzen, Dörfern, Siedelungen und Hütten, und von nun an ein friedliches Leben nach ihrem Wunsche führen.

Es war vorauszusehen, daß die Pharisäer und Schriftgelehrten aller Länder in ihren Beschreibungen und Geschichtsforschungen alle Bestialitäten, die verübt wurden, auf Rechnung der Wilden setzen würden, die kein Verständnis für die große Zeit hatten, in der sie lebten.

Und es war gleichfalls vorauszusehen, daß die entthronten Tyrannen und deren Bewunderer hier und allerorten auf Erden, wenn alles vorüber war, der aufhorchenden Welt verkünden würden, es könne nun ein jeder sehen und verstehen, warum die Diktatur recht hatte, diese Wilden so zu behandeln, wie sie unter der Diktatur behandelt wurden, und warum die Diktatur, eine eiserne und mitleidlose Diktatur, die einzige Regierungsform sei, mit der man ein Volk, das aus Sklaven besteht und nichts als Sklavensinn habe, zu seinem eigenen Besten regieren müsse. Nieder mit der zersetzenden Demokratie! Viva die lebensfrische und verjüngende Diktatur!

5

Die Rebellenschar war nahezu sechshundert Mann stark.
Jeden Tag, während des Marsches durch den Dschungel, schlossen sich hier und da auf den Pfaden kleine Gruppen oder einzelne versprengte Leute an, die aus den fernsten Distrikten im Dschungel, wo sie gearbeitet hatten, desertiert waren, noch ehe die allgemeine Rebellion in allen Monterias begonnen hatte. Peones, die von ihren Fincas entflohen waren und in den Gebieten nahe dem Dschungel sich versteckt hielten, benutzten die Gelegenheit, sich dauernd aus ihrer Schuldsklaverei zu befreien, und sie zogen wohlgemut mit dem Heer, glücklich, die Rebellen getroffen zu haben, von denen einige unbestimmte und unklare Gerüchte in jene Regionen gelangt waren.
Auf dem schwierigen Marsch durch den großen Dschungel gingen viele verloren. Einige ertranken bei Flußüberschreitungen; einige versanken in Sümpfen und Morästen; andere wurden von schweren Fieberanfällen in vierundzwanzig Stunden hinweggerafft; mehrere wurden von Schlangen gebissen und von giftigen Insekten gestochen; wieder andere wurden von erschreckten Pferden oder Mules geschlagen, wenn sie auf schmalen Gebirgspfaden waren, und sie stürzten in die Abgründe. Dann waren mehrere, die starben an Wunden, die sie von ihrer Arbeit oder von Folterungen her noch an ihrem Körper trugen und die von ihren Kameraden nicht geheilt werden konnten. So wechselte die Zahl der Leute jeden Tag.
Im Trupp marschierten eine gute Anzahl von Frauen und Mädchen und wohl zwei Dutzend Kinder oder mehr, Familienangehörige der Arbeiter, die in die Monterias verkauft worden waren.

Diese Frauen und Kinder hatten ihre Männer, Väter, Brüder und Neffen nicht verlassen wollen und waren freiwillig mit ihnen in die Dschungel gezogen.

6

Das Heer wurde geführt von einem Burschen, einundzwanzig Jahre alt, der Juan Mendez hieß oder sich wenigstens so nannte, jedoch von allen Muchachos General genannt wurde.
Er hatte der kleinen Gruppe der Arbeiter angehört, die den Aufstand begonnen hatte. Da er eine militärische Ausbildung besaß, so war es ganz natürlich, daß ihm der Oberbefehl des Heeres anvertraut wurde.
Seiner Rasse nach war er Indianer der Huasteca, dem Anschein nach zu urteilen mit etwas spanischem Blut gemischt. Mit sechzehn Jahren war er als Freiwilliger in die Armee eingetreten. Hier brachte er es rasch, noch ehe er neunzehn Jahre alt geworden war, zum Sergeanten.
Er bewog seinen Lieblingsbruder, einige Jahre jünger als er, gleichfalls Soldat zu werden und in das gleiche Bataillon einzutreten. Der Junge beging im Dienst eine Nachlässigkeit ohne große Bedeutung. Unter gewöhnlichen Umständen würde eine solche Nachlässigkeit mit zwei Tagen Arrest oder einigen unangenehmen Extra-Wachen bestraft worden sein. Ein kameradschaftlich fühlender Leutnant würde den Jungen hundsgemein runtergerotzt haben, und der Vorfall wäre vergessen worden. Unter der Diktatur jedoch waren die Vorgesetzten, sowohl die der Federal-Armee und erst recht die der Rurales, mehr und mehr zu unfehlbaren Heiligen erhoben worden, die Gott auf Erden zu vertreten hatten. Der untergebene Soldat besaß seinen Vorgesetzten gegenüber kein anderes Recht als das, blind zu gehorchen und schweigend hinzunehmen, was über ihn verhängt wurde. So kam es, daß der Junge von einem Offizier, der wahrscheinlich auch noch betrunken war, jener Fahrlässigkeit wegen mit dem Kopf in einen Eimer Wasser getaucht und mit dem Stiefel des Offiziers so lange unter Wasser gehalten wurde, bis er ertrunken war. Der Mörder wurde nicht bestraft, sondern bekam im Tagesbefehl eine lobende Erwähnung dafür, daß er im Interesse der Disziplin gehan-

delt habe, wie es seine Pflicht gewesen sei, denn Disziplin war das oberste Sakrament.
Der Sergeant war noch nicht völlig im Sinn der Diktatur verblödet, vielleicht eben darum, weil er mehr Indianer war als geduldiger Soldat. Er vergaß für eine Stunde die Gottähnlichkeit des Offiziers und erstach ihn, ohne auch nur die geringste Reue über seine Tat empfinden zu können. Diese Handlung machte es notwendig für ihn, zu desertieren und es der Armee zu überlassen, wie sie sich ohne seine Mithilfe weiterentwickeln möge.
Sein bester Kamerad im Bataillon war ein Cabo, gleich ihm indianischer Herkunft. Er war der einzige Mann, dem er anvertraute, was er getan habe und wo er den Kadaver des Götzen versteckt halte, um Zeit für die Flucht zu gewinnen. Dem Cabo galt treue Freundschaft mehr als Vaterlandsliebe und mehr noch als der feierlich geschworene Treueid, der ihm so gleichgültig war wie einem seiltanzenden Affen eine Ehescheidung in Tlaxcala. »Du weißt, Juanito«, sagte er einfach zu seinem Kameraden, »ich gehe mit dir zur Hölle und zur Verdammnis mit der ganzen gottverfluchten Armee und dem ganzen stinkigen Schitt von Vaterlandsliebe und Vaterlandsehre, die meinetwegen die Hunde bepissen mögen, wenn sie wollen, was geht mich das an.« So zogen die beiden zusammen los.
Sie gedachten nach Honduras zu entkommen oder nach Salvador. Nur heraus aus diesem heiligen Vaterland.
Auf dem Wege dahin trafen sie einen angeworbenen Trupp indianischer Arbeiter, die als Kontraktleute in die Monterias abgetrieben wurden. Sie ließen sich für diesen Trupp anwerben. In den Monterias suchte sie niemand und holte sie erst recht niemand heraus, ganz gleich, wer sie suchte und was sie verbrochen hatten. Wer Kontraktarbeiter in einer Monteria war, der war zehnmal schlimmer daran als im Zuchthaus oder in El Valle de Muerte, dem gefürchteten Konzentrationslager für politische Gefangene, aus denen nur selten jemand wiederkehrte, und wenn er wiederkehrte, war er gebrochen für den Rest seines Lebens.
Den Cabo, Lucio Ortiz mit Namen, hatte General zum Coronel im Heer ernannt.
Zu seinem Generalstabschef berief er Celso Flores, einen Tsotsil-

Indianer. Celso hatte mehrere Jahre als Schläger in den Monterias gearbeitet. Obgleich unkundig des Lesens und Schreibens wie alle Caoba-Arbeiter, besaß er doch eine hohe natürliche Intelligenz. Gleichzeitig war ihm das seltene Talent eigen, Leute zur äußersten Kraftanstrengung zu begeistern, meist nach indianischer Art. Er verlangte nichts, was er nicht selbst vormachen und besser ausführen konnte als irgendein anderer, wenn behauptet wurde, es sei unmöglich, seinen Befehl zu vollziehen.
Zu ihrem Verpflegungs-General ernannten die Muchachos Andres, einen Tseltal-Indianer, der in den Monterias als Ochsenknecht beim Abschleppen der geschlagenen Stämme gearbeitet hatte. Er konnte lesen und schreiben und hatte sich Erfahrung und gewisse wirtschaftliche und geschäftliche Kenntnisse erworben als Ochsenfuhrknecht der Carreta-Karawanen, die Handelsgüter und Fahrgäste von der Eisenbahnstation an der Küste bis vierhundert Kilometer weit ins Innere des Staates brachten.
Das geistige Oberhaupt, das Hirn des Heeres, war Profesor, wie ihn die Muchachos nannten. Er war Profesor De Segundaria gewesen. Nach und nach begann er die wahre Situation zu verstehen, in der das Volk unter der Diktatur lebte. So geschah es, daß er, wo immer er Gelegenheit hatte, in der Schule, auf der Straße, in Speiseküchen, in Cafés, den Diktator und dessen Herrschaft zu verrotzen, obgleich er wußte, was ihm geschehen würde, käme er nicht, wie seine Berufskollegen es nannten, zur Vernunft. Aus gutbezahlten Stellungen in Schulen höheren Grades und in den großen Städten wurde er immer weiter und weiter nach unten versetzt. Jeder neuen Versetzung gingen einige Monate Gefängnis oder Konzentrationslager voraus.
Endlich wurde Profesor in den Transport der Unverbesserlichen und Unbekehrbaren eingereiht, einen Transport, der nach El Infierno gebracht wurde, einem Konzentrationslager für politische Gefangene, das nur darum ›Die Hölle‹ genannt wurde, weil ein stärkeres Wort, mit dem man diese Hölle hätte bezeichnen können, bis zu jenem Tage selbst der witzigste Volksmund nicht hatte erfinden können. Auch hier hielt Profesor sein Maul nicht. Es wurde ihm zuweilen für zweiundsiebzig Stunden lang zugeknebelt; weder wurde ihm Wasser gegeben, noch Schatten in der

tropischen Sonne gegönnt. Aber kaum war ihm der Knebel abgenommen und kaum hatte der Krampf seine gepeinigten Lippen verlassen, da war gleich das erste, was er schrie: »Abajo El Caudillo! Que muere la dictadura! Viva la revolucion social! Sufragio efectivo! No Reeleccion! Viva la revolucion del pueblo!« Sofort wurde ihm das Maul wieder geknebelt und er, gleich einem Pakken zusammengeschnürt, in die glühende Sonne gebracht und in den Sand gelegt. Es war ihm mit mehreren Leidensgefährten, von denen freilich die meisten entweder umkamen oder wieder eingefangen und dann langsam zu Tode gemartert wurden, endlich geglückt, zu entkommen. Auf seiner Flucht stieß er auf den Sergeanten und den Cabo, die verlumpt daherkamen und von wandernden indianischen Kleinbauern nicht unterschieden werden konnten. Und mit diesen beiden ließ auch er sich als Caoba-Arbeiter für die Monterias anwerben, in der Hoffnung, den Ausbruch der Revolution, die überall im Lande schon glimmte, in den Tiefen des Dschungels zu erwarten, von hier aus loszuschlagen und den Süden der Republik für die Revolution zu gewinnen.

7

Das Heer war in acht Companias aufgeteilt worden, jede von einem Capitan und einem Teniente geführt, mit Cabos als Kommandanten.

Auf dem Marsch durch den Dschungel marschierte jede Compania mit einem Tage Abstand von der nächsten, teils der mehr als hundertfünfzig Pferde, Mules, Esel, Ochsen, Kühe, Ziegen wegen, die mitgeführt wurden; teils aber auch, um dem völlig versumpften Weg durch den Dschungel, verursacht durch schwere tropische Regengüsse, Zeit zu geben, nach dem Durchmarsch einer Compania etwas aufzutrocknen und so der folgenden den Marsch zu erleichtern. Wenn eine Compania mit ihren Tieren auf diesen schmalen Dschungelpfaden marschiert war, so ließ sie einen Weg zurück, der aus einem breiartigen, tiefen, zähen Schlamm bestand, in dem Mensch und Tier bis zu den Knien, ja bis zum Bauch einsanken.

8

Nach wochenlangem Marsch, beschwerlich und ermüdend, wie nur ein Marsch durch tropischen Dschungel, dessen Boden nie trocken wird, sein kann, langte das Heer an der ersten Siedelung am äußersten Rande des Dschungels an.

An der Schwierigkeit dieses Marsches, an der Durchquerung der Sümpfe, der Überschreitung von Strömen und Flüssen, der Übergänge über die zahlreichen Gebirgszüge, hatten die Rebellen reiche Gelegenheit gehabt, zu offenbaren, was sie zu leisten vermochten.

Kein akademisch gebildeter und erfahrener General einer regulären Armee hätte diesen Durchmarsch durch den Dschungel mit so geringen Verlusten und so wenig Erkrankten zu vollführen vermocht, wie es den Offizieren der Rebellen gelang. Es war eine vorzügliche Schulung für sie und für alle, die dem Heer zugehörten. Ein Heer, das diesen Dschungel so erfolgreich zu bezwingen vermocht hatte, konnte mit Recht darauf hoffen, auch noch andere Mächte zu bezwingen. Und jene anderen Mächte, die zu bekämpfen und zu besiegen waren, näherten sich nun mehr und mehr mit jedem Tage, den die Schar weiterzog, tiefer in das offene Land hinein, wo die großen Domänen, die Fincas, waren, die Feudalherren, die Finqueros, wo Ortschaften waren, Dörfer, Städte, Militärposten, Militärpatrouillen, herumstreifende Eskadronen der Rurales.

Das Heer marschierte in das Land hinaus, ohne ein bestimmtes Ziel zu haben. »Das Ziel wird sich schon finden, wenn der Marsch einmal begonnen hat«, sagten Profesor und General.

Es würde den Muchachos ein bestimmtes, eng umgrenztes Ziel auch wenig genützt haben, sowenig wie ihnen ein Programm oder ein Statut irgend etwas genützt hätte. Sie wurden lediglich von ihrer Idee geleitet, Erde und Freiheit zu erobern. Wo sie diese beiden Dinge fanden und sicher sein durften, sie behalten zu können, da würden sie sich niederlassen, wie sich die Nahuas nach einem Marsch von mehr als hundert Jahren niedergelassen hatten in einer Region, die ihnen gefiel und die ihnen Erde und Freiheit verbürgte.

Nun freilich konnten Tierra y Libertad nur erobert werden, wenn diejenigen, die jene Güter besaßen und verteidigten, besiegt worden waren. Darum war die erste Aufgabe, jene Verteidiger zu treffen. Die zweite Aufgabe war, sie zu bekämpfen, zu besiegen, völlig niederzuschlagen und auszurotten. Die nächste Aufgabe war dann, alle niederzuschlagen, die dem Gewinn von Tierra y Libertad hinderlich waren und hinderlich werden konnten.
Von allem, was nächstliegend war, lag nichts näher und war dringender, als Waffen zu bekommen. Und diese Waffen konnten die Rebellen nur dadurch erhalten, daß sie die Waffen denen abnahmen, die sie gegenwärtig besaßen. Und das waren die Soldaten und die Rurales.

9

Beginnend bei dieser Siedelung, zogen die einzelnen Companias nun nicht mehr mit einem Abstand von einem vollen Tage eine hinter der andern. Von jetzt an marschierten die Companias näher aufgeschlossen, so daß jede einzelne von der auf sie folgenden nur etwa zwei Stunden Marschzeit entfernt war. Es mochte sein, daß bald die ersten Kämpfe ausgefochten werden müßten. Unter diesen Umständen wäre es ein taktischer Fehler gewesen, die Companias zu weit voneinander getrennt marschieren zu lassen.
Am zweiten Tage des Abmarsches von jener Siedelung aus erreichte das Heer den Rancho Santa Margarita.
Es war am Nachmittag, als die erste Compania hier anlangte.
Santa Margarita bestand aus einem Herrenhaus, das aus Adobe gebaut war. Dazu gehörten zwei Bodegas, gleichfalls aus Adobe. Hier wurden der geerntete Mais, die Bohnen, die Henequen-Fiber zum Anfertigen von Seilen und Matten aufbewahrt. Hier waren auch die Reitsättel und Packsättel zu finden und das wenige an Ackergeräten, das der Ranchero besaß.
Vier ärmliche Hütten lagen dicht bei den Bodegas.
Alle diese Gebäude bildeten einen Patio, denn sie waren in einem Viereck gebaut. Die eine Seite jedoch war offen. Hier trennte ein roher Zaun den Patio von dem Corral ab, in dem nachts die Pferde und Kühe standen. An der einen Seite nächst dem Herrenhaus war eine unbebaute Stelle, die ebenfalls durch einen Dornenzaun

nach außenhin abgeschlossen war. Dort führte eine Tür aus dem Patio hinaus auf den Pfad, auf dem alle Reisenden und alle Karawanen zogen, die an diesem Rancho vorüberkamen.
Der Rancho lag auf einem Hügel. Der Hügel war gerade groß genug, daß die Gebäude, der Patio und der Corral mit allen Einzäunungen darauf Platz hatten.
Um den Hügel herum verstreut lagen die primitiven Palmhütten der Peones, die zu dem Rancho gehörten. Es waren vierzehn solcher Hütten. In den drei sehr ärmlichen Hütten, die gleich dem Herrenhaus mit im Patio lagen, wohnten der Mayordomo, der Seiler und der verantwortliche Vaquero, der Mann, der für das Vieh verantwortlich ist. Diese drei Familien waren halbe Ladinos, während die Peones und deren Familien, die in den Hütten um den Hügel herum verstreut wohnten, Indianer waren.
Das Herrenhaus war freilich nur hier ein Herrenhaus, wo alle übrigen Wohnbaulichkeiten elende Chozas und Palmhütten der primitivsten Art waren. Es hatte keine Fensteröffnungen, sondern nur schwere, rohe Türen aus massivem Mahagoni. Der Fußboden bestand aus schlecht gebrannten Lehmfladen, das Dach aus rohen, verwitterten Holzschindeln. Das Haus besaß nur zwei Räume. Der einzige Gegenstand im Herrenhaus, der daran erinnerte, daß die Bewohner nicht im vierten Jahrhundert lebten, und zugleich der einzige Gegenstand, den man ein Möbel nennen konnte, war eine amerikanische Nähmaschine, die zu rosten begonnen hatte.
Tisch und Stühle aus Mahagoni, roh gearbeitet mit einem Machete. Die Betten einfache Gestelle aus Ebenholz, über die rohe Riemen aus Kuhhaut kreuzweise gespannt waren, auf denen dicke Bastmatten lagen, aus dem Bast von Palmenstämmen gewoben. Schmutzige Kissen, ausgestopft mit Louisiana-Moos, das in dem nahen Busch reichlich vorhanden war.
Dieses Herrenhaus galt als vornehm und der Herr als wohlhabend. Daraus ließ sich erraten, ohne es zu sehen, wie dann die Peones wohnten und lebten.
Alles, was die Familie brauchte, abgesehen von Seide, Baumwollstoffen und Eisenwaren, wurde im Rancho angefertigt. Hier wurde Branntwein destilliert, wollene Decken gewebt, Sättel und

Sandalen gefertigt, Seile und starke Henequen-Faden gedreht, aus denen Netze, Taschen und Hängematten geknüpft wurden.
Die Herrin war Vorbeterin und Vorsängerin in der Kapelle des Ranchos. Diese Kapelle war eine kleine Halle ohne Wände und mit einem Palmendach versehen. An einem Ende der Halle war ein roher Tisch aufgestellt, auf dem ein Bild der Heiligen Jungfrau von Guadalupe stand. Immer waren frische Blumen vor jenem Bild. Sie wurden von den Frauen und Töchtern der Peones im Busch gesucht und täglich am Morgen dort aufgestellt. Jeden Sonntagmorgen wurde der Boden der Kapelle mit grünen Zweigen dick bestreut, so daß die Betenden darauf wie auf einem Teppich knien konnten.
Die Herrin war zugleich auch Doktor und Hebamme für die Leute, die zum Rancho gehörten.
An barem Gelde waren wohl selten hundert Pesos, oft gar nur fünf Pesos im ganzen Rancho zu finden, Herrschaft und Peones eingeschlossen. Alles wurde geborgt. Einer borgte vom andern. Und alle borgten von der Herrschaft. Die Herrschaft fühlte ebensosehr eine moralische wie eine nüchtern wirtschaftliche Verpflichtung, die Peones am Leben und gesund zu erhalten.
Was eine Revolution hier und unter den Verhältnissen, wie sie beim Eintreffen der Rebellen bestanden und so seit vierhundert Jahren bestanden hatten, vollführen oder ändern sollte, hätte selbst den radikalsten europäischen Theoretiker in Verwirrung gebracht, wäre er aufgefordert worden, die Peones aus ihrer Knechtschaft zu befreien und ihnen durch die Revolution etwas mehr zu geben, als was sie jetzt besaßen.
Es war nichts da. Und Freiheit, die sie einer Revolution verdankten, hätte diese Peones um die Hälfte ärmer und hilfloser zurückgelassen, als sie jetzt waren.
Es war genügend Land vorhanden. Der Rancho galt als ein großes Gut. Aber vier Fünftel des Landes war Busch und Dschungel, steinig und bergig. Von dem verbleibenden Fünftel war ein Teil Prärieland, das sich zur Weide für Kühe, Pferde und Mules eignete. Nur ein Zehntel des Landes war bebauter Ackerboden, in der Trockenzeit hart wie Zement und in der Regenzeit verschlammt und knollig. Dauerte die Trockenzeit zu lange, so waren alle Be-

wohner des Ranchos, einschließlich des mächtigen Rancheros und seiner Familie, dem Hungertode ebenso nahe wie alle seine Peones. Sein eigentlicher Reichtum bestand in den Kühen, Pferden und Mules, die er züchtete. Um diese Tiere züchten zu können, hatte er Kapital benötigt, denn er mußte Zuchttiere ankaufen und dann Jahre warten, bis die Tiere groß genug waren, um verkauft werden zu können. Dauerte die Trockenzeit gar zu lange, so starben ihm auch die Tiere weg. Was hätte hier die Rebellion, die in der Monteria einen Sinn gehabt hatte, zugunsten der Peones ändern können? Selbst wenn sie ihnen Freiheit brachte von dem Patron, so nahm ihnen der Himmel diese Freiheit bald wieder fort; denn ihre Freiheit war wertlos, wenn sie nichts zu essen hatten, weil nichts wuchs und weil die Peones, einmal frei geworden, diese Freiheit gebrauchten, weniger als bisher zu arbeiten. Niemand hatte sie gelehrt, sich selbst zu befehlen, ohne Kommando und ohne Aufsicht zu arbeiten. Niemand gab ihnen Saat, weil andere, die näher den Verteilungsstellen waren, sofern solche bestanden, die Saat nötiger brauchten. Niemand hatte sie gelehrt, wie sie ihre Arbeit organisieren sollten, wie sie sich zu Kooperativ-Genossenschaften zusammenschließen könnten. So wenig war ihr Gemeinschaftssinn entwickelt, oder so sehr war er zerstört worden, falls er je bestanden hatte, daß eine Kooperativ-Genossenschaft ihnen wenig geholfen haben würde; denn Eifersucht, Neid und ewiger Streit um die Vorherrschaft würden die Genossenschaft nach und nach wieder zerstören. Menschen, die vierhundert Jahre, wohl gar vierzigtausend Jahre lang in Knechtschaft gelebt haben und während all dieser Zeit gezwungen waren, alles Denken, alles Verantwortlichsein, alles Organisieren, alles Reden und Beraten, alles Kommandieren ihren Herren und den Autoritäten zu überlassen, können durch eine Rebellion nicht innerhalb eines Jahres zu freien Bauern gemacht werden, die selbständig denken, handeln und wirtschaften können und die niemand benötigen, der ihnen befiehlt, um vier Uhr morgens auf den Beinen zu sein, um den Acker zu bebauen.

Die Rebellen, die nun zu diesem Rancho kamen, betrachteten es freilich nicht als ihre Aufgabe, darüber nachzudenken, daß eine Revolution allein ein System nicht ändert, sondern daß sie nur den

Besitz vertauscht, daß nur die Namen der Besitzer sich ändern und daß die Nation oder der Staat in seiner Eigenschaft als Kapitalist brutaler, rücksichtsloser und tyrannischer sein mag, als die früheren Herren je waren. Was kümmerten die Rebellen Systeme, neue oder alte.
So lange waren sie gepeitscht und gehenkt worden, so lange waren sie gedemütigt und ungehinderten Redens beraubt worden, daß ihr Gemeinschaftssinn, der sie mit allen anderen Volksgenossen aus rein natürlichen Ursachen verband, getötet worden war. Sie kannten nur noch Rache und Vergeltung. Zerstörung war das einzige, was sie begriffen. Je mehr sie zerstörten, je mehr sie erschlugen von denen, die sie als ihre Feinde ansahen, je freier fühlten sie sich werden. Denn alles, was bestand und was lebte und nicht zu ihnen gehörte, war die Ursache ihrer Sklaverei. Wollten sie aus der Sklaverei erlöst werden, so mußten sie zerstören. Es kümmerte sie nicht mehr das Morgen, es kümmerte sie nur das Gestern, wo sie gepeinigt wurden.
Nicht daß es Diktatoren gibt und geben kann, ist tragisch, nein, sondern daß eine jede, auch die blühendste und scheinbar segensreichste Diktatur in Zerstörung, Verwüstung und Chaos endet und unvermeidlich darin enden muß, ehernen Gesetzen der Natur folgend, die kein Mensch zu ändern oder zu beeinflussen vermag, das ist das wahrhaft Tragische, weil es die Menschheit in ihrem ununterdrückbaren Trieb nach endlicher Befreiung vom Tierischen und Unorganisierten um Hunderte von Jahren zurückwirft.

10

Als der Vortrupp am Rancho anlangte, fanden die Muchachos alle Hütten verlassen. Der Patron war mit seiner Familie tief in den Busch gegangen. Alle Familien der Peones waren ihm gefolgt.
»Da haben wir einen Beweis, daß jemand unsere Ankunft und unsern Marsch verraten hat«, sagte General. »Die haben hier Nachricht erhalten, und die Furcht hat sie alle vertrieben.«
»Das zu wissen ist viel wert«, meinte Profesor. Nun können wir sicher sein, daß wir auf einer der beiden nächsten Fincas die Rurales antreffen.«
Zwei warfen ihren Packen ab und hörten zu, was General und

Profesor miteinander redeten. Einer sagte: »General, wir können den Patron leicht im Busch finden. Brauchst es nur zu sagen, und wir gehen los und bringen ihn angeschleppt mit seiner ganzen Brut.«
»Was hat das für Zweck?« erwiderte General. »Schlachtet alles an Vieh, was ihr findet, und eßt einmal gut. Was übrigbleibt, wird mit auf den Marsch genommen. Und die letzte Compania zündet an. Dann bleibt uns keine Festung im Rücken. Die Peones hätten ja hierbleiben können. Aber wenn sie mit ihrem Patron zusammenhocken, dann kann er ihnen auch neue Hütten bauen. Du, Nicasio, überbringst jeder anrückenden Compania den Befehl, daß wir hier lagern für die Nacht. Es wird wieder regnen, und wir können die Hütten für die Nacht gebrauchen. Ich gehe mit Profesor und mit Celso und so vielen andern, wie Platz haben, in das Haus des Patrons. Früh um vier wird abmarschiert.«
Am Morgen, als der Trupp aufpackte, hatte er Beleuchtung; alle Häuser und Hütten loderten. Es war kaum ein glimmender Rest vorhanden, als die letzte Compania den Rancho verließ. Alle Schweine und Kühe waren geschlachtet, und alle Pferde und Esel wurden mitgeführt als Kriegsbeute.
Gegen Mittag kam der Trupp zum Rancho Santa Isabel. Wie in Santa Margarita, so waren auch hier die Hütten verlassen. Kühe und Schweine waren offenbar von den Leuten mit in den Busch getrieben worden. Nur ein halbes Dutzend Katzen räkelten sich schläfrig bei den einzelnen Hütten. Zwei oder drei Hunde, die sich wahrscheinlich herumgetrieben hatten und zu spät gekommen waren, um die Flucht der Bewohner mitzumachen, kläfften den Trupp an, verkrochen sich aber hinter den Hütten, als die Hunde des Trupps Jagd auf die Ranchohunde unternahmen. Der Trupp war noch nicht halb vorüber, da brannten bereits alle Hütten, das Herrenhaus, die Bodega und Tor und Zaun. Ehe der Rancho in Brand gesteckt worden war, hatten die Muchachos nach Sätteln und Machetes gesucht, aber keine gefunden. Es machte durchaus den Eindruck, als ob die Bewohner die Baulichkeiten gestern schon, wenn nicht gar am Tage vorher, verlassen hätten. Alle Feuerherde waren kalt und naß. Nur einige schwerere irdene Wassertöpfe waren alles, was in den Hütten sich noch vorfand.

Auf dem Weitermarsch entdeckten die Muchachos, daß selbst die kleinen Ansiedelungen unabhängiger indianischer Kleinbauern verlassen waren. Faule Hunde und Katzen lagen herum oder schlichen sich bei Ankunft des Trupps verstohlen und mißtrauisch aus dem Wege.
»Der Ruf, der uns vorausgeht«, sagte Profesor zum General, als er die Einsamkeit und das geisterhafte Aussehen der verlassenen Hütten bemerkte, »ist ein böser. Ich möchte wissen, wer uns als Mörder, Brandstifter und Banditen verschrien hat.«
»Was sagt Ihr, Muchachos?« General wandte sich an den Haufen aufmarschierter Burschen, die inzwischen auf dem hartgetretenen Platz des kleinen Dörfchens angekommen waren, ihre Packen abwarfen und sich hinhockten, um neuen Atem und frische Kräfte für den Weitermarsch zu bekommen. Es fehlten noch zwei oder drei Stunden bis zu jener Stelle auf dem Wege, wo das nächste Lager errichtet werden sollte.
Dieser kleine Pueblo bestand nur aus zehn Hütten, von denen jede nur einen Raum besaß. Auch hier konnte die Revolution den kleinen indianischen Bauern nichts bringen. Die Revolution hätte fruchtbareren Boden herschleppen müssen, Vieh, und Gras für das Vieh, einige Säcke voll Lumpen, damit diese armseligen Bauern und deren Frauen und Kinder das Allernotdürftigste an Kleidung hätten haben können. Von den Bewohnern dieses kleinen Pueblos besaßen nur je drei Familien einen Machete, jeder Mann ein rostiges und halb zerbrochenes Messer. Jede Familie einen einzigen verbogenen Löffel. Kein Bettgestell, kein Stuhl, kein Tisch war im ganzen Dorf zu finden. Kein Pflug war zu sehen, keine Axt, kein Nagel. Etwa zwanzig Meter Draht hätte man zusammengebracht, würde man in allen Hütten gesucht haben. Es war Draht, den die Männer auf ihren langen Märschen im Lande stückweise gefunden und aufgelesen hatten oder abgeschnitten von herunterhängenden Telegraphenleitungen, oder abgerissen von Drahtzäunen, an denen sie vorbeikamen.
Alles, was sie besaßen, um den mageren steinigen Boden zu bearbeiten, war ein dicker zugespitzter Pfahl, den sie in die Erde stießen, wenn sie Maiskörner säten.
Auch diese Männer und deren Familien hatten ihre armseligen

Behausungen verlassen und waren tief in den Busch geflüchtet aus Furcht, von den Rebellen erschlagen zu werden, die anmarschiert kamen mit dem Kriegsruf ›Tierra y Libertad!‹

Einen vollen Tag lang hätten sie Profesor zuhören können, was er zu sagen wußte über Diktatur, Tyrannei und Knechtschaft der Proletarier, und sie würden ihn nicht verstanden haben. Sie besaßen hier Erde und Freiheit, und nichts anderes verlangten sie vom Leben und von den Tyrannen, als daß man sie nicht ermordete, daß man sie nicht bestahl und daß man sie in Ruhe verrecken ließ, wenn der dürre Boden, durch Ausbleiben des Regens oder durch Abschwemmen der dünnen Erdschicht infolge zu heftigen Regens, noch dürrer wurde und die armselige Ernte an Mais und Bohnen zu einem Drittel von den Ratten und einem weiteren Drittel von dem Maiswurm und der Bohnenmade aufgefressen wurde. Sie wären einer Revolution dankbar gewesen, hätte diese Revolution sie vor den Adlern, Habichten, Mardern und Coyotes geschützt, die ihre Hühnchen stahlen, und vor den Pumas und Alligatoren, die ihre Schweinchen und Kälbchen holten. Ihre Probleme waren so einfach, daß auch die schönste Revolution und die glorreichste Rebellion, die das Land von der Diktatur befreite und in dicken Geschichtsbüchern teils verherrlicht, teils verdammt und verflucht wurde, an ihnen und an ihrem Leben vorüberging, ohne von ihnen beachtet zu werden. Die Revolution wäre von ihnen nur bemerkt worden dadurch, daß auf dem Markt im nächsten Flecken nicht mehr Don Damaso die Marktsteuern von ihnen einkassierte, sondern jetzt Don Dionisio und daß, während sie vor der Revolution zwei Centavos Marktsteuern zu zahlen hatten, wenn sie für fünfundzwanzig Centavos Schafwolle zu verkaufen gedachten, sie nun fünf Centavos Marktsteuer zahlen mußten, wovon ein Centavo als Extrasteuer berechnet wurde für eine Landschule, die nie gebaut wurde.

Die Rebellen hätten leicht zufriedengestellt werden können mit Land, das reichlich vorhanden war und ihnen hätte zugeteilt werden können aus den Hunderttausenden von Hektaren von Land, das wohl zu den Fincas gehörte, aber niemals bebaut wurde und das die Besitzer auch niemals bebauen würden. Es wäre für die Finqueros, für die Besitzer großer Domänen, billiger gewesen, diese unbebauten Ländereien freiwillig herzugeben. Es wäre billiger gewesen, die Schuldsklaverei zu beseitigen. Und es wäre für das ganze Volk und für den Ruhm des Diktators um ein Tausendfaches besser gewesen, hätte er sich vor einem Parlament verantworten müssen, selbst wenn das Parlament sich aus Männern zusammensetzte, die stundenlang redeten, ohne etwas zu sagen, und tagelang berieten, ohne etwas zu entscheiden. Es wäre besser und billiger und für das Volk nützlicher gewesen, hätte der Diktator allen Volksgenossen, ob sie seine Freunde oder Feinde waren, ein unbeschränktes Recht gegeben, sich auszuquatschen, bis ihnen das Maul triefte. Aber gleich allen Diktatoren, deren Namen die Geschichte erhalten hat, erlaubte er keinen Widerspruch. Was er befahl, war Gesetz, ohne daß dem Manne, der gehorchen sollte und das Gesetz zu beachten hatte, das Recht gegeben wurde, etwas beim Gesetzemachen mitzureden. Er kannte nur eine Antwort gegenüber den Wünschen und Forderungen der Staatsbürger, und das war die Antwort mit den Knüppeln und Revolvern seiner uniformierten Knechte.

Es wäre so einfach gewesen, hätte der Jefe Politico des Distriktes einige vernünftige und ruhige Männer dem Trupp entgegengeschickt, als er Nachricht von dem Anmarsch bekam. Diese Männer hätten sicher mehr erreicht und für den Staat Wertvolleres als die Rurales, die der Jefe Politico abschickte mit dem Befehl, sich in keinerlei Unterhandlungen einzulassen, sondern einfach loszupfeffern, sobald die Banditen und Mörder in Sicht kämen.

Zweites Kapitel

I

Der Trupp marschierte nun auf einem breiten Wege. Der Weg war kein gebauter, sondern war darum breit und offen, weil er über Prärie führte. Diese Prärie gehörte zur Finca Santo Domingo, deren weiß gekalkte Kirche jetzt bereits von einem Hügel aus gesehen werden konnte. Soweit das Auge reichte, zur Ferne hin und rechts und links, alles war Eigentum der Finca.

Vierzig Familien der Peones lebten dicht bei dem Herrenhause in ihren Hütten. Fünfzig weitere Familien lebten in vier kleinen Siedelungen, die in den vier Winkeln des großen Geländes der Finca verstreut lagen. Diese Siedelungen anderer Peones so weit von dem Herrenhof hinweg zu legen, hatte den Vorteil, daß die Peones, die Kuhhirten waren, die Herden, die sich weit über das Gelände verstreuten, besser überwachen und zusammenhalten konnten.

General, Profesor und Celso rasteten auf dem Hügel, von wo aus sie die Kirche der Finca sehen konnten. Auf mehr als halbem Wege von diesem Hügel aus zu dem großen Hof der Finca befand sich eine tiefe Erdsenkung, die, soweit von hier aus geschätzt werden konnte, sicher zwei Kilometer breit sein mochte. Das Präriegelände war wellig und von zahllosen Hügeln unterbrochen. Die Hügel waren selten wohl höher als fünfzehn Meter, meist niedriger. Jedoch nach Süden hin erhob sich in graublauer Ferne ein Höhenzug, der sich in Sichtweite den Horizont entlang erstreckte. In dem Gelände fanden sich verstreut einige Bäume, vereinzelt, und einige in Gruppen von zehn oder zwanzig zu einem Wäldchen vereinigt. Dazwischen, gleichfalls über das Gelände verstreut, waren hier und da wilde Sträucher, vereinzelt und in Gruppen.

Von dem Hügel aus, an dessen Fuß jetzt die erste Compania aufmarschiert war, konnte man mit den Augen gut den Weg bis zum Hof der Finca verfolgen. Der Weg bestand aus vier oder fünf ausgetretenen Pfaden, die nebeneinander herliefen, zuweilen sich zu drei oder nur zwei vereinigten, dann wieder sich zu fünf oder gar acht und neun Pfaden verstreuten. Diese Pfade sahen aus, als wären über sie die Räder von Carretas gezogen. Aber es waren hier keine Carretas in Gebrauch. Diese Pfade waren aus dem grünen Präriegelände ausgetreten worden von dem Vieh, wenn es von den Weiden am Abend zurück zum Hof schlenderte und am Morgen wieder auszog. Auch wanderten hier alle Maultierkarawanen, die von Hucutsin zu den Fincas und zu den Monterias marschierten. Endlich trabten hier die Indianer entlang, wenn sie zu Markte gingen.

Das Gras stand nicht sehr hoch, kaum einen Meter. Es war nicht dicht, sondern stand mehr in Büscheln. Auf weite Strecken hin war es kaum einen halben Meter hoch. Jedoch war es jetzt sehr grün und saftig, infolge der Regenzeit.

Bis hierher war der Weg vom Dschungel aus kommend, obgleich schon seit zwei Stunden breit und offen, zu beiden Seiten von Busch begrenzt gewesen. Von hier aus aber zog sich der Busch weiter und weiter zu den Seiten hinweg, wodurch die weite Prärieebene sich viel größer und weiter auszudehnen schien, als sie in Wirklichkeit war. Die grelle Sonne, die über der Prärie lagerte, ließ die Ebene, weiter nach hinten zu, in einen flimmernden dünnen Schleier verschwinden, so daß zuweilen die weiße kleine Kirche der Finca und der Hof unsichtbar wurden oder an einer anderen Stelle, wo man sie bisher geglaubt hatte, wieder aufzutauchen schienen. Über drei Kilometer weit hinaus wurden alle Gegenstände, je höher die Sonne kam und je glühender sie hernieder brannte, unbestimmt in ihren Formen. Kühe erschienen zuweilen wie Hunde in diesem flimmernden und flatternden Licht und große Steine wie Häuser, verkohlte Baumstämme, die aufrecht standen, und kahlgebrannte Präriepalmen erschienen bald wie stehengebliebene Säulen verfallener Tempel, bald wieder wie die braunen Gestalten von Indianern, die Ausschau hielten.

Gewöhnlich trafen die reisenden Karawanen hier ganze Herden von Vieh und halbverwilderten Pferden an, die Eigentum der Finca waren. Hin und wieder mochte man, nahe oder in der Ferne, zwei oder drei Peones oder Vaqueros auf Pferden dahintraben sehen, die jene Herden aufsuchten, um nach Kälbern, die nachts geboren waren, oder nach kranken Kühen oder Pferden zu forschen, um sie mit dem Lasso einzufangen und zum Hof zu bringen zu ihrem Schutz und zur Genesung.

Heute aber waren auf der großen weiten Prärie keine Herden zu sehen, sondern nur hier und da einzelne verstreute und verlaufene Kühe. Kein Vaquero, kein Peon war sichtbar. Einige zehn oder zwölf Geier kreisten hoch in den Lüften. Und im fernen Hof der Finca sah man hin und wieder eine flatternde Säule von Rauch hochzwirbeln, der hier aus der Küche der Finca, dort aus einer der Hütten der Peones kam.

2

»Das ist eine verflucht große und schöne Finca, Santo Domingo«, sagte Celso, sich hinhockend und eine Zigarre wickelnd. »Die kenne ich. Sie gehört Don Patricio. Ich kenne sie gut. Bin da mehrere Male über Nacht geblieben bei den Peones. Ist eine große, reiche Finca.«

»Ich kenne sie auch recht gut, und du auch«, wandte sich General an Profesor. »Wir sind hier einen Tag geblieben und zwei Nächte, als wir zu den Monterias marschierten.«

Es kamen nun einige Muchachos mehr auf den Hügel und setzten sich hinzu.

Profesor stand auf und blickte den Weg zurück, auf dem in diesem Augenblick die zweite Compania angerückt kam und sich ebenfalls zur Rast lagerte, als sie die erste Compania in Ruhe fand.

»Ja, da wären wir nun hier«, sagte Profesor plötzlich mit veränderter Stimme. »Was tun wir nun? Angelangt an der ersten großen Finca sind wir. Etwas muß getan werden. Wir können daran vorbeimarschieren und weitergehen, als hätten wir sie nicht gesehen. Ein wichtiger Grundsatz in einer Revolution heißt: ›Keinen Feind im Rücken lassen!‹ Wenn wir hier ruhig vorbeitraben wie eine Herde Schafe, dann haben wir einen starken Feind im Rücken. Was sagt Ihr, Muchachos?« rief er mit lauter Stimme über die Leute hin, die hier lagerten.

»Tierra y Libertad!« riefen sie alle zugleich als Antwort. Und darauf schrien sie: »Viva, Profesor! Arriba, General! La muerte a los tiranos y todos los patrones y dictadores! Libertad para todos!«

Als sich Profesor wieder gesetzt hatte, sagte Celso: »Die Finca ist nicht verlassen. Sonst wäre da kein Rauch zu sehen.«

»Gerade das ist es, was mir etwas Neues zu denken gibt.« Profesor blickte in die Richtung zum Hof hin. »Warum ist da Rauch in dem Herrenhaus und in den Hütten? Weil niemand weggelaufen ist, obgleich sie alle wissen, daß wir viele sind und Revolver und Gewehre haben. Und warum ist niemand weggelaufen?« Er sah Celso und General fragend an.

»Weil sie denken, wir werden ihnen nur ein paar Kühe zum Schlachten abnehmen und dann unserer Wege ziehen«, erwiderte General, ironisch mit einem Auge zwinkernd.

»Und du, Celso, was meinst du?«

»Die haben Rurales in der Finca oder Federal-Soldaten«, antwortete Celso.

»Celso, ich mache dich zum Obersten«, sagte Profesor lachend. »Bestätigst du das, General?«

»Bestätigt.«

»Gut, Celso«, sagte darauf Profesor. »Du bist ein verflucht kluger Junge. Das ist richtig, was du sagst. Die haben die Finca voll von Rurales. Da muß bereits vor einigen Tagen in Balun Canan oder Achlumal eine Botschaft über unsern Anmarsch angelangt sein, sonst könnten die Rurales nicht schon hier sein.«

»Es kann aber auch sein, daß die Rurales auf einem Inspizierungsritt zu den Fincas waren, um zu sehen, ob überall Ruhe ist und keine Aufstände und Viehräubereien der Bachajon-Indianer.«

»Celso, du hast wieder einmal recht. Das ist viel wahrscheinlicher, daß da in der Finca nur ein Inspizierungskommando ist, zwanzig oder vierundzwanzig Mannschaften, ein Capitan, ein Sergeant, drei oder vier Unteroffiziere. Die haben Karabiner und führen gewöhnlich ein Maschinengewehr mit sich.«

Als die Muchachos, die um den Hügel hockten, das hörten, wurden sie aufgeregt. »Karabiner und Revolver: Viva las armas!« riefen sie, sprangen auf und tanzten herum, als hätten sie die Schlacht schon gewonnen.

»Es kann nicht gut eine Nachricht schon bis nach Balun Canan gekommen sein«, sprach Profesor weiter, »und in Achlum und in Hucutsin sind nur gelegentlich kleine Wachkommandos. Aber freilich ist die Nachricht bereits auf dem Wege nach Jovel, und dann rückt ein halbes Bataillon an. Wo denkst du, General, wo die jetzt in diesem Augenblick stecken?« fragte Profesor.

»Wenn wir auf solchen Kommandos waren, dann warteten wir nicht in einer Finca, nicht im Hof, meine ich. Wir warteten im offenen Gelände oder gingen auf die Rebellen los.«
»Warum wartetet Ihr nicht in dem Hof, der ummauert ist und gute Deckung bildet?«
»Einfach, weil erstens zuviel Schaden für die Finca angerichtet wurde, und zweitens, weil wir innerhalb des Hofes leicht wie in einer Falle saßen, besonders wenn die Aufständischen fünfhundert Mann stark waren und wir nur fünfundzwanzig. Im offenen Gelände sind wir mit dem Maschinengewehr, mit den Karabinern und mit gedrillten Soldaten selbst dann noch in der Übermacht, wenn wir nur zwanzig und die Rebellen fünfhundert sind.«
»Dann denkst du, daß sie auf uns hier im offenen Gelände zukommen werden?«
»Das denke ich nicht nur, sondern ich bin sicher, daß sie das tun werden. Ich bin doch nicht umsonst Sergeant gewesen. Ich weiß, wie es gemacht wird. Ich habe es mitgemacht.«
»Gegen Peones und Arbeiter?«
»Da kannst du nicht viel dagegen machen, wenn du einmal mitten drin bist in der Armee. Das geht wie eine Maschine, ob du willst oder nicht, du mußt mit und kannst das nur ändern, wenn du ein paar Offiziere erstichst oder ihnen den Kegel einhämmerst und dich dann auf die Beine machst. Aber wenn du weißt, daß du ein paar Dutzend im Bataillon mit auf deiner Seite hast, und du hast die richtigen Nerven dazu und machst es im richtigen Augenblick, dann kriegst du das ganze Bataillon auf deine Seite. Die sind doch alle gequälte Knechte wie du selbst.«

3

Während General plauderte, hatte Celso faul und lässig dagehockt, seine Zigarre rauchend und blinzelnd hinüberlugend zu dem Hof der Finca.
Jetzt ließ er einen halbverschluckten, erregten Laut hören. Die Zigarre glitt ihm aus der Hand. Er wechselte von seiner hockenden Stellung über in eine kniende, stützte beide Fäuste vor sich auf den Boden, duckte sich und streckte seinen Kopf weit voran.
»Teufel noch mal, was hast du denn?« fragte Profesor.

Mehrere Muchachos, die auf dem Hügel versammelt waren, nahmen eine gleiche Haltung ein wie Celso. Es war ihre natürliche Stellung, wenn sie etwas in der Ferne beobachteten, das sie richtig zu erkennen und zu beurteilen versuchten, ehe es nahe kam.
»General hat recht«, sagte Celso halblaut zu den Muchachos, die ihm am nächsten waren.
General und Profesor krochen näher zu ihm heran.
»Was sagst du, Celso?« fragte General.
»Sitzen in der Erdsenke«, erwiderte Celso so leise, als ob er fürchtete, daß die Rurales ihn hören könnten. Es waren mehr als drei Kilometer bis zu jener Erdsenke.
»Ich habe es an verschiedenen Stellen da in der Erdsenkung aufblitzen sehen. Es können ihre Kappen sein oder die Läufe ihrer Gewehre oder Knöpfe. Das sind Rurales oder Federales.«
»Verflucht, Celso, jetzt habe ich das Blitzen auch gesehen, und gleich an drei verschiedenen Stellen im selben Augenblick«, sagte General. Olegario, einer der Muchachos, der mit auf den Hügel gekrochen war, fragte: »Was glaubst du, General, wie viele das sein mögen, die auf uns warten?«
»Ein Wachkommando wird es sein. Vielleicht fünfundzwanzig Mann.«
Ein anderer Muchacho, Herminio, der das gehört hatte, rief laut aus: »Wollte doch ein guter Gott im Himmel, daß sie zwei Regimenter wären. Wie viele schöne Revolver, Karabiner, Maschinengewehre und Patronen wir dann haben könnten, wenn sie zwei Regimenter wären.«
General lachte. »Sei nur ganz ruhig, Muchacho, wir werden genug mit dem Maschinengewehr zu tun haben, das diese Handvoll von Soldsklaven bei sich haben. Aber wir holen es uns schon. Nur keine Sorge. Und wenn wir dieses Kommando, das da in der Senkung rotzt und glotzt, erst einmal verschluckt haben, dann können wir es schon ruhig mit einem Bataillon aufnehmen. Nur nicht alles gleich auf einmal haben wollen, Muchachos. Stück für Stück. Macht hier nur keinen Fehler. Ich kann euch im voraus sagen, wenn wir die da aufgefressen haben, dann wird von unserer ersten Compania die Hälfte nicht mehr am Leben sein.«
Da sagte Olegario: »Ob wir am Leben sind oder nicht, ist einen

Dreck wert, einen Hundeschitt ist es wert. Aber die, die am Leben bleiben, wissen dann wenigstens, warum sie leben und wozu. Ich will einen Karabiner haben, verflucht noch mal, und die Patronen dazu. Ich gehe allein los, wenn ihr nicht wollt.«
»Hier bleibst du, gottverdammter Bengel«, sagte General wütend. »Du gehst, wenn ich es sage und wenn wir alle gehen. Vielleicht kriegst du den Karabiner, aber in deinen Bauch gerannt, wenn du den Krieg auf eigene Faust machen willst.«
»General hat recht, Olegario«, sagte Celso zu dem Muchacho beruhigend. »Es kann hier nicht jeder kommandieren und nicht jeder machen, was er will. Dann wird einer nach dem andern abgeschlachtet, und keiner bleibt übrig. Alle gehen wir drauflos, und nicht nur einer; und wir gehen, wenn General sagt, daß es nun Zeit ist.«

4

Die Muchachos krochen von dem Hügel herunter. Die beiden Companias, die um den Hügel herum lagerten, konnten von den Rurales nicht gesehen werden, und ob die wenigen Muchachos, die auf dem Hügel gewesen waren, gesehen worden sein konnten, war nicht gewiß. General aber sagte, daß er glaube, die Rurales hätten sie gesehen, weil der Capitan sicher ein Feldglas mit sich führe.
Inzwischen langte eine weitere Compania an, der General befahl, sich zu lagern, und wenn die Burschen herumlaufen wollten, das nur gebückt zu tun. Er wollte vermeiden, daß die Rurales erfahren sollten, wie groß der Trupp sei, der hier gegenwärtig lagerte.
Er bewies in dem, was er nun beriet und anordnete, daß er, obgleich nur der Sohn eines armen indianischen Kleinbauern, mit gutem Recht ein General sein konnte. Kein erfahrener Offizier der Federales hätte es besser machen können. Mit Sicherheit darf man sagen, daß wahrscheinlich unter hundert geschulten Offizieren der Federal-Armee keine zwei gewesen wären, die es ebenso oder gar besser gemacht hätten, als was er sich erdachte, und wie er das, was er sich erdacht hatte, dann durchführte.
Er rief Profesor, Celso, Santiago und die Hauptleute der Companias zu sich, um zu beraten und ihnen seine Pläne mitzuteilen.

»Wenn wir jetzt drauflosmarschieren wie die Schafe, dann lassen die ihr Maschinengewehr losrattern, und es bleibt auch nicht einer von uns übrig, und die Rebellion in diesem Staate, auf alle Fälle aber die in diesem Distrikt, ist für dieses Jahr einmal zu Ende. Wir müssen sie aus dieser Senke herauslocken.«

»Ein Dutzend Muchachos könnten drauflosgehen. Dann kommen sie raus. Und wir brechen alle hervor«, riet der Capitan der dritten Compania.

»Nein, so kommen sie nicht raus aus ihren Löchern. Die lassen das Dutzend herankommen, ohne einen Schuß zu feuern, und erst wenn die Muchachos in die Senke marschieren, dann fallen die Soldsklaven über sie her und erstechen sie, damit die nachkommenden Muchachos nichts hören und nicht wissen sollen, was hier geschah.«

»Gut, dann gehen wir alle zusammen drauflos im Sturmlauf«, riet einer der Muchachos, der dabeisaß und nicht zum Kriegsrat gehörte.

»Das wäre noch viel dümmer«, sagte Celso, »das könntest doch wohl selbst du begreifen, obgleich du in der Monteria nur Ochsen gefüttert hast.«

»Richtig, das wäre das allerdümmste, was wir tun könnten.« General hatte das Wort. »Wir könnten hier ein großes Lager aufschlagen und viel Rauch hochgehen lassen. Wenn wir das tun, werden die Sklaven in einer von mehreren Arten darauf antworten. Eine Art ist, daß sie auf die Finca zurückgehen, denn sie werden nicht den ganzen Tag und die ganze Nacht hier draußen im Nassen liegenbleiben, dazu sind sie zu faul, zu bequem und zu verfressen. Dort in der Finca warten sie auf ein halbes Bataillon Federales zur Verstärkung.«

»Vielleicht wissen sie nicht, wie viele wir sind, und glauben, daß wir nur gerade einige sechzig Muchachos sind, gerade nur von einer Monteria«, sagte Profesor.

»Das erscheint mir richtig, Profesor. Denn selbst wenn wir verraten sein sollten, keiner der Verräter wußte, wie viele wir seien, weil wir ja nicht in einem Haufen marschierten. Nur in dem kleinen Rancho, wo die Peones mit ihrem Don Chucho aufräumten, konnten die Peones, die dort wohnten, wissen, wie viele wir sind. Aber

von denen ist keiner vorausgelaufen. Ich habe mich darum gekümmert, zu wissen, wie viele da waren, als wir anrückten, und wie viele noch da waren, als wir abmarschierten. Waren vollzählig.
Aber von einem der andern der kleinen Höfe muß einer zur Finca geritten sein, entweder der Patron oder ein Mayordomo. Aber ganz gleich, wer die Nachricht zur Finca oder gar bis nach Hucutsin oder Achlum gebracht hat, er wußte nur die ungefähre Zahl der Muchachos der ersten Compania. Und die Rurales glauben, daß es sich nur um diesen Trupp handelt.«
»Wie kannst du das wissen?« fragte Celso.
»Das ist sehr einfach. Wüßten die Rurales, daß wir so ungefähr sechshundert Mann stark anrücken und so etwa zwanzig Revolver und zehn oder zwölf Jagdknaller haben und außerdem sechshundert Machetes, so wie ich diese Esclavos kenne, sie würden hier nicht mit einem Wachkommando und nur einem Maschinengewehr auf uns warten. Nicht diese uniformierten Soldknechte. Diese Folterburschen und Prügler sind nur tapfer, wenn sie zu einem Dutzend beieinander sind, jeder eine Keule hat und einen Revolver, und dann einen wehrlosen Verhafteten vor sich haben. Da sollst du einmal sehen, wie tapfer sie sind. Aber hier im offenen Gelände, fünfundzwanzig, jeder mit einem Karabiner und noch einem Maschinengewehr, und wir ein paar Hundert mit ein paar Revolvern und mit Machetes, da warten sie auch nicht einmal zehn Minuten und rennen wie die Hasen und nehmen sich nicht einmal Zeit, das Maschinengewehr auseinanderzuhaken und aufzuladen, weil sie sonst ihr Fell verlieren könnten. Und gerade darum, weil sie da hinten in der Senkung hocken, darum weiß ich, ohne daß ich sie fragen brauche, daß sie uns nicht für mehr als etwa sechzig oder siebzig halbverhungerte Muchachos halten. Sie denken sich, daß sie uns so nebenbei für ihr Mittagessen auffressen können. Sie haben sicher schon in der Finca das Bankett bestellt, um mit dem Finquero und dessen Nachbarn den Sieg zu feiern.«

5

Eine weitere Compania rückte an.
Celso hatte sich umgeblickt und die Wolken beobachtet, die sich im Westen dunkel zusammenballten und von allen übrigen Himmelsrichtungen kleine Wolken, die unsicher hin und her wehten, offenbar nicht wissend, was sie tun sollten, zu sich heranlockten und den dunklen Ballen rasch vergrößerten. Je dicker er wurde, desto rascher kam er herangewettert. Die Sonne, die sich jetzt dem höchsten Punkt näherte, war noch hell und glühend. »Da kommt uns der Indianer-Gott zu Hilfe und zu rechter Zeit«, sagte Celso. »Wenn sie nicht naß werden wollen, dann müssen sie jetzt aus ihren Löchern kriechen; und vor dem Naßwerden fürchten sie sich mehr als alte Katzen. Denkst du das nicht auch, General?«
»Das habe ich euch ja schon gesagt, daß sie nicht gern naß werden möchten. Das ändert nichts an meinem Plan. Es beschleunigt ihn nur. Du, Olegario, klettere da wieder rauf auf den Hügel. Aber verstecke deinen Kopf. Du paßt auf, gut paßt du auf. Die werden bald anfangen, mit ihren Köpfen aufzutauchen. Und gerade des heraufkommenden Regens wegen werden sie versuchen, das Treffen zu einem raschen Abschluß zu bringen, um zur Finca zurückgehen zu können und dann im Trocknen zu hocken.«
»Es ist aber möglich«, wandte Profesor ein, »daß sie sich überhaupt nicht mit uns einlassen und gerade so tun, als hätten sie uns nicht gesehen. Sie rücken einfach ab und lassen uns auf die Finca losgehen.«
»Das gehört zu meinem Plan.« General folgte mit seinen Blicken Olegario und wartete darauf, von ihm ein Zeichen zu bekommen, was die Rurales unternehmen würden. »Das möchten die Halunken, Profesor, das möchten sie gern, sich einfach zur Finca zurückziehen, um dort zu saufen, zu fressen und herumzufucken mit den Weibern. Aber die können das nicht so einfach. In der Finca, und sicher in allen Fincas in der Umgebung, weiß ein jeder, daß wir auf dem Marsch sind. Sie müssen uns erwarten, schon um das Gesicht des tapferen Soldaten aufrechtzuerhalten. Sie können sich nicht lächerlich machen, und das tun sie auch nicht, schon der Weiber wegen, und noch weniger der Finqueros wegen.«

»Hugh!« rief in diesem Augenblick Olegario von dem kleinen Hügel herunter. »Es wird lebendig. Drei sind aufgestanden, sehen hier herüber und blicken sich nach allen Seiten um. Einer hat was vor den Augen, womit er sieht.«
»Das ist ein Feldglas.« General wurde nun geschäftig. Aber er zeigte keine Erregung. Er handelte so ruhig und so gelassen, als treffe er Vorbereitungen für eine Hasenjagd, wie er es mit den Jungen in seinem Dorf zu tun pflegte.
»Bleibe da oben und beobachte gut weiter, was sie tun.« Zu den um ihn herumhockenden Muchachos seines Stabes gewandt, sagte er: »Wir müssen sie zum Angreifen bringen. Wir können sie nicht angreifen, wenn sie in der Senke bleiben. Keinen Mann würden wir durchkriegen, und es wäre nur ein nutzloses Abschlachten. Und nun los, locken wir sie aus dem Loch heraus.«

6

Es begann langsam, in dünnen sanften Strichen, zu regnen.
General rief Santiago zu sich heran. Dann winkte er Fidel. »Ihr beide seid von nun an Sergeanten. Du, Santiago, nimmst dir zwanzig Muchachos, alle mit ihren Packen auf dem Rücken, und marschierst los. Aber nicht geradeaus, nicht auf die Senke los, wo die uniformierten Sklaven hocken und warten, daß wir ihnen auf ihr Maschinengewehr losrennen, damit sie uns vergnügt niedermähen können. Du marschierst weiter nach rechts, immer nach rechts, schräg, weißt du. Zuerst bleibst du im Marschieren mit deinen Leuten nahe dem Busch. Da in der Ferne, siehst du den spitzen Berggipfel?«
»Freilich sehe ich ihn.«
»Gut, darauf gehst du los. Es muß, von der Senke aus beobachtet, so aussehen, als ob du mit deinen Leuten den Rurales aus dem Wege gehen wolltest. Sie sollen wissen, daß dir bekannt ist, daß sie da in der Erdfalte hocken. Sie sollen glauben, daß du sie umgehen willst. Sollten sie anfangen, auf euch loszuknallen, dann schmeißt ihr euch lang hin, nehmt Eure Hüte ab und bindet die Hüte auf eure Packen. Die Packen sind höher als eure Rücken. Da glauben die Hunde, daß ihr eure Köpfe unter den Hüten habt. So genau können sie das nicht sehen. Die sind zu weit ab. Dann kriecht ihr

immer am Boden entlang, damit sich die Hüte fortbewegen mit euren Packen. Immer auf den Berg zu in der Ferne. Wenn ihr so ungefähr drei Kilometer weit in jener Richtung marschiert seid, dann schwenkt ihr und geht nun schräg nach links auf die Finca los. Wenn sie bis jetzt nicht rausgekrochen sind aus ihrer Senke, dann kommen sie nun raus, weil sie die Finca beschützen wollen. Sobald sie rauskommen und auf euch losgehen wollen, dann macht ihr kehrt und rennt gebückt zurück zum Busch. Es muß so aussehen, als ob euch vor Angst die Hosen anfangen am Ursch festzukleben. Sobald sie einmal raus sind aus ihrer Senke und sich auf ihre Ziegen setzen und angestürmt kommen, auf euch los, dann kommen wir raus und locken sie auf uns. Dann lassen sie euch in Frieden. Ihr geht nun zurück bis in den Busch hinein. Sobald ihr drin seid im Busch, kommt ihr geradenwegs auf den Platz zu, wo wir hier jetzt sind. Wir locken sie weiter rein in den Busch, und so packt ihr sie im Rücken und wir vorn, daß keiner von ihnen entwischen kann. Du, Fidel, du nimmst dir hier gleichfalls zwanzig Mann. Wer dir nicht folgen will, dem haust du ein paar in die Fresse.«
»Ich brauche keinem in die Fresse hauen, General.« Fidel lachte zuversichtlich. »Die reißen sich darum, loszugehen, auf die Rurales drauf. Wir brauchen die Karabiner und die Patronen, und gute Hemden und Hosen haben sie auch.«
»Das wißt ihr, jeder Karabiner, der gewonnen wird, gehört dem, der sich den Mann vornahm. Auch die Patronen und was der stinkige Hund sonst noch hat. Uhr oder Ringe. Aber Geld wird abgeliefert. Wir brauchen das Geld im Hauptquartier. Wenn wir keins kriegen, schadet es nicht viel. Ich werde schon alles heranholen, was wir brauchen, wenn nicht mit Geld, dann ohne Geld. Du, Fidel, freilich gehst nicht aus dem Busch heraus. Du gehst hier nur zur Seite hinein, tief genug, daß du mit deinen Muchachos nicht gesehen wirst, und fällst über sie her, wenn wir sie weiter hier auf dem Wege drin haben, so daß auch du sie im Rücken hast wie Santiago. Habt ihr beide verstanden, was ihr zu machen habt? Wenn nicht, ich finde auch andere Sergeanten, die es verstehen.«
»Nur keine Sorge, General«, erwiderte Santiago. »Verstanden oder nicht verstanden. Wir kriegen sie schon.«

»Los dann, ihr beide, auf eure Posten.«
In weniger als einer halben Minute hatten die beiden neuen Sergeanten ihre Trupps zusammengestellt. Es war nur nötig gewesen zu sagen, daß sie den Befehl hätten, auf die Rurales loszugehen, und hundert Muchachos sprangen auf, um dabeizusein. Daß diese beiden Trupps die Rurales im Rücken packen sollten und dadurch eine besonders günstige Gelegenheit bekamen, ihnen die Waffen abzunehmen, machte die Teilnahme an diesen Trupps reichlich begehrenswert. An die Gefahr, totgeschossen oder gefangen zu werden, daran dachte auch nicht einer der Muchachos. Rebellen haben zu siegen. Wenn Rebellen nicht siegen, dann ist es an und für sich auf alle Fälle besser, nicht zu überleben. Was eine verfehlte Rebellion bedeutete, brauchte keinem der Muchachos erzählt oder erklärt zu werden. Die volle Brutalität, Bestialität, Grausamkeit und zurückgedrängte Perversität heuchlerischer und vermickerter Waschfaßbürger, die sich vorübergehend als Herren und als Polizisten fühlen durften, kam zum widerwärtigsten Ausbruch, wann immer indianische Proleten, die es gewagt hatten, sich gegen die Tyrannei und Diktatur zu erheben, niedergeschlagen waren. Für jeden Rotzjungen in Uniform, der gefallen war, wurden hundert, manchmal gleich dreihundert indianische Proleten gemartert, gepeitscht und dann wie Hunde erschlagen, oder gleich Räubern zwanzig an einen und denselben Baum gehenkt. Die Schreckensgeschichten, die zuweilen in amerikanischen Zeitungen erschienen, erzählten nicht den zehnten Teil dessen, was wirklich geschah.

Drittes Kapitel

1

Beide Trupps marschierten ab. Jeder in die Richtung, die General angeordnet hatte.
Die Trupps waren kaum hundert Schritt fort, als General alle Muchachos, die in seiner Nähe sich befanden, aufrief, sich marschbereit zu halten. Die große Masse, die weiter hinten lagerte, erhielt den Befehl, aufzupacken und sich auf den Marsch zu begeben, jedoch nicht voran, sondern wieder zurück auf dem Wege, den die Companias heute gekommen waren.
Es regnete, nicht heftig, sondern in langen, traurigen Strichen. Durch diesen Regen wurde die Sicht weniger klar, aber bis zu jener Erdsenke hin konnte das Gelände genügend beobachtet werden.
Der Santiago-Trupp war inzwischen einen Kilometer weit marschiert und befand sich ungefähr in gleicher Höhe mit der Senke. In diesem Augenblick schienen die Rurales, die in der Senke auf Lauer lagen, zu bemerken, daß für sie die Gefahr bestand, umgangen zu werden. Das mußten sie verhüten, um so mehr, als durch jenes Umgehen es den Muchachos gelingen mochte, zwischen die Rurales und die Finca zu kommen. Einmal innerhalb der Umfassungsmauern der Finca, würden die Muchachos eine ungemein starke Stellung zu ihren Gunsten haben, noch mehr verstärkt dadurch, den Finquero und seine Familie als Geiseln gebrauchen zu können.
Es ertönte ein schriller Pfiff in der Senke, und gleich darauf tauchten die Rurales daraus hervor. Einige waren bereits aufgesessen. Andere, und die waren die Mehrzahl, zerrten ihre Pferde hinter sich her, hinauf auf den Rand der Senke, um schneller die Böschung hinaufzugelangen. Oben angekommen, schwangen sie sich in die Sättel und warteten auf weiteren Befehl ihres Capitan. Die Pferde tänzelten herum, offenbar nervös gemacht von ihren Reitern, die, so schien es, nicht eilig genug das Scharmützel zu Ende bringen konnten. Die Ursache dieser Emsigkeit war freilich weniger in Tapferkeit oder Kriegsbegeisterung der Leute zu suchen als vielmehr darin, daß der sanfte Strichregen, der bis jetzt

nur müde und zaghaft heruntersisselte, so chipichipi, wie der Indianer sagt, in einer halben Stunde in einen gut gewetterten, schweren tropischen Aguacero auszuarten drohte. Je rascher das Treffen vorüber war, um so schneller waren die Rurales wieder in der Finca. Mit dem halben Hundert verlausten Indianern wurden die geübten Rurales in zehn Minuten fertig. Sie hatten Erfahrung darin.

2

Sobald alle aufgesessen waren, begannen sie in leichtem Trab auf den Santiago-Trupp loszureiten. Das holprige weiche Gelände, in dem die Hufe der Pferde einsanken, wenn sie zu fest auftraten, ließ ein rasches Galoppieren nicht zu.
Zuerst waren nur etwa zehn sichtbar gewesen. General glaubte, daß diese zehn Mann die Hälfte der Landpolizei seien, die hier auf die heranziehenden Rebellen auf Lauer gelegen hatten. Aber es währte nicht lange, und mehr und mehr Reiter tauchten aus der Senke hervor. Endlich sah General zu seinem großen Erstaunen, daß die Rurales ungefähr sechzig Mann stark waren; und, wie er von den begleitenden Mules schätzen konnte, hatten sie zwei Maschinengewehre mit sich.
»Verflucht! Verflucht, verflucht und drauf geschitt«, sagte er. »Das ist ja beinahe eine ganze Compania, die da rausgekrochen kommt. Nun wird's lustig.«
»Hoffentlich wird's recht lustig«, rief einer. »Zwei Maschinengewehre sind besser als eines, und sechzig Karabiner können wir besser gebrauchen als zwanzig. Was sagt ihr dazu, Muchachos?« fragte er jene, die ihm nahe lagen.
Ehe sie antworten konnten, hatte General Befehl gegeben, daß etwa sechzig Mann von denen, die herumlagen, bereit sein sollten, um innerhalb der nächsten fünf Minuten loszugehen.
General rief Profesor. »Du nimmst den Haupttrupp und beginnst zurückzumarschieren, denselben Weg, den wir gekommen sind.« Die Leute taten es ungern. Es war keine Zeit, daß Profesor allen erklären konnte, welchen Plan General verfolgte.
General hielt seine sechzig Mann dicht bei sich und rief ihnen zu: »Sobald ich einen Schuß aus meinem Revolver abfeuere, erhebt

ihr euch und marschiert hinter mir her, auf die Finca los. Ich werde euch sagen, wann ihr angreift. Wenn ihr früher angreift, als ich es euch sage, dann schieße ich jeden einzelnen über den Haufen. Verflucht noch mal!«

3

Die Rurales waren jetzt so weit auf den Santiago-Trupp zugekommen, daß sie nur noch etwa fünfhundert Meter von ihm entfernt waren. Damit war diesem Trupp der Weg zur Finca abgeschnitten.
Jetzt, dem Plan Generals richtig und getreu folgend, ordnete Santiago seinen Leuten an, sich furchtsam zu stellen und eiligst zurückzutraben auf den Busch zu, um dort Schutz zu suchen.
Als die Burschen so furchtsam zu rennen begannen, betrachtete der Mayor, der die Rurales befehligte, das als ein Zeichen des Sieges. Er sagte zu dem Leutnant grinsend: »Da sehen Sie, was habe ich immer behauptet? Dieses verlauste Indianerpack ist nur frech tief im Dschungel. Aber wenn diese Dreckschweine auch nur eine Uniformmütze schief aufs Ohr gesetzt sehen, dann rennen sie wie die Karnickel, mit nassem Schitt heraustropfend aus ihrem verlumpten Hosenboden. Drauflos und ihnen den Rest gegeben! Wer irgendeine Waffe trägt, Machete oder Messer, wird sofort ohne Gnade erschossen. Wer nichts, gar nichts trägt, wird an den Lasso genommen und mit zur Finca genommen, wo wir sie uns aufheben für heute abend. Das Weibervolk auf der Finca hat ein Vergnügen daran zu sehen, wie wir mit den Gefangenen umgehen. Los! Vorwärts marsch! Maschinengewehre bleiben vorläufig zurück, aber fertig zum Absetzen. Marcha adelante!«
El Corneta blies das Signal. Die Mannschaft nahm einen eiligeren Trab auf. Jedoch die Pferde stolperten und blieben mit den Hufen in den dicken Grasbüscheln hängen und stecken. Darum ging der Angriff nicht so militärisch elegant vonstatten, wie der Mayor und der Leutnant gewünscht hätten. Beide wußten recht gut, daß sie vom Dach des Herrschaftshauses der Finca aus mit Jagdgläsern beobachtet wurden.

4

General, lang ausgestreckt am Boden liegend, richtete sich höher auf den gestützten Armen. Nun zog er den Revolver. Es folgten einige Sekunden hochgespannter Erwartung bei den Muchachos, die ihre Augen auf jede Bewegung Generals gerichtet hielten.
Der Santiago-Trupp, zurückrennend, war jetzt nahe bei dem Rand des Busches angekommen. Die Rurales befanden sich nur etwa zweihundert Meter von dem Trupp entfernt. Dem schlechten Gelände zum Trotz wollten sie unter allen Umständen einen heftigen Galopp ansetzen, um den Santiago-Trupp daran zu hindern, den Busch rechtzeitig zu erreichen, weil es im Busch schwieriger wurde, die Muchachos zu fangen, als im offenen Gelände.
Das Galoppsignal wurde gegeben. Die Pferde setzten hoch und sprangen voran.
Aber gleichzeitig krachten vom Hügel her zwei Schüsse, einer aus dem Revolver Generals, und einer aus dem eines der Muchachos, dem General einen Wink gegeben hatte.
In derselben Sekunde waren die befohlenen Muchachos auf den Beinen. Sich sofort in Laufschritt setzend, begannen sie, in geradem Wege auf die Finca loszurennen. Sie rannten, dem Befehl Generals folgend, nicht alle in einem dicken Haufen, sondern in kleinen Gruppen von je fünf oder sechs Mann, um zu verhüten, daß sie zu gute Ziele abgeben sollten.

5

Der Kriegsplan, den General ausgearbeitet hatte, war eines erfahrenen und genialen Feldherrn würdig. Die versteckten Rurales aus ihrer sicheren Senke, wo sie infolge ihrer besseren Bewaffnung und ihrer militärischen Schulung so gut wie unangreifbar waren, hervorzulocken und sie in das offene Gelände zu bringen, das allein war eine Meisterleistung. Im offenen Gelände waren die Rurales, trotz ihrer Pferde, nicht nur angreifbar, sondern besiegbar. Die Pferde waren eher hinderlich als nützlich, um so mehr, als der Regen heftiger wurde und das von der langen Regenzeit völlig durchweichte Prärieland nun erneut aufweichte. Der Mayor der Rurales hatte zu spät erkannt, wie schwierig das Gelände hier war.

Es war fester gewesen von der Finca aus bis zu jener Senke, und er hatte angenommen, es sei ebenso zwischen der Senke und dem Busch. Es war von ihm übersehen worden, daß jedes Gelände, je näher es einem großen Dschungel oder einem weit ausgestreckten Busch liegt, um so mehr den Eigenschaften des Busches unterliegt, in dem jede Feuchtigkeit viel länger anhält als in dem offenen Gelände, wo unter dem Einfluß der tropischen Sonne das Gelände selbst nach dem heftigsten Regen in wenigen Tagen auftrocknet.
General hatte diese ihm recht gut bekannte Tatsache in seinem Plan in Betracht gezogen. Je näher er die Rurales zu dem Busch heranlocken konnte, desto weniger guten Gebrauch konnten sie von ihren Pferden machen. Außerdem ist es für Leute, die Stiefel tragen, viel schwieriger, in aufgeweichtem Buschgelände zu marschieren, als für die Indianer, die barfuß gehen. Der nacktfüßige Indianer vermag in diesem verschlammten Boden zu rennen, der bestiefelte Mann dagegen hat seine saure Mühe, überhaupt weiterzukommen. So viel Aufmerksamkeit muß er seinem Weg widmen, daß er, in einen Kampf verwickelt, so gut wie hilflos wird.
Der Regen kam General ebenfalls sehr gelegen, obgleich dieser Regen mehr ein unerwarteter, wenngleich begrüßter Bundesgenosse war als eine Hilfstruppe, die von vorneherein in Rechnung gezogen wurde.
Was aber General zu einem Feldherrn machte, weit überlegen dem Mayor der Rurales, war seine Gabe, mit dem Kopf seines Gegners zu denken und zu arbeiten. Bis zur letzten und winzigsten Idee hatte er richtig vorausgerechnet, was ein Offizier der Rurales oder der Federales unter diesen gegebenen Umständen tun und wie er handeln würde.
Es war natürlich, daß die Offiziere der Rurales es als ihre oberste Pflicht betrachteten, die Bewohner der Finca, in der sie zu Gaste waren, zu schützen, und als Caballeros fühlten sie es als ihre vornehmste Aufgabe, die weiblichen Familienmitglieder des Finqueros vor den rohen und ungewaschenen Händen der indianischen Rebellen zu retten.
Darum durfte der Santiago-Trupp den Rurales nicht in den Rükken gelangen. Ferner hatte der kommandierende Offizier aus militärischen Gründen zu vermeiden, daß die Rebellen etwa die Finca

umgingen und sich nach Hucutsin begaben, das augenblicklich von Soldaten entblößt war. So war durch jenen Santiago-Trupp der Mayor gezwungen worden, gegen seinen Plan und gegen seinen Willen die sichere Erdfalte zu verlassen und sich ins offene Gelände zu begeben.

Es war jetzt nur noch nötig, die Rurales zum Haupttrupp hinzulocken. Das war schwieriger. Aber General löste diese taktische Aufgabe in einer ebenso genialen Weise, wie er die andere gelöst hatte, den Gegner ins offene Feld zu zwingen.

Es war sein Plan, die Rurales in die weite Prärielichtung, die sich einer Straße gleich einige Kilometer weit in den Busch hineinzog, zu locken.

Während die Rurales dem Santiago-Trupp, der, scheinbar den dicken Schitt in den Hosen, ausrückte, nachsetzten, um einen gewaltigen Sieg verbuchen zu können, zog sich links der Fidel-Trupp, an den Grenzen des Busches bleibend, dem Ausgang der Lichtung nahe. Zur selben Zeit füllte General den Busch zu beiden Seiten der Lichtung mit Leuten an in einer solchen Weise, daß diese versteckten Leute von den Rurales nicht gesehen werden konnten, wenn jene sich in die Lichtung gegeben sollten.

Nachdem alles für das Gefecht vorbereitet war, blieb für General nur noch übrig, die Rurales in die Lichtung zu locken. Er tat es so geschickt, wie es kein erfahrener Feldherr hätte besser machen können.

6

Als die beiden Schüsse loskrachten, der eine von ihm selbst abgegeben, der andere von seinem Nebenmann, hielten die reitenden Rurales alle ohne Ausnahme an, ohne einen Befehl abzuwarten, so unerwartet waren ihnen diese beiden Schüsse gekommen und aus einer Richtung, wo sie nicht erwartet hätten, daß dort Rebellen sein könnten. Sie sahen im gleichen Augenblick den Trupp, von General geführt und etwa sechzig Mann stark, wild auf die Finca losrennen. Während die Burschen rannten, feuerten drei, den Befehlen Generals folgend, ihre Flinten auf die Rurales ab.

»Bei allen Heiligen!« rief der Mayor dem Leutnant zu, der am linken Flügel ritt, »da sind wir ja auf elend falscher Fährte.«

Der Leutnant kam herangaloppiert.

»Da drüben, das sind die Schweine, hinter denen wir her sein sollten«, sagte der Mayor erklärend. »Die Muchachos, hinter denen wir hier herjagen, als wären sie Hasen, sind armselige entflohene Burschen, weiter nichts. Wahrscheinlich rennen sie nur vor den Rebellenhunden weg, die ihnen ihre hart verdienten paar Gelder stehlen wollen. Los. Corneta, das Signal geblasen. Wendung nach rechts. Attacke mit voller Waffe!«

Das Signal ertönte, und die ausgeschwärmte Reihe der Rurales änderte ihre Richtung und galoppierte auf die Lichtung zu, aus der die stürmenden Rebellen hervorgebrochen waren. Etwa zwei Kilometer trennten sie voneinander.

Kaum hatten die Rurales die neue Richtung aufgenommen, zog sich der Santiago-Trupp in den Busch hinein, ein Manöver, von dem der Mayor glaubte, es sei eines der Furcht, und die Burschen wollten nur dem Gefecht, das sie kommen sahen, ausweichen, um nicht von Streifschüssen getroffen zu werden. Hätte der Santiago-Trupp nicht so gehandelt und wäre er in der alten Richtung weitermarschiert, dann würde der Mayor sicher einen Unteroffizier mit sechs Mann abgeschickt haben, den Burschen zu folgen. Das wäre gegen den Plan Generals gewesen, der verhüten mußte, daß der Santiago-Trupp in ein Gefecht verwickelt wurde, wodurch der Kommandant der Rurales erfahren haben würde, daß der Santiago-Trupp zum Rebellenheer gehörte und sein Seitenmarsch nur ein taktisches Manöver sei.

Sobald General nun alle Rurales auf seinen Stoßtrupp zureiten sah, ließ er jeden Mann, der eine Schußwaffe trug, einen Schuß auf die Rurales feuern. Zwei Pferde der Rurales stürzten. Ob sie getroffen waren, oder nur über hohe Knollen der dicken drahtigen Grasbüschel gestolpert waren, konnte nicht ersehen werden. Aber zwei Rurales, deren Pferde nicht stürzten, hatten Verwundungen erlitten, was von den Muchachos wahrgenommen werden konnte infolge der verrenkenden Bewegungen, die jene Getroffenen machten.

Ohne diese Treffer, die für das Gelingen des Planes, den General ausgedacht hatte, notwendig waren, hätte es geschehen können, daß der Mayor seine Leute zur Senke zurückgeführt hätte, um

dort die Rebellen zu erwarten oder in anderer Weise anzugreifen, oder gar bis dicht an die Gebäude der Finca zurückzugehen und von hier aus fächerartig über das Gelände auszuschwärmen. Wieder hatte General richtig mit dem Hirn, oder in diesem besonderen Fall mit der eigentümlichen Psychologie eines Offiziers, gerechnet. Ob sie Heiducken kommandieren oder Rotznasen mit braunen, grünen oder schwarzen Kappen, sie sind alle gleich. Ihre Ehre ist verletzt, wenn sie von Proleten mit Dreck beschmissen werden oder mit Pflastersteinen. Erst recht war hier die Ehre eines Offiziers der Rurales tödlich verwundet, daß dreckige und verlauste Indianer es wagen konnten, auf ihn zu feuern. Steif hatten sie zu stehen, wenn ein Offizier vorüberkam, steif zu stehen und die Arme über die Brust zu kreuzen und sich tief zu neigen, wenn er sie anredete; denn sein Gesicht anzusehen, war für einen indianischen Peon ein größeres Verbrechen, als zu versuchen, das Antlitz Gottes zu ergründen.
Der Regen, der nun dick und peitschend herunterströmte, machte den Mayor erst recht verdrießlich. Warum kann denn nicht die Sonne scheinen, wenn ein ehrbarer Krieger eine Schlacht schlagen will! Zur Hölle mit diesem gottverfluchten Regen. Pitschnaß bis auf das bekleckerte Hemd, und nun auch noch verlausten Indianern nachrennen. Warum, der Teufel mag wissen, wurden nicht einfach alle Indianer abgeschlachtet, gleich im ersten Jahrhundert nach der Entdeckung. Dann hätte man Ruhe, könnte nun mollig und vergnügt in der Finca sitzen, den Mägden unter den Röcken spielen und dem Finquero hundert Pesos im Sieben-und-ein-halb abnehmen.
»Los! Drauf auf die Schweine. Wir werden es sie schon lehren, auf ehrliche Soldaten zu schießen. Nicht einer bleibt am Leben, der auch nur einen Span von so etwas wie einer Waffe oder einem Messer an sich trägt. Das ist Befehl! Verstanden?«

7

Stolpernd und holpernd ritten die Rurales auf die Lichtung zu. Alle, ohne Ausnahme, waren des strömenden Regens wegen mißmutig, wie nur jemand sein kann, der im Regen daherlaufen muß und gewiß weiß, daß es stundenlang so fortregnen wird. Sie klebten auf ihren Pferden, in sich zusammengekauert, als ob sie sich dadurch besser vor dem Regen zu schützen hofften. Ihre gummierten Regenumhänge konnten sie nicht gebrauchen, weil die ihnen im Gefecht hinderlich gewesen wären.

Der Stoßtrupp der Muchachos marschierte jedoch weiter auf die Finca zu. Als General etwa so weit im offenen Gelände war, daß er im Zurückmarschieren seines Trupps ungefähr ebensoviel Zeit haben würde, zum Ausgang der Lichtung zu gelangen, wie die Rurales, ließ er Front zu den Rurales machen und feuern. Zwei oder drei Mann schienen wieder getroffen zu sein, aber sie blieben auf ihren Pferden und ritten voran, auf die Lichtung zu.

El Corneta blies ein Signal, und die Rurales versuchten, eine glänzende Attacke zu reiten. Aber durch das Gelände und durch den Regen gehindert, kam die Attacke wieder nicht weit. Der Mayor ließ halten und einige Minuten lang Schützenfeuer auf den Stoßtrupp abgeben.

Die Muchachos erwiderten mit wenigen Schüssen, und dann, getreu dem Befehl Generals folgend, rannten sie, wie in großer Furcht, in einem ungeordneten Haufen in die straßenähnliche Lichtung des Busches hinein.

Nun hielt der Mayor den Zeitpunkt für gekommen, den Rebellen den vernichtenden Rest zu geben. Er folgte dem verwirrten Trupp in die Lichtung. Diese Lichtung war von steifem hartem Kurzgras bewachsen. Der Boden war darum weniger weich als das offene Gelände. So vermochte die Polizei ein wenig rascher zu galoppieren. Die Muchachos rannten wie gehetzte Karnickel, und hinter ihnen herzujagen, machte den Rurales ein Vergnügen. Das Vergnügen wurde um so angenehmer empfunden, als der heftige Regen nachließ und die Wolken klarer wurden.

»Nicht schießen«, kommandierte der Mayor, »bis ich das Signal gebe.« Er wandte sich zum Leutnant. »Sehen Sie da, Teniente, weiter voran in der Lichtung ist noch ein größerer Haufe. Wenn wir die Haufen dicht beieinander haben, dann lasse ich mit den beiden Maschinengewehren dazwischenpfeffern. Caray, da sollen Sie einmal etwas sehen, wie die Ametralladoras wüten können. Gut für Sie, das zu wissen, wie die da hineinmähen. Gehört zur Kriegskunde.«

Der Stoßtrupp, im Zurückrennen, stieß auf andere Companias, die lange vorher den Befehl erhalten hatten, sich zurück in den Busch zu ziehen. Der rennende Haufe, durch jene Companias vergrößert, bestand nun aus etwa zweihundert Burschen. Es sah verwirrt genug aus, und es war nur natürlich, daß die Rurales an der Verfolgung dieses rennenden Haufens ihre Freude hatten. Es war vergnügter als Viehherden blockieren. Denn unter den rennenden Muchachos waren auch zahlreiche Pferde, Mules und Esel, die von den Monterias mitgeführt worden waren. Diese verscheuchten Tiere, auf die eingepeitscht wurde, um sie zu eiligerem Laufen anzuregen, brachten in die fliehenden Massen ein solches Durcheinander, daß es von den so gut gedrillten und so geordnet anreitenden Rurales aus gesehen den Eindruck erweckte, diese in heilloser Panik dahinrennende Masse könnte sich nie wieder zur Ordnung sammeln.

Aber der seines Sieges so sichere Mayor bemerkte nicht, und keiner seiner Leute schien es zu bemerken, daß diese unbeschreibliche Verwirrung nur dazu diente, eine Kriegslist zu verdecken, eine List, die General ausgearbeitet hatte.

Die fliehende Masse nahm die ganze Breite der weiten Straße ein. Sie dehnte sich so weit zu beiden Seiten aus, daß die Flügel dicht am Busch streiften, der sich rechts und links dieser Lichtung hinzog. So verwirrt waren die gehetzten Muchachos, daß sie, um nur rascher fliehen zu können, sich an den Flügeln in den Busch hineindrängten, um freien Weg zu haben, den sie in der Mitte des Haufens nicht finden konnten.

Es sah ungemein lustig aus für die Rurales, wie jene Muchachos, ähnlich aufgescheuchten Ameisen, entlangkrabbelten und entlangstolperten. Jedoch die Rurales nahmen nicht wahr, daß die Muchachos, die an den Rändern des Busches sich entlangquetschten und -drückten, sobald sie erst einmal vom Haufen ver-

schwunden waren, sich weiter zu den Seiten in dem Busch verkrümelten, tiefer und tiefer in den Busch hineinliefen und zwischen den Bäumen darauf warteten, wann die Rurales in gleicher Höhe mit ihnen sein würden. Sobald die Rurales vorüber waren, immer hinter dem fliehenden Haufen her, schlichen sich diese Muchachos, immer im Busch bleibend, wieder in die Richtung zur Finca zurück. Waren sie einige hundert Meter weit in jene Richtung gegangen, dann kamen sie wieder hervor, dicht an den Rand der Lichtung heran. Sie befanden sich nun den Rurales im Rücken.
Hätte es der Mayor mit geübten Soldaten als Gegnern zu tun gehabt oder mit erfahrenen Revolutionären, die von tüchtigen Offizieren geführt wurden, dann würde er gewiß mehr Vorsicht gezeigt haben. Wahrscheinlich wäre er überhaupt nicht in jene Lichtung hineingeritten, sondern hätte die Rebellen erwartet, die ja endlich einmal in das offene Gelände kommen mußten. Aber diese verlausten und verdreckten Indianer können nicht für sich denken, darum brauchen sie Tyrannen und Diktatoren, die ihnen das Geschäft des Denkens abnehmen. Und weil diese Dreckschweine nicht denken können, so können sie auch keine Pläne machen. Darum, drauflos und immer geradeaus.

8

Nur die Leute der beiden ersten Companias verstanden, was General beabsichtigte; denn sie hatten zugehört, als er den Plan an die Capitanes erklärte. Jedoch die Companias, die weiter hinten im Trupp gewesen waren, wußten nichts von dem Plan. Sie sahen nur das Fliehen und wurden in dem Fliehen mitgerissen. Sie widersetzten sich, konnten aber infolge der stärkeren vorderen Companias, die auf sie losprallten, nichts ausrichten und wurden mit in den rennenden Haufen gehetzt. Alle paar Minuten schrien sie: »Wir sind doch keine Hosenschitter! Wir rennen nicht! Drauf auf die Soldados! Wir brauchen ihre Karabiner!«
Unglücklicherweise für das volle Gelingen des Planes stieß der fliehende Haufen auf die beiden letzten Companias des Marsches, auf jene, die den starken Nachtrupp bildeten. Es waren die Companias, bei denen sich Andres befand und Coronel und mehrere andere der intelligenteren Muchachos.

Weder General noch Profesor noch die unterrichteten Capitanes hatten Zeit und Gelegenheit, die Nachhut mit dem Plan bekannt zu machen. Denn kaum stießen die ersten Gruppen der fliehenden Muchachos auf die neuankommenden Companias, da brachen diese Companias auch gleich in ein wildes Geheul aus: »Ihr gemeinen Hundsfötter, ihr werdet doch nicht vor Soldados und Policias ausrücken. Wir sind Rebellen. Tierra y Libertad! Drauf auf die Soldknechte der Tyrannen. Drauf und geschlachtet. Es gibt Revolver und Karabiner zu verdienen. Die verrotzten Schitter. Vorwärts!«
Die Muchachos brachen sich wie wild gewordene Stiere Bahn durch die fliehenden Haufen, und in wenigen Minuten waren sie an der Front, kaum fünfzig Meter von den Rurales entfernt.

9

Es war um einige zehn Minuten zu früh, daß der Kampf begann. Die beiden Seitentrupps konnten noch nicht vollzählig am Rande der Lichtung angelangt sein. Die Dutzende von Muchachos, die sich seitlich in den Busch geschlichen hatten, waren noch nicht gesammelt und auch noch nicht stark genug, um den Rurales, die zu Pferde waren, den Weg abzuschneiden und sie von vier Seiten umzingelt zu halten. Es wäre, hätte die Nachhut sich auch nur um eine Viertelstunde in ihrem Anmarsch verzögert, auch nicht ein Mann der Rurales entkommen.
Wer nun die wirklich Verwirrten und Gehetzten waren, das waren die Rurales.
Die Muchachos der letzten Companias, ohne sich um Schüsse zu kümmern, rannten, den Machete in der Hand, schreiend und heulend auf die Rurales los. Selbst die Muchachos, die Revolver oder Flinten besaßen, nahmen sich keine Zeit, diese Waffen zu gebrauchen. Es dauerte zu lange und war zu umständlich. Außerdem kann mit einer Pistole jeder Rotzjunge schießen. Das bedeutet gar keine Tapferkeit. Viel besser und saftiger geht es mit Machetes. So aufgeregt, so begeistert, so kriegswütig waren die Muchachos, daß sie nicht nur ihre Packen abwarfen, sondern sogar Flinten, sofern sie solche trugen. Das alles war hinderlich in einem echten Kampfe, wie er hier bevorstand.

Die Rurales hatten, während sie anritten, ihre Karabiner schußfertig, aufrecht auf ihren rechten Schenkeln gestützt, getragen. Sie brauchten sie nur hochzuheben und konnten losknallen. Das versuchten sie auch, aber die Mehrzahl der Schüsse sausten über die Wipfel der Bäume hinweg. Denn das Schreien und Heulen der anstürmenden Masse wütender Muchachos brachte die Pferde aus der Gewalt ihrer Reiter. Es war zu plötzlich und unerwartet gekommen. Die Pferde bäumten, schlugen um sich, wandten sich, versuchten den Zaum vor die Zähne zu nehmen und wild zurückzugaloppieren. Ein Dutzend Reiter wurde abgeworfen. Die abgeworfenen Polizisten rafften sich auf und begannen ihre Karabiner abzuschießen. Sie brachten es jedoch in keinem Falle zum Abschuß eines vollen Magazines. Dann saßen ihnen auch schon drei oder vier Burschen am Hals, vor der Brust, auf dem Rücken. Und drei Sekunden darauf war der Mann in Stücke gehackt.
Wäre der Boden sehr hart gewesen, dann hätten die Rurales wahrscheinlich in großer Zahl fliehen und entkommen können. Aber wenn es auch nur einer versuchte, sein Pferd herumzureißen und heftig anzuspornen, dann hingen gleich fünf Burschen dem Pferde am Schwanz und drei hingen an den Zügeln, während zwei oder drei den Mann aus dem Sattel zerrten.
Der Versuch, die Maschinengewehre abzusatteln und auf den Boden zu bringen, kam nicht weiter als bis zum Abschnallen der Gurte. Dann waren die Mannschaften auch schon zerfleischt.
Der Mayor und der Leutnant versuchten, Befehle zu brüllen. Aber keiner hörte auf sie.
Der Hornist lag ohne Kopf im Dreck. Pferde trampelten auf seinem Leibe herum.
»Rette sich, wer kann!« schrie der Mayor, um sich entschuldigen zu können und ein Recht zu haben, abzureiten. Sein Leutnant flog bereits tausend Meilen hoch als Harfenspieler herum.
Der Mayor kam fünfzig Schritte weit und glaubte sich bereits geborgen. Aber da brachen seitlich aus dem Busch, an dessen Rande er dicht entlangritt, fünf jener Muchachos hervor, die sich auf dem Rückmarsch dort verkrochen hatten. Es währte nur zwei Sekunden sowie die Dauer eines fehlgegangenen Schusses aus dem eleganten, mit Gold ausgeschlagenen Revolver des Mayors,

und fünf Sekunden später hätte ihn sein bester Freund nicht mehr auch nur unter zwei Leichnamen identifizieren können.
Vier Polizisten gelang es, zu entkommen. Sie hatten es ihren Pferden zu verdanken, die so verschüchtert und so verängstigt waren, daß sie Löcher im Boden und Schlamm vergaßen und auf Tod und Leben darüber hinwegeilten.
Die beiden Seitentrupps erreichten die Lichtung um eine halbe Minute zu spät. Andernfalls wäre es selbst den mutigsten Pferden nicht geglückt, ihre Reiter zu retten.
Immerhin war selbst diese geglückte Flucht der vier Rurales kein völliger Verlust für die Muchachos. Die Rurales hatten ihre Karabiner und ihre Munition abgeworfen, um ihrer Flucht sicherer sein zu können.
Diese vier fliehenden Rurales trafen auf ihrem Galopp zur Finca die beiden anderen ihrer Kameraden, die schon vorher, noch vor dem Einmarsch in die Lichtung, mit ihren getroffenen Pferden gestürzt waren. Diese beiden marschierten zu Fuß zur Finca zurück. Zu ihrem Glück rannten auch einige versprengte Pferde ohne Reiter zur Finca zurück. Es waren Pferde, deren Reiter in dem Kampfe gefallen waren. Die vier berittenen Rurales vermochten zwei Pferde einzufangen und ihre hinkenden Kameraden aufzusetzen, so daß diese sechs als die einzigen Überlebenden der so elegant und schnotzig ausgerittenen Polizeitruppe in die schützenden Mauern der Finca gedemütigt und niedergeschlagen einziehen konnten.
Auch den abgeworfenen Rurales waren keine Waffen geblieben. Deren Karabiner waren am Sattelknopf hängengeblieben, als die Pferde stürzten und ihre Reiter herunterschleuderten. Die Pferde aber hatten sich nach einigen Augenblicken wieder aufgerichtet und waren, trotz ihrer Verwundungen, hinter dem Haupttrupp hergelaufen und mit in die Lichtung getrabt, wo sie später infolge des Blutverlustes zusammengebrochen waren und die Muchachos sich Sättel und Karabiner anzueignen vermochten.
Als die Beute überzählt wurde, waren die Rebellen um sechzig funkelnagelneue Karabiner, acht Revolver und drei Feldgläser reicher. Außerdem waren sie im Besitz von zwei neuen Maschinengewehren mit voller Munition. Die Magazine der Karabiner

waren freilich mit ganz wenigen Ausnahmen alle ausgeschossen, aber jeder gefallene Mann der berittenen Landpolizei trug außerdem vierzig bis sechzig Patronen in den Gürteln und in den Taschen.
In der Beute befanden sich Uhren, Ringe, Taschenmesser und andere Habseligkeiten der Rurales. Diese Sachen gehörten denen, die den Besitzer besiegt und geschlachtet hatten, und wenn das nicht genau entschieden werden konnte, stritten sich die Muchachos nicht darum. Die meisten legten keinen Wert darauf, etwas von der Beute zu erhalten. Alles gefundene Geld wurde an Profesor für die Kriegskasse abgeliefert. Es waren etwa dreihundertzwanzig Pesos, von welchem Gelde dem Mayor mehr als zweihundertfünfzig und dem Leutnant vierzig Pesos gehört hatten. Die Mannschaften hatten in manchen Fällen weniger als einen Peso in ihren Taschen gehabt, mehrere auch nicht einmal zehn Centavos, denn es war bereits sechs Wochen her, seit sie die letzten Haussuchungen in den Wohnungen denunzierter Bürger veranstaltet hatten.
Lucio Ortiz, genannt Coronel, der mit dem Nachtrupp angelangt war, hatte Erfahrung mit Maschinengewehren, denn er war in seinem Bataillon in dieser Waffe ausgebildet worden. Ihm lachte das Herz und ihm bibberten die Rippen, als er diese beiden schönen blankgeputzten Ametralladoras sah. Er umarmte sie und küßte sie wie Bräute. »Euch werde ich aber fein kitzeln, Chamacas tan dulces. Ihr sollt mir springen«, sagte er, sie streichelnd und hätschelnd, »und losspritzen sollt ihr mir, drauf auf die räudigen Soldknechte, daß Gott im Himmel lachen soll. Die haben uns gefehlt, Muchachos«, wandte er sich an den Haufen der Burschen, der ihn umdrängte, um diese merkwürdigen Flinten zu sehen, von denen auch nicht einer je gehört hatte und auch nicht einer deren Wirkung kannte.
»Mi General«, rief er, »wen machst du denn zum Comandante dieser beiden niedlichen Spritzen? Das geputzte Messing sieht aus wie funkelndes Gold. He, mi General, du mußt wohl einen Comandante dafür haben. Was sagst du zu diesem vortrefflichen Vorschlag?«
General kam heran und lachte. »Du, Coronel, du bist Coman-

dante der Ametralladoras. Ich kann mich nicht um alles kümmern. Bist ernannt.«
»Gracias, mi General. Ich werde sofort eine Compania de Ametralladoras formen und die Muchachos anlernen. Que chingan a todas las madres, verflucht, jetzt sind wir über den Berg hinweg. Ich nehme es mit zwei Regimentern des Cacique auf. Hoffentlich schickt er uns zwei Regimenter. Oder besser noch, eine Division. Je mehr, je besser. Wir können auch zwei leichte Feldgeschütze gebrauchen. Was denkst du, General, wir müssen jetzt so wirtschaften, daß uns der Henker, der auf seinem mit Adlern bepflasterten Sessel hockt, zwei Divisionen entgegenschickt. Vielleicht mit sechs Geschützen. Er braucht sie nur zu schicken, wir werden sie ihm schon abnehmen. Dann marschieren wir auf Tullum los und besuchen den Gouverneur.«

10

Das Gefecht, so rasch es sich auch abgewickelt hatte, so erfolgreich es auch für die Muchachos beendigt worden war, hatte Opfer gekostet. Wäre der Plan des Generals in seinem vollen Umfang geglückt, dann vielleicht wäre es möglich gewesen, die Rurales zu überwältigen, ohne daß sie auch nur zehn Schüsse hätten abgeben können.
Wenngleich die Mehrzahl der Schüsse, die von den überraschten Mannschaften abgegeben wurde, in die Lüfte gesaust waren, ohne Unheil anzurichten, abgesehen von zerfetzten Baumwipfeln, so hatten doch genügend der Leute, alle geübte Soldaten, Gelegenheit gefunden, ihr volles Magazin in den dichten Haufen der Muchachos abzufeuern, ehe sie niedergerissen wurden. Wären die Maschinengewehre auf dem Boden gewesen und schußbereit im Augenblick des Anstürmens der Nachhut, dann wäre die Niederlage der Rurales dennoch unvermeidlich gewesen, weil die Muchachos den Busch zu beiden Seiten stark genug besetzt hatten und im Busch das beste Maschinengewehr nutzlos ist. Die Opfer auf seiten der Rebellen aber hätten wahrscheinlich eine so hohe Zahl erreicht, daß vielleicht die Hälfte der Muchachos auf dem Kampfplatz geblieben wären.
Als die Burschen ihre Toten gesucht hatten, fanden sie, daß neun-

zehn gefallen waren. Mehr als dreißig waren verwundet, zum größten Teil durch Schüsse, zu einem kleineren Teil durch Säbelhiebe und durch Huftritte verängstigter Pferde. Von den Verwundeten starben noch vor dem Abend acht, so daß die Zahl der Toten auf siebenundzwanzig kam.
Sie wurden beerdigt, ohne daß viel Wesen darum gemacht worden wäre. Als sie alle eingegraben waren und einige Muchachos altgewohnte Gebetsformeln heruntergerattert hatten, da waren die Toten auch schon vergessen. Und sie waren völlig vergessen.
Profesor sagte zu den Burschen, die um die Erdhäufchen standen, in denen schlichte Kreuzchen steckten: »Wir sind Rebellen, nicht wahr, Muchachos?«
»Tierra y Libertad!« riefen sie als Antwort.
»Richtig, Camaradas, Tierra libre para todos. Tierra sin capataces y sin amos. Und weil wir Rebellen sind, darum haben wir jetzt keine Zeit, um unsere gefallenen Hermanos zu jammern. Derer werden wir gedenken, wenn wir die Revolution gewonnen haben. Und dann wollen wir ihrer in Ehren, in Andacht und in Dankbarkeit gedenken, weil sie für unsere Revolution gefallen sind. Jetzt aber haben wir dafür keine Zeit. Jetzt müssen wir an die Lebenden denken und an den Sieg. Wer fällt, kann keinen Sieg feiern. Die Sieger feiern. Aber ohne Gefallene gibt es keinen Sieg. Nur die Lebenden können die Erfolge eines Sieges unserer Revolution genießen. Die Muchachos, unsere treuen Camaradas, die hier jetzt begraben liegen, mußten fallen, damit wir siegen konnten. Sie waren nicht die ersten, die um Land und Freiheit und gegen den Cacique fielen, und sie sind nicht die letzten, die gefallen sind. Eines kann ich euch allen versprechen, Muchachos, und das, was ich euch hier verspreche, wird eines Tages wahr sein. Von uns allen, die wir heute hier an den Gräbern unserer toten Brüder stehen, werden nicht zwei Dutzend am Leben sein, wenn die Revolution endlich gewonnen sein wird. Aber das schadet nichts, Brüder. Wir sind nicht die ersten Menschen auf Erden, und wir sind nicht die letzten. Nach uns werden Hunderte, Tausende von Generationen kommen, und diese Generationen, die nach uns kommen werden, die werden in Freiheit von Tyrannen, Unterdrükkern und Diktatoren leben, die werden uns, die wir für ihre Frei-

heit starben, Dank wissen und Ehre. Auch das ist etwas wert, daß wir bei kommenden Geschlechtern geehrt werden. Die aber, die da und hier herum jetzt in Stücken und in Fetzen liegen, die als Soldknechte des Diktators gefallen sind, um ihn in der Macht zu erhalten, damit er das Volk mit Lügen füttern kann, die werden einst vergessener sein als dieser abgebrochene Ast, der da drüben liegt. Ihrer werden sich die kommenden Geschlechter erinnern nicht als Kämpfer, nicht als treue Soldaten, sondern als Henkersknechte, als Folterknechte, als uniformierte Sklaven, deren ganze Weisheit darin bestand, gehorsame Lakaien des El Caudillo und der Aristokraten und der Cientificos zu sein. Den Tyrannen und den Diktatoren und den Schindern von Menschen gehört immer nur ein kurzer Abschnitt in der Geschichte der Menschen, wenn auch dieser Abschnitt immer der an Schrecken und Entsetzen reichste ist. Uns aber, gleich allen Kämpfern um Freiheit, um Volksrechte, um Demokratie, uns gehört die gesamte Geschichte der Menschen. Wir sind die Förderer, während diese Knechte die Aufhalter der Zeit und die Feinde ruhigen Fortschritts sind. Und damit, Camaradas, nehmen wir Abschied von unsern gefallenen Brüdern. Laßt uns alle unsre Hüte abnehmen in Verehrung unserer für unsere Revolution gefallenen Brüder. Laßt uns alle eine Handvoll Erde aufnehmen, und dann laßt uns diese Erde auf die Gräber legen, in denen unsere Brüder jetzt schlafen. Und dabei laßt uns rufen: Tierra y Libertad! Viva la revolucion proletaria! Viva la revolucion de los peones! Abajo los dictadores y los tiranos! Tierra y Libertad!« Als für eine Sekunde Stille war, hob Profesor seine Hand auf und sagte, diesmal nur mit halblauter Stimme: »Adios, Muchachos! Que duermen bien! Adios, Muchachos! Dulce es morir para la revolucion de los pobres! Schlaft in Frieden!«

Er setzte seinen Hut auf und ging auf General zu. Mit völlig veränderter Stimme sagte er: »Nun los, auf die Finca!«

General sprang auf ein Pferd, um besser gesehen zu werden, und riefen über den Haufen hinweg: »A la finca, Muchachos! Adelante!«

Die zerhackten Stücke der Rurales waren, als der letzte Mann des Haufens seinen Packen aufwarf und sich in Marsch setzte, um den voranziehenden Muchachos zu folgen, bereits dick mit roten Ameisen besetzt.

Hoch oben über dem Busch, wo sich die Wolken nun zu verziehen begannen, sah man eine Schar von Geiern Kreise ziehen, die immer enger und enger wurden, bis sie endlich nur noch einen kleinen Zirkel über jenem Teil der Lichtung bildeten, wo das Gefecht sich ereignet hatte.

Viertes Kapitel

I

Der Regen hatte bereits während des kurzen Gefechtes nach und nach aufgehört. Er war gelegen gekommen, als die Muchachos ihn brauchten, und hatte völlig nachgelassen, als sie ihre gefallenen Kameraden begruben.

Große Fetzen dunkler Wolken eilten über ihnen hin, um sich zu verkriechen. Und als der große Trupp jetzt über die weite Prärie marschierte, auf die große Finca zu, stand die helle Sonne frohlokkend an einem blauen Himmel.

Die Finca war, festungsähnlich, von einer hohen Mauer umgeben. Außen, etwa hundertfünfzig Meter von der Mauer entfernt und, von der Finca aus gesehen, nach Norden gelegen, war das Dorf der Peones.

Der Trupp kam von Osten her auf die Finca zumarschiert. General, Profesor, Coronel, Andres und einige zehn andere Muchachos suchten sich Pferde und saßen auf. Es waren Pferde, die den Rurales abgenommen worden waren. Die große Mehrzahl aller übrigen Pferde, Mules und Esel des Trupps waren wundgescheuert von den Packen und von dem langen Marsch durch die Sümpfe des Dschungels und über die felsigen Höhen abgemagert und völlig ermüdet. Viele waren auf dem Wege zusammengebrochen, mußten abgeladen werden, damit sie überhaupt weitermarschierten. Zahlreiche waren durch Abstürzen von den schmalen Felspfaden verlorengegangen, andere waren in Sümpfen steckengeblieben, wieder andere waren bei Flußübergängen ertrunken, weil sie zu müde gewesen waren, sich durch Schwimmen aus den reißenden Strömungen zu retten.

Die Muchachos, die am weitesten dem Trupp voran waren und die Finca nun gut zu übersehen vermochten, besonders die, die auf Pferden saßen, fanden die Gebäude der Finca merkwürdig ruhig. Keine Seele war sichtbar.

»Der Finquero ist abgerückt mit seiner ganzen Brut«, sagte General. »Die gottverfluchten Soldknechte, die uns entwischten, haben ihm sicher die Nachricht überbracht, was von der stolzen Reiter-

schar übriggeblieben ist, und daß heute nichts aus ihrer großen Fiesta wird, wo sie im Glanz ihrer Uniformen sich zu sonnen gedachten wie aufgeputzte Affen auf der Drehorgel. Aber ich sage, es ist ganz gut, daß die Gesellschaft der Finqueros nun endlich einmal weiß, daß wir Ernst machen und daß wir zuzupacken verstehen und uns einen stinkenden Schittdreck draus machen, ob wir verrecken oder ob wir leben bleiben.«
»Gut geschrien, General«, sagte Profesor. »Das ist es, was dieses eiterbeulige Hundegezücht endlich erfahren soll. Sie sollen wissen, daß sie auf alle Fälle verlieren, ganz gleich, ob wir gewinnen oder ob wir wie Hunde erschlagen werden. Wenn wir nicht gewinnen, haben sie keine Peones und keine Sklaven mehr, die sie knechten, prügeln und herumflitzen können.«
Einer der Muchachos, der das Signalhorn der Rurales erobert hatte, von General zum Signalhornisten des Trupps ernannt worden war und nun an der Seite Generals ritt, sagte: »Gut für uns, wenn die Finca verlassen ist. Dann gehört sie uns für die Nacht, und morgen können wir recht gut einen Ruhetag gebrauchen.«
»Wir werden zwei Ruhetage dort machen«, erwiderte General.
»Aber dann kommen Federales an«, sagte ein anderer der Burschen.
»Hoffentlich.« General hielt das für ganz natürlich. »Ob wir das Bataillon, das uns jetzt entgegengeschickt wird, hier in der Finca antreffen oder auf dem Wege nach Hucutsin oder Achlumal oder sonst irgendwo, ehe wir bis Jovel oder Balun Canan kommen, ist ganz gleichgültig. Je früher wir sie treffen, desto mehr Waffen bekommen wir, und desto eher bekommen wir sie. Solange der Diktator auf seinem Sessel hocken bleibt und hofft, er kann die Revolution mit Maschinengewehren ersticken, so lange werden uns Federales entgegengeschickt. Ob hier oder sonstwo, ist unwichtig.«
»Ay, caramba!« unterbrach er sich plötzlich. »Caray, que chinguen a todas las madres, cabrones y mulas, ja zur Hölle, was geht denn da vor sich?« Er richtete sich hoch im Sattel, dann rief er allen den Muchachos, die auf Pferden saßen, zu: »Los, vorwärts, auf die Peones los!«
Eine große Gruppe von Peones der Finca, Männer, Frauen und

Kinder, etwa ein halbes Hundert Leute, waren aus ihren armseligen Lehmhütten und Staketenhöhlen hervorgebrochen, und panikartig versuchten sie, nach Westen zu fliehen, wo der Busch am nächsten war. Ihre Hunde bellten, und mehrere der Peones gaben sich Mühe, ihre Ziegen, Schafe und Schweine mitzutreiben. Als sie bemerkten, daß dieses Vieh sie aufhielt, ließen sie die Tiere im Stich und folgten rennend den vorausfliehenden Familien.

2

Die berittenen Muchachos brauchten kaum zehn Minuten, da hatten sie alle Familien umzingelt und ihnen den Weg zum Rande des Busches abgeschnitten.
Unter den Familien erhob sich ein wehes Angstgeschrei. Männer, Frauen und Kinder fielen auf ihre Knie, hoben ihre Hände betend hoch und flehten die Muchachos an, ihr armseliges Leben zu schonen, sie seien nur arme, bitterarme indianische Peones, hätten nie jemand etwas zuleide getan und hätten nie ein Wort über die Rebellen der Monterias an den Patron oder an die Rurales verraten.
»Aufgestanden, ihr da, allesamt!« rief General. »Vor niemand wird gekniet. Daß ihr das wißt. Keiner ist mehr oben und keiner mehr unten.«
Nicht dieser Versicherung folgend, so schlicht und verständlich sie auch war, sondern lediglich dem Befehl gehorchend, standen alle Männer und Frauen auf. Demütig hielten die Männer ihre Hüte in den Händen, standen gebückt und richteten ihre Blicke ehrfürchtig auf den Boden, bis es einem der Sieger gefallen sollte, einen der verschüchterten Peones bei Namen anzureden und ihm so die Erlaubnis zu geben, seine Augen zum Herrn zu erheben.
Die Frauen verhüllten ihre Köpfe völlig und blinzelten nur mit einem Auge aus einer Falte ihres billigen und zerschlissenen Rebozos heraus, ohne jedoch zu wagen, das Auge höher zu richten als auf die Hufe der Pferde. Mehrere der Frauen schluchzten und schneuzten sich in das Kopftuch, während die Kinder wimmernd und heulend sich hinter den Erwachsenen verkrochen. Einige Säuglinge, aufgeschreckt aus ihrem Schlafe, weinten und versuchten, ihre Köpfchen aus dem festgeschnürten Bündelchen auf dem

Rücken ihrer Mütter herauszuwinden, weil sie zu ersticken fürchteten. Andere Säuglinge krächzten wohlgemut und schlugen mit ihren kleinen Fäustchen ihrer Mutter auf den Nacken. Die Mutter, um keine unbescheidene Stellung gegenüber den Reitern einzunehmen, versuchte, mit ihrem Kopfe ihr Baby wieder in das Tuch auf dem Rücken zurückzuquetschen, als ob sie hoffte, dadurch das Vorhandensein ihres Kindes abzuleugnen. Die Hunde begannen miteinander zu raufen, und einige besonders tapfere gaben sich Mühe, die Beine der Pferde anzufallen. Sobald die Peones eine solche Frechheit ihrer Hunde bemerkten, versetzten sie ihnen einen heftigen Tritt, der die Hunde einige Meter weit hinwegschleuderte.
Daß die Muchachos auf den Pferden zerlumpter waren, verlauster und verdreckter als die Peones, schienen die verschüchterten Finca-Leute nicht zu bemerken. Ebensowenig schienen sie zu bemerken, daß die Muchachos, die hier als Sieger angekommen waren, Indianer waren wie sie, daß sie ihresgleichen waren, daß sie ganz offensichtlich arme Landarbeiter waren wie sie, und wie sie alle Patrones als ihre Tyrannen betrachteten.
Aber die Muchachos saßen auf stolzen Pferden, und sie trugen Waffen. Wer auf so stolzen Pferden angeritten kam, Revolver und Karabiner trug und mit Rurales gekämpft und Rurales besiegt hatte, war ein neuer Herr, wahrscheinlich grausamer, unerbittlicher und ungerechter als der frühere. Wie hier auf dieser Finca jetzt, so geschah es später in der ganzen Republik: Die Peones, seit Jahrhunderten an Herren, Tyrannen, Unterdrücker und Diktatoren gewöhnt, wurden in Wahrheit durch die Revolution nicht befreit, selbst dort nicht, wo die Feudalherrschaften unter den Familien der Peones in kleine Gütchen, in ejidos, aufgeteilt wurden. Sie blieben Sklaven, mit dem einzigen Unterschiede, daß die Herren gewechselt hatten, daß gerissene Revolutionsführer nun die Reichen wurden und daß Politiker nun die kleinbegüterten, scheinbar befreiten Peones gebrauchten, sich unermeßlich zu bereichern, ihren politischen Einfluß zu stärken, und mit Hilfe der durch Mord und Bestialitäten in Furcht und Schrecken gehaltenen, nun selbständigen Peones jede Ungesetzlichkeit, die nur denkbar ist, begingen, um Diputado oder Gobernador zu werden,

mit keiner anderen Absicht, als sich Kisten und Kasten mit Geld vollzufüllen.
Wer den Karabiner und den Revolver hat, ist der Herr dessen, der keinen Revolver hat. Die Muchachos trugen Revolver und wurden darum als die neuen Herren und Patrones angesehen. Daß sie zerlumpte Indianer waren, war lediglich Zufall. Morgen würden sie schon richtig angezogen sein wie Ladinos.
Die Peones hatten der Gründe genug, zu fliehen und in entsetzlicher Furcht zu sein, als sie die Rebellen ankommen sahen. Sie kannten ihr Land, ihr schönes bedauernswertes und beklagenswertes Land. Sie waren in diesem Lande geboren und groß geworden. Der Revolver wird nicht zur Zierde getragen. Er wird getragen, um abgeschossen zu werden, sobald sich eine Gelegenheit bietet; und, wie bei Kriegen, wenn sich keine Gelegenheit von selbst bietet, so wird sie geschaffen. Hier war ein Kampf gewesen zwischen Rurales und Rebellen. Die Sieger waren nun die Rebellen; aber sie hatten im Kampfe eine Anzahl Gefallene gehabt. Die Gefallenen mußten gerächt werden; und die Rache wurde vollzogen an denen, die sich nicht wehren konnten. Ob sie etwas mit jenem Kampf in irgendeiner Weise zu schaffen gehabt hatten, wurde nicht untersucht. Diktatur unterscheidet sich von anderen Regierungsformen hauptsächlich durch Unduldsamkeit gegen andere Menschen und durch ein unerbittliches Ausüben von Rache an den Gedemütigten und Geschwächten. Die Peones gehörten zur Finca, wo die Rurales auf Lauer gelegen hatten, wo sie verpflegt worden waren und von deren Herrn sie jede nur denkbare Unterstützung erhalten hatten. Der Finquero sowie dessen Familie und Hausgesinde waren geflohen. An ihnen konnte keine Rache verübt werden. Aber die Peones, die nicht geflohen waren, weil sie die Flucht ihres Herrn zu spät bemerkt oder nicht als Flucht betrachtet hatten, waren hier, und an ihnen konnten sich die Sieger ebensogut rächen und vergnügen wie an den Schuldigen. Der Gefangene ist immer schuldig; denn da er gefangen ist, darum ist er in seiner Verteidigung beschränkt.
Die Peones wußten aus den mehr als dreißig Jahren der Diktatur, daß sie immer die Verlierer, immer die Bestraften, immer die Gepeitschten und immer die Gehenkten waren. Die Rebellen fie-

len im Kampf. Die überlebenden Proleten, die nicht einmal gewagt hatten, auch nur einen Finger für jene Rebellion zu rühren, waren immer die, die eine jede Rebellion bezahlten, mit ihren paar ersparten und vergrabenen Pesos, mit ihrer Haut und mit ihrem Leben.

3

»Warum rennt ihr denn fort, Hombres?« fragte Profesor. Er stieg ab vom Pferde und kam auf die am nächsten stehenden Männer zu. Er klopfte ihnen auf die Schultern und auf die Rücken, um ihnen zu zeigen, daß er sie als Freunde ansehe.
Nicht aus ihrem Herzensgefühl heraus, denn ihr Mißtrauen gaben Peones nie auf, sondern lediglich aus Höflichkeit und um die Sieger nicht zu erzürnen, sahen sie nun auf und strengten sich an, so zu tun, als ob sie die Echtheit der angebotenen Freundschaft erkannten. Einige der Frauen kamen herbei und küßten Profesor die Hand. Andere Männer, und die Mehrzahl der Frauen, liefen auf die übrigen Muchachos, die von den Pferden nach und nach absaßen, zu, verbeugten sich tief vor ihnen und küßten auch ihnen die Hände. Profesor fragte wieder: »Warum lauft ihr denn fort? Wir beißen armen indianischen Peones nicht die Köpfe ab.«
Die Männer versuchten auf ihre Lippen ein Stückchen traurigen Lächelns zu kleben. Es gelang nicht ganz.
»Sag schon, warum.« Profesor legte einem der Männer seine Hand auf die Schulter. »Der Patron hat euch gesagt, daß wir Banditen seien. Hat er das nicht gesagt, der dreckige Hurensohn?«
Ängstlich schüttelten die Leute ihre Köpfe. Es war genau das, was der Finquero den Peones, die im Augenblick der Flucht im Patio arbeiteten, gesagt hatte. Aber selbst nicht durch Folter würden die Peones das eingestanden haben; denn hätten sie das wiederholt, was ihnen der Patron gesagt hatte, so würden die Rebellen das so auffassen, als ob sie das selbst so meinten. Bei Vernehmungen vor dem Finquero und vor der Polizei war es immer ebenso. Gab einer an, was er gehört hatte, so wurde sofort gesagt, daß er selbst es behauptet hätte. Diktatur lehrt einen, nichts zu sehen, nichts zu hören, nichts zu wissen, nichts zu meinen und das Maul nur aufzumachen, um Viva! zu schreien.

»Vor uns braucht ihr doch nicht fortzurennen, Amigos«, sagte Andres nun. »Wir sind eure Freunde.«
»Con su permiso, Jefe«, erwiderte ein Mann, »wir rannten nicht fort. Wir wissen recht gut, daß ihr unsere Freunde seid. Wir wollten nur alle dort zum Busch gehen.«
»Wozu nehmt ihr denn da eure Töpfe mit und eure Ziegen und Schweine?« fragte Coronel.
»Wir wollten dort ein ganz, ganz kleines Fest feiern für heute abend. Ein ganz winzig kleines Festchen, für einen Santo, einen Santito, einen Heiligen der Inditos, und das sollte der Patron nicht wissen, daß wir noch immer, wenn auch nur gelegentlich, unsere eigenen Santitos anbeten.«
Andres ging auf Celso zu. »Die sind nicht ganz so dumm«, sagte er lachend. »Auf eine so gute Ausrede wäre ich auf unserer Finca nie gekommen. Wenn sie ihre alten eigenen Santitos feiern, können sie das nicht in der Nähe der Finca tun, wo es der Patron sehen kann und einen großen Lärm schlägt, daß sie gottvergessene Heiden seien. Darum gehen sie in den Busch. Und sie tun es natürlich nur, wenn der Patron nicht zu Hause ist, sondern mit seiner ganzen Familie zur Stadt oder auf Besuch zu einer anderen Finca gegangen ist.«
»Dónde está tu patron? Wo ist dein Herr?« fragte Profesor einen Mann.
»Ay, Patroncito, vergeben Sie mir. Ich weiß es nicht. Er hat es uns nicht gesagt. Ich glaube, er ist mit der ganzen Familie zu einer Hochzeit geritten. Er sagte etwas davon vorige Woche.«
»Wo ist denn die Hochzeit?«
»Ich weiß das nicht so ganz genau. Aber ich glaube, sie ist in Tumbala.« Das waren etwa sechs Tagereisen.

4

Nun war der Vortrupp dicht herangekommen. General rief ihnen zu, daß sie alle in den Patio, den großen Hof der Finca, marschieren sollten. Die Gebäude waren groß genug, daß alle Muchachos, seit beinahe sechs Wochen für das erste Mal, unter einem Dach schlafen konnten, geschützt gegen Regen, Gewitter und Stürme und gegen herumschleichende Tiger und kriechende Schlangen.

»Ihr alle«, wandte sich Profesor an die Peones, »ihr kommt jetzt mit uns in den Patio.«
Die Frauen der Peones begannen darauf zu heulen und zu schreien, warfen sich auf die Knie nieder und flehten um Gnade. Sie waren gewiß, daß sie alle nur darum in den Patio befohlen wurden, um zuzusehen, wie ihre Männer ermordet werden sollten. Die Männer selbst gaben kein Zeichen von Furcht. Sie marschierten, wie angeordnet, voraus in den Patio. Was nützte es zu winseln. Sie marschierten los wie gehorsame Soldaten, die genau wissen, daß, wenn sie geschickt werden, um ermordet zu werden, sie nichts daran ändern können, ob sie nun winseln und heulen, oder ob sie untertänigst bitten. Das einzige, was ihnen helfen würde, sich einfach zu widersetzen, nicht zu gehorchen und ihre Waffen in die Hand zu nehmen und diejenigen, die ihnen befehlen, zu füsilieren, das tun sie nicht, eben darum nicht, weil sie ja gehorsame Soldaten sind und ihnen Hirn und Widerstandsgeist in der ersten Woche ihres Soldatendaseins ausgedroschen wurde. Außerdem haben sie ja auch Ehre; und dieser Ehre wegen müssen sie sich alles gefallen lassen. Denn nur der Ehrlose rebelliert, und nur der Gottvergessene wird auf die Landesflagge schielen, mit den Schultern zucken und sagen: »Ob rot, weiß, schwarz oder grün, überall auf Erden Blumen blühen.« Die Peones wußten freilich nichts von Soldatenehre; aber einmal den Befehl erhalten, marschierten sie genau so willig wie auch andere Hammel.

5

In wenigen Minuten brannten im Patio die Lagerfeuer. Wie Ameisen krabbelten die Muchachos in allen Räumen der Gebäude umher. Alles, was gefunden wurde und brauchbar war, wurde beschlagnahmt. Decken, Sättel, Kleider, Schuhe, Anzüge, Kisten und Koffer. Eine Schreibmaschine flog in weitem Bogen auf den Patio und fiel in Stücken auseinander. Drei Nähmaschinen sausten hinterher. Was aus Holz war, wurde abgehackt. Gleichzeitig kamen alle Tische, Stühle, Bettgestelle, Schränke an die Reihe. Holz für die Lagerfeuer war den Muchachos wichtiger als ein Klavier, das stückweise in die Feuer geschleudert wurde. Dann kamen die Türen an die Reihe. Die Muchachos waren seit Jahren daran gewöhnt worden, keine Tische und Stühle zu haben, keine Türen in ihren elenden Schlafhütten. Und nie hatten sie gelernt, daß ein Klavier gelegentlich auch mehr bedeuten kann als nur einen Kasten mit Drähten. Warum sollten sie Gegenstände respektieren, die nie für sie gemeint gewesen waren, die für sie keine andere Bedeutung hatten, als nur das Eigentum ihrer Herren zu sein, das nicht angetastet werden durfte, nicht weil es nützlich sein konnte, sondern darum nicht angetastet werden durfte, weil es Eigentum derer war, die gelernt hatten und die gelehrt worden waren, diese Gegenstände zu genießen.

»Wer ist denn das da auf dem Bild? Der mit den Orden und Kreuzen auf der Brust?« fragte einer der Muchachos, auf ein großes Bild an der Wand deutend.

»Das ist der gottverfluchte Hund von einem Cacique, der Diktator, das edle Oberhaupt des Landes«, rief Coronel und flitschte einen tief heraufgeholten Rotzer von Spucke mitten auf das Gesicht.

Die Spucke lief über die schön gemalten Kreuze und Sterne auf der Brust. Ehe sie aber den breiten Ledergürtel der Uniform erreichte und den schönen goldenen Adler bedreckte und beschmutzte, sprang einer der Muchachos hoch, riß das Bild von der Wand, trat mit den Füßen darauf und sagte: »Ich müßte einen Haufen setzen, mitten auf die Nase und gut gezielt. Aber so unanständig bin ich nicht, daß ich es hier in der guten Stube mache, wo wir heute einmal gut schlafen wollen. Ich hänge mir das besser gegen den Hintern, laufe damit herum und schieße so lange fette Furze dagegen, bis es geplatzt ist.« Er riß es aus dem Rahmen, steckte die Leinwand oben am Rand hinten in seinen Gurt und ließ den Rest wie eine Schürze über seinen Hintern herunterbaumeln.

Es waren da in den Räumen eine Menge Bilder und Gemälde, schön gepinselte Angesichter des Patrons, seiner Frau, seines Vaters und wer weiß sonst noch alles. Da waren Bilder mit Episoden aus Opern und aus griechischen Tragödien. Es blieb auch nicht ein Bild heil. Alle flogen sie in die Feuer. Die Räume bekamen bald ein trostloses Ansehen; aber je leerer sie wurden, um so mehr fühlten sich die Muchachos wie zu Hause. Auch nicht einer von ihnen, auch Andres nicht oder Celso, nur Profesor ausgenommen, hatten je Möbel gesehen in einem Hause, in dem sie oder ihre Eltern wohnten. Und wenn sie überhaupt Bilder kannten, so waren es die übriggebliebenen vergilbten und entfärbten Bilder alter abgelaufener Reklame-Kalender der Zigarettenfabriken und der Bierbrauereien, und hier und da vielleicht ein Heiligenbild, auf dem nicht ein Körperteil anatomisch richtig wiedergegeben war. In Ecken und Winkeln und über Ziegelfußböden aller Räume ausgebreitet lagen die Matten, Bündel und Packen der Muchachos. Nur zwei Räume der ganzen Finca hatten Holzdielen. Es waren gewiß die Schlafräume der Herrschaft oder die Prunkräume für Gäste. In diesen Räumen lagerten die Frauen und Kinder des Trupps.

6

In dem weiten Patio ging es laut, lebhaft und lustig zu. Die toten Freunde und Kameraden waren nun völlig vergessen. An Wichtigeres war zu denken. Die Rebellen wollten leben und mußten leben. Wer leben will und leben muß, kann sich nicht um die Toten bekümmern. Jedes Reich kümmere sich um sich selbst.
Die Muchachos schwelgten in gutem Trinkwasser. An zwanzig Stellen wurde gebadet und wurden Kleidungsstücke gewaschen. Prasselnd, knisternd und jauchzend brannten die zehn oder zwölf Lagerfeuer im Patio. Solange die Muchachos zurückdenken konnten, hatten sie keine so schönen Feuer für sich gehabt wie jetzt. Immer war es grünes und feuchtes Holz, das sie brennen mußten und dessen Rauch ihnen die Augen zerbiß. Aber die schönen Möbel und Bilder und die dicken vergoldeten Rahmen großer Spiegel waren trocken wie alte Knochen und gaben ein Feuer, das zuweilen nach Lack und Farbe stank, aber das fröhlich war und offen und nicht traurig von dickem, erblindendem, beißendem Rauch. Es wurde gejohlt, getanzt, gesungen, musiziert auf Mundharmonikas und Gitarren, gepfiffen, geschäkert und umhergetollt. Es war nicht, als ob hier erwachsene Männer, nun gar Krieger und Rebellen, versammelt waren, sondern als ob eine fröhliche und übermütige Schar halbwüchsiger Burschen und Mädchen sich auf einer kurzen Ferienreise befände.
Die Peones, mit ihren Frauen und Kindern, standen in der Mitte

des Patio, furchtsam aneinandergedrängt wie verschüchtertes Wild. Sie befanden sich nahe dem Steinaltar, auf dem nachts stets ein mächtiges Feuer brannte, das bis gegen Mitternacht erhalten wurde, um den Patio und die weiten zahlreichen Gebäude der Finca weniger düster und trübe erscheinen zu lassen. Elektrisches Licht gibt es selbst auf den größten und reichsten Fincas jener fernen Regionen nicht. Eine Gasolinlaterne ist bereits ein unerhörter Luxus, den zu sehen die Finqueros und deren Familien von den benachbarten Gütern willig zwei oder drei schwierige Tagereisen unternehmen. Die Herrschaft gebraucht nur Kerzen, meist selbstgefertigt, auf der Finca. Sogar Petroleumlampen der schlichtesten Art sind nur selten auf den Fincas zu finden; und wer eine besitzt, gilt als sehr modern. Die Peones haben kein anderes Licht in ihren Hütten als das, das ihnen das Herdfeuer auf dem Boden gibt, oder das Feuer, das auf einem niedrigen Herd aus Lehm entzündet ist. Brennt kein Herdfeuer, so dienen als Beleuchtung für die Hütte Kienspäne. Kerzen brennen die Peones in ihren Hütten nur bei einer Leichenwache oder zu Ehren eines Heiligen. Alles so heute, wie vor Jahren. Alles so bei der Herrschaft, wie bei den Peones, bis auf den heutigen Tag.

Es war zu früh, als daß ein Holzstoß auf dem Steinaltar angezündet wurde. Denn es fehlten noch drei Stunden bis Sonnenuntergang.

Für eine gute Weile waren die hierher beorderten Peones der Finca sich selbst überlassen geblieben. Keiner wagte fortzurennen, obgleich es ihnen, mit den Gebäuden gut vertraut, leicht geglückt wäre; denn die Wachen an den beiden Toren waren so lässig, wie Wachen eben nur bei Rebellenscharen und bei Revolutionsarmeen sein können.

Jetzt aber kam Profesor auf die Peones zu, gefolgt von General, Celso, Andres, Santiago und etwa zwanzig anderen Muchachos, die mehr Interesse an der Rebellion nahmen als die Hunderte der Burschen, die zufrieden waren, wenn sie kämpfen durften, aber sonst keine Verantwortung hatten und nicht verpflichtet waren, ihre Köpfe zu gebrauchen, um sich mit den Ideen zu befassen, von denen Profesor so viel redete. Sie waren immer bereit, ihren Körper zerfleischen zu lassen und ihr Leben zu opfern im Kampf mit

Rurales und Federales; im übrigen wollten sie in Frieden gelassen werden und nur noch an der Verteilung der Früchte einer erfolgreichen Revolution teilnehmen. Ihre Idee der Rebellion beschränkte sich auf die einfachen Gedanken ›Nieder mit der Diktatur!‹ ›Nieder mit den Tyrannen und Unterdrückern!‹ Denn solange die Diktatur nicht niedergeworfen war, konnte es keine Tierra y Libertad geben. Das war allen klar. Alles, was sonst von den intelligenteren Burschen geredet wurde, über Menschenrechte, über Profit, über Kapital, über Demokratie oder gar über Sozialismus und Kooperation, machte sie schläfrig und dumm im Kopf. Es gehen darum so viele Rebellionen und Aufstände von Proleten fehl, weil die Arbeiter mit Ideen und Problemen vollgefüttert werden, die zu besprechen mehr als reichlich Zeit ist, wenn die Rebellen fünf Jahre lang unbestrittene Sieger sind.
Profesor sprang auf den Steinaltar. Dann rief er die Peones dichter zu sich heran. Als er zu reden begann, kamen mehr und mehr der Muchachos, die im Patio waren, näher, um zuzuhören. Aber sie drängten sich nicht vor, als sie gewahr wurden, daß Profesor sich nur an die Peones der Finca wandte.
»Kommt nur ruhig hier heran, Hermanitos!« sagte er zu den Peones. Er sagte es mit Lachen. Und die Leute gewannen ein wenig Zutrauen und kamen dicht heran.
»Wie groß ist denn die Finca hier?« fragte er.
»Vielleicht tausend Caballerias«, rief einer.
»Du bist wohl nicht klug«, unterbrach ihn sein Nachbar, »die ist wenigstens dreimal größer.«
»Sicher«, schrie einer mutig von der hintersten Reihe aus, »aber ganz sicher, die ist zehnmal größer.«
Einer der älteren Peones begann dann bedächtig die Grenzen der Finca zu bezeichnen. Profesor und General konnten von der Höhe des Steinhaufens aus die Grenzen gut abschätzen, um so leichter, als die Gebäude auf einem Hügel errichtet waren, der etwa in der Mitte des großen Feudalgutes gelegen war.
»Das werden dann so ungefähr zwanzig- bis fünfzigtausend Hektar sein«, sagte Profesor zu General.
»Scheint so.«
»Wieviel Familien seid Ihr denn hier?« fragte nun Profesor.

»Neunzig wohl so ungefähr«, erwiderte der, den Profesor angesehen hatte.
»Sind keine neunzig, sind mehr als hundert«, mischte sich ein anderer ein.
»Ihr seid beide Burros, Burros seid ihr«, rief ein dritter. »Wie sind wir denn hier neunzig Familien? Wenn du den Mayordomo mit einrechnest und den Carpintero, den Zimmermann, und den Seiler, nicht einmal dann sind wir neunzig. Aber die sind keine Peones wie wir. Die sind alle mitgelaufen mit dem Patron. Uns hat er unserm Leid überlassen. Dann habt ihr auch vergessen, daß fünf Familien von dem Patron seinem Schwiegersohn geschenkt wurden, und vier Familien hat er Don Claudio verkauft für zwei der besten Pferde, die ihm Don Claudio dafür gegeben hat.«
»Wer ist denn Don Claudio?« fragte Profesor.
»Don Claudio ist der Patron der Finca Las Delicias, die ist etwa zwanzig Leguas weit von hier.«
»Dann seid ihr alle zusammengezählt etwa neunzig Familien, die ihr hier für den Patron arbeitet?« sagte Profesor.
»Das kann stimmen. Eine gute Anzahl von Familien sind weiter draußen, um die Herden zu bewachen. Die haben da ihre kleine Aldea, ganz für sich, mit einem Capataz. Da kommen wir selten hin. Wie können wir wissen, wie viele die da sind, und eine andere Wache ist auch noch am Rio unten, am Fluß.«
»Gut, lassen wir es bei neunzig Familien.« Profesor sah, daß er nicht zum Ziele gelangen würde, wollte er lange über die Zahl der Hektare und der Peonfamilien herumstreiten.
Er nahm einen anderen Ton an. »Wißt ihr, was wir sind und warum wir hierhergekommen sind? Euer Patron hat euch belogen. Wir sind keine Banditen. Wir sind eure Amigos, eure Freunde. Von jetzt an gibt es keine Peones mehr. Ihr seid jetzt Campesinos independientes, freie und unabhängige Bauern, versteht ihr? Es ist wahr, wir sind hergekommen, um euren Patron totzuschlagen, wenn er euch nicht alles Land ohne Geld gibt, das ihr bis jetzt bebaut habt. Wer den Acker bebaut und für seine Arbeit nicht ehrlich und menschlich bezahlt wird, der soll des Ackers Früchte genießen. Versteht ihr das?«
Die Peones vermochten nicht so schnell in ihrem Kopf zu arbeiten,

um diese neue Ordnung zu begreifen. Aber sie sagten alle: »Si, mi Jefe!«
»Ich bin euer Jefe nicht. Ich bin euer Amigo, euer Freund und Camarada. Wir alle sind Camaradas. Es gibt jetzt keine Amos mehr, keine Patrones, keine Mayordomos, keine Capataces. Ihr seid jetzt die Herren dieser Finca. Gleich morgen früh geht ihr raus aufs Land und teilt es unter allen Familien auf, jede Familie erhält zwanzig Hektar. Du scheinst der Tate hier zu sein«, wandte sich Profesor an einen der älteren Peones.
»No, mi Jefe – perdoneme, mi Jefe, ich wollte sagen, mi amigo, und ich wollte sagen, daß ich nicht El Tate hier bin, El Tate ist Braulio. Er ist der Älteste, und er ist der Compadre beinahe aller Familien hier.«
»Gut, Braulio, komme hierher!«
Seinem Aussehen nach zu urteilen, schien Braulio nicht der Älteste der Peones zu sein. Aber alle Peones erklärten ihn als den Ältesten und mochten gewiß ihre guten Gründe haben, warum sie ihn als ihren Tate anerkannten. Die Ursachen mochten fünfhundert Jahre zurückliegen. Profesor grübelte nicht darüber nach.
Braulio war dicht herangekommen. Alle Peones drängten nun ganz nahe, um kein Wort Profesors zu verlieren. Offenbar hatten sie alle Furcht verloren. Ihre Frauen, wenig interessiert an dem, was hier ihre Männer mit den Rebellen verhandelten, begannen, sich den Frauen der Rebellen zu nähern und sich mit ihnen zu unterhalten. Die Kinder waren schon vorher fortgesprungen und hatten Freundschaft geschlossen mit Jungen, die im Rebellentrupp waren. Sie hatten es eilig, diese Freundschaft zu festigen, und sie taten es dadurch, daß sie die Jungen in alle möglichen verborgenen Winkel des Patio führten und ihnen hier Geheimnisse zeigten solcher Art, die für alle Jungen, gleich welcher Rasse, unerhörte und grausige Ereignisse waren.
Da gab es Löcher, deren Tiefe niemand abschätzen konnte, von denen aber die eingesessenen Jungen behaupteten, daß sie Luftlöcher eines unterirdischen Ganges seien, der aus einem Gewölbe der Finca bis nach Hucutsin führte und dort in einer Gruft der Kathedrale wieder herauskäme. Da gab es Kröten, groß wie ein Jungenkopf, von denen die Jungen der Finca sagten, daß diese

keine wirklichen Kröten seien, sondern alte Frauen längst verstorbener Peones, und eine sei die Großmutter des verstorbenen Finqueros, die der Brujo, der Zauberer der Indianer, alle in Kröten verzaubert habe, die in der Nacht des San Juan für drei Stunden wieder Frauen werden. Vier Jungen hatten die Frauen in der letzten San-Juan-Nacht aus diesen alten Steinhaufen herauskriechen sehen und dann beobachtet, wie die Frauen zum Fluß gegangen seien, aber was sie da gemacht hätten, das wisse er nicht, weil er zu große Furcht gehabt habe, hinterherzulaufen.
So war die Freundschaft der Jungen besiegelt, und die Frauen der Rebellen lamentierten mit den Frauen der Peones herum, was sie für Sorgen mit den Kindern hätten, und daß sich immer und ewig die Mütter der Männer in Sachen mischen müssen, die sie gar nichts angehen, und nichts weiter zurücklassen als Ärger und Unfrieden.
Inzwischen hatten auch hier vor dem Steinaltar die Peones angefangen, sich mit den nahe stehenden Muchachos aus den Monterias zu unterhalten, Tabak auszutauschen und sie einzuladen, am Abend in ihre Hütten zu kommen, wo eine halbe Flasche gut eingegraben sei, damit sie von der Alten nicht gefunden werden sollte.
Darum war, lange ehe Profesor mit der Verteilung der Finca den Glanzpunkt der Feier erreicht hatte, unter den Peones auch das letzte Fünkchen von Furcht und Mißtrauen verschwunden. Die Rebellen waren durchaus gesellige und anständige Muchachos, so behaupteten die Peones untereinander; während die Burschen der Monterias wieder behaupteten, daß die Peones keineswegs solche dummen Mulas seien, wie man bisher geglaubt hätte. Sie konnten ihr Maul recht gut aufmachen und ganz vernünftig reden, während man seit Ewigkeiten sich eingebildet habe, sie wären nur Idioten, und weil sie Idioten seien, darum seien sie Peones und dümmer als ihre Ziegen.
Nun kam Braulio zum Reden. Er kletterte nicht auf den Steinaltar hinauf, sondern redete von da aus, wo er stand, dicht zu den Füßen Profesors, der hoch stand und zu dem er steil hinaufsehen mußte, um ihm ins Gesicht sehen zu können. »Das ist eine vortreffliche Sache, Amigo, daß du uns nun die Finca geschenkt hast.«

»Ja, die ist euer Eigentum, von jetzt an bis in alle Ewigkeit. Ihr bebaut sie, und alles was sie trägt, gehört euch«, bestätigte Profesor.
»Auch das Vieh?« rief einer der Peones.
»Auch das Vieh und alle Gebäude hier.«
Braulio kratzte mit beiden Händen in seinem dicken schwarzen Haarwuschel, der ein paar graue Strähnen zeigte, herum. Es war die unschlüssige Geste eines kleinen Bauern, der notwendig junge Schweinchen kaufen muß, aber den Preis zu hoch findet und sonst keine anderen Schweinchen für geringeren Preis auf dem Markte finden kann.
»Das ist recht gut, daß wir nun die Finca haben, Amigo. Aber was tun wir, wenn der Patron zurückkommt?«
»Daß der nicht zurückkommt, dafür werden wir schon sorgen.«
»Und wenn euch die Federales abfangen, was dann?«
»Die fangen uns nicht. Nur keine Sorge.«
»Ihr bleibt nicht hier auf unserer Finca?«
»Natürlich nicht. Wir marschieren weiter, um auch anderen Peones Land zu geben.«
»Wer beschützt uns dann gegen den Patron, wenn ihr fortmarschiert seid?«
»Ihr müßt euch dann eben allein beschützen. Ihr seid jetzt die Patrones, und alles gehört euch.«
»Aber wenn der Patron wiederkommt und auch noch Rurales mitbringt, was tun wir dann?«
»Was wir mit den Rurales tun? Sie erschlagen wie kranke Hunde.«
»Bueno. Muy bueno, Camarada«, sagte Braulio. »Gut, sehr sehr gut.« Nachdenklich wandte er sich zurück und verschwand unter den Peones.
»Tierra y Libertad!« rief Profesor von dem Steinaltar aus.
»Tierra y Libertad!« antworteten ihm die Muchachos. Es fielen diesmal auch einige Peones mit in den Ruf ein.
»Viva la revolucion!« rief General.
»Viva la revolucion de los Indios y de los Peones!« schallte es aus dem Patio.

7

Am zweiten Tage darauf, als noch die dicken Nebel schwer auf der Prärie lasteten und der Morgen ärgerlich und verschlafen heraufzukriechen begann, hatte der Trupp die Finca bereits verlassen. Und es war gegen acht Uhr, daß General auf einem Hügel haltmachte und sich umwandte, zu sehen, wie der Trupp aufkäme. Hundert Meter weiter voran auf ihrem Wege war ein Flußübergang. Am gegenüberliegenden anderen Ufer lagen zwei Cayucos im Sande. Sie gehörten der Finca. Der Fluß war tief, und seine Wasser waren heftig und eilig, getrieben von dem Regen, der den Fluß im oberen Lauf füllte. Einige Muchachos schwammen durch den reißenden Strom, um die Kanus herüberzubringen. Es waren dieselben Kanus, die der Finquero und seine Familie zur Flucht benutzt hatten.

Während General noch Aussicht hielt, sagte er plötzlich zu Profesor: »Da hinten geht es lustig zu.«

Profesor nahm sein Fernglas hoch. »Hast recht, General, das geht da lustig zu. Der ganze Schitt ist am Brennen. Bleibt auch nicht ein einziges Gebäude stehen. Dios mio, das nenne ich ein Freudenfeuer. Jetzt brennt auch schon die Kapelle. Die Diktatur nimmt Abschied; das Land fängt an, sich mit Ruinen anzufüllen. Mit Scheiterhaufen hat sie begonnen, mit Scheiterhaufen und Ruinen endet sie. Ein ganz natürlicher Kreislauf.«

General sah zu dem breiten Fluß hinunter. »Ein ganz natürlicher Kreislauf. Und gottverflucht noch mal, wie wir hier unsere Armee rüberbringen werden, das möchte ich auch gerne wissen. Es wird uns wohl zwei, vielleicht gar drei gottverdammt heiße Tage kosten. Aber rüber müssen wir!«

Fünftes Kapitel

I

Das Heer der Rebellen war auf dem Wege nach Achlumal.
Lange hatte der Stab darüber beraten, welchen wichtigen Hauptort man zuerst besuchen sollte, Achlumal oder Hucutsin. Beide Orte waren kleine Städte, und in beiden Orten hatte ein Jefe Politico seinen Sitz, weil diese Städtchen die Hauptorte ihrer Distrikte bildeten. Beide Orte hatten sowohl eine Compania der Rurales wie auch einen wichtigen Militärposten der Federal-Truppen.
General hatte wieder einmal nach den Gedanken der Offiziere seiner Gegner gehandelt, als er den Vorschlag machte, anstatt nach Hucutsin nach Achlumal zu marschieren. Er sagte sich richtig, daß die Rurales und Federales, die in Hucutsin stationiert waren, der Überzeugung sein müßten, daß der Trupp auf Hucutsin losziehen würde, um über Teultepec, Oshchuc und Vitztan auf Jovel loszugehen. In Hucutsin hatte sich die Mehrzahl aller Finqueros der Region versammelt, alle bewaffnet und alle begleitet von ihren bewaffneten Mayordomos und Söhnen und Vettern, und solchen ihrer Handwerker, die ihnen ergeben waren.
Der einzige natürliche Weg für die Muchachos war der über Hucutsin; denn er führte zu jenen Regionen, wo die meisten von ihnen herkamen und wo sie angeworben worden waren. Es war der Weg, den sie am besten kannten und auf dem, und in dessen Nähe zu beiden Seiten, sie immer gewiß waren, Stammesgenossen und Sippen ihrer eigenen Nationen anzutreffen, die ihnen in irgendwelchen Formen helfen konnten, sei es durch Spionage oder durch Angabe guter Verstecke und der besten Wege, auf denen die Rebellen den uniformierten Truppen in den Rücken fallen konnten.
Der Kriegsrat war beeinflußt worden durch das Auffangen zahlreicher Peones, die von Hucutsin zu ihren Fincas heimwanderten. Diese vereinzelten Marktbesucher bestätigten die Gedanken Generals darüber, was die Soldaten gegen die Aufständischen zu unternehmen gedachten. Nach den Berichten der aufgefangenen Peones befanden sich in der Tat in Hucutsin große Ansammlungen von Staatspolizei und Federales, ferner auch eine erhebliche

Zahl von Finqueros, die so reichlich anwesend waren, daß die Peones glaubten, es fände eine Fiesta oder eine Feria im Orte statt. Mehrere der Peones, einmal vertraulich gemacht, erklärten, jeder dort wisse, daß die Rebellen auf dem Marsch nach Hucutsin seien, um den Ort zu umzingeln und alles, was sich darin befand, abzuschlachten.

Als diese Berichte im Stab bekannt wurden, waren die Capitanes der einzelnen Companias kaum zu halten. Am liebsten wären sie gleich auf Hucutsin losgestürzt. Es waren die Mengen der Waffen, die sie verlockten. Beute kam erst in zweiter Linie, sofern an Beute überhaupt gedacht wurde.

General hatte gegenüber dieser Kriegswut der Muchachos einen schweren Stand. Es könnte geschehen, daß die Muchachos ihn übergroßer Vorsicht und gar der Furcht anklagen möchten.

Aber er wie Profesor, Coronel, Celso, Santiago, Andres und Pedro waren klug genug, einzusehen, daß unter diesen Umständen die Umzingelung nur mit einem Verlust der halben Armee durchgeführt werden konnte.

General sagte: »Macht keine Dummheiten. Solche Esel sind die Rurales und die Finqueros nicht, daß sie uns in Hucutsin erwarten. Da wären wir ihnen überlegen, wir mit unserer Gewandtheit, mit unseren Messern und Machetes. Das wissen die. Die halten uns weit draußen auf. Drei oder vier Meilen vor dem Ort. Ich kann mir auch denken, wo sie auf uns warten werden. Da ist ein reißender Fluß, in gewisser Entfernung vom Ort. Den Rio können wir nicht umgehen. Wir müssen durch. Gleich nach dem Übergang ist ein gottverfluchter Hohlweg, und da ist reichlich Busch. Da werden sie sitzen und auf uns warten. Und das versalzen wir ihnen jetzt.«

Es kamen Peones des Weges, die nach Hucutsin zu Markte gingen. General rief einige Muchachos herbei, die infolge derselben Sprache sich rasch mit den wandernden Peones anfreundeten. Diese Muchachos, es nicht besser wissend und in ihrer Ungenauigkeit noch besonders von Fidel bestärkt, erzählten jenen Peones mit aufgeregten Gesten, daß der Trupp in drei Tagen in Hucutsin sein werde, um dort ein solches Feuerchen anzustecken, daß nicht einmal die Einfriedigungsmauern der Patios stehenbleiben wür-

den und nicht eine Seele am Leben sein sollte, wenn Hucutsin wieder verlassen wäre, denn die Muchachos alle hätten eine mächtige Abrechnung mit dem Bürgermeister dort und mit dem Polizeichef.
Die Peones, kaum angelangt in Hucutsin, hatten es eilig, im ganzen Ort herumzuerzählen, was sie wußten; und weil sie Furcht hatten, daß sie aus Versehen mit abgeschlachtet werden könnten, machten sie sich noch am selben Abend auf, Hucutsin wieder zu verlassen, was natürlich bei allen Leuten, Soldaten und Finqueros eingeschlossen, den Glauben vertiefte, daß die Rebellen in der Tat schon auf dem Marsche hierher seien.
»Gehen wir auf Hucutsin los«, erklärte General weiter, »dann bekommen wir die Garnison von Achlumal in den Rücken, die wahrscheinlich schon Botschaft hat, daß wir auf Hucutsin marschieren, und den Befehl hat, uns im Rücken anzufallen. Außerdem kommen uns auch noch die Rurales und Federales von den Orten entgegen, die auf dem Wege von Hucutsin nach Jovel liegen. Das wird eine ungeheure Übermacht. Die erwarten uns auf den Prärien oder in Hohlwegen und fallen unversehens über uns her.«
»Das ist richtig, was du sagst, General«, unterbrach ihn Coronel. »Und darum, weil die in Hucutsin so gottverdammt sicher sind, daß wir dorthin marschieren, gehen wir nun zuerst einmal auf Achlumal los und packen uns dort die Rurales und den Federalposten. Dabei kriegen wir wahrscheinlich fünfzig bis hundert neue Karabiner mehr, vielleicht auch ein weiteres Maschinengewehr und so viel Munition, daß wir sie gar nicht alle in einem Monat abschießen können. Gleichzeitig bekommen wir unsern Rücken frei. Nun der Zweck dieser Umstellung. Wenn wir Achlumal genommen haben, dann gehen wir nicht auf diesem kurzen Wege hier auf Hucutsin los, sondern wir marschieren über San Miguel und San Jeronimo auf Teultepec. Da werden wir nicht viel Rurales antreffen. In Teultepec, das werdet ihr euch von dem Marsch zu den Monterias her gut erinnern, sind wir mehr als sechshundert Meter hoch über Hucutsin. Da sitzen wir wie in einer Felsenfestung, und von diesen Höhen aus flitzen wir runter auf Hucutsin wie Adler auf Karnickel los. Dann haben wir die Höhen, dann haben wir den Busch und die Hohlwege, und dann sollen sie ein-

mal auf uns zukommen. Nicht einmal die Läuse, die sie an ihren Bolsitas haben, bleiben leben. Wir besetzen rechtzeitig genug den Weg nach Sibacja. Wenn wir dann auf sie losgehen, bleibt ihnen nur ein Weg offen, der Weg zurück, wo wir hergekommen sind, zurück in den großen Dschungel. Und da beginnt das Freudenfest, da haben wir sie, wo wir sie haben wollen. So wird's gemacht, und nicht anders. Wer dafür stimmt, hebe die Hand hoch; wer dagegen ist, kriegt von mir eins in die Fresse, und gründlich, und dann kann er mir einen besseren Plan erzählen, und wenn er wirklich besser ist, bin ich willens, mitzumachen. Aber Ihr werdet eure gottverfluchten Schwierigkeiten haben, mir einen besseren Plan zu erzählen.«

So wurde auf Achlumal marschiert, während in Hucutsin sich Rurales, Federales und schwerbewaffnete Finqueros in immer größerer Zahl anhäuften, um das bevorstehende Siegesfest zu feiern.

Die Finqueros feierten bereits jeden Tag den Sieg, solange sie nun schon hier waren. Auf dem Cabildo wehten Fahnen, die den großen Sieg im voraus verkündeten.

In den Cantinas ging es lustig und begeistert zu.

»Diesen verlausten und verfluchten Schweinen von aufsässigen Indianern wollen wir schon beibringen, wer der Herr im Staate ist und wer im Distrikt Chiilum kommandiert.«

»Darauf wollen wir noch einmal anstoßen.«

»So spricht ein wackerer Mann. Salud, Compadre!«

»Salud, Compadre!«

»Natürlich nehmen wir noch einen, Don Clementino.«

»Freilich, Don Cesar!«

»Viva El Caudillo!«

»Viva dem großen Lenker unseres glorreichen Volkes!«

»Salud, Compadre!«

»Viva la patria!«

2

Der Marsch des heutigen Tages war verteufelt hart gewesen. Die Heerstraße war nichts anderes als ein elender und erbärmlicher Mulepfad. Das ging hoch und wieder runter auf felsigen und steinigen Höhen. Sümpfe, Moräste und verschlammte Strecken, wo Mensch und Tier nicht mehr marschierte und lief, sondern nur vorwärts kroch und sich mit einem Bein aus dem Morast zerrte, um beim nächsten Schritt nur aufs neue wieder einzusinken in Schitt und Dreck.

Gegen Mittag erweiterte sich der Weg wieder, nachdem ein Fluß gekreuzt worden war. Wieder begann Prärieland.

Gestern war eine andere Finca, Santa Brigida, besucht worden. Die Herrschaft war auch hier, wie die dort gebliebenen Peones erklärten, irgendwohin zu einer Hochzeit geritten. Daß die Herrschaft einer Finca etwa abreiste aus Furcht vor indianischen Rebellen, würde ein Finquero oder seine Frau oder Tochter nie zugeben, nicht einmal auf dem Sterbebett. Der Finquero würde gegenüber seinen Nachbarn und Freunden, erst recht aber vor seinen Peones, jedes Ansehen verloren haben, hätte er irgendein sterbliches Wesen, selbst ein Pferd oder seinen bevorzugten Hund, glauben lassen, er sei mit seiner gesamten Familie zu einer Hochzeit oder zu einer Verlobung geritten, weil indianische Rebellen auf die Finca losmarschierten. Konnte keine Hochzeit so überraschend schnell gefeiert werden, weil die Brautleute ein Wort dabei mitreden wollten und sich noch nicht genügend ausprobiert hatten, so war immer ein Heiliger zur Stelle, der einem der benachbarten Finqueros, oder seiner Frau, oder einer seiner Töchter oder Söhne, oder seiner Mutter Gelegenheit gab, den Namenstag festlich zu begehen und alle Finqueros und deren Familien zur Feier zu erwarten.

In der Finca Santa Brigida waren gleichfalls nur die Peones zurückgeblieben, und wie in den übrigen Fincas, die von den Rebellen bis jetzt besucht worden waren, so schenkte auch hier Profesor den Peones alles Gelände der Finca und erklärte alle Schulden, die sie beim Finquero hatten, als gestrichen und null und nichtig.

Auch hier geschah es, daß Gebäude der Finca brannten, als die

Rebellen nur gerade zwei Stunden fort waren. Ob es die letzten Gruppen des Rebellenheeres waren, die sich daran vergnügten, die Gebäude aufleuchten zu lassen, oder ob es die erste selbständige Handlung der Peones war, wurde nie festgestellt. Niemand kümmerte sich auch darum. Auf jeden Fall verschwand mit jedem Brande einer Finca eine Festung mehr.

3

Als der Trupp nun Busch und Hohen verlassen hatte und wieder auf Prärieland gekommen war, sahen die voranreitenden Muchachos von den Höhen aus in etwa zehn Kilometer Entfernung die große Finca Santa Cecilia liegen. Die Finca hatte eine Ausdehnung von fünfundvierzig- bis fünfzigtausend Hektar an Land. Es war meist Weideland für Viehherden, die mehr für ihre Häute erzielten als für das Fleisch und darum mehr der Häute und Hörner als des Fleisches wegen gehalten wurden. Eine andere wichtige Einnahme der Finca bestand in der Produktion von Zucker, Alkohol, Aguardiente und Henequenfiber. Daneben waren weite Strecken der Finca mit Mais und Bohnen bebaut, tiefer gelegene Felder mit Zuckerrohr und Ananas. Natürlich hatte die Finca auch eine erhebliche Zucht von Schweinen, Pferden und Mules. Hätte die Finca durch Straßen, auf denen Wagen fahren konnten, Verbindung mit einer Bahnstation gehabt, so wäre sie wohl fähig gewesen, jährlich Produkte im Werte von einer Viertelmillion Pesos zu erzeugen. Aber wie alle übrigen Fincas der Region, so waren auch die Verbindungswege dieser Finca mit den nächsten Städten nur die üblichen elenden Mulepfade, die für drei bis vier Monate im Jahre so gut wie unpassierbar sind.

Santa Cecilia galt zweifellos als die reichste und schönste Domäne des Distrikts Chiilum.

Auch sie war ähnlich einer großen Feste gebaut, der Patio mit starken hohen Mauern umgeben, innerhalb deren die Gebäude von Wichtigkeit lagen. Während die Mehrzahl aller anderen Fincas sich reich dünkten, eine Kapelle zu besitzen, konnte die Finca Santa Cecilia mit einer richtigen Kathedrale prunken, die einen Glockenturm hatte, der auf viele Meilen weit sichtbar war. Die Mehrzahl der Pfade in der Region führten an Santa Cecilia vorüber, und sie galt für alle Karawanen als ein wichtiger Paraje, wo Mulepack-Karawanen die Nacht zubrachten und neuen Proviant für die Weiterreise aufnahmen. Dies war eine fernere gute Einnahme für die Finca.

Das Gut mochte, wenig gerechnet, hundertdreißig Familien von Peones besitzen, deren Behausungen ein reichlich großes Dorf in der Nähe der Finca, außerhalb der Mauern, bildeten.

»Wir könnten ganz gut heute noch bis nach Santa Cecilia gelangen«, sagte Coronel, während er den Stand der Sonne beurteilte.

»Das könnten wir leicht«, stimmte ihm General zu. »Aber die Muchachos sind verflucht müde, und marschieren wir bis zur Finca, wird es nahe an Sonnenuntergang sein, wenn wir ankommen. Das möchte ich nicht gern. Wir wissen nicht, was da los ist, und können leicht in eine Falle rutschen. Wir sind auf alle Fälle besser daran, wenn wir hier für die Nacht halten und sehr früh, noch in der Nacht, abmarschieren, so daß wir den vollen Tag vor uns haben, wenn wir in die Nähe der Finca kommen. Was sagt ihr, Compañeros?«

»Gut, bleiben wir hier. Ob wir heute, morgen oder in zwei Tagen in Santa Cecilia ankommen, ändert nicht viel an der Rebellion«, sagte Andres, »ich denke außerdem, daß diese Rebellion nicht in vier Wochen zu Ende sein wird und daß wir froh sein können, wenn sie nur vier Jahre dauert.«

»Das ist auch meine Meinung«, nickte Profesor zustimmend. »Eine Diktatur, die mehr als dreißig Jahre dauerte, die hat zu viele Nutznießer aufgepäppelt, die nicht die Diktatur verteidigen, sondern ihre Freßsäcke. Und wo der Freßsack verteidigt wird, geht es zäher zu, als wo nur ein sich selbst überlebter Staatslenker im Sessel klebenbleiben möchte.«

»Mit anderen Worten«, unterbrach General die politische Rede, »hier wird gelagert.« Er gab dem Hornisten den Befehl, Rast zu blasen. El Corneta tat es so gut und schlecht, wie er es vermochte. Aber das ermüdete Heer verstand das Signal besser, als es irgendein anderes verstanden haben würde. Es ergab sich, daß weite Strecken für ein Lager nicht geeignet waren, weil es heftig geregnet hatte und sich große Lachen gebildet hatten, die infolge des übersatten Bodens nur langsam abliefen und trockneten.

»Das kommt mir gelegen«, sagte General. »Ich hatte überhaupt nicht die Absicht, den ganzen Trupp auf einem Haufen lagern zu lassen. Das ist gefährlich.«

Er teilte den Trupp in drei Abteilungen ein. Die erste und beste ließ er hier lagern, weil hier das Gelände höher war und so eine strategisch bessere Stellung eingenommen werden konnte. Das zweite Heer, aus zwei Companias bestehend, sandte er zwei und einen halben Kilometer weit nach Südwesten zu, um dort eine trockene Lagerstelle zu finden. Das dritte Heer schickte er nach Nordwesten zu, gleichfalls ungefähr drei Kilometer weit.

Die Finca lag westlich, vom Zentralheer aus gesehen.

Der Plan war gut. Er zog in Betracht, daß die Finca von Rurales besetzt sein konnte. General beschloß, die beiden Seitenheere noch lange vor Sonnenaufgang losmarschieren zu lassen, jedoch so, daß ein Heer die Finca von Süden aus, das andere Heer von Norden aus angriffe, während er mit dem Zentralheer im Osten der Finca für die Nacht lagern würde. Die beiden Seitenheere bekamen den Auftrag, gleich beim Abmarsch noch in der Nacht zwanzig ihrer besten Fußgänger und einige Reiter weit in Linie voraufmarschieren zu lassen, so daß die äußersten Flanken der beiden Seitenheere sich im Westen der Finca trafen und so die Finca völlig umzingelten. Diese Westgruppe, gebildet aus etwa je zwanzig Mann der beiden Seitenheere, war freilich nur sehr dünn und war auf keinen Fall stark genug, einen Ausbruch der Rurales, sobald sie die Schlacht verloren sahen, nach Westen hin zu verhüten. General wußte recht gut, daß diese Posten im Westen der Finca die gefährlichsten waren, aber sie waren gleichzeitig die begehrtesten, und die Muchachos schlugen sich darum, zu diesen gefährlichen Posten bestimmt zu werden. Denn hier war die beste Beute an Waffen zu erwarten, falls die Rurales und Federales in Verwirrung flüchten sollten. Mit Absicht ließ General den Soldaten jenen Ausweg. Die Finca genügend stark an allen Seiten zu besetzen, wäre ein Fehler gewesen, weil eine solche Besetzung noch jetzt während des Tages hätte vorgenommen werden müssen, und der Trupp war zu ermüdet, einen Kampf lange auszuhalten, sollten die Rurales versuchen, diese Umzingelung zu vermeiden. Ein anderer Fehler hätte darin bestanden, daß, hätte General

die Finca an allen Seiten stark umzingelt, dann die einzelnen Besetzungsgruppen zu schwach geblieben wären; denn einmal waren ja nur weniger als ein Fünftel der Muchachos bewaffnet, zum andern wäre es für die Muchachos, die in militärischen Dingen ungeübt waren, kaum möglich, Durchbrüche, falls sie an mehreren Stellen zugleich erfolgten, zu verhindern, wenn sie jene Fronten, wo Durchbrüche und Ausfälle zu erwarten waren, nicht so besetzen konnten, daß sie auf alle Fälle in Überzahl waren.
Diese gefährlichen Posten im Westen hatten, falls die Rurales nach dorthin ausbrechen und fliehen sollten, sehr wenig Hoffnung, zu überleben. Aber keinem der Muchachos, die auf jene Posten geschickt wurden, war es darum zu tun, überleben zu dürfen, sondern nur darum, Karabiner mit voller Munition zu erobern und vielleicht noch gute Pferde mit schönen Sätteln. Einen Karabiner erobern zu können, war die höchste Belohnung, die General denen, die unbewaffnet waren, versprechen konnte. Eine höhere Belohnung erwartete keiner, und eine höhere Belohnung während der Revolution sich verdienen zu können, erhoffte nie einer der Rebellen.

4

Ob Santa Cecilia überhaupt von Soldaten oder der berittenen Staatspolizei besetzt war, wußte freilich niemand im Heer. Die Muchachos hatten keinen Peon der Finca angetroffen. Einmal waren sie noch zu weit entfernt, um gelegentlich einen derjenigen zu treffen, die vielleicht in den Busch arbeiten gingen; zum anderen waren sie auf einem Pfade heranmarschiert, der von keinem der Peones dieser Finca benutzt wurde, wenn sie zu Markte gingen.
Aber General hatte am Morgen ein merkwürdiges Gefühl gehabt, und er hatte sich gedacht, es sei sonderbar, daß seit Tagen keine Patrouille der Rurales sich gezeigt habe, obgleich wahrscheinlich ein halbes Bataillon den Rebellen entgegengeschickt sein müßte. Er rechnete richtig, wenn er sich sagte, daß, so gut wie er versuchte, die Federales in eine Falle zu locken oder sich in eine Zange hineinziehen zu lassen, die Rurales und Federales keineswegs dümmer waren. Es war mit Sicherheit zu erwarten, daß sie gleiche

oder ähnliche Pläne haben würden. Kein Feldherr kann einen Plan aushecken, den nicht ein anderer ebensogut haben kann; es kommt nur darauf an, wer einen bestimmten Plan zuerst hat, zuerst anwendet und am geschicktesten anwendet und so unternimmt, daß der Gegner den Plan nicht vorzeitig errät. Es war sehr wahrscheinlich, daß ein Trupp Rurales oder Federales von Hucutsin aus nach Süden abgeschickt wurde, um die Rebellen, von denen man in Hucutsin annahm, daß sie auf diese Stadt zuerst losgehen würden, im Rücken oder in der Flanke anzugreifen und ihnen den Weg nach Achlumal abzuschneiden, falls sie etwa beabsichtigen sollten, dorthin zu gehen. Santa Cecilia war die einzige Feste, wo sich dieser Trupp verstecken konnte und imstande war, eine starke strategische Stellung einzunehmen, unbemerkt von den anmarschierenden Rebellen.

Die Führung des für seinen Plan so ungemein wichtigen Nordheeres hatte General seinem geübtesten Offizier, Coronel, anvertraut. Coronel nahm ein Maschinengewehr für seinen Trupp mit sich, während das zweite Maschinengewehr im Zentralheer zurückblieb. Der Konzentrationspunkt der drei Heere sollte Santa Cecilia sein, ganz gleich, ob Santa Cecilia besetzt war oder nicht.

Das Zentralheer lagerte hinter einer Hügelkette und konnte von Santa Cecilia aus nicht gesehen werden.

Das Südheer erhielt von General eine solche Marschrichtung angewiesen, daß es auf seinem ganzen Marsch teils durch Buschland wanderte, teils von Hügeln gedeckt war. Sein Lagerplatz war so bestimmt worden, daß es hinter Hügeln, die mit niedrigem Gesträuch bewachsen waren, ungesehen von der Finca, die Nacht verbringen konnte, um auf den Befehl zum Angriff am frühen Morgen zu warten.

General hatte ausdrücklich angeordnet, daß Lagerfeuer nicht während des Tages angezündet werden sollten, weil die Rauchsäulen die Heere verraten hätten. Des Nachts sollten die Feuer so gelegt werden, daß sie hinter Hügeln verborgen blieben oder einfach in frisch gegrabenen Feuergräben brannten. Sie sollten nicht lodern, um jeden Widerschein am bewölkten Himmel zu vermeiden.

Das Nordheer, unter der Führung des Coronel, hatte die schwie-

rigste Aufgabe zu erfüllen. Es konnte zu seinem ihm angewiesenen Lagerplatz nicht am Busch entlangmarschieren. Hügelketten waren auf seinem Wege ebensowenig. Es mußte über offene Prärie marschieren. So konnte es von der Finca aus auf seinem ganzen Marsch bis zu seinem endgültigen Lager hin beobachtet werden. Das Nordheer marschierte ab.
Profesor verfolgte es mit seinem Glase, um zu sehen, ob es angegriffen würde. Aber nichts geschah. Es kam endlich auf dem Platze an, den General als Lagerplatz für die Nacht bestimmt hatte. Jedoch hier blieb es nicht. Profesor erklärte das damit, daß die Prärie dort zu tief läge und wahrscheinlich zu versumpft sei, um einen guten Lagerplatz zu bieten. Das Heer marschierte weiter, viel weiter, als gut sein mochte, um es von hier aus beschützen zu können, falls es in eine Falle geriete. Es marschierte endlich so weit, daß es die Finca weit umgangen hatte und jetzt genau im Westen der Finca sein mußte, so daß die Finca nun von Westen, Süden und Osten aus eingeschlossen war und nur der Weg nach Norden, nach Hucutsin zu, offen lag.
»Verflucht!« sagte General, als ihm Profesor das berichtete. »Coronel hat einen verteufelt guten Plan ausgeheckt. Er hat freilich nicht getan, was ich für besser hielt. Er sollte näher zu uns geblieben sein. Aber was er da tut, ist vortrefflich. Gesetzt den Fall, Federales rücken von Hucutsin aus auf Santa Cecilia los, dann bekommen wir sie in unsere Zange.«
»Vielleicht ist Coronel darum so weit um die Finca herummarschiert, weil er Soldaten hat anmarschieren sehen in der Richtung von Hucutsin kommend, und er, klug wie er ist, nicht hierher zurückmarschieren wollte, um die Stellung unseres Heeres nicht zu verraten und so die Uniformierten zwischen unsere Heere gelangen zu lassen, während jene glauben, daß sie nur einen Trupp in ihrer westlichen Flanke hätten.« Es war Andres, der diesen Gedanken äußerte.
General und Profesor gaben zu, daß diese Meinung wohl die richtige sei. Ändern konnten sie nichts an dem, was Coronel tat oder schon getan hatte, und jeder sagte mit Recht, daß Coronel schon wüßte, was er täte, und wenn er den Marschplan anders ausführe, als angeordnet war, so würde er gewiß dafür gute Gründe haben.

5

Coronel hatte in der Tat die allerbesten Gründe, den Marschplan für seinen Trupp zu ändern. Er würde dumm und unverantwortlich gehandelt haben, hätte er den Plan nicht geändert, sobald er sah, daß die Verhältnisse, die jenen Plan bestimmt hatten, sich gleichfalls geändert hatten. Der Hauptplan des Angriffs wurde durch diese Abweichung vom angeordneten Marschplan nicht geändert; denn der beschlossene Hauptplan bestand darin, die Finca im Morgengrauen völlig umzingelt zu haben, um von allen Seiten zugleich darüber herfallen zu können. Das Nordheer hatte, wie Profesor richtig erriet, ein so nasses Gelände angetroffen, daß Coronel sagen konnte: »Wenn wir jetzt lagern, für diesen Nachmittag und durch bis zum Morgen, dann können wir vor morgen mittag kein Bein und keinen Arm rühren.« So wurde trotz der Müdigkeit der Muchachos weitermarschiert, um nach einem trockenen Platz zu suchen. Während dieses Marsches bemerkte einer der Muchachos, daß auf dem Wege von Hucutsin her eine Patrouille Federales auf die Finca Santa Cecilia zugeritten kam. Die Muchachos wollten die Patrouille anfallen, aber Coronel verbot es. Er sagte, daß, wenn die Uniformierten in Santa Cecilia die Nacht verbrächten, sie ja morgen doch alle, die dort in Santa Cecilia seien, in die Hände der Muchachos fallen würden, und es wäre ungeschickt, schon jetzt die Anwesenheit der Heere zu verraten, ehe die Finca umzingelt sei, wie General befohlen hatte.
Er befahl sofort allen, sich niederzulegen und sich im Präriegras zu verbergen, um von der Patrouille, die sorglos dahergeritten kam, nicht gesehen zu werden. Die Muchachos, die auf Pferden saßen, wie auch Coronel, blieben auf ihren Pferden und ritten gemächlich ihres Weges weiter in die alte Richtung, ohne sich um die Patrouille zu kümmern. Die Patrouille sah jene Reiter, aber da diese Reiter zu weit entfernt waren, um sie genau zu erkennen, und weil sie ruhig und ohne Zeichen von Hast weiterritten, nahmen die Leute der Patrouille an, daß es sich um Vaqueros der Finca handele, die verlorene Kühe suchen gingen. Die Patrouille war bald aus dem Gesichtskreis des Heeres entschwunden, und der Marsch ging weiter.

Nach einer halben Stunde Marsch bemerkte Coronel im Gelände eine breite Furche, in der dicht aneinandergedrängt Bäume und Sträucher wuchsen, die sich von anderen vereinzelten Bäumen und Sträuchern des übrigen Weidegeländes in der Art unterschieden.

»Da unten in jener Senke ist ein Flüßchen«, sagte Coronel zu den beiden Capitanes, die neben ihm ritten. »Da ist ein Platz für unser Lager. Wir haben gutes Wasser, und sollte etwas in der Nacht geschehen, haben wir das Gebüsch zur Deckung.«

6

Die Patrouille jedoch war keineswegs so lässig im Beobachten gewesen, wie Coronel geglaubt hatte. Sie hatte das von Coronel geführte kleine Heer wohl gesehen, früher, als die Muchachos die Patrouille sahen. Absichtlich tat die Patrouille so, als hätte sie nichts von Wichtigkeit im Gelände bemerkt.

Die Patrouille erreichte die Finca und berichtete dort, daß sie den Lagerplatz der verlausten Dreckschweine entdeckt habe.

Santa Cecilia war, wie General in seinem Instinkt wohl geahnt, jedoch nicht bestimmt gewußt hatte, stark besetzt, und zwar von etwa fünfzig Rurales, siebzig Federal-Soldaten und etwa zwanzig hier versammelten Finqueros, die mit ihren Söhnen, Schwiegersöhnen, Mayordomos und Capataces eine bewaffnete Macht von mehr als hundert Leuten darstellten.

Die Besatzung der Finca hatte von Peones, die auf der Jagd herumgestreift waren oder im Busch gearbeitet hatten, Kenntnis vom Anrücken der Rebellenarmee erhalten. Aber sie konnte keine sichere und bestimmte Nachricht bekommen darüber, ob die Rebellen auf Hucutsin zugingen oder auf Achlumal; denn die Peones, sobald sie in der Ferne die Muchachos hatten ankommen sehen, waren, von Furcht getrieben, mit ihrer Nachricht zur Finca gerannt, ohne abzuwarten, bis sie die genaue Marschrichtung des Heeres kannten. Das kümmerte die verängstigten Peones auch zuwenig.

Die Soldaten hatten keine Eile, Spione auszusenden, weil sie wußten, daß die Muchachos auf alle Fälle auf Santa Cecilia losgehen würden; und es gab keinen besseren Platz, das Heer zu empfangen

und aus sicherer Stellung unter ein verheerendes Feuer zu nehmen, als die Finca.
Die Besatzung der Finca besaß, alles zusammengerechnet, zwei Maschinengewehre, hundertzehn Karabiner, sechzig Jagdgewehre aller Art, darunter zwei Dutzend Repetierbüchsen schweren Kalibers, und außerdem ungefähr hundertzwanzig Revolver. Gegenüber einer solchen Waffenstärke war es undenkbar, daß sich die Rebellen auch nur bis auf dreihundert Schritte den Mauern der Finca nähern konnten, ohne drei Viertel ihres Bestandes zu verlieren. Kamen sie dann auch nur noch hundert Schritte näher heran, so war es gewiß, daß auch nicht ein Mann übrigblieb. Unter diesen Umständen konnte es die Besatzung leicht verantworten, die Rebellen auf die Finca losmarschieren zu lassen und sie nicht im offenen Felde anzufallen.

7

General war ein viel größerer Feldherr, als selbst seine nächsten Kameraden geglaubt haben würden. Es wäre schwer gewesen, ihnen genügend klarzumachen, wie geschickt er zu führen verstand. Er war, ohne es selbst zu wissen, mit den Gaben und Talenten eines großen Generals geboren worden.
In diesem Falle opferte er das Nordheer, um die Schlacht zu gewinnen. Ohne jene Opferung, die, oberflächlich betrachtet, wenig kameradschaftlich erscheinen mochte, wäre bei Santa Cecilia seine ganze Armee vernichtet worden. Er hatte Coronel mit dem Nordheer vorangeschickt, weil er wußte, daß Coronel die besten Fähigkeiten besaß, das Opfer so gering zu halten, wie das nur sein konnte.
Es war für General nicht möglich gewesen, genaue Mitteilungen zu bekommen. Er wußte jedoch von Peones, die vom Markt heimkehrten, daß man in Hucutsin über den Anmarsch des Rebellenheeres völlig unterrichtet war. Die merkwürdige Ruhe, die über Santa Cecilia lag, gab ihm die Gewißheit, daß in dieser Finca etwas Entscheidendes vorbereitet werde. Sollte er sich irren, sollten keine Soldaten in Santa Cecilia oder in deren Nähe sein und auf Lauer liegen, so war nichts verloren. Die Muchachos nahmen die Finca, teilten sie unter den Peones auf, versahen sich mit neuen

Lebensmitteln, und es wurde weiter marschiert. General war sich einer Sache bewußt, das war, daß innerhalb der nächsten drei Tage eine entscheidende Schlacht stattfinden müsse, weil die Federales und die Rurales nicht zulassen durften, daß die Rebellen eine ganze Stadt nahmen. Und innerhalb drei Tagen erreichte das Rebellenheer eine der beiden nächsten Städte, die Bedeutung hatte. Die Besitznahme einer Stadt, in der ein Jefe Politico seinen Sitz hatte, würde einen solchen demoralisierenden Eindruck im Lande verursacht haben, daß eine allgemeine Revolution mit Sicherheit erwartet werden konnte. Überall glimmte und schwelte es. Darum zweifelte General nicht daran, daß eine wichtige Schlacht bevorstand. Es war viel gewonnen, wenn es ihm gelang, durch strategische Mittel die Rurales und Federales, die ihm entgegengeschickt worden waren, zu zwingen, eine Schlacht zu liefern, wann und wo es für seine Pläne am günstigsten war.
In ungemein geschickter Weise hatte er es vermocht, die wirkliche Zahl der Rebellen geheimzuhalten. Nur die intelligenteren Muchachos, die zu seinem Stabe gehörten, wußten die ungefähre Zahl. Die übrigen kümmerten sich nicht darum und besaßen nur eine ganz unbestimmte Vorstellung von der Zahl der Mannschaft. Wenigstens dreißig Peones und wandernde indianische Kleinbauern mochten das Heer gesehen haben, und diese mochten wohl ihre Beobachtung erzählt haben, hier und da. Aber wer auch immer die Rebellen gesehen oder getroffen haben sollte, keiner hatte Gelegenheit gehabt, mehr als zwei Companias zusammen zu sehen. Der Mann, der einen Trupp traf, traf selten, oder wohl nie, einen zweiten Trupp. Und sollte er einen zweiten Trupp treffen, so war er nicht gewiß, ob es sich nicht um denselben Trupp handele, den er vorher gesehen hatte.
So war es nicht nur des schwierigen Geländes wegen gewesen, daß General seit kurzem das Heer stets in drei oder vier großen Gruppen marschieren ließ, sondern auch darum, ihre wirkliche Zahl unbekannt zu lassen.
Wann immer zu den Fincas oder nach Hucutsin oder Achlumal Nachricht von den Rebellen gelangte, so wurde von ungefähr hundert bis hundertzwanzig Mann gesprochen. Selbst wo das Heer zusammen auf demselben Platz lagerte, wäre es für einen Peon,

der gelegentlich nahe vorbeikam, nicht möglich gewesen, die Zahl genau festzustellen; denn Peones und wandernde Indianer liefen nicht im Lager hin und her. Sie kamen scheu genug an die äußere Linie der Lagernden und waren froh, wenn man ihnen nichts tat und sie ruhig ihres Weges ziehen ließ. Außerdem ist es schwer für Peones und Indianer, größere Mengen von Menschen oder Vieh richtig zu schätzen. Sobald es über achtzig sind, wird ihre Schätzung sehr ungenau, und sie verfallen dann ungemein schnell darauf, gleich von vielen Tausenden zu sprechen.

Das Nordheer war von ihm so geschickt worden, daß es auf alle Fälle von der Finca aus gesehen werden mußte und mit den Augen verfolgt werden konnte, bis es lagerte. Daß auf dem Wege zwischen Hucutsin und Santa Cecilia Patrouillen sein würden, die das Gelände abritten und sicher das Nordheer sehen würden, das erwartete General.

Das Nordheer war zwei Companias stark und hatte etwa hundertsechzig Mann.

General hätte das Nordheer nur aus einer Compania bilden können. Das aber wäre ein taktischer Fehler gewesen. Er mußte bei Patrouillen und bei der Besatzung der Finca den Glauben erwekken, daß jenes Nordheer die ganze Rebellenarmee bilde. Mit sechzig oder siebzig Mann hätte er jenen Eindruck nicht erwecken können. Es wäre dann geschehen, daß die Rurales jenen kleinen Trupp ruhig hätten marschieren und sogar lagern lassen. Sie hätten darauf gewartet, bis der Haupttrupp ankommen würde, und erst dann hätten sie angegriffen, und kein Mann wäre entwischt.

So aber setzte General ein Viertel seiner Armee aufs Spiel und hielt drei Viertel völlig unversehrt für die Schlacht bereit, wenn er den Zeitpunkt für günstig ansah, um auf die Rurales und Federales loszugehen. Dieser Zeitpunkt würde gekommen sein, wenn die Uniformados glaubten, daß sie die unbestrittenen Sieger der ganzen Region seien und nichts weiter zu tun hätten, als darauf zu warten, daß ein Kommissar des Diktators anlangte, um sie mit Orden zu behängen und die Offiziere ein oder zwei Rangstufen höher zu befördern.

Es ist immer gut für Rebellen und für deren Hauptleute, im voraus genau zu wissen, was ihnen geschieht, wenn sie ein Gefecht verlie-

ren sollten. Je weniger Gnade sie zu erwarten haben, um so weniger haben sie zu verlieren; und weil sie nichts zu verlieren haben, darum sind sie immer bessere Kämpfer als die uniformierten Urschlecker des Diktators. Diese Kreaturen haben die Posten und Pöstchen, die ihrer Lakaienseele am besten zusagen. Höheren Ehrgeiz besitzen sie nicht. Ihre Ideen sind verwirklicht. Was kann ihnen eine siegreiche Schlacht mehr bieten? Nichts, was sie nicht vorher schon besaßen.
Aber immerhin, es wurde wirklich gut gekämpft. Drei Federales, vier Rurales und drei Finqueros hatten ihr Leben verloren, und neun Mann waren verwundet, als die Besatzung mit zwanzig Gefangenen an den Lassos im Triumph in die weit geöffneten Tore der Finca einmarschierte. Etwa hundert Muchachos des Nordheeres lagen tot über das Feld verstreut.

8

Die Nacht war schon weit vorgeschritten, als Coronel mit dem winzigen Häuflein, das ihm verblieben war, im Lager des Zentralheeres ankam und an General Bericht erstattete.
Er und die Muchachos, die er mit sich führte, bluteten aus unzähligen Wunden. Einem fehlte die Hand, einem andern der Unterarm. Es war keiner unter den Muchachos, der weniger als vier Schußwunden oder Säbelhiebe an seinem Körper aufweisen konnte. Sechs der Muchachos waren auf den Schultern ihrer verwundeten Kameraden hergeschleppt worden. Fünf waren auf dem Wege hierher gestorben, weil sie so schwer verwundet waren, daß sie entweder verbluteten oder ihre Lungen zu arbeiten aufhörten.
Sie hatten keine Hemden mehr. Ihre weißen und braunen Baumwollhosen waren zerfetzt. Jedes Stückchen Stoff, das sie an sich trugen, war gebraucht worden, um ihre Wunden oder die ihrer Kameraden zu verbinden oder abzuschnüren.
Hilfsbereite Muchachos machten sich über die Ankommenden her, sie mit Kaffee und Bohnen aufzufrischen, ihre Wunden auszuwaschen und zu umwickeln.
»Das war ein liebliches Freudenfest«, sagte Coronel, sich schweratmend auf den Boden hinhockend. »Ich bin verflucht dünn, und ich habe das Gefühl, daß ich in zehn Minuten umsinke, soviel Saft

habe ich verloren. Ich habe nicht geglaubt, daß ich es bis hierher schaffen würde. Wir saßen ganz fröhlich und vergnügt in unserm Lager. Alle müde wie Hunde nach einer Tigerjagd. Zur Hölle noch mal, ich wußte, daß etwas im Gange war, denn ich hatte eine Patrouille gesehen, aber geglaubt, ich Burro, der ich schon bin, daß sie uns nicht gesehen hätten.«
»Als Soldat, und besonders als Coronel, glaube niemals etwas, sondern nimm immer an, daß dein Gegner ebenso schlau oder meist schlauer ist als du.« General lachte, als er das einwarf.
»Und weil ich etwas ahnte und weil ich dich, General, kenne und eine gute Idee schon weg hatte, warum du mich mit dem Heer zu jener Stelle geschickt hattest, gab ich verteufelt gut acht. Vier Posten hatte ich draußen. Aber ehe sie melden konnten, da war die gottverdammte Bande schon über uns her. Und wie! Schade, daß ihr das nicht gesehen habt. Ihr hättet alle etwas dabei lernen können. Die waren wenigstens zweihundertfünfzig Mann stark. Alle auf ausgeruhten Pferden. Zwei Maschinenspritzer waren auf dem Boden. Ich weiß nicht, wie sie das fertigbringen konnten, so schnell. Die müssen diese Ametralladoras schon in den Armen gehabt haben, als sie noch anritten. Das Nichtswürdige war, daß sie noch bei Tag ansausten, am hellen Nachmittag. Daß wir überhaupt hier noch mit dreißig Mann anrücken können, wie das geschehen konnte, das weiß ich nicht. Und daß wir überhaupt noch zehn oder zwölf oder wieviel von denen abschlachten konnten, ja ich weiß nicht, ob das sogar San Pedro fertiggebracht hätte. Du konntest nach keiner Seite weg. Die waren im Augenblick rund herum, dick wie eine Mauer, drei Mann hintereinander in der Mauer. Und dann auf uns losgekeilt. Mit Säbeln, mit Karabinern, und mit den Hufen der Pferde immer nur so dazwischen. Und die Balazos! Die Kugeln! O liebe Jungfrau von Guadalupe, die zwitschten herum, als ob du in einen Bienenschwarm gedroschen hättest. Und wie sie dann losschrien: ›Da haben wir euch endlich, ihr gottverdammten verlausten Dreckschweine. Revolution wollt ihr machen! Tierra y Libertad brüllen! Wir werden euch eure Revolution und eure Tierra y Libertad schon verzuckern. Hijos de putas, chingados por puercos, ihr sollt noch lernen, was es heißt, Rebellion zu machen. Gevierteilt werdet ihr, ihr Cabrones, und

gehäutet am Pferdeschwanz, ihr zehnmal gottverfluchten, stinkigen und verlausten Dreckschweine.‹ Und dann ging das nur so, ritsch ratsch, plitsch platsch, fitsch fatsch, links und rechts, oben und unten, und die Muchachos fielen nur so um, die Schädel bis zur Nase aufgesäbelt, die Schulter gleich mit dem ganzen Arm runtergemäht, die Säbel durch und durch gefegt, daß sie am Ursch wieder rauskamen, und jeder gleich noch obendrein so dreißig, vierzig eingekerbte Bleipflaumen auf einmal in die Gedärme gespritzt. Ich sage euch, Hombres, wer das nicht gesehen hat, der glaubt es nicht. Ein paar Spritzer konnten wir ja noch abdrücken, und so zwei oder drei Dutzend Machetehiebe konnten wir auswischen, und wo sie hinfielen, da sitzen sie jetzt noch, das kann ich euch erzählen. Aber was willst du machen, wenn du da mit deinen Leuten ruhig auf dem Hintern hockst und denkst, die ganze Welt ist gut und schön, und in derselben Sekunde schmeißen sich zweihundertfünfzig Mann auf Pferden über dich her.«
»Wo hast du denn das Maschinengewehr, Coronel?« fragte nun General.
»Frage mich, Hombre. Ich bin froh, daß ich noch meinen Kopf habe.«
»Um den wäre es nicht schade gewesen, denn wert ist er nicht viel, wenn du dich so verknüppeln lassen kannst.«
»Du hast gut reden. Ob du mit dreißig Mann rausgekommen wärst, das möchte ich doch erst einmal sehen.«
»Und wieviel Karabiner und Revolver habt ihr mitgebracht?«
»Zwei Karabiner und einen Revolver, meinen, den ich hier habe, aber die Patronen sind alle abgespritzt.«
»Haben wir wenigstens in den nächsten Tagen was zu tun, Muchachos«, sagte darauf General und grinste vergnügt. »Das Maschinengewehr, die Karabiner und die Revolver müssen wieder herangeschafft werden, oder unsere Freundschaft wird brüchig.«
»Das Maschinengewehr und die Karabiner?« Coronel griente gleichfalls. Das breite Grienen aber mochte wohl die Ursache sein, daß ihm das Blut vom Schädel aus in zwei dicken Rinnen an den Backen herunterzufließen begann und ihm in den Mund lief. Er spuckte es aus, trank einen kräftigen Schluck heißen Kaffees, um einen anderen Geschmack zu bekommen, und sagte dann: »Das

Maschinengewehr und die Karabiner meinst du, Compañero? Die lasse nur ruhig, wo sie sind. Gebrauchen kannst du sie nicht mehr. Aber ich habe zwei gottverflucht schöne neue Maschinengewehre gesehen und mehr als hundert blitzende neue Karabiner mit Repetiermagazinen, und was ich sonst noch gesehen habe, Junge, Junge, ungefähr hundert schwere blaugetönte Colts und Automaticos, Junge, das sind Revolver. Zwei Hiebe habe ich abgekriegt, nur weil ich die Dinger so verliebt betrachtete, anstatt meinen Kegel rasch genug wegzuziehen. Und ich schwöre dir hier, wenn du dich nicht aufmachst, diese Dinger einzusammeln, wir dreißig, die wir übriggeblieben sind, gehen allein los. Die Maschinengewehre, die Karabiner und die Revolver muß ich haben, und wenn ich sie nicht haben kann, dann ist mir das Dreckleben nicht einen Hundeschitt mehr wert.«
»Nur nicht aufgeregt sein, Coronel«, sagte nun Celso. »Wir kriegen sie schon. Sie haben uns hundertzwanzig unserer Brüder gekostet, aber das Fest wird bezahlt. Wir sind nicht mehr in der Monteria, wo man uns Fiestas gab und wir die Fiestas nie zurückbezahlen konnten. Jetzt geben wir Fiestas, und wir bleiben keine mehr schuldig, die uns gegeben wurde.«
»Santos en el cielo!« rief Matias. »Wenn ich daran denke, was die für uns dort im Laden haben, mir läuft der Rotz aus Nase und Fresse raus wie reine, blanke Nudelsuppe. Den Eisenladen müssen wir haben, dann können wir unsere halbe Armee bewaffnen, und dann räumen wir den Staat einmal auf mit Fiesta und Musica. Das Leben ist wundervoll. Auch wenn es nur so lange dauert, bis wir einmal der Hundebrut von Tyrannen Feuer untern Ursch gelegt haben und sie so aufkitzeln, daß sie in hundert Jahren nicht mehr zur Ruhe kommen.«
»Halt's Maul!« rief ihn Fidel an. »Wir haben hier jetzt Kriegspläne zu machen.«
»Ich werde doch wohl noch sagen dürfen, was ich denke«, verteidigte sich Matias.
»Natürlich, muy cierto«, sagte General. »Hier darf jeder reden. Aber zuerst ist immer noch Coronel an der Reihe.«
Er wandte sich nun wieder an Lucio.
»Welchen Weg bist du denn zurückgekommen mit deiner bluten-

den Horde, ich meine hierher? Doch nicht auf geradem Wege?«
»Hältst du mich denn für einen solchen Burro? Das wäre auch etwas Rechtes, wenn wir verraten hätten, wo unsere Armee hockt. Diese elenden Cabrones wissen gar nicht einmal, daß wir hier noch dreißig übriggeblieben sind. Die glauben, daß alles niedergemäht ist. Und daß alles, was von uns noch am Leben ist, jetzt eingefangen ist und dort unten im Patio der Finca aufmarschiert, damit sich die uniformierten Urschlecker einen vergnügten Abend machen können.«
»Los prisioneros, los pobres! Die armen Gefangenen!« sagte Andres mit einem tiefen Atemzug.
»Ja, die armen Gefangenen wären jetzt auch froh, wenn sie draußen auf dem Felde lägen, tot und zerstückelt«, meinte General. »Die machen jetzt mit ihnen einen Tanz. Gottverflucht, der kann allen seinen Heiligen danken, der nicht gefangen ist. Und wir können so gar nichts tun. Müssen warten, bis wir fertig sind und diese Cabrones sich ausgetobt haben. Verteufelt hart wie es ist, das alles, wir können jetzt daran nicht denken. Also los, Coronel, wie bist du hierhergekommen?«
»Wir, die wir geschunden und gehackt rausgerutscht sind, waren nicht alle zusammen auf einem Haufen, natürlich nicht. Schon auf dem Marsch dorthin sagte ich allen, daß, sollten wir überfallen werden und müßten zurück, dann keiner auf geradem Wege hierher zum Hauptlager rennen darf, um es nicht zu verraten. Es hat auch keiner getan. In seiner höchsten Not nicht einmal. Als wir sahen, wir hatten genug zugeschlagen und konnten nichts weiter ausrichten, da sausten die, die mitten drin waren und sich nicht anders helfen konnten, mitten zwischen die Erschlagenen. Sie hatten alle genug Blut auf ihren Pelzen, daß sie zehnmal töter erscheinen konnten als so gewöhnlich tot. Andere krochen im dichten Gebüsch weiter nach Westen, weiter weg entfernt von diesem Lager hier. Das Gras auf der Prärie hier ist jetzt hoch. Dann einmal genügend weit weg von dem Getümmel, war es für die Soldados schwer, zu sehen, wo wir steckten. Ich kann euch sagen, wir krochen niedriger und schleichender, als die allerschönste Schlange das kann. Die hatten auch so viel zu tun mit den Lassos derer, die sie lebendig fangen wollten und die sich nicht

mehr retten konnten. So wurde es endlich möglich, uns wie Maden rauszuquetschen. Wir waren freilich anfangs viel mehr als dreißig, die sich rauswürgen wollten. Und gerade die Gefangenen, die sie machen konnten, holten sie sich aus denen heraus, die noch lebten und sich verkriechen wollten, sich aber nicht schnell genug in einen Wurm verwandeln konnten, wie es uns glückte. Inzwischen wurde es ja auch sehr rasch Nacht. Dafür danke ich Gott, daß er es immer noch manchmal finster werden läßt. Und so, als die Nacht herunterkam, da rückten die Cabrones, heulend vor Vergnügen, mit ihren Gefangenen ab. Wir machten darauf einen weiten Bogen, zweimal den Fluß da unten kreuzend, weit nach Norden herum, und da sind wir.«

»Ja, da sind wir«, sagte General. »Aber hier bleiben wir nicht. Zurück in den Busch.« Er gab sofort Befehl zum Abbrechen des Lagers und ordnete an, so weit zurückzumarschieren, bis sie alle wenigstens zwei Kilometer tief im Busch sein würden und so weit hinter den Hügeln, daß niemand von der Finca sie erspähen könnte. Er sandte Botschaft zum Südheer, gleichfalls wieder den Busch aufzusuchen, aber so weit nach Süden hin zu bleiben, daß es die südliche Flanke beherrschen konnte.

9

Die Sieger, nun in der Finca versammelt, waren vollständig überzeugt, daß sie alle Rebellen, die aus dem Dschungel gekommen waren, vernichtet hätten. Es mochte sein, so erzählten sie sich gegenseitig, daß vielleicht zehn oder fünfzehn doch noch entkommen sein könnten, die aber durchaus ungefährlich seien und auch in wenigen Tagen von Patrouillen aufgegriffen und füsiliert werden würden. Auf jeden Fall war die Rebellion, wenigstens in diesem Staate und in dieser Region, wo die mächtigen Domänenherren gleich Königen alter Zeiten herrschten, niedergeschlagen und gewiß für dauernd, in Anbetracht dieser Massenabschlachtung von indianischen Meuterern. Anderen, insbesondere Peones, wird ja nun wohl irgendein Gedanke an Rebellion oder Streik oder Aufsässigkeit für Jahrzehnte vergehen. Und daß dies auch wirklich geschieht, dafür habe man ja das große Glück gehabt, genügend jener stinkigen Indianerschweine lebend einzubringen, um

in Gegenwart der aufgereihten Peon-Familien an ihnen zu offenbaren, was Rebellen geschieht und solchen, die es wagen sollten, das Maul gegen ihre Herren aufzusperren.
Die Diktatur und die Feudalherren saßen wieder fest im alten Sattel.
»Man muß nur fest zugreifen, Caballeros«, sagte der Oberst, der die Federales befehligte. Obgleich die Federales mit den Rurales vereinigt nur hundertzwanzig Mann stark waren, so war ein Oberst, der Erfahrung mit Aufständen hatte, für das Kommando bestimmt worden. Da sich alle Finqueros der Region, mit ihren Mayordomos und anderen Vasallen, unter den Befehl des Obersten stellten, so hatte der Offizier keine Ursache, sich hinsichtlich der Größe der Truppe, die er führte, zu beklagen.
»Fest zugreifen, meine sehr geschätzten Herren, das ist das einzig wirksame Mittel bei Aufständen, Streiks, Meutereien und allem solchen Unfug«, setzte der Oberst seine Erklärung an die Finqueros fort. »Ich verspreche Ihnen, Caballeros, solange ich hier bin und hier etwas zu sagen habe, bleibt dieser Staat frei von irgendeiner Form von Auflehnung gegen unsern Caudillo. Wenn auch da im Norden und im Westen der Republik und nun auch noch in den Zuckerregionen sich Unruhen bemerkbar machen, das will nicht viel heißen, solange wir diesen Südstaat in unsern Händen halten, um von hier aus vorzustoßen, sollte es notwendig werden. Ich kann Ihnen ja verraten, Caballeros, es sieht zur Zeit nicht gut aus da draußen im Lande. Das unter uns. Aber wir schaffen es schon und kriegen diese Bande unter; und dann zeigen wir ihnen, wer die wirklichen Herren im Lande sind. Gute alte Tradition, Recht, Ordnung, Ruhe und Sitte, das ist es, was wir verteidigen. Salud, Caballeros, dieses Glas auf unsern verehrten Staatslenker, El Caudillo, den unersetzbaren Führer und Regierer unserer glorreichen Republik. Viva El Caudillo!«
Die Finqueros, die Offiziere der Federales und der Rurales saßen an einem langen rohen Tisch, der im Korridor des Herrschaftsgebäudes aufgestellt war. Dieser Korridor, von Säulen getragen, zog sich an der ganzen Länge des Herrschaftsgebäudes entlang und war offen gegen den großen Patio der Finca hin. Dieser Portico war, wie in allen Häusern der amerikanischen Tropen, die Halle,

in der der Tag zugebracht wurde, wo gegessen wurde, wo in Hängematten die Stunden verbracht wurden und wo die Frauen und Mädchen ihre Handarbeiten und Nähereien verrichteten.
Der hier aufgestellte lange rohe Tisch war von buntfarbigen billigen Baumwolltischdecken bedeckt. Der Tisch war heute reich besetzt mit Schüsseln voll von schwarzroter Mole, gebackenen Truthühnern und Hähnen, frischem Salat, großen Mengen von Zwiebeln, Büchsen mit Sardinen und Alaskasalm und großen Körben bis an den Rand vollgefüllt mit Ananas, Bananen, Aguacates, Mangos, Chirimoyas und anderen tropischen Früchten jener Region. Fünf Flaschen spanischer Wermut und Moscatel standen verloren auf den langen Brettern, die den Tisch bedeuteten, herum. Es war nicht viel an Wein. Der Finquero entschuldigte sich der geringen Zahl von Flaschen wegen. Niemand nahm es ihm übel, denn jeder wußte, es war nicht leicht, Mengen von Wein in so fernen Gegenden vorrätig zu halten. Freilich, der Finquero war weit genug vorgeschritten, um zu wissen, daß guter Wein, und größere Mengen guten Weines erst recht, an die Offiziere, die er hier als ungeladene Gäste beherbergen mußte, verschwendet war. Sie wußten guten Wein nicht zu schätzen. Und außerdem war der Finquero klug genug, die größeren Mengen guten Weines für sich aufzubewahren, um wirkliche Feste für seine landbesitzenden Freunde und deren Familien mit Pracht und Prunk geben zu können. Die kannten guten Wein. Denen gegenüber konnte er sich nicht schäbig erweisen, sowenig wie sie es taten, wenn sie Fiestas veranstalteten.
Aber an dem einen Ende der Tafel war ein Fünf-Liter-Fäßchen guten alten Comitecos, und es saß niemand am Tisch, der nicht den Comiteco vorzog; denn der Comiteco des Besitzers von Santa Cecilia hatte guten Ruf im Staate. Er wurde auf der Finca destilliert und nicht früher ausgegeben, bis er wenigstens fünf Jahre alt war.
Im Patio, und entlang dem Portico, saßen die Mannschaften, die Rurales, die Federales und die Mayordomos und Capataces der siegreichen Finqueros beim Mahl. Zwei Schweine und ein Kalb waren geschlachtet worden, um die unerwartet große Menge von Kriegern zu beköstigen. Diese Menge von tüchtigen Essern ver-

schlangen etwas bei einem Mahl; und die Frau des Finqueros, Doña Guillermina, dachte mit Sorgen daran, was sie tun sollte, falls etwa das Kriegsheer sich hier für eine Woche einnisten sollte. Es war nicht das Fleisch oder der Mais, deren Mangel sie fürchtete. Es waren das Salz, der Zucker, der Kaffee und das Verschwinden von Tellern, Tassen, Servietten, Messern, Gabeln und Löffeln, das sie erschreckte. Die Soldaten und die Mayordomos aßen freilich alle mit Hilfe ihrer Finger. Aber es waren doch Löffel nötig. Und nicht nur im Patio, sondern auch vom Tische, wo die Offiziere beköstigt wurden, war nach jedem Mahl die Zahl vorhandener Geschirre, einschließlich von Tellerchen und Kaffeetassen, geringer geworden. Es war nun nicht so, daß diese Dinge einfach glatt gestohlen wurden. Aber einer der Essenden warf seinem Burschen eine Tasse an den Kopf, um ihn aufzumuntern, wenn er ihn angerufen hatte und er nicht kam. Ein anderer wollte die Hunde, die den Essenden zwischen die Beine fuhren, um die Knochen aufzulesen, verscheuchen, und er warf Messer und Löffel auf sie los. Wieder ein anderer fühlte sich veranlaßt, seine Kunststücke als Balancierer am Tische vorzuführen, und er balancierte mit Tassen, Tellern und Schüsseln so lange herum, bis eine ganze Pyramide zusammenfiel und kein Stück heil blieb. Andere wieder wußten Zauberkunststückchen mit Gabeln, Löffeln und Messern, wobei die Bestecke so verbogen und zerbrochen wurden, daß der Künstler sie im Munde oder hinter dem Ohr verschwinden lassen konnte. Der Erfolg war überwältigend, aber von den Messern und Löffeln war nichts mehr zu gebrauchen. Immerhin, ein Drittel verschwand auf die gewöhnliche Weise, und Doña Guillermina sah hier und da Löffelchen und Messerchen aus Taschen blitzen, von denen mehrere zu Offiziersuniformen gehörten.

Die Rurales und Federales, das heißt deren kommandierende Offiziere, setzten der Regierung die Verpflegung auf den Fincas auf die Diäten-Rechnung. Die Regierung bezahlte auch. Der Finquero, der die Leute beherbergte, erhielt keinen Centavo für die Verpflegung. Freilich nicht. Er lebte ja im Segen einer Diktatur. Er wagte auch nicht, die Offiziere darum zu befragen. Erst einmal würde das eines Caballeros unwürdig sein, sich mit solchen Kleinigkeiten zu befassen; zum andern würde der Kommandierende gesagt haben: »Querido amigo mio, Sie sollten doch froh sein, daß wir die Rebellen besiegt haben. Wären wir nicht gekommen, so würden nicht einmal die Mauern ihrer Finca mehr stehen, und ob Sie am Leben sein würden, das ist nicht so sicher.« Weil der Finquero genau wußte, daß er diese Antwort bekommen würde, so verbot es sein Stolz, eine solche Antwort herauszufordern.

Der Patio war voll von Menschen. Da waren nicht nur die Soldaten, die hier auf dem Boden hockten und sich ihre Wänste füllten, da waren auch die Peones, deren Frauen, Töchter und Söhne, die hier bedienten oder herumlungerten und zusahen, wie sich die Soldaten an einem Mahl erfreuten, wie es den Peones nie geboten wurde, obgleich sie alles das hier erzeugten.

Auch die Soldaten, Mayordomos und Capataces vergnügten sich an Comiteco. Ihnen hatte der Finquero einen gigantischen Tonkrug, der fünfzig Liter faßte, in den Patio gestellt. Dieser gewaltige Krug war dreiviertel voll Comiteco. Natürlich war es nicht dieselbe Sorte, die in dem kleinen Fäßchen auf der Tafel stand. Es war die Nachlese des guten reinen Comitecos, sehr jung und borstig, und klar wie Wasser.

Infolge des guten Essens und des vielen Comitecos ging es bald recht lustig zu. Die Frauen und Töchter der Peones und die indianischen Mägde wurden hergenommen, und ob sie wollten oder nicht, sie mußten tanzen. Es half nicht, daß Doña Guillermina ihre Mägde und die Frauen fortrief von den Soldaten, um Unheil zu verhüten. Die Soldaten waren die Herren und konnten sich erlauben, der Frau des Finqueros frech ins Gesicht zu lachen.

Es waren keine zwei Stunden vergangen, als so ungefähr ein halbes Hundert von Revolverkugeln durch die Luft, die von den großen Scheiterhaufen, die im Patio brannten, dick verräuchert war, hin- und herflitzten. Ein paar Peones hatten Schüsse weg und verkrochen sich in ihre Hütten. Zwei Soldaten und ein Mayordomo waren wohl vorbereitet, am nächsten Morgen begraben zu werden, und ein halbes Dutzend von Soldaten und Capataces gingen in die große Sattelkammer, wo sie von hilfreichen Kameraden gedoktert werden mußten. Darauf war wieder alles friedlich und versöhnt.

Die Gefangenen waren eingesperrt in einen Corral, eine Umzäu-

nung für Pferde und Kühe. Niemand hatte sich Mühe gemacht, sie loszubinden. So wie sie geknebelt und gebunden waren, als sie hinter den Pferden hergeschleift worden waren, so befanden sie sich immer noch. Wie Pakete lagen sie auf dem von Pferdemist und Kuhdünger verschlammten nackten Erdboden des Corrals.
Vier Soldaten, mit Karabinern auf ihren Knien, saßen auf den Balken der Umzäunung, um die Gefangenen zu bewachen. Sie waren verärgert, daß sie hier wachen mußten, während ihre Kameraden sich im Patio vergnügen durften. Sie wurden später abgelöst, um essen zu können. Die neue Wache war noch verärgerter als die frühere, weil sie das Fest hatte verlassen müssen, um hier die verlausten Indianersäue zu bewachen.
Peones der Finca waren furchtsam herangekommen und gaben den Gefangenen Wasser zu trinken und einige Hände voll gekochter Bohnen. Sie waren ständig in Furcht, daß die wachhabenden Soldaten ihnen den Karabiner in den Magen stoßen würden, weil sie den Gefangenen einen Liebesdienst erwiesen. Jedoch die Soldaten waren so mißmutig, daß sie nicht darauf achteten, was die Peones taten, solange sie nicht etwa die Lassos, mit denen die Muchachos gefesselt waren, lösten.
Ein Leutnant der Federales war aufgestanden und in eine dunkle Ecke im Patio, nahe an jenen Corral gegangen, weil er Überfluß an warmem Wasser fühlte. Er ging dicht an die Umzäunung und suchte eine Stelle, wo ein paar der Gefangenen gegen die Balken lehnten.
»Bleibt nur ruhig sitzen, Ihr Schweine«, sagte der Leutnant, als die Muchachos versuchten, wegzukriechen, um dem warmen Wasserstrahl zu entgehen. Die Muchachos bewegten sich nicht weiter voran, sondern blieben.
»Verlauste Dreckschweine, geehrt solltet ihr euch fühlen, daß ein Federal-Offizier sich herabläßt, euch anzupissen, versteht ihr? Antwort!«
»Si, Jefecito!« sagten die Muchachos unterwürfig und rührten sich nicht von der Stelle.
Der Leutnant kam zurück zum Tisch. Als er sah, daß für eine Weile die Frau des Finqueros und die Töchter nicht in der Nähe waren, um zuzuhören, erzählte er sein neuestes Offiziersabenteuer.

Es erfolgte ein dröhnendes Gelächter, und alle, Offiziere und Finqueros, mangels besserer Musik und Tischgespräche, standen der Reihe nach auf, gingen hinüber zum Corral, riefen die Muchachos dicht zu sich heran an die Umzäunung und weichten sie ein, oder wie sie sagten: »Empapando a los cochinos.«
Und während der folgenden Stunden, wenn der eine oder der andere es für nötig fand, ging er ›die Schweine einweichen‹.
Die Soldaten, Mayordomos und Capataces, als einer von ihnen gelegentlich diesen bevorzugten Ort des Abschwemmens entdeckt hatte, ahmten den Scherz ihrer Offiziere nach, so lange, bis es ihnen ein Capitan der Rurales untersagte, nicht aus erwachendem Mitleid mit den entwürdigten Muchachos, sondern aus dem Gefühl heraus, daß die Mannschaften nicht das Recht hätten, denselben Ort für ihre Bedürfnisse zu gebrauchen, den die Herren Offiziere und die Caballeros bevorzugten, weil das leicht zu einer Vermanschung der Rangunterschiede führen könnte.

10

Am nächsten Morgen, sobald Offiziere und Caballeros sich mit nassen Fingern die Augen ausgewischt hatten und die Mägde einem jeden eine Tasse heißen schwarzen Kaffees, mit braunem Rohzucker aufgekocht, als Morgentrunk angeboten hatten, ordnete der Mayor die Vernehmung der gefangenen Rebellen an.
Der Mayor war das Kriegsgericht. Er war gleichzeitig der Ankläger, Richter und die letzte Berufungsinstanz. Die übrigen Offiziere und die Finqueros standen oder saßen herum als Beisitzer. Deren Tätigkeit beschränkte sich aber lediglich darauf, besonders eindrucksvolle Strafmethoden vorzuschlagen, um einen Denkzettel zu schreiben, der in hundert Jahren nicht vergessen werden würde.
Rebellionen zu unternehmen, dazu hatten nur Offiziere, Finqueros und Industriegewaltige das Recht, wenn ihnen der Diktator nicht zu Willen war. Denn ein jeder im Lande, selbst ein aufgewecktes Schulkind, wußte, daß der Diktator nur so lange El Cacique war, solange er tat, was diejenigen ihm zu tun befahlen, die ihren Finger am Klingelknopf halten durften, weil sie die Knebel an den Geldsäcken hielten.

Es ging sehr rasch und militärisch zu bei jener Vernehmung. Die Gefangenen traten vor, oder besser gesagt, wurden von harten Fäusten und Stiefeln vorwärts geschleudert, sagten ihren Namen und standen still, ihre Arme über der Brust gekreuzt.
Der Mayor, der diesen Dienst freiwillig übernommen hatte, fragte jeden Gefangenen, ob er Arbeiter in den Monterias gewesen wäre. Das bestätigte ein jeder von ihnen. Nicht einer der Muchachos fiel auf seine Knie und flehte um Gnade oder bat um Verzeihung. Selbst angesichts der Greuel, die sie in den nächsten Stunden erwarteten, zeigten sie sich größer und als Menschen wertvoller als ihre Henker, die sich später, als die Diktatur in sich zusammenzustürzen begann, genau so betrugen, wie man es überall auf Erden von Knechten und Krippengängern einer Diktatur erwartet, und worin man sich nie täuscht und niemals getäuscht hat, wo und wann auch immer eine Diktatur zerfiel.
Der Oberst kümmerte sich nicht um die Angelegenheit des Kriegsgerichts oder was mit den Gefangenen geschah. Er hatte sich einen langen und gesunden Schlaf gegönnt, dann allein gefrühstückt, um Besseres zum Frühstück zu bekommen, in welcher Erwartung er sich zu seiner Freude nicht betrogen fand. Dann setzte er sich an ein kleines Tischchen in der fernsten Ecke des Korridors, rauchte mit Andacht eine kräftige Zigarre und diktierte dem Schreiber den Schlachtbericht an den Jefe de las operaciones militares, der seinen Sitz in Jovel hatte.
Mit der Vernehmung der Namen, die niemand aufzuschreiben sich die Mühe machte, war das Kriegsgericht beendet und der schwerste Teil der Tagesarbeit des Mayors für heute zu aller Zufriedenheit erledigt.
Der Mayor, die übrigen Offiziere und die Finqueros hatten inzwischen heftigen Hunger bekommen von den Anstrengungen dieses Tribunals. Da sie mit lachenden Augen sahen, daß die indianischen Mägde die lange Tafel mit dampfenden jungen Schweinchen und Riesenstücken braun geschmorter Kalbskeulen und Kalbsrücken geschmückt hatten, war Eile vonnöten, um die Frau des Finqueros, die sich so viel Mühe gegeben hatte, ihre Gäste wohl zu bewirten, nicht mit Kummer auf die kalt werdenden Schüsseln blicken zu lassen. Es war darum besser, daß der Inhalt

jener Schüsseln so rasch verschwand, wie das die Kinnladen nur zu schaffen vermochten.
»Sargento Paniagua!« rief der Mayor.
»A sus ordenes, mi comandante!« antwortete der angerufene Sergeant und stand mit einem Sprunge vor dem Geländer des Korridors, auf dem der Mayor saß, eine Zigarette im Munde haltend.
»Führe die Gefangenen hinaus, außerhalb der Mauern der Finca, und richte sie. Zuerst könnt ihr frühstücken.«
»A sus ordenes, mi comandante!«
Im frommen Bewußtsein, seine Pflicht als Soldat und Beschützer der Diktatur, die ihm Brot gab, erfüllt zu haben, rutschte der Mayor herunter vom Geländer, ging zum Waschstand, wusch sich die Hände, winkte den übrigen Offizieren und schritt dann zur Tafel. Ein Dutzend Finqueros saßen schon vor ihren Tellern und warteten nur darauf, daß der Oberst, als die höchste Persönlichkeit hier, sich ebenfalls setzen würde, damit doch endlich mit dem verspäteten Frühstück begonnen werden könnte.
»Verflucht«, sagte der Mayor, sich nach dem Oberst hinsetzend und mit einem Zahnstocher die Fingernägel auskratzend, »verflucht muß ich sagen, das ist ein gutes Frühstück, das einem alten Soldaten und Kämpfer das Herz unterm Kragen vor Freuden hüpfen läßt. Los, an die Kanonen, Caballeros, und mit Mut in der Brust in die Schlacht gestürzt.«

11

Die Caballeros an der Tafel waren noch nicht zur Hälfte durch mit der Schlacht, als sich Sergeant Paniagua beim Mayor meldete: »Listo, mi comandante!«
»Muy bien! Wie du mit gefangenen Rebellen umgehst, weißt du, Sargento Paniagua?«
»Si, mi comandante!«
»Dann los!«
»Einen Augenblick, Señor Mayor!« Der Besitzer der Finca Santa Cecilia, der als Gastgeber den Mittelsitz an der Tafel innehatte und zwischen dem Oberst und dem Mayor saß, sagte: »Ich mache den Vorschlag, Señor Mayor, daß wir alle Peones hier von meiner Finca herbeirufen, so daß sie Zeugen sein mögen bei der Bestra-

fung der Rebeldes. Das tut uns Finqueros allen gut, wenn die Peones das einmal sehen. Dann wird ihnen das ewige Herumschreien von Tyrannei und Ungerechtigkeit endlich ausgetrieben werden, und hoffentlich für immer.«
»Bravo! Bravisimo!« riefen die übrigen Finqueros am Tisch. »Das ist ein guter Gedanke, den du hast, Don Lerfino. Schade, daß wir unsere Peones nicht schnell genug herkommandieren können, um mit bei der Vorstellung sein zu können. Eine so vortreffliche Schule kann man nicht jeden Tag für sie haben.«
Mehrere der Peones waren bereits im Patio, wo sie bedienten oder aus Neugierde herumstanden.
Viel gearbeitet wurde an solchen Tagen, an denen in der Finca große Festlichkeiten abgehalten wurden, sehr selten, weil die Mayordomos und Capataces sich von den Banketten nichts entgehen lassen wollten.
Es wurden nur die wichtigsten Arbeiten verrichtet.
Aber dennoch sandte der Finquero seinen Mayordomo hinüber ins Dorf der Peones, um alle Männer, Frauen und Kinder herbeizubefehlen, um Zeugen der Hinrichtung von Rebellen zu sein.

12

Eine so große Anzahl wehrloser, verlumpter, verlauster, verschüchterter, gedemütigter und völlig wehrloser Gefangener zu freier und durchaus unbeschränkter Verfügung zu bekommen, wäre ein Festvergnügen gewesen für die sexuell degenerierten und seelisch verschlammten uniformierten Heringsgräten, wie sie ein hysterisches Mitteleuropa so billig und in so großen Massen erzeugt. Diktatoren, die sich nur wohl und gesund fühlen, wenn sie nichts als Sklaven um sich wissen, begnügen sich, aus durchaus verständlichen Gründen, für das Viva-Schreien und für ihren leiblichen Schutz mit Knechten. Mit freien Menschen, die auch nur einen Schimmer von Würde in sich zu fühlen fähig sind, könnten sie nicht eine Woche lang auf dem Thron sitzen bleiben. In alten Zeiten nicht, wohl aber in neuen Zeiten sind die schäbigsten und erbärmlichsten Folterknechte und Wachstubenparasiten jene menschlichen Krümchen, unreif und rotzig, die, weil sie keinerlei Individualität, kein Fünkchen von Persönlichkeit besitzen, sich nur dann am Leben fühlen können, wenn ihnen erlaubt wird, sich eine Uniformmütze aufsetzen zu dürfen. Die Uniformmütze macht eine menschliche Null zu einer halben Eins, und hätte diese halbe Eins keine Uniformmütze auf, würde man sofort sehen, daß es sich in Wahrheit um eine idiotisch verkrampfte, schief zur Welt gekommene Null handelt.

Sergeant Paniagua, der vom Mayor den Auftrag erhalten hatte, die Bestrafung und Hinrichtung der Rebellen vorzunehmen, sowie die übrigen Unteroffiziere und Polizisten hätten keinerlei Vergnügen darin erblickt, sadistische Verrenkungen ihrer Seele an wehrlosen Gefangenen auszulassen dadurch, daß sie sich tagelang oder wochenlang daran ergötzt hätten, die Gefangenen zu peitschen, sie zu zwingen, sich gegenseitig anzuspucken oder sich gegenseitig zu backpfeifen. Das wäre ihnen so dumm, so lächerlich, so idiotisch erschienen, daß sie an ihrer eigenen Gesundheit gezweifelt haben würden.

Gewöhnlich wurden gefangene Rebellen am nächsten Baum aufgehenkt. Das ging so schnell vor sich, daß zehn Mann in fünf Minuten aufgehenkt waren.

Sergeant Paniagua rief Mannschaften herbei und gab ihnen den Befehl, die Gefangenen dreihundert Meter weit weg von der Finca zu führen und dort an den Bäumen der Reihe nach aufzuhenken, nachdem jedem die Ohren abgeschnitten worden waren.

Als sie aber an jenen Bäumen anlangten, kam der Mayordomo eines Finqueros, der noch beim Frühstück saß, angeritten und rief, daß der Sergeant mit dem Henken ein wenig warten solle, weil die Finqueros gleichfalls dabeisein wollten.

Der Sergeant sandte einen Unteroffizier zum Mayor, um zu fragen, ob er warten solle. Der Mayor erteilte die Erlaubnis und gab Befehl, mit dem Henken zu warten, bis die Caballeros mit ihrem Frühstück zu Ende sein würden und dann Zeit hätten, selbst zugegen zu sein.

Nach einer halben Stunde kamen die Finqueros, der Mayor und einige gelangweilt dreinschauende Offiziere gemächlich herbeigeschlendert.

»Wir können so ein Fest nicht alle Tage haben«, sagte Don Crisostomo, der Herr der Finca Santa Julia.

»Richtig.« Don Abundio, der Herr der Finca La Nueva Granada, nickte zustimmend. »Aber das allein ist es nicht. Es ist besser, daß wir hier nach dem Rechten sehen und daß alles nachdrücklich getan wird. Was für ein dreckiges Schwein von einem verlausten Peon macht sich etwas daraus, wenn er gehenkt wird. Macht sich noch lustig darüber, wenn ihm die Suppe vorn an seinem Stachel rausschießt.«

Das veranlaßte ein gesundes Gelächter der Caballeros.

»Alle Peones hier?« fragte Don Delfino.

»Si, Patron!« erwiderte sein Mayordomo.

»Was sollen wir hier herumstehen, Compañeros?« meinte Don Faustino, der Herr der Finca Rio Verde. Er rief einen der Mayordomos zu sich und gab ihm Befehl, Pferde zu satteln und herzuführen, damit man aufsitzen könne und nicht auf seinen armen, krummen, knickrigen Beinen zu stehen habe.

»Oiga, Señor Mayor!« Don Eleuterio, der Herr der Finca La Providencia, kam auf den Mayor zu. »Ich denke, es kann Ihnen gleich sein, wer sich mit den Rebellenhunden befaßt.«

»Es cierto«, gab der Mayor zu. »Mir ist es gleich. Ich habe nur zu rapportieren, daß die gefangenen Rebeldes tot sind, ob füsiliert oder gehenkt, das geht mich nichts an. Ich bin Soldat. Und meine Leute sind Soldaten. Und da wir Soldaten sind, würden wir uns schämen, wehrlose Gefangene zu foltern oder zu peitschen. Wir henken oder füsilieren. Was die Polizei tut, dafür sind wir, die Soldaten, nicht verantwortlich.«

Der Mayor zuckte die Achseln und drehte sich halb um.

»Sehen Sie, Señor Mayor«, redete nun Don Tirso, der Herr der Finca La Camelia, auf den Mayor ein. »Sie marschieren in den nächsten Tagen wieder ab. Dann sind wir hier wieder alle allein gelassen und völlig hilflos. Ich weiß recht gut, unsere Peones sind nicht mehr, wie sie waren. Sie sind unruhig. Sie warten nur auf eine Gelegenheit, und dann geht es über uns her. Wir werden abgeschlachtet wie Kälber. Alle in einer Nacht. Wenn wir hier und gleich heute keine gründliche Lektion erteilen, so daß die Leute für die nächsten zwei oder drei Jahre das nicht vergessen, wie wir mit Rebellen umgehen, dann haben wir hier keine Sicherheit.«

»Muy bien, Caballeros! Tun Sie, was Sie wollen. Ich gehe einen

ordentlichen Schluck trinken, werde mich in die Hängematte schwingen und einen schönen sonnigen Vormittag verbringen. Sargento Paniagua!«
»A sus ordenes, mi comandante!«
»Du, die Cabos und alle deine Leute zurück zur Finca. Los prisioneros para los Caballeros! Die Gefangenen den Herren überlassen!«
»A sus ordenes, mi comandante!«
Der kommandierende Offizier der Polizeitruppe rief seine Leute auf. »Ihr bleibt hier zur Bewachung!« Als er den Befehl gegeben hatte, folgte er dem Mayor und den übrigen Offizieren, die zurück zur Finca schlenderten.

13

Don Delfino rief einige seiner Peones herbei. »Rauf, Spaten und Pickhacken aus dem Almacen geholt!«
Die Spaten wurden gebracht, und der Finquero befahl den gefangenen Muchachos, tiefe Löcher zu graben, ein jedes etwa vier und einen halben Fuß tief.
Nachdem die Löcher gegraben waren, stellten sich die Muchachos am Rande der Löcher auf.
»Das würde euch gefallen, Ihr verlausten Cabrones!« rief der Finquero. »Ein Schuß und vorbei. Nicht so rasch! Und nun rein in die Löcher! Jeder in sein eigenes!«
Die Muchachos ließen sich hineinfallen. Aber die Löcher waren, wie vom Finquero befohlen, so gegraben worden, daß die Leute nicht lang liegen konnten. Sie standen schräg aufrecht, und ihre Köpfe ragten oben über den Rand.
Der Finquero rief einige Capataces herbei. »Schneidet den Hunden die Ohren runter!«
»He, du, wo hast du denn deine stinkigen Ohren?« fragte der Finquero, auf einen der Muchachos im Loch zugehend.
»Patroncito mio, die wurden mir in der Monteria abgeschnitten!«
»Auch da schon wegen Meuterei!«
»Mit Ihrer güten Erlaubnis, Patroncito, nicht wegen Meuterei. Mein kleiner Junge war im Fluß ertrunken. Da war ich so traurig, und ich fuhr den Strom hinunter.«

»Also Deserteur. Das ist dasselbe.« Mit einer Bewegung seines Kopfes winkte er einem nahe stehenden Capataz zu. »Ohren hat er nicht mehr zum Abschneiden, der Hund. Schneide ihm die Nase runter. He, du, sei nicht so zappelig, wenn die Backe mitgeht, um so besser. Dann wissen die in der Hölle gleich, wer du bist, wenn du da ankommst.«
Die Peones, die als Zeugen zugegen waren, sagten nichts. Mit keiner Gebärde deuteten sie an, was in ihrem Innern vor sich ging. Sie sahen demütig und gehorsam aus wie immer. Die Finqueros waren überzeugt, daß ihre Peones nicht zu fürchten waren.
Nun erhielten die Peones den Befehl, die Löcher zuzuschaufeln. Als das geschehen war, und nur die Köpfe der Muchachos von Blut überlaufen aus dem Grunde lugten, rief ein Finquero zu den Köpfen: »Tierra y Libertad wollt ihr? Wir werden euch jetzt Erde und Freiheit geben. Mehr als ihr schlucken könnt. Ihr verlausten Dreckschweine.«
Er stieß einen Capataz in die Rippen und sagte zu ihm: »Stopfe ihnen die Tierra in ihre Schandfressen, bis sie ihnen am Ursch wieder rauskommt!«
Er selbst nahm eine Schaufel voll Erde auf, warf sie dem nächsten Kopf ins Gesicht, ging auf ihn zu und stieß ihm mit seinen Stiefeln die Erde in den Mund. »Da hast du deine Tierra und deine Libertad. Bist du nun zufrieden? He, und du auch, wir werden euch schon gründlich mit Tierra y Libertad vollpumpen. Hole Wasser, José«, rief er einem andern Capataz zu. »Holt alle Wasser und schwemmt es ihnen in die Fressen, daß sie alle Tierra runterschlingen, bis sie platzen. Libertad. Jetzt habt ihr doch endlich die ganze Libertad, die es auf der Welt gibt, sogar die Hölle noch dazu.«
Er rief alle Mayordomos und Capataces heran und befahl ihnen, es genauso mit allen Köpfen zu machen, wie er es ihnen zeigte.
Die Capataces, angefeuert von den Finqueros, stießen mit ihren Stiefeln den Köpfen alle Erde, die lose um die Löcher aufgehäuft war, in die Mäuler, stießen mit ihren Fäusten nach, und wenn die Mäuler, Nasen, Augen und blutenden Ohrenlöcher so voller Erde waren, daß auch nicht ein Körnchen mehr nachwollte, und selbst das eingeschwemmte Wasser nicht half, um mehr Erde in den Köpfen hinunterzustoßen, trampelten sie mit ihren Stiefeln auf

den Köpfen herum, sie tiefer und tiefer in den aufgelockerten Boden stampfend, bis die Gesichter, von Blut und Erde völlig überschmiert, unkenntlich geworden waren und nur eine Masse bildeten, die unsicher zusammengehalten wurde von dem dicken schwarzen Haarpelz der Schädel.
Die Muchachos hatten zu Anfang dieser Tierra-Verteilung gespuckt, geniest, gehustet, geächzt und gekeucht. Aber keiner hatte gejammert. Keiner hatte auch nur ein einziges Wort gesprochen, das wie ein Bitten um Gnade oder Erbarmen hätte verstanden werden können. Solange sie mit ihren Augen noch hatten sehen können, lag in ihren Blicken weder Furcht noch Anklage. Nur Haß, und nichts als Haß glühte im letzten Aufleuchten ihrer tiefbraunen oder schwarzen Augen. Und es war der grenzenlose Haß in ihnen, der sie jeden Schmerz vergessen ließ, der sie gefühllos machte, als wären ihre Köpfe Steine. Es war der unauslöschliche Haß des Unterdrückten, der, unterdrückt und gepeinigt, wie er auch sein mag, nur eine einzige Seelenregung kennt, Haß gegen den Unterdrücker. Es war der Haß des Proleten, der nie Gerechtigkeit kennenlernt, sondern nur Kommandos und Hiebe. Ein Haß, grimmiger und unversöhnlicher als der Haß Satans gegen Gott, war es, der sie mit keinem Flickerchen ihres Gemütes auch nur um einen letzten Gnadentritt, der ihnen das Leben verlöscht hätte, betteln ließ und der in ihren Tyrannen ein Frohlocken hätte hervorrufen können, daß sie die Rebellen nun doch endlich mürbe bekommen hätten.
Vier der Muchachos, als sie fühlten, daß sie beim nächsten Tritt ins Gesicht kein Wort mehr würden hervorstöhnen können, schrien, laut und kräftig, wie es die Erde in ihrer Kehle noch gerade erlaubte: »Tierra y Libertad! Viva la revolucion de los peones!« Es kam nicht gut und klar heraus. Aber für alle jene Muchachos, die mit dem letzten Glimmer ihres Lebens die unterdrückten und verstopften Laute auffingen und die Worte zwar nicht einzeln hörten, aber mit ihrem Instinkt den vollen Sinn empfanden, waren diese dumpfen grunzenden Laute ihrer Kameraden ein Lobgesang, wie ihn alle himmlischen Heerscharen bei der Geburt des Erlösers für die Muchachos nicht zu singen vermocht hätten. Es war ein Lobgesang, der keinen Erlöser verkündete. Es war ein Lobgesang, der

die Ankunft neuer Menschen ankündigte. Es war der Lobgesang auf Helden, wie sie nur eine Diktatur, eine Autokratie zu gebären vermag, nicht zur Erhaltung der Autokratie, sondern zu ihrer Vernichtung.

14

Die Finqueros hatten diese letzten Aufschreie, die einzigen Schreie, die von den gerichteten Muchachos ausgestoßen wurden, nicht nur gehört, sondern auch verstanden.
Sie gerieten in eine solche Wut, daß sie sich völlig vergaßen. Sie überließen es nun nicht mehr ihren Capataces, die Rebellen von der Erde zu stampfen, sie sprangen nach jenen Aufschreien selbst auf die Köpfe los und trampelten und tanzten auf ihnen herum, als wären sie wahnsinnig geworden.
»Wo sind denn die Pferde, gottverfluchtes faules Hundepack von Mozos«, riefen mehrere der Finqueros und hieben mit Fäusten auf ihre Capataces los. Die Pferde waren noch nicht eingefangen, denn sie grasten auf der offenen Weide und mußten erst gesucht und eingetrieben werden.
»Die Pferde her! Die Pferde her! Damit wir den Schweinen die in der Hölle verdammten Köpfe runtergaloppieren können!«
Nicht nur die Finqueros, auch die Peones hatten die Aufschreie der vier oder fünf Muchachos gehört. Und obgleich sie leichter Indianisch verstanden als Spanisch, so verstanden sie doch gerade jene Rebellenschreie recht gut. Und recht gut hatten sie begriffen, jetzt zum ersten Male in ihrem ganzen Dasein, was diese Rebellenschreie in Wahrheit bedeuteten. Die Finqueros hatten den größten Fehler begangen, den sie je verüben konnten: die Peones zur Vorstellung einzuladen, um sie mit Schrecken zu füllen.
Jedoch die Peones fühlten sich zum ersten Male als eine Menschenschicht, die in sich und unter sich verbunden ist, nicht aus dem Grunde, weil sie Peones sind, sondern weil sie einen gemeinsamen Feind haben, weil ihre Feinde die Herren sind, die sich ihnen gegenüber als wohlwollende Väter zeigen. Sie begannen nun zu verstehen, zum ersten Mal in ihrem Dasein, daß sich dieser angebliche Vater sofort zu einem Stiefvater verwandelte, sobald seine väterliche Herrschaft und seine Autorität bedroht waren.

Die Peones, die hier als Zeugen geladen waren, wurden sich in diesem Augenblick bewußt, daß ihre eigene unterdrückte und gepeitschte Klasse Helden hervorzubringen vermochte, die an Heldenmut, an aufrechtem Sinn, an Charakterstärke, an Haß und Stolz in nichts denen nachstanden, die bis jetzt diese menschlichen Eigenschaften als das unteilbare Erbgut ihrer Klasse, der feudalen Herrenklasse, betrachtet hatten und bei jeder Gelegenheit in die Welt hinausschrien, daß Peones und Proleten eben darum Peones und Proleten seien, weil sie keinen Stolz und keinen Mut besäßen.
Aber Stolz fühlten die Peones nun in sich aufkeimen, als sie die gurgelnden Siegesschreie der sterbenden Muchachos hörten. Sie wuchsen in ihren bisher so unbestimmten und ungezeichneten Persönlichkeiten zu einem Verständnis ihrer Möglichkeiten als Mensch heran, als sie gewahr wurden, daß diese Rebellen, die selbst unter den entsetzlichsten Schmerzen noch ihren Haß den Lakaien des Diktators entgegenzuschleudern vermochten, ihrer Rasse, ihrer Klasse zugehörten und nicht der Klasse ihrer Herren. Keiner von ihnen hatte je einen Finquero in einer so großen strahlenden Geste sterben sehen, wie diese Rebellen zu sterben verstanden.
Furcht und Schrecken den Peones einzuflößen, hatten die Finqueros gehofft, als sie ihnen befahlen, bei den Hinrichtungen zugegen zu sein. Jedoch ohne daß die Finqueros es bis jetzt auch nur ahnten, war ihr Plan ein verfehlter geworden, und er hatte das Gegenteil bezweckt.
Eine tiefe religiöse Bewunderung vor den Rebellen in ihren Herzen fühlend, schlichen sich die Peones zurück in ihre Hütten und erzählten dort ihren Frauen und Kindern von dem, was sie gesehen und erlebt hatten. Und sie erzählten es mit einer Andacht und einer Scheu, als hätten sie im Busch die Herrlichkeiten eines Heiligen erblickt, der ihnen dort in Person erschienen war und sie aufgefordert hatte, eine Kapelle zu bauen.
Die Männer und Frauen knieten nieder vor den winzigen, verräucherten und verschmutzten Bildchen der Heiligen Jungfrau auf den kleinen Kistchen, die ihnen in ihren Hütten als Altäre dienten, und beteten für die Seelen der gerichteten Rebellen mit einer Inbrunst, als wären sie ihre verstorbenen Väter. Als sie ihr Gebet

beendet hatten und die Männer wieder heraustraten aus ihren armseligen Hütten, um dem Mayordomo zu ihren Arbeitsplätzen zu folgen, waren sie nicht länger mehr dieselben Peones, die sie gestern gewesen waren.

Sechstes Kapitel

I

General, nachdem er sein Hauptheer und Westheer etwa fünf Kilometer weit in den Busch zurückgezogen hatte, bereitete einen entscheidenden Gegenangriff vor. Der Busch deckte nicht nur seine beiden Armeen, sondern auch seine Vorbereitungen. Er besaß nun ein weites Anlauffeld und genügend Raum, um von jeder Flanke aus, die ihm am besten zusagte, seinen Gegner anzufallen. Geleitet von seinem gesunden indianischen Instinkt, sich nicht überraschen zu lassen, solange er es vermeiden konnte, verteilte er seine Außenposten und Außenpatrouillen so geschickt, daß es ihm möglich war, jeden Peon oder Buscharbeiter oder jagenden Finquero rechtzeitig genug abzufangen, so daß keine Nachricht nach Santa Cecilia gebracht werden konnte, die seine Pläne hätte zerstören können.

Sein Plan gründete sich in der Hauptsache darauf, seine Gegner glauben zu machen, das Heer der Monteria-Rebellen sei in jenem mörderischen Gefecht, das er dem Gegner angeboten hatte, völlig zerstört worden, und daß nur etwa ein Dutzend verwundeter und versprengter Muchachos im Busch und in den Prärien, von Furcht und Verzweiflung gejagt, ziellos herumirrten. Die einzige Sorge, die er hatte, war die, daß die Federales, die Rurales und die Finqueros mit ihren Mayordomos und Capataces Santa Cecilia am Tage nach jenem Gefecht verlassen möchten.

Am frühen Morgen des Tages, an dem in Santa Cecilia die gefangenen Muchachos lebendig eingegraben wurden nach den Regeln, nach denen meuternde indianische Landarbeiter unter der Diktatur bestraft zu werden pflegten, rief er zwei Muchachos zu sich, von denen er wußte, daß sie die Gegend kannten, weil sie auf einer der Fincas jener Region geboren und aufgewachsen und später von ihrem Herrn in die Monterias verschachert worden waren.

»Ihr beide, Pablo und Mario, ihr versteht den Idioma, den hier die Peones sprechen?«

»Si, General, es ist Tseltal.«

»Gut denn. Nehmt eure Packnetze und schneidet einen mächtigen Haufen Gras dort drüben in jener Prärielichtung. Recht viel Gras. Das stopft ihr in eure Netze, und stopft sie so voll, daß sie einen mächtigen Ballen formen. Dann macht euch sofort auf nach Santa Cecilia. Geht dort in das Dorf der Peones. Macht das dümmste Gesicht, das ihr aufsetzen könnt, und sagt den Peones, daß ihr auf dem Wege nach Balun Canan seid, von wo ihr nach den Kaffeeplantagen gehen wollt, um dort im Kontrakt zu arbeiten, und daß ihr in Balun Canan das Gras für einen guten Preis verkaufen wollt, um euch Tabak für den Weg zu kaufen.«

»Das können wir gut tun und leicht, ich habe schon einmal im Kaffee gearbeitet, in San Geronimo«, erwiderte Pablo.

»Da bleibt ihr so ungefähr einen halben Tag, als ob ihr euch ausruhen wollt. Hier habt ihr jeder dreißig Centavitos, so daß ihr von den Peones etwas kaufen könnt, Tortillas für den Weg, Bohnen, Chili, ein paar Blätter Tabak. Dann streicht ihr da herum, nahe den Gebäuden, und seht zu, was ihr erfahren könnt. Ihr versteht genug Spanisch, um zu hören, was sie da herumschreien und reden. Wenn ihr könnt, zählt ihr, wieviel Mann da sind, ob sie noch einen Tag oder zwei Tage bleiben, oder ob sie abziehen. Seht euch gut um, wo die Tore sind, ob sie verschlossen werden in der Nacht oder nur angelehnt, wo die Karabiner aufgestellt oder aufgehängt sind, wo die Maschinengewehre stehen, in welchem Raum die Offiziere übernachten, ob sie ordentlich trinken. Könnt ihr euch das merken?«

»Natürlich, General, wir haben ja Köpfe und auch ein gesundes Zwerchfell, um reichlich Verstand zu besitzen.«

»Und wenn ihr dann das Dorf verlaßt, dann sagt so nebenbei, daß ihr auf dem Wege zehn verwilderte und verdreckte Muchachos getroffen hättet, die Karabiner hatten und Wunden am Kopf und am Körper trugen, und daß diese Muchachos eine große Furcht gehabt und daß sie eiligst sich hierher in den Busch geschlichen hätten. Sobald ihr das so ganz unwichtig erzählt habt, macht ihr euch auf den Weg in der Richtung nach Balun Canan. Natürlich dürft ihr nicht so auf die Finca losgehen, daß man dort wissen kann, ihr kommt von hier aus, und wenn ihr abmarschiert, geht ihr eine halbe Legua oder weiter zuerst in die Richtung nach Balun

Canan, und dann biegt ihr ab und schleicht euch hierher zurück. Es ist wichtig, daß niemand in der Finca, auch die Peones nicht, erraten können, daß ihr von hier aus kommt und hierher zurückmarschiert. Alles richtig begriffen?«
»Alles, General. Und keine Sorge um uns, wir kriegen schon alles heraus, was du wissen willst, General.«
»Dann los. Sollte euch aber einer von den Uniformierten oder von den Finqueros fragen, dann sagt, daß ihr zwei Mann mit Karabinern in den Busch habt rennen sehen, und daß sie so viele Angst gehabt hätten, daß sie nicht einmal mit euch gesprochen hätten. Aber am besten ist, den Federales und allen denen da aus dem Wege zu gehen und nur die Augen aufzumachen und mit den Peones zu reden.«

2

Diese beiden Späher waren nun zurückgekommen und erstatteten General ihren Bericht. Von ihnen erfuhren die Muchachos das Schicksal ihrer gefangenen Kameraden. Aber anstatt in Furcht zu geraten und verzagt zu werden bei der Aussicht, ein ähnliches oder noch schrecklicheres Schicksal zu erleiden, brachte es sie nur in eine namenlose Wut und erzeugte in ihnen einen Haß, der, wären nicht General, Coronel, Profesor, Andres, Celso und noch einige andere Muchachos besonnen und intelligent genug gewesen, die wütenden Muchachos zu überzeugen, gut überlegten Plänen zu folgen, sie veranlaßt haben würde, gleich aufzubrechen und Santa Cecilia am Tage zu überfallen, ohne Rücksicht auf die Folgen.
Modesta, die neben Celso hockte und Pedrito, ihrem kleinen Neffen, das Haar kämmte, hatte dem Bericht zugehört. Dem kleinen Pedrito waren in der Monteria beide Ohren gleich seinem Vater abgeschnitten worden. Über den Vater war diese gräßliche Strafe eines mißglückten Fluchtversuches wegen verhängt worden, während der kleine Junge in Gegenwart seines Vaters dieselbe Strafe zu erdulden hatte, um die Strafe des Vaters zu vergrößern und den kleinen Jungen für sein ganzes Leben als Sohn eines Deserteurs zu kennzeichnen. Wäre der Vater jenes Fluchtversuches wegen halb totgepeischt worden, wie es in ähnlichen Fällen geschah, so hätte er mehrere Tage nicht arbeiten können, und dieser Verlust seiner

so nötigen Arbeitskräfte hätte dem Besitzer der Monteria wehe getan.
Das Abschneiden seiner Ohren jedoch hinderte ihn nicht daran, seine Arbeit sofort wieder aufzunehmen, und die Produktion litt nicht dieser Strafe wegen.
Als Modesta, die bisher geglaubt hatte, daß ihr leiblicher Bruder während des Überfalls auf das Nordheer gefallen sei und so einen raschen Tod erlitten haben mochte, nun aber vernahm, daß einer von den so grausam gerichteten Gefangenen ihr geliebter Bruder gewesen sei, was sie aus der Erwähnung des Gefangenen mit den fehlenden Ohren richtig erriet, erbleichte sie, und brennende Tränen drängten sich in ihre Augen. Aber sie ließ diesen Tränen keinen freien Lauf. Sie preßte nur hart ihre Lippen zusammen, öffnete sie gleich darauf wieder rasch, wie willenlos, und stieß gleichzeitig heftig den Atem aus. Darauf zog sie den kleinen Pedrito dicht zu sich und küßte ihn.
»Dein Vater gehört zu den Helden der Kämpfer für Tierra y Libertad«, sagte sie und küßte ihn aufs neue.
»Kommt mein Vater nicht zurück, Tantchen?«
»Nein, mein Junge, er wohnt von nun an mit allen indianischen Helden auf dem Stern, auf dem alle die großen Männer wohnen, die von den Menschen ihrer vortrefflichen Taten wegen nie vergessen werden.«
»Dann kann ich ihn gewiß zuweilen mit meinem Fernsehglas sehen, Tantchen, denkst du nicht?« »Das denke ich gewiß, mein Junge«, antwortete sie mit einem wehen Lächeln.
Inzwischen war der Bericht beendet worden. Sie hatte ihm keine weitere Aufmerksamkeit mehr geschenkt.
Jetzt aber, als unter dem Eindruck jenes Berichtes alle in ihrer Nähe schwiegen, blickte sie für lange Zeit Celso an, der seinen Kopf gesenkt hielt und vor sich auf den Erdboden stierte.
Sie stieß ihn leicht an und sagte leise zu ihm: »Du bist Comandante des zweiten Maschinengewehrs, nicht wahr, Celso?«
»Das weißt du doch, Modesta, daß ich das bin. Und nun auch noch, seit Coronel seine Maschinenspritze so elend verloren hat, bin ich der einzige Maschinengewehrsoldat im ganzen Heer. Und wie stolz ich bin, Comandante eines so gut spritzenden Maschi-

nengewehrs sein zu dürfen, brauche ich dir wohl nicht zu sagen.«
»Gewiß nicht, Celso. Du hast Recht, stolz darauf zu sein.«
Sie schwieg für eine Weile und malte mit ihrer großen Zehe vor sich auf der Erde herum.
Plötzlich sagte sie: »Du magst mich doch gut leiden, Celso?«
»Ha-a-a-a?« erwiderte er mit langgezogener und erstaunter Stimme. »Ja natürlich mag ich dich gut leiden. Warum denn nicht? Bist ein hübsches Mädchen und kannst auch kochen. Warum sollte ich dich denn da nicht gut leiden. Wahrhaftig, Mädchen, ich kann dich sogar recht gut, recht recht gut leiden. Ich glaube, ich brauchte dir das nicht zu sagen. Das kann doch ein jedes vernünftige junge Mädchen selber fühlen.«
»Und wenn du nun möchtest, daß ich dich recht gut, recht gut leiden mag, dann mußt du auch etwas für mich tun, Celso.«
»Alles, Modesta, alles was du willst. Brauchst es nur zu sagen, und schon ist es getan. Mit einer Ausnahme freilich, das muß ich gleich sagen. Das Maschinengewehr, wenn du das etwa haben wolltest, das kann ich dir freilich nicht geben. Wenigstens so lange nicht, bis die Revolution für uns gewonnen ist. Dann werde ich dir eine Nähmaschine daraus machen.«
»No, Celso, dein Maschinengewehr will ich nicht haben. Was du für mich tun sollst, ist nur, mich zu lehren, mit deinem Maschinengewehr so sicher zu treffen, daß ich einen Mango auf zweihundert Schritt von einem Zweige herunterschießen kann.«
»Warum denn einen Mango, Mädchen?«
»Damit ich die grausamen Herzen aller derer zerfetzen kann, die nicht mit uns sind, die nicht mit uns Tierra y Libertad schreien, die unsern Hermanitos und darunter meinem Bruder die Köpfe zerstampft haben. Für die Ohren des kleinen Pedrito wurde bezahlt. Teuer bezahlt. Jetzt aber muß auch noch für den zerstampften Kopf seines Vaters bezahlt werden. Und das soll teuer werden. Sehr teuer, Celso.«
»Gut geredet, Modesta. Ich will dich lehren, mit dem Maschinengewehr besser zu schießen, als mich Coronel lehrte. Was weiß denn überhaupt Coronel von einem Maschinengewehr? Er knallt nur los, ohne hinzusehen, ob er auch trifft, weil er sich am Knallen freut. Ich freue mich nicht am Knallen, sondern am Treffen, und

wenn ich mit dem Gewehr treffen könnte, ohne knallen zu müssen, wäre mir das hundertmal lieber.«
»Wann fängst du an, mich das Gewehr zu lehren, Celso?« fragte Modesta, dringender werdend.
»Nicht morgen, Modesta, sondern gleich jetzt, in diesem Augenblick.«
»Natürlich ohne zu knallen und ohne zu feuern«, rief da eine Stimme dazwischen. Es war General, der die letzten Worte gehört hatte.
Celso lachte laut auf. »Das Feuern ist das leichteste, was da zu lernen ist. Das Aufstellen, das Laden, das Einrichten, das Zielen zu lernen ist das Schwierige, und noch schwerer ist zu lernen, wo den Fehler zu suchen und wie ihn zu beseitigen, wenn das Gewehr plötzlich stoppt. Du hast eine Unmenge zu lernen, Modesta, ehe du den ersten Schuß abgeben kannst. Und das wird weder heute, noch morgen, noch in den nächsten zehn Tagen geschehen. Darum, General, brauchst du nicht in Sorge zu sein, daß wir hier etwa losknallen und unsere Stellung verraten.«
General kauerte sich nieder, zündete sich eine roh gewickelte Zigarre am Lagerfeuer an und sagte zu Modesta: »Also du willst auch Maschinengewehrsoldat werden, Muchacha?«
»Ja, General, das will ich, und das werde ich.«
»Gut«, sagte darauf General, »Muchachas wie du gefallen mir. Schade, daß du dir deinen Mann schon ausgesucht hast.« Er schielte Celso an, der braunrot im Gesicht wurde und seinen Kopf so tief senkte, daß nur der dicke, schwarze, strähnige, ungekämmte Haarpelz seines Kopfes zu sehen war.
»Ich würde mit einer Frau, wie du eine bist, Muchacha, wohl zufrieden sein. Aber ich habe da eine hübsche, junge, frische, festbeinige Witwe, der muß ich wohl die Tränen trocknen. Und sie wird mir gewiß auch eine gute Frau sein. Freilich, sie ist nicht so wild auf ein Maschinengewehr wie du, Muchacha. Sie zieht vor, mir etwas Gutes zu kochen und mir die Läuse aus meinen verdreckten Haaren zu fischen. Manchmal ist so eine Frau für einen Soldaten besser als eine, die mitmachen möchte. Was denkst du dir denn, Celso?«
»Ich bin nicht General und habe weniger Sorgen als du«, erwider-

te Celso, seinen Kopf nun hebend und General lachend ansehend. »Und weil ich mich nur um mein Maschinengewehr und die Muchachos, die mir dabei helfen, zu kümmern habe, ist mir eine Frau, die sich um Maschinengewehre sorgt, im Grunde genommen, eigentlich lieber.«

»Das könnt Ihr ja unter euch beiden abmachen, was sich für jeden von euch besser eignet, um froh zu sein und mit mehr Wut auf die Uniformados loszugehen«, sagte General, tief an seiner frisch angezündeten Zigarre ziehend und dabei aufstehend.

Er ging jetzt dicht auf Modesta zu, die gleichfalls aufgestanden war, klopfte ihr auf eine Schulter, faßte sie beim Kinn, hob das Kinn ein wenig auf und sagte: »Oiga, Muchacha, höre, Mädchen, wenn du einen Mango auf zweihundert Schritt mit dem Maschinengewehr treffen kannst, dann mache ich dich zum ersten weiblichen Leutnant in der Revolutionsarmee, und Soldadera bist du von jetzt an. Tierra y Libertad!«

Modesta, ihren Körper hoch aufrichtend, grüßte in der Weise, wie sie es soeben von General gesehen hatte, und sagte: »Estoy a sus ordenes, mi General. Tierra y Libertad!«

3

»Was ist denn das da in euren Packen?« fragte General und deutete auf die Packnetze der beiden zurückgekehrten Späher.

Die Netze waren noch immer bis zum Platzen vollgestopft mit Präriegras.

»Zum Teufel noch mal, die rollen ja hin und her, was habt ihr denn da drin? Schweine, Kälber, Ziegen oder was?«

»Kriegsbeute, General«, antwortete Pablo.

Beide, Pablo und Mario, schnürten ihre Netze auf, zupften das Gras von oben und den Seiten weg, und zum Vorschein kam in jedem Netz ein Kopf.

»Ich habe so im Vorbeigehen einen räudigen Capataz gefangen und aufgeladen«, sagte Pablo, seinen Gefangenen hervorzerrend, den er in einen Knoten zusammengeschnürt hatte und der das Maul so voll Gras gestopft hatte, daß er keinen Laut hervorbringen konnte.

»Und ich habe einen Mayordomo erwischt.«

Mario stieß seinen Gefangenen in die Rippen, so daß der aus dem Netz herauskugelte.
»Beide hatten einen so schönen blanken und glitzernden Revolver«, erklärte Pablo, »daß wir es uns in Ewigkeit nicht hätten vergeben können, ihnen die schönen Dinger nicht abzunehmen. Und weil es gerade so mit im Vorbeigehen war, dachten wir, daß wir die Knaben gleich mit hierherbringen könnten, damit du sie selbst ausfragen kannst, General. Die wissen mehr als die armen Peones, die sich nicht trauen, das Maul aufzumachen, aus Furcht, daß die Finqueros auch sie zur Hälfte eingraben könnten und dann mit den Pferden darüber hinreiten. Sie haben uns nicht einmal Tortillas verkauft, aus Angst, die Finqueros möchten es sehen und sie beschuldigen, daß sie sich mit unbekannten Campesinos eingelassen hätten, die vielleicht etwas von den Rebellen wüßten.«

4

Die Peones, von denen die beiden Späher erzählten, lebten in diesen Tagen gewiß in unbeschreiblicher Angst. Aber ob sie größere Angst empfanden als die beiden Gefangenen, die jetzt vor General halb zusammengeknickt standen, kann mit Recht bezweifelt werden.
Als festgeschnürte Pakete und eng zusammengeknetet auf dem Rücken von Indianern geschleppt zu werden, völlig eingepackt in Gras, das Maul zugestopft und dann unter tropischer Sonne in den Mittagsstunden befördert, ist selbst dann kein Vergnügen, wenn es aus Freundschaft geschehen sollte. Aber zu wissen, daß sie wehrlos eingeknotet und geschleppt werden von indianischen Rebellen, deren Kameraden nur gerade einige Stunden vorher mitleidlos zu Tode gemartert wurden, das kann auch dem mutigsten Soldaten das Herz zu einem alten Stiefel vertrocknen und sein Blut zu Eissträhnen gefrieren lassen.
Vor General standen zwei Beispiele, die mehr als Worte bewiesen, in welch unerhörten Ausmaßen eine Diktatur den Charakter von Menschen zu vernichten vermag. Die erbärmliche Haltung dieser beiden, die heute morgen noch, als sie sich so unsagbar sicher fühlten, keinem an Grausamkeit gegenüber wehrlosen Gefange-

nen nachstehen wollten, vermochte in jedem intelligenten Menschen leicht die Überzeugung aufkommen zu lassen, daß die Diktatur jenen Zustand erreicht hatte, wo sie mit einem nassen Lappen niedergeschlagen werden konnte.
Die beiden Gefangenen fielen auf die Knie, flehten um Erbarmen, und bevor man sie noch gefragt hatte, erzählten sie alles, was sie von den Plänen und Absichten der Offiziere und Finqueros wußten.
»Ihr habt geholfen, unsere Kameraden heute morgen einzugraben und habt auf sie losgeschlagen und habt sie angepißt«, sagte General.
»Por Madre Santisima, mi Jefe, wir haben keinen der armen Muchachos auch nur angerührt.«
General rief Coronel und noch einige Muchachos herbei. Sie führten die beiden Gefangenen beiseite. Nach einer halben Stunde kamen sie zurück.
»Das also war dann alles, was sie wußten?« fragte General. »Es ist genug. Nun können wir den Marsch vorbereiten.«
Coronel fragte: »Was wird mit den beiden? Erschießen?«
»Und so gehst du mit unserer Munition um!« sagte General. »Überhaupt, Hermanito, du solltest besonders sparsam sein. Wo ist dein Maschinengewehr?«
»Das weißt du doch, General.«
»Du bist mir auch ein Oberst und ein Comandante. Läßt sich das Maschinengewehr wegnehmen.«
»So kommst du mir, Bruder? Gut, ich habe es mir wegnehmen lassen. Aber heute hole ich es mir wieder. Und ich bringe ein zweites noch mit dazu. Außer unserm haben sie zwei ganz neue da unten in Santa Cecilia.«
»Laß die andern auch etwas tun. Nicht alles allein wollen. Rufe dir ein paar Muchachos und sage ihnen, sie sollen die beiden Cabrones mit Steinen schmeißen, bis sie nicht mehr zucken. Kugeln drauf schießen? Oder einen anständigen Machete mit deren stinkigem Saft bedecken? Selbst Steine sind noch zu anständig.«
Ein Muchacho kam angerannt. »Sie kommen! Sie kommen!« rief er, ehe er noch nahe war.
»Wer kommt, Burro?« fragte General.

»Die Federales.«
»Das glaube ich nicht«, sagte darauf General und sprang voran auf einen Baum zu, an dem er hochkletterte.
»Fünf Mann«, rief er nach einer Weile vom Baum herab. »Es sind Finqueros, die hinter den verängstigten Muchachos her sind, die sich, wie ihnen von uns mitgeteilt, im Busch verkrochen haben sollen. Coronel, nimm dir zwölf Muchachos und fange die Hurensöhne ab. Sie sind schon im Busch. Schieß nicht. Fange sie mit Lassos. Ich brauche ihre Auskünfte. Nur wenn sie nahe kommen sollten, dann feuere. Wirst sie schon kriegen, ohne Schuß. Aber wenn sie hier unser Heer sehen und dann kehrtmachen sollten und zurück zur Finca, um zu berichten, ich sage dir, Coronel, so gute Freunde wie wir sind, ich lasse dir den Kopf abschneiden, oder ich schneide ihn selbst runter. Ganz gewiß.«
»Die kriege ich mit zwei Fingern und dabei noch einen Finger verrenkt.«
»Deinen Kegel, Coronel, oder die Cabrones. Das weißt du nun.« General lachte. »Ich meine das ganz im Ernst, auch wenn ich lache. Ich habe dich zum Coronel gemacht, und ich weiß recht gut, warum. Aber gerade darum, weil du Coronel bist, verlange ich von dir zwanzigmal mehr als von einem gewöhnlichen Muchacho.«
»Nur ja keine Bauchschmerzen darüber, General. Und mein Maschinengewehr hole ich mir heute nacht. Ganz allein. Nur mit einem Machete und einem Muchacho, der mir beim Tragen hilft. Und nicht einmal meine Pistola nehme ich mit mir.«
»Was du heute nacht tust, das werde ich befehlen, und nicht du. Ich bin hier General, und du tust, was General kommandiert.«
Coronel machte kehrt und suchte sich seine Leute.
»Willst du mitmachen?« fragte er Celso, der in diesem Augenblick herzukam.
»Eine Beleidigung, mich zu fragen. Natürlich bin ich dabei. Ich kann Kühe und halbverwilderte Pferde einfangen, dann werde ich doch auch so ein halbes Dutzend elende Hurensöhne einfangen können.«
Zwei Stunden später waren die fünf Finqueros gebunden im Lager. Es waren noch drei Mayordomos mit eingefangen. Diese drei Leute waren vorher von den Außenposten nicht gesehen worden,

weil sie zur Seite der Finqueros abgeschwenkt waren, um im Gebüsch nach den Fährten der angeblich entkommenen Muchachos zu suchen.
General vernahm die Gefangenen.

5

Bei dieser Vernehmung drückten sich zahlreiche Burschen in der Nähe herum. Sobald einer der Finqueros zu lügen versuchte und einer der Muchachos, der die Region gut kannte, hörte die Lüge, schrie er gleich frisch drauflos: »Mentira! Stinkiger Schwindel!« Darauf erhielt der Finquero eins in die Fresse von dem Muchacho, der ihm gerade am nächsten stand. Der Finquero, durch die Backpfeife eines verlausten Indianers sich so entwürdigt sehend, redete dann, trotz Nachhilfen mit dem Machete oder mit Fäusten, entweder nichts mehr oder sagte nur einige unwichtige Sätze.
Die Mayordomos waren viel williger, alles herauszureden, was sie nur wußten. Und die Finqueros lernten während der letzten Stunde ihres Lebens noch kennen, was sie für eine Art von Männern mit ihrem Vertrauen gewürdigt hatten. Ohne darum gefragt zu werden, verrieten die Mayordomos, wo ihre Herren ihr Geld und sonstige Schätze vergraben hatten oder in welchen Winkeln der Gebäude es versteckt oder eingemauert war.
Endlich war General des Fragens und des Angelogenwerdens müde. Er rief ein halbes Dutzend Muchachos zu sich heran, und sagte: »Heute morgen haben diese Caballeros und deren Henkersknechte unsere Camaradas zu Tode gemartert. Was tun wir mit ihnen? Ihr mögt urteilen.«
»Genau dasselbe. Lo mismo.« Alle schrien es.
»No, nicht dasselbe«, antwortete General. »Henkt sie dort drüben an jenem Baum. Alle am selben Baum. Und laßt sie hängen, bis sie abfaulen oder von den Geiern abgenagt sind. Aber wenn ich sage henken, dann meine ich nicht ein Henken, wie wir in den Monterias gehenkt wurden. Kurz und wirksam mit ihren eigenen Lassos, die sie an ihren Sätteln haben.«
Einer der Muchachos rief: »Und wer kriegt ihre Revolver und Gewehre?«
»Die Muchachos, die sie gefangen haben.«

»Und wenn einer von denen schon eine Pistola oder einen Karabiner hat, wer ist dann an der Reihe?«
»Der am schnellsten die Cabrones gehenkt hat.«
Die Finqueros sagten kein Wort. Sie bekreuzigten sich und murmelten Ave-Marias.
Die drei Mayordomos aber nahmen sich dazu keine Zeit. Sie fielen nieder, umklammerten die Ledergamaschen, die sich General im Gefecht mit den Rurales erobert hatte, und jammerten: »Erbarmen, Gnade, mi General, mi Jefe, habe Mitleid mit uns und mit unsern Frauen und Kindern, Erbarmen, nicht für uns, für unsere Kinder.«
General zerrte seine Beine aus der Umklammerung und trat den Jammerlumpen mit seinen Stiefeln so heftig in die Fresse, daß die Männer in einem Klumpen zusammentaumelten. »Wer von euch gottverdammten Hurensöhnen von Mayordomos und Capataces hat denn je mit einem der Muchachos Mitleid gehabt? He, wer denn? Komm raus, komm raus, wer denn? Wer von euch nur einmal Mitleid mit einem der verdreckten Peones gehabt hat, soll nicht gehenkt werden, sondern nur erschossen. Heute morgen wart ihr dick und fett oben drauf, Knechte im Sonnenglanz der gottverruchten Henker und Peitscher. Jetzt winselt ihr hier.«
»Wir haben immer nur getan, was uns die Patroncitos befahlen«, wimmerte einer, sich halb erhebend.
»Eben darum. Das ist recht, eben darum werdet ihr drei jetzt nicht gehenkt, sondern erst abgeschält und dann gehenkt.«
Er ging einige Schritte auf die Finqueros zu, die aufrecht standen und sich aufs neue bekreuzigten, als er auf sie zukam. »Euch, Caballeros, sollte ich auch erst abschälen lassen, ehe ich euch henken lasse. Wichte, erbärmliche stinkige Wichte in euren Seelen und Herzen seid ihr ja doch, obgleich ihr hier so stolze Mienen aufsetzt, weil ihr euch schämt vor den Chamulas und Bachajonen. Ich weiß was Besseres für euch, das euch auf eurem Marsch zum Infierno begleiten soll. Das wird euch mehr schmerzen als ein dreifaches Abledern. Eure hundsgemeinen Knechte machen sich nichts draus. Die machen sich nur gründlich etwas aus dem Häuten. Aber ihr macht euch etwas daraus, wenn ich euch sage, daß wir heute, und morgen, und in den nächsten Tagen euren Weibern

und Töchtern und Nichten und Enkeltöchtern und Müttern die Beine aufspreizen werden, wir, die verlausten und verdreckten und gepeitschten Chamulas, und wir, die stinkigen Dreckschweine und räudigen Hunde, und gleich fünf und sechs von uns auf ein Paar fetter Beine, bis sie platzen, genau so, wie ihr es mit unsern Weibern, unsern Mädchen, unsern Töchtern seit vierhundert Jahren gemacht habt. Nicht aus Vergnügen, Caballeros. Wir haben zehnmal mehr Vergnügen an unsern eigenen Frauen und Mädchen, auch wenn sie verlaust sind, verlaust euretwegen und verdreckt euretwegen. Unsere Frauen haben Feuer in ihren Schenkeln und Urschbacken, dagegen eure nur laues Abwaschwasser. Nicht aus Vergnügen besorgen wir es euren Weibern. Aus Gerechtigkeit. Und daß hier im Staate einmal Gerechtigkeit wird, darum bin ich General und dieser hier ist Coronel und jener da Mayor, auch wenn er nicht lesen und schreiben kann. Aber eins können wir alle. Euch alle abschlachten und den Caciquen im Palacio Nacional vom Sessel runterzerren, damit wir endlich das Maul aufmachen dürfen und sagen mögen, was uns gefällt, und nicht nur immer wie die Papageien herplärren, was uns jeden Tag vorgeplärrt wird. Und nun, Caballeros, adios y buen viaje al infierno, gute Reise zur Hölle. Los, Muchachos, nehmt sie euch vor«, rief er den Burschen zu, die er für die Letzte Ölung bestimmt hatte.
»Viva General! Tierra y Libertad!« schrien mehr als hundert Muchachos, die sich, während General redete, mehr und mehr genähert hatten, um zuzuhören, was er zu sagen hatte. »Tierra y Libertad. Que muere la dictadura! Abajo los caciques. Abajo los patrones y capataces! Viva la revolucion! Libertad para los indios!«

6

Im Laufe des Nachmittags wurden von den Außenposten noch vier weitere Finqueros ins Lager gebracht. Es waren Gutsherren, die mit ihren Mayordomos und Capataces zu ihren Fincas heimritten, nachdem sie in Santa Cecilia ihren Sieg gegen die Rebellen gefeiert hatten und von den Offizieren die Versicherung erhalten hatten, daß die Region frei sei von irgendwelchen zerstreuten Banden geschlagener Rebellen.
Die Finqueros, als sie ins Lager kamen und fanden, daß die Rebel-

len über eine so gewaltige Armee verfügten, waren so erstaunt, erschrocken und verwirrt, daß sie ihr eigenes Los für eine Viertelstunde völlig zu vergessen schienen. Sie erkannten, was der Garnison in Santa Cecilia bevorstand, und sie wären willens gewesen, zehn Jahre ihrer ewigen Seligkeit freiwillig zu opfern für eine Möglichkeit, Santa Cecilia von dem Anmarsch dieser Armee zu unterrichten.

Zwei der Caballeros, Don Fernando und Don Anselmo, besaßen noch genügend bissigen Humor und brüderliche Liebe, um, als ihnen die Lassoschlinge über den Hals geworfen wurde, einander zu sagen: »Es ist nicht angenehm und wenig christlich, ohne den Beistand des Cura hier so schmählich von einem Ast zu baumeln, aber was unsern guten Nachbarn, die jetzt in Santa Cecilia sich so heftig besaufen, bevorsteht, ist um nichts besser. Was sagen Sie, Don Anselmo?«

Don Anselmo, seinen Hals in der Schlinge bewegend, erwiderte: »Wie immer, Don Fernando, Sie haben das wieder einmal recht gut gesagt. Auch mir ist es lieber, so geräuschlos und mit wenig Aufregung hier von dieser, wenn man es richtig bedenkt, so traurigen Welt zu scheiden, als die Überraschung und Verwirrung mitzumachen, die denen dort in Santa Cecilia zugute kommen wird, ehe sie so schön wie wir hier –«

Don Anselmo konnte seine philosophische Rede nicht völlig zu Ende bringen. Die Welt wird nie erfahren, welche Weisheit er in seinem letzten Augenblick von sich zu geben gedacht hatte. Seine Worte ›wie wir hier‹ gingen in ein stickiges Gurgeln über, denn zwei kräftige Muchachos hatten ihn im selben Augenblick hochgezogen. Gegenüber einer so bestimmten und unzweideutigen Handlung endet jegliche menschliche Weisheit. Auch die des allergrößten Philosophen.

Siebentes Kapitel

I

Es fehlten drei Stunden bis zum Sonnenuntergang.
General hatte ansagen lassen, daß ein jeder sich bereit halten solle, um, falls befohlen, in zwanzig Minuten marschbereit zu sein.
Der Stab hockte beieinander, jedoch keiner sprach auch nur ein Wort über Angriffspläne. Die Muchachos redeten über alltägliche Angelegenheiten. General hockte da und kratzte mit einem Stöckchen Graswurzeln aus der Erde. Sobald er zwei oder drei herausgezerrt hatte, kratzte er mit demselben Stöckchen an einer anderen Stelle, nicht weit entfernt, ein neues Löchelchen und pflanzte das Würzelchen wieder ein. Es war leicht zu sehen, daß er das tat, weil er seine Gedanken weit von hier wandern ließ.
Plötzlich aber wurde er beweglich. Eiligst scharrte er die zuletzt eingepflanzten Würzelchen sorglich zu, sprang auf seine Füße, lief um den Kreis der bei ihm hockenden Muchachos des Kriegsrates halb rennend herum und rief, sich unzählige Male wiederholend:
»Meinen linken Arm würde ich hergeben, wenn ich nur wüßte, ob in der Nacht oder während der ersten Morgendämmerung. Meinen linken Arm würde ich hergeben, wenn ich nur wüßte –«
»Gottverflucht noch mal, General«, rief Matias, »sei froh, daß du deinen linken Arm hast und jammere uns hier nicht die Ohren voll. Das kann ja kein altes Weib mehr mit anhören, dieses ewige Gewinsel von deinem linken Arm. Muy bien, wenn er dir im Wege ist, komm her, ich schlage ihn dir runter mit einem Hieb, so wie wir dem Muchacho das Bein abgeraspelt haben, als er von einer Cascabel gebissen worden war.«
»Los, General, was ist denn nun wieder schiefgegangen? Raus damit. Linke Arme sind teuer. Matias hat Recht. Wir brauchen jeden Arm, und deine sind nicht schlechter als unsere.« Celso sprach in einem ruhigen, besänftigenden Ton.
»Gut, wenn nicht meinen linken Arm, aber meine linke kleine Zehe würde ich geben, wenn ich wüßte, welchen Plan, welchen von den zweien, die ich habe, ich vorziehen soll!« Er blieb stehen und kratzte in seinem dicken Haar herum.

»Wenn beide gut sind, macht es nichts, welchen du vorziehst«, sagte Andres.
»So einfach ist das nicht. Jeder hat seine Vorteile, und jeder hat einen Nachteil.«
»Dann wähle den, der den geringsten Nachteil hat«, riet Andres.
»Das Schwierige ist eben, zu wissen oder richtig zu raten, welcher von zwei Nachteilen der geringere ist.«
Coronel zupfte ihn an seinem zerrissenen Hemdärmel herunter, als er für eine Sekunde nahe bei ihm stand. »Setze dich hier einmal ruhig her und hopse nicht herum wie ein grünes Frühlingshähnchen. Bei dem Herumrennen kannst du überhaupt gar nicht denken.«
»Ich habe es auch im Sitzen versucht, aber es ist ebenso schwierig.« Er hockte sich dennoch hin und nahm eine Zigarre aus seiner Hemdtasche. »Der Plan ist mir am Morgen gekommen, als ich da für eine Weile oben im Baum saß und die Finqueros beobachtete, die herumkrochen, um verwundete und versprengte Muchachos zu jagen. Ich glaube, man bekommt überhaupt viel bessere Ideen, wenn man sich zuweilen oben in einen Baum setzt und die Welt einmal von oben aus betrachtet und nicht immer nur von unten. Was wissen die Ameisen von unserem Dasein? Für die Ameisen sind wir nur Wolken oder wandernde Berge. Der eine Plan ist, Santa Cecilia heute nacht zu nehmen, der andere ist, die Finca vor Sonnenaufgang zu überfallen. Wir müssen sie überfallen. Wenn wir elegant anmarschieren, werden wir von den Maschinengewehren niedergemäht wie Dreck. Wir müssen sie so überfallen, daß sie keine Zeit haben, auch nur ein einziges auf die Beine zu stellen und nicht einmal einen Karabiner von der aufgestellten Pyramide wegzunehmen.«
»Gut denn, warum nicht vor Sonnenaufgang?« fragte Celso.
»Da sind eine Menge Frühaufsteher. Finqueros, die heimreiten und einen langen Ritt vor sich haben und den kühlen Morgen ausnützen wollen. Die sind wach und auf und können uns hören, ehe wir nahe genug sind. Kann auch sein, daß die Federales und Rurales um zwei Uhr morgens abrücken. Das eben konnte ich nicht herauskriegen von den verfluchten Knüppeln, die uns in die Schlinge liefen. Aber, verflucht noch mal, abrücken dürfen uns die

Uniformierten nicht, ohne ihre Karabiner an uns abzuladen. Wir brauchen die Schießspritzen und jede Patrone, die diese gottverfluchten Cabrones haben. Und Coronel will sein verlorenes Maschinengewehr, seine Emma, wie er sagt, auch wieder haben, sonst macht er uns nie wieder ein glückliches Gesicht. Wenn wir die verfluchten Hundesöhne hier in der Santa Cecilia erwischen, dann brauchen wir ihnen nicht nachrennen und uns das Fell von den Füßen laufen.«

»Los denn und drauf auf das Gesindel!« rief Celso.

»Drauf, drauf. Du hast gut reden. Aber ich habe die Verantwortung, wenn ich zu viel Leute verliere. Nun hier einmal alle aufgepaßt und die Ohren offen! Packen wir sie um zwei oder drei Uhr früh an, da mögen sie schon alle auf sein, die Finqueros, um heimzureiten, die Uniformierten, um nach Hucutsin oder nach Balun Canan zu marschieren, zurück in ihre Garnisonen. Ehe wir richtig über die Mauern sind, haben sie im Patio alles fertig, uns zu empfangen. Aber der Vorteil ist, daß wir dem Tage zugehen und es Licht wird, so daß wir sehen können, wem wir den Hals durchschneiden. Nachts ist es bei weitem besser in anderer Hinsicht. Da sind sie alle halb besoffen und liegen schnarchend herum, im ersten Schlaf. Aber es ist alles stockdunkel, und die Hälfte kann uns entwischen und dann von draußen anfallen.«

»Ja, du Esel von einem General, warum bringst du denn keine Linternas mit, wie wir es bei den Carretas machten und beim Abschleppen der Trozas, wenn kein Mondschein war«, sagte Matias grinsend.

»Matias hat recht«, meinte Andres. »Warum gebrauchen wir keine Linternas? Freilich nicht unsere Carreta-Linternas oder Monteria-Linternas. Wir können unsere eigenen Linternas anzünden und sparen noch den Petroleo.«

»Das weiß ich nun auch nicht, trotzdem ich General bin, was du meinst und wie du das meinst«, sagte der General, Andres fragend anblickend.

»Der Gedanke ist nicht gerade von mir, sondern kommt eigentlich von den Peones auf den Fincas, die wir auf unserm Marsch besuchten und denen wir ganze Fincas schenkten, ob sie wollten oder nicht. Was ich meine, ist sehr einfach. Sobald wir rundherum die

Mauer besetzt haben und teils auf der Mauer hocken und teils schon rüber sind, lassen wir den Finquero der Santa Cecilia Petroleo liefern. Und wenn ihr das nun noch immer nicht versteht, so meine ich, wir stecken alle Palmendächer und alle Schuppen, die aus Holz sind, an, und mit dem Nachtwind lodern die auf in zwei Minuten. Da haben wir Licht genug. Freilich, wir müssen im Augenblick drin sein in der Finca, und in allen Räumen zugleich müssen Muchachos an den Türen stehen, so daß keiner entwischen kann.«

»Vielleicht mache ich dich doch noch eines Tages zum Brigadier, wenn ich erst einmal Divisionär sein werde, Andrucho. Du bist verflucht klug und bist noch nicht einmal irgendwo Soldat gewesen. Wenn nur die gottverfluchten Hunde nicht wären, die da wie wild drauflosklaffen, sobald wir nahe kommen und auf die Mauer losgehen.«

»Mit den Hunden werde ich mich befassen, General«, sagte Emilio, der nahebei hockte. »Ich habe einen guten Trick, wie ich die Hunde leicht eine halbe Legua weit von der Finca und dem Dorf fortlocke. Wenn sie in der Finca hören, daß die Hunde kläffen, aber nach dem Busch zu rennen anfangen, gibt niemand weiter acht darauf, weil sie glauben, ein Wildschwein oder ein Tiger hätte sich zum Corral geschlichen. Ich muß mich aber nun gleich aufmachen und auf die Jagd gehen. Aber ich sorge für die Ruhe der Hunde, General. Ich nehme mir drei Muchachos mit.«

»Gut«, bestätigte General, »mit dir rede ich später, wenn die Hunde mir meinen Plan versauen und du dann überhaupt noch am Leben bist und ich auch.«

»Magst mich füsilieren, General, wenn ich die Hunde nicht fortschaffe. Freilich, da sind immer ein paar, die zu faul sind oder zu alt und nachts Angst haben, sich zu weit fortzumachen. Aber die paar mögen ruhig kläffen. Das gibt den Cabrones da drin eher eine größere Sicherheit, als wenn überhaupt kein Köter bellen würde, weil die ja die ganze Nacht hindurch immer etwas zu bellen haben, selbst wenn sie eine Ratte laufen sehen oder ein Katze zur Hochzeit geht.«

2

Der kommandierende Offizier der Truppen, die in der Finca Santa Cecilia in Stellung waren, hatte den Befehl ausgegeben, daß am nächsten Morgen um acht Uhr abmarschiert werden sollte. Die Gewißheit, daß sein Gut morgen von dieser teuren Einquartierung befreit sein würde, veranlaßte den Finquero, ein Abschiedsbankett zu geben, weil es ja nun für das letzte Mal sei. Es wurde darum bei diesem Bankett nicht nur nicht mit den jungen Schweinchen, den Truthähnen und Kälbern gespart, sondern erst recht nicht mit Aguardiente, gutem, altem, gebräuntem, für die Offiziere und Finqueros, und klarem, aber dafür um so härterem, für die Mannschaften.

Solche großen Nachtmähler ziehen sich auf den Fincas jener fernen Regionen nie tief in die Nacht hinein. Einmal ist der Mangel an gutem Licht, der ein langes Aufsitzen, selbst an einem reich bestellten Bankettisch, nicht gerade sehr angenehm macht. Kerzen biegen sich der Hitze wegen um, während die offenen Linternas entsetzlich rußen, und jeder Windhauch treibt den Gästen dicke Schwaden schwärzenden, rußigen Rauches ins Gesicht und auf die weißen Hemden. Petroleumlampen gehen hundertmal aus und müssen hundertundeinmal wieder angezündet werden. Dabei besteht immer noch die Gefahr, verursacht durch minderwertiges Petroleum, daß sie explodieren. Das Feuer auf dem großen Steinaltar im Patio gibt ein weites Licht, aber auch das treibt rußenden Rauch zwischen die Essenden.

Um acht oder neun Uhr, häufig schon vor Eintritt der Dunkelheit, beginnen Myriaden von Mosquitos, Moscos und anderen unangenehmen Insekten lebendig zu werden. Und sie gehen natürlich auf die beleuchteten Tische und Gesichter zu. In dieser Jahreszeit waren die Insekten besonders zahlreich und erst recht besonders blutrünstig. Abgesehen von der Belästigung durch ihre Stiche, fallen sie auch noch in ganzen Schwaden in die Suppen und Brühen der Essenden und schwimmen in allen Wein- und Wassergläsern herum. So wurde das lange Sitzen an einem Bankett selbst für den verwegensten Zecher oft mehr eine Qual als ein Vergnügen. Noch ein anderer Grund läßt solche Bankette auf den fernen Fincas nicht tief in die Nacht hinein dauern. Um neun Uhr morgens beginnt die tropische Glut auf Mensch und Tier, Halm und Erde zu lasten. Das zwingt die Menschen, sehr früh aufzustehen, einmal, um das Licht der Sonne voll auszunützen, zum andern, um die Arbeit, die notwendig ist, welcher Art sie auch immer sei, in die kühlen Morgenstunden zu verlegen. Der ertragreiche und wertvolle Arbeitstag endet für den, der nicht Peon oder Arbeiter ist, um elf Uhr morgens und wird, wenn nicht alles geleistet werden konnte, nach vier Uhr für zwei Stunden wiederaufgenommen. So kommt es, daß alle Leute, einschließlich der Soldaten, um acht Uhr abends so hundemüde sind, daß sie am Tisch einschlafen. Es folgert aus allen diesen Umständen, daß Bankette gegen fünf Uhr nachmittags beginnen und um acht, sicher aber um neun Uhr, in Gähnen und Schnarchen enden.

Solche Gewohnheiten muß natürlich ein Feldherr wissen, um sie in seinen strategischen Plänen verwerten zu können. Daß ein mächtiges Bankett abgehalten wurde, hatte General nicht nur von den beiden ausgeschickten Spähern erfahren, sondern es war ihm auch noch bestätigt worden durch die Vernehmung der gefangenen Mayordomos und Finqueros. Die Finqueros, obgleich sie ungemein vorsichtig gewesen waren in allem, was sie sagten, hatten die Frage nach dem Bankett nicht verdächtig gefunden und sie richtig beantwortet.

3

General ordnete den Überfall für etwa elf Uhr nachts an. Er brauchte die Zeit, um seine Armee unbeobachtet nahe zur Finca zu führen. Während des Tageslichtes marschierte er nur bis zum Rande des Busches. Sobald es dunkel geworden war, begann der Vormarsch.

Alle Packen, alle Karabiner, alle Pferde, Mules, Esel und Hunde blieben im Busch zurück unter Bewachung der Frauen und einiger der Muchachos, die im letzten Gefecht zu schwer verwundet worden waren, um am Kampfe teilnehmen zu können.

Nur den Muchachos, die Revolver besaßen, war erlaubt worden, ihre Waffen mitzunehmen. Mehrere dieser Burschen jedoch ließen selbst ihre Revolver zurück. Aber jeder, ob er einen Revolver

trug oder nicht, brachte seinen Machete, und diejenigen, die keinen Machete hatten, trugen ihre Messer im Wollgurt oder eingesteckt in einen Schlitz ihrer Hose.
General rief die Muchachos in einen Kreis zusammen. »Die Jungen, die keine Revolver und keine Karabiner bis jetzt besitzen, haben das Vorrecht. Maschinengewehre werden gesucht und sofort entweder durch das Tor nach außen gebracht oder in einen Winkel der Gebäude.« Er rief zwölf Muchachos auf, die er mit der Arbeit betraute, die Maschinengewehre zu suchen, sie wegzubringen und sie zu bewachen, so daß sie von den Soldaten weder gebraucht noch gerettet werden konnten. »Du, Celso, als Comandante eines Maschinengewehrs, bist mit Matias verantwortlich dafür, daß sie nicht gegen uns gebraucht werden und daß sie, einmal raus aus dem Patio, bewacht werden. Du, Coronel, holst dir deine Emma wieder, und wenn du sie hast, bringst du sie mit Fidel zu den andern und beteiligst dich am Kampf.«
Darauf bestimmte General zwanzig Muchachos, die alle Karabiner, aufgestellt in Pyramiden oder aufgehängt an Pfosten, zu erobern, zu sichern und zu bewachen hatten. Dann ordnete er die vier Haupttrupps für die vier Mauern an, ferner zwei Trupps für die beiden Tore, die nicht geöffnet werden sollten, sondern bewacht, um zu verhindern, daß jemand entkam.
Endlich suchte er sich gewandte Burschen, die er mit der Beleuchtung des Schlachtfeldes beauftragte.
Seine beiden Späher, ausgezeichnete Beobachter, hatten ihm einen genauen Plan überbracht, hinsichtlich der Lage der Gebäude und wie und wo die Soldaten, die Polizisten und die Finqueros und deren Trabanten verteilt waren. Die Späher hatten auch berichtet, daß vor dem Haupttor ein Posten von drei Mann und einem Unteroffizier sei, daß aber der Posten mehr zur Dekoration diente als zur Bewachung. Die Dekoration bestand darin, daß dem kommandierenden Offizier ein größeres Ansehen gegenüber den Frauen der Finca verliehen werden sollte, wenn er in das Tor eintrat und der Posten geradezustehen und das Gewehr zu schultern hatte. Der Posten schlief des Nachts, denn auch ihm wurde von den Speisen und besonders von den Getränken des gewaltigen Abschiedsmahls reichlich abgegeben. Wäre das nicht der Fall ge-

wesen, so hätte er trotzdem geschlafen, weil er müde war, niemand kam, ihn auf seine Wachsamkeit hin zu prüfen, und außerdem waren ja auch alle Rebellen vernichtet worden.
General aber ließ nichts auf gut Glück oder Zufall ankommen. Er bestimmte drei Muchachos, dem Haupttrupp voranzugehen und den Torposten, aus vier Mann bestehend, für immer am Wachen zu hindern.
»Und nun der Zeitpunkt für den Angriff, das Signal«, sagte General. »Kein Schuß wird abgegeben, kein Pfiff, kein Kommando. Alle Kommandos gebe ich hier und jetzt. Keiner von euch tut das Maul auf, bis alles vorüber ist. Laßt die andern das Maul aufreißen, wenn sie das Messer vor sich sehen. Wie Pumas in der Nacht, die einen Corral übersteigen, arbeitet ihr, Muchachos. Je weniger Geräusch, desto besser. Der ganze Dreck darf nicht länger dauern als fünf Minuten. Darin besteht unser Erfolg. Sobald das erste Dach flammt und den Patio erleuchtet, seid ihr auch schon oben auf der Mauer und mit einem Satz rüber. Jede Gruppe arbeitet auf dem Posten, den ich für jede Gruppe bestimmt habe. Je eine Gruppe für jeden Raum, und vier Gruppen für den Patio, je eine von den vier Seiten. Vier kleine Gruppen für die vier Mauern außerhalb, falls einer dennoch versuchen sollte, über die Mauer zu entkommen. Es darf keiner die Finca verlassen. Feuergruppe her!«
»Hier sind wir schon, General.« Die Burschen der aufgerufenen Gruppe traten vor.
»Ihr voraus. Rangeschlichen, leiser und verschlagener als ein alter Coyote. Einmal an der Finca angekommen, sucht nach einigen Haufen trockenen Maisstrohes und verteilt diese Haufen nach allen Seiten, wo Schuppen und Gebäude aus Palmgeflecht und aus Holz sind. Vergeßt nicht, genug Kien mitzunehmen und reichlich Feuerzeuge. Sobald wir alle versammelt sind, schicke ich hier den Eladio, der euch das genaue Signal bringen wird, wann mit der Beleuchtung zu beginnen ist. Vorsichtig, daß es nicht zu früh brennt, denn das könnte uns den Plan verderben. Dann, wenn es, dem Signal folgend, einmal angefangen hat zu brennen, gut darauf achten, daß es lodert und nicht etwa verlöscht, ehe wir die ganze Bande in der Gewalt haben. Wehe euch, Burschen, wenn ihr etwas

verfehlt. Dann sollt ihr mich kennenlernen. Ihr seid die wichtigste Gruppe, daß der Plan auch gelingt. Verstanden?«
»Nur keine Sorge um uns, General. Wir werden eine Beleuchtung schaffen, die sogar in der Hölle gesehen werden soll.« Die Burschen lachten und suchten allen Kien im Lager zusammen, versahen sich jeder einzelne mit drei Feuerzeugen und nahmen, um ganz sicherzugehen, jeder eine der großen Monteria-Linternas, vollgefüllt mit Petrol, mit sich. So ausgerüstet, begaben sie sich auf ihren Weg. Mit ihnen gingen die Muchachos, die den Auftrag erhalten hatten, dem Torposten einen Besuch abzustatten, um sich nach dessen Wohlbefinden zu erkundigen.
Da es noch nicht voll Nacht war, krochen die Muchachos mit Vorsicht durch das Präriegras, um nicht etwa mit Gläsern von der Finca aus gesehen zu werden. Daß irgend jemand sich die Mühe machen sollte, jetzt, während das große Abschiedsbankett auf der Finca im vollen Gang war, mit Gläsern die Prärie abzusuchen, um etwa Antilopen zu erspähen, war freilich nicht zu erwarten. Immerhin, General zog jede Möglichkeit in Betracht.
Profesor, der alle diese Anordnungen Generals vernommen hatte, weil er ihm während der letzten halben Stunde ständig zur Seite war, sagte: »Nach meiner Meinung und nach dem, was ich hier höre und sehe, haben wir wohl recht daran getan, dich zum General zu machen. Einen besseren könnten wir kaum finden.«
»Ah, Schitt«, grinste General, »ich bin gar nicht von so großer Wichtigkeit, wie du glaubst, Profesor. Morgen oder übermorgen kann ich erschossen sein, oder gehenkt, oder bis zum Hals lebendig eingegraben und Pferde über mich hintrabend, oder mit Zuckersaft beschmiert im Busch an einen Baum gebunden. Was tut das? Die Revolution geht weiter, und sie muß weitergehen. Generale fallen, und neue Generale werden kommen, viel bessere, als ich einer bin. Denn je länger die Revolution dauert, um so mehr Übung bekommen die Revolutionäre im Kriegführen, und in wenigen Monaten kann irgendeiner von euch, die hier herumstehen, es viel besser machen, als ich es heute kann, weil er dann mehr Übung und Erfahrung hat, als ich heute habe.«
»Das ist alles so schön gesprochen von dir, General«, sagte Andres, »daß es wirklich schade ist, daß du das nicht aufschreiben

kannst, damit alle Revolutionäre, die das nicht selbst von dir hören können, deine Worte wenigstens lesen könnten.«
General brach in grunzendes Gelächter aus. »Ich schreiben? Ich meine Worte aufschreiben. Ich muß dir da schon sagen, Andresillo, daß es mich immer eine ganze Woche lang Kopfschmerzen kostete der Mühe wegen, wenn ich an meine Mutter einen Brief schreiben wollte, als ich noch Sergeant war. Eine Seite kriegte ich ja so ungefähr voll. Wenn ich aber dann oben auf der zweiten Seite ankam, dann fingen die Schwierigkeiten an, da hatte ich dann keine Worte mehr, und wie sie geschrieben wurden, hätte ich welche gehabt, wußte ich auch nicht. Das ist nun schon eine Zeit her, seit ich Sergeant war. Und heute kann ich wahrscheinlich überhaupt nichts mehr schreiben, außer gerade meinen Namen. Und ich denke, das ist genug für einen General. Was denkt ihr denn darüber, Muchachos?«
»Was braucht denn ein General mehr schreiben zu können als seinen Namen, möchte ich wissen?« sagte Celso, fragend alle herumstehenden Muchachos anblickend. »Schaut mich an, ich kann nicht einmal meinen Namen schreiben, nur gerade ein ganz wackliges und sehr schiefes C kann ich mit Mühe schreiben, und ich bin dennoch Coronel, und was viel mehr ist, Maschinengewehrkommandant. Ob du schreiben kannst oder nicht, darum kümmert sich ein Maschinengewehr nicht. Es kümmert sich nur darum, daß es gut geölt ist und daß du richtig da hinhältst, wo du hintreffen willst.«
Profesor griente General an. »Es würde mich nun doch sehr interessieren, General, was stand denn auf der ersten Seite der Briefe, die du an deine Mutter schriebst?«
»Das ist sehr einfach und auch ganz klar. Da schrieb ich: ›Meine sehr geliebte, edle und würdige Mutter‹, und dann machte ich einen Punkt.«
»Und was stand denn da noch mehr auf der ersten Seite?«
»Da konnte nichts mehr weiter stehen, weil die Seite nun voll war und kein Platz mehr übrig, noch ein neues Wort hinzuschreiben.«
»Und dann auf der zweiten Seite? Was stand da?« wollte Profesor wissen, der fortwährend griente.
»Das ist ebenso einfach und ebenso klar«, sagte General, als ob es

sich um die gewöhnlichste Sache in der Welt handelte. »Was konnte ich denn noch mehr schreiben, als nur gerade: ›Ich bin gesund, Dein dankbarer Sohn, der Dir Deine Hände und Füße küßt, Juan Mendez.‹«
Und damit waren die vier Seiten voll. Ich steckte den Brief in einen Umschlag, kaufte eine Briefmarke, leckte sie am Ursch, klebte sie rauf und steckte den Brief auf der Post in einen Kasten.«
»Und was schrieb darauf deine Mutter?«
»Gar nichts. Sie konnte ja nicht schreiben, aber meine Briefe konnte sie gut lesen. Und was willst du denn mehr von einem Brief, als daß der ihn lesen kann, an den du ihn schickst. Da wollen wir nun aber nicht mehr daran denken. Wir haben jetzt anderes zu tun, und ich denke auch, daß meine Mutter tot ist. Viel besser für sie, wenn sie tot ist. Ihr Leben war nur ewige Arbeit, ewige Not, alles Liebe, immer Sorge um unser Essen, und nur einmal habe ich sie lachen sehen.« General kniff die Augen zusammen und machte ein ungemein komisches Gesicht. Die Muchachos, die herumsaßen, blickten ihn an und wollten eben in Lachen ausbersten, als er aufsprang und rief: »Wo sind denn meine Beleuchtungsinspektoren?«
»Die sind schon seit einer halben Stunde auf dem Wege, General«, antwortete ein Bursche.
»Und die Verzauberer des Torpostens?«
»Auch schon lange fort.«
»Dann fertig zum Abmarsch. Los. Getummelt. Und die Knochen geschüttelt, verflucht noch mal! Faule, lausige Gesellschaft, hier herumsitzen und plappern wie alte Weiber, anstatt lieber Zielübungen machen und Gewehre ölen und Messer und Machete schleifen. Das sind mir Soldaten. Krummes, ungewaschenes Gesindel seid ihr, nicht wert, Revolution zu machen. Los schon, und etwas schneller als gewöhnlich. Alles zum Abmarsch fertiggemacht. Im Augenblick, wenn die Sonne hinter jenem Bergrücken da verschwunden ist, wird marschiert. Und ich schlage jedem einzelnen von euch seinen Schädel stückweise zu Brei, der einen anderen Posten besetzt als den, den ich für jede Gruppe angeordnet habe. Ich werde verflucht gut aufpassen, auch wenn ich selbst alle Hände voll zu tun haben sollte. Es geht euch trübe, das kann

ich euch versprechen, wenn ich einen über einer Kehle finde, die ihm nicht gehört, oder in einer Ecke, in der ein anderer zu stecken hat.« Er schnallte sein Revolverhalfter ab, warf den Revolver einer Frau, die in der Nähe hockte, zu und sagte: »Für die Arbeit brauche ich keinen Revolver. He, du, Muchacho!« rief er einen Burschen an. »Bring mir deinen Machete und such dir einen andern. Du bist genug in blutenden Fetzen, von gestern her, daß du jetzt hierzubleiben hast und auch mit einem verrosteten Machete das Lager bewachen kannst.«
Er fühlte die Schneide des Machete, der ihm gegeben worden war, und sagte: »Sehr scharf ist er nicht. Aber um so besser. Dann fühlen die gottverfluchten Cabrones wenigstens, wenn sie gesägt werden, und haben noch zwei elende Sekunden Zeit, darüber nachzudenken, wie schnell doch eine Höllenfahrt vor sich gehen kann, ohne aus dem Fenster zu fallen.«

4

Um dieselbe Zeit etwa, eine Stunde vor Sonnenuntergang, hatte das Bankett auf Santa Cecilia begonnen. Wie bei allen Festen, bei denen ein entscheidender Sieg gefeiert wird und wo alle tapferen Krieger behaglich in dem erhebenden Bewußtsein schwelgen, daß der Feind nicht nur geschlagen, sondern dauernd unschädlich gemacht wurde, ging es laut und fröhlich zu.
Warum sollten der Cabo und seine drei Soldaten, die den Ehrenposten am Haupttor für die Nacht stellten, von dieser Siegesfeier ausgeschlossen werden? Sie hatten wacker gekämpft in dem Scharmützel, in dem gestern die Rebellenbrut vernichtet wurde, und sie betrachteten es als ihr wohlverdientes Recht, dem Siegesfeste in Person beizuwohnen wie alle übrigen. Sie waren gewiß keine Sträflinge, erst recht keine Deserteure, die sich zu drücken versucht hatten, als es für einige Minuten etwas heiß zu werden schien und die Rebellen losknallten, soviel sie zum Losknallen zur Hand hatten. Überhaupt, da keine Veranlassung vorlag, daß jetzt ein Offizier sich dem Tor nähern würde, wäre es eine Eselei gewesen, die selbst einem Unteroffizier der Federal-Armee nicht zugemutet werden kann, hier mit seinen Leuten gelangweilt auf dem nackten Erdboden am Tor zu hocken und von ferne zuzusehen,

wie die Soldaten, Polizisten, Capataces und Unteroffiziere den verschüchterten indianischen Mädchen, die das Essen herbeitrugen, an die Brüste griffen und gelegentlich auf die Hinterschenkel klatschten, um abzufühlen, ob vielleicht später gegen den Abend noch weiter zugepackt werden könnte, ohne im Gesicht zerkratzt zu werden.

Die Offiziere, die an der Tafel auf Stühlen saßen, die, wenn auch sehr roh, dennoch aber Stühle waren, und, im Gegensatz zu den Soldaten und Unteroffizieren, mit Messern und Gabeln aßen, würden es als grobe Unhöflichkeit ihrer Gastgeberin gegenüber empfunden haben, wären sie aufgestanden, hätten den Cabo herangerufen und ihn in Gegenwart seiner Gastgeber elendiglich runtergerotzt, weil er den Posten verlassen hatte. Das konnte am Morgen nachgeholt und mit einem halben Dutzend Backpfeifen ins Gesicht des Unteroffiziers und einigen gutsitzenden Hieben mit der Reitpeitsche über die Schultern der verruchten Soldaten nachdrücklich genug unterstützt werden. Der Oberst war ja nicht nur Offizier, sondern auch Caballero. Das durfte er nie vergessen, um so weniger, als ja die Frau des Finqueros, drei seiner erwachsenen Töchter, zwei erwachsene Nichten und die Frauen und Töchter zweier benachbarter Gutsherren mit an der Tafel saßen.

Außerdem war das Haupttor von keiner Wichtigkeit, wenn im Patio sich drei Maschinengewehre befanden. Sie waren zwar bereits für den Abmarsch verpackt und auf keinen Fall schußbereit; aber es waren doch Maschinengewehre, die auch dann ihren Zweck der fürchterlichen Drohung erfüllten, wenn sie gut verpackt und fest verschnürt in einer Ecke lagen. Wo jeder einzelne Soldat seinen Karabiner hatte, wußte keiner von ihnen mehr, nachdem das Bankett etwa anderthalb Stunden im Gange war. Wenn man nicht hin und wieder einmal Mensch sein darf und sich menschlichen Genüssen hingeben kann, dann hat das ganze Soldatenspielen keinen Reiz. Die Uniform allein tut es nur bei Tage, in der Nacht glitzern die Knöpfe nicht, und die schönen roten und grünen Litzen und goldenen und silbernen Tressen sehen wie jeder andere gewöhnliche Bindfaden aus.

Während des Redens an der Tafel kam das Gespräch auf die versprengten Rebellen, die entkommen waren. Es wurde hin und her

geraten, wie viele es wohl gewesen sein mochten, die nicht erwischt werden konnten. Die geringste Zahl, vorgebracht von zwei Finqueros, war: drei Burschen, die nicht gefangen wurden. Die höchste Zahl erwähnte ein Leutnant, der behauptete, daß es nicht weniger als elf gelungen sei, zu fliehen, aber er war überzeugt, daß alle elf so schwer verwundet worden seien, daß sie sicher nicht weit kamen, und da sie keine Hilfe bekommen konnten, ganz gewiß im Busch steckten und dort elend verreckten, denn ihre Furcht sei gewiß so groß, daß sie sich nicht hervorwagen würden. Sie mußten also noch im Busch versteckt sein.
»Merkwürdig ist«, warf der Capitan der Rurales ein, »daß die Caballeros, die mit ihren Mayordomos ausritten, die versprengten Schweine einzufangen, nicht zurückgekommen sind. Es wird ihnen doch nichts geschehen sein.«
»Keine Sorge, Capitan«, beruhigte ihn der Finquero von Santa Cecilia, »es war nicht die Absicht meiner Nachbarn, hierher zurückzukommen. Sie hatten ohnehin den Weg zu ihren Gütern am Busch entlang zu nehmen. Und weil sie den ganzen langen Tag vor sich hatten, war es ihre Idee, die Muchachos aufzustöbern und sie dort im Busch aufzuhenken. Das werden sie getan haben, und dann sind sie weiter geritten, auf ihre Fincas zu. Sie bleiben über Nacht auf Santa Rosita. Da sind sie jetzt und ärgern sich vielleicht, warum sie nicht noch einen Tag länger hiergeblieben sind, um dieses Bankett mitzumachen. Aber sie kamen von Jovel, wo sie Geschäfte gehabt hatten, und da sie mehr als drei Wochen von Hause weggewesen waren, hatten sie Sehnsucht, rasch heimzugelangen. Nichts ist merkwürdig daran, Capitan.«
Das Mahl war endlich bewältigt, und es begann nun das Nachfeuchten, damit die Frijoles nicht in der Kehle steckenbleiben sollten, und auch um den grünen Chili vom Gaumen und der Zunge runterzuwaschen, damit die Augen aufhören sollten zu tränen.
Die Victrola war rostig, aber sie rattelte noch genügend, um aus den Platten, die in der Regenzeit zu verschimmeln begonnen hatten, einige zwanzig quietschende Tanzmelodien herauszukratzen. Auf der Finca waren zwei amerikanische Akkordeons, ein paar Gitarren und zwei, ebenfalls schimmelige, Violinen. Ein hal-

bes Dutzend Soldaten konnten etwas darauf herumspielen, das, auch wenn es keine bestimmte Melodie erzeugte, ausreichte, um sich einzureden, man tanze, wenn man nach diesen musikalischen Anstrengungen nach rechts und links herumspringe und sich schlängelnd hin- und herwiege, um dadurch Gelegenheit zu finden, seine Oberschenkel gegen die der Señoras und Señoritas bis zu jener Grenze zu pressen, wo es nicht mehr gut möglich ist, von Tanzen zu sprechen, sondern wo offen zugegeben werden muß, daß nun die blanke, ungeschminkte Unanständigkeit beginnt, an der sich öffentlich zu ergötzen wohl den Soldaten erlaubt ist, nicht aber den Caballeros, ob sie nun Offiziere sind oder Finqueros.
Aber nach einer halben Stunde Tanzens auf dem harten, knirschenden Ziegelsteinboden, wobei der schwere Revolver, den sie am Hintern baumeln hatten, bald begann, das Fleisch vom Knochen abzuledern und die schöne Uniformhose durchzuschleißen drohte, fanden die Offiziere und Finqueros es bequemer und angenehmer, die Revolver abzuschnallen und die Gurte über einen Querbalken aufzuhängen.
Damen lieben es nicht, daß die Caballeros mit ihren Kanonen umgeschnallt tanzen, und finden es unhöflich, um so mehr, als bei schlängelnden Seitenbewegungen des genußsüchtigen Tänzers der Revolver auch zuweilen der Dame blaue Flecken an den Beinen verursacht und alle süßen Träume, die sie beim Tanzen bekommen könnte, erbarmungslos durch eine gar zu harte Wirklichkeit zerstört.
Der Oberst, um seine Würde nicht zuschanden gehen zu sehen, hatte am längsten widerstanden, den Wünschen nach größerer Bequemlichkeit nachzugeben und seine Haubitze abzuhaken. Als jedoch die Señorita, mit der er gerade tanzte, plötzlich sagte: »Perdoneme, Señor Coronel, aber Ihre Pistola klappert mir doch zu sehr gegen meine Rippen, ich werde mich lieber ausruhen«, was konnte der Herr Oberst tun? Caballero zu sein verpflichtet.
So hingen gegen acht Uhr abends alle Revolver an Querbalken, an Nägeln an den Pfosten, oder sie lagen friedlich über Sätteln im Patio oder unter den Klappgestellen, auf denen die Gäste schliefen.

5

Revolutionäre, die ihre Angelegenheiten ernst nehmen, sollen sich nicht auf Glück oder freundliche Zufälle verlassen, auch nicht auf das wachsende Verständnis oder das erwachende Bewußtsein für Gerechtigkeit auf seiten ihrer Gegner. Reguläre Soldaten mögen sich schon viel eher auf die Dummheiten des Feindes verlassen und sich einreden, daß dem tapferen Krieger das Glück immer hold sei. Revolutionäre dürfen nie Träumen nachhängen, und niemals dürfen sie eine Nachricht glauben, für die kein anderer Beweis vorliegt als der, daß sie wünschen, daß diese Nachricht wirklich wahr sei. Als die Muchachos den Angriffsplan berieten, hatte Gabino gesagt: »Vielleicht sind sie alle so besoffen, daß sie schlafen wie abgejagte Hunde.«

Darauf hatte General erwidert: »Vielleicht! Aber das Vielleicht hilft uns gar nichts. Verlaßt euch auf nichts, das rate ich euch allen. Nehmt als sicher an, daß überhaupt keiner schläft, keiner besoffen ist, daß jeder seinen Revolver oder seinen Karabiner in der Faust hat, daß sie alle wach sind und auf der Lauer liegen und daß unser Plan verraten worden ist auf irgendeine Weise. Nicht auf gut Glück verlassen. Nur das nicht. Immer denken, daß der andere mehr kann, mehr weiß, stärker ist als ihr, besser auf dem Posten ist, als ihr erhofft, und alle eure Pläne erfahren hat oder erraten konnte. Denn was wir uns ausdenken können, das können sich auch die andern ebensogut ausdenken. Der einzige Vorteil, den wir haben, ist der, daß sie nicht wissen, daß wir hier mehr als vierhundert Mann stark im Busch hocken. Und selbst das können sie irgendwie wissen. Würde ich auf gut Glück losgehen und mit ihrer Besoffenheit rechnen, dann brauchten wir überhaupt keinen Plan, keine Einteilung in Gruppen. Weil ich nicht auf glücklichen Zufall rechne, darum gibt es nur eins, das unsern Angriff vereiteln könnte, und das ist, daß ein volles Regiment jetzt in der Nähe von Santa Cecilia ist, ungesehen von uns, und uns von allen Seiten im Rücken packt, sobald wir außen an den Mauern angekommen sind. Aber dafür haben wir unsere Beleuchtungsinspektoren. Wenn nichts leuchtet, dann ist etwas verdächtig; und leuchtet es, dann sind wir obenauf, gleich, was und wer uns in den Rücken kommt.«

6

General, begleitet von Celso, hatte sich dicht zur Finca geschlichen, während das Heer nur einen Kilometer weit entfernt im Präriegras verborgen lag. Die Finca war bereits völlig umzingelt, so daß jedes der vier Angriffsheere etwa in gleicher Entfernung von der Mauer, auf die es loszumarschieren hatte, lag. Die einzige Lücke, die in jener Umzingelung noch offen war, bildete das Dorf der Peones. Der Plan der beiden Heere, die hier den Winkel formten, war der, daß beim Angriff das Dorf von der Finca abgeschnitten werden sollte, aber eine kleine Gruppe war bestimmt worden, das Dorf so zu bewachen, daß die Peones nur nach der Finca zulaufen konnten, falls sie, von Angst getrieben, versuchen würden, zu entfliehen.

Es war natürlich für die Muchachos, die mit jener Aufgabe betraut worden waren, nicht möglich gewesen, alle Hunde der Finca und des Dorfes wegzulocken. Hier und dort kläfften einige. Sie wurden jedoch immer bald von jenen Burschen, denen sie zu nahe kamen, zum Schweigen oder wenigstens zu einem kläglichen Winseln gebracht dadurch, daß ihnen ein Stein an den Schädel sauste. Die Hunde lernten bald begreifen, daß es hier ernst zuging, und sie trabten zurück, innerhalb der schützenden Mauern der Finca, wo sie reichlich frische Knochen fanden, die sie bald vergessen ließen, daß da draußen im Gelände ein gewaltiger Tiger auf dem Sprunge lag, mit dem man sich besser nicht verfeindete.

In der dunkelsten Ecke des weiten Hofes, wo auch nicht der dünnste Schimmer des brennenden Scheiterhaufens im Patio hinleuchtete, kroch General auf die Mauer.

Als er bemerkte, wie sehr alle Männer entweder mit Trinken oder Tanzen beschäftigt waren, und nicht einer seinen Revolver umhängen hatte, dachte er für einen Augenblick daran, seinen Beleuchtungsinspektoren, die er nur wenige Augenblicke vorher auf ihren Posten besucht hatte, den Befehl zum Zünden und so das Signal zum Angriff zu geben.

Auch Celso war auf die Mauer geklettert, um das Schlachtfeld zu überblicken. Als sie beide wieder unten auf dem Boden waren, sagte General: »Es wäre nicht so übel, jetzt gleich draufloszufegen. Aber ich denke, es ist nicht sehr anständig, Leute zu überfallen, wenn sie tanzen und lachen.«

»Mag sein«, flüsterte Celso, »aber es ist vielleicht ebenso unanständig und unhöflich, draufloszuwischen, wenn sie gerade ihren Schwengel drin haben, denn glaube nur nicht, daß heute nacht, nach diesem guten Fressen, Saufen, Tanzen und Schenkelpressen etwa gebetet wird. Die Töchter und Nichten und Tanten und Comadres, die da rumhopsen, sind so flitzig, daß du sogar von hier aus sehen kannst, wie ihnen die Suppe am Kochen ist.«

»Gut gesagt. Und was du sagst, bestimmt mich um so mehr, das Signal nicht vorzeitig zu geben und den Plan nicht zu ändern, sondern loszufegen etwa eine Stunde, nachdem die letzte Kerze verlöscht ist, so wie ich es geplant hatte. Es geht dann rascher, und es mag sogar geschehen, daß wir auch nicht einen einzigen Mann verlieren.«

General und Celso besuchten nun abermals die Beleuchter, die etwa fünfzig Meter weit von den Dächern und Maisstrohhaufen, die sie anzünden sollten, flach auf dem Boden lagen und sich nicht einmal das Vergnügen erlaubten, eine Zigarre zu rauchen.

»Wenn ich viermal heule, wie ein Coyote, dann zündet ihr«, befahl er jeder Zündergruppe. Darauf kehrten beide, Celso und General, zurück zu ihren besonderen Heeresgruppen.

7

Kein anderer Laut als das gelegentliche Kläffen eines Hundes, der, sobald er ein paarmal gekläfft hatte, sich sofort verschüchtert zu den Gebäuden der Finca oder den Hütten des Dorfes wegschlich, verriet die Nähe der Heere. Grillen, Zikaden und Graspferdchen zirpten und schrillten über die Prärie in Millionen von kleinen Stimmchen und erstickten selbst das unterdrückte Husten oder Niesen des einen oder anderen der Muchachos, die so versteckt im Grase lagen, daß sie selbst mit den stärksten Scheinwerfern, würde es solche auf der Finca gegeben haben, nicht hätten entdeckt werden können. Es hätte sogar ein Finquero quer durch die flach hingestreckten Muchachos reiten können, und er würde nur daran, daß das Pferd plötzlich scheute, dann aber, einen Menschen witternd, sorglos weitertrabte, erkennen, daß hier etwas

nicht ganz so sei, wie er gewohnt war, es auf seinen Ritten anzutreffen. Aber er würde glauben, es sei Wild, das vom Pferde erspäht wurde und das in der Finsternis der Nacht wohl vom Pferde, nicht aber von dessen Reiter bemerkt wurde. Und hätte er wirklich einen oder zwei oder drei dieser beinahe nackten Körper gesehen, so hätte er der Begegnung keine Bedeutung zuerkannt, weil er sicher war, daß es betrunkene Peones der Finca seien, die in ihrer Besoffenheit hier hinausgetorkelt waren und sich fallen gelassen hatten, weil ihre Beine sie nicht weiter getragen hatten.
Aber kein Finquero ritt vor dem Morgengrauen heim, kein Soldat verließ in der Nacht die sicheren Mauern, und die Peones der Finca, sobald sie von ihrem Dienst befreit waren, eilten sich, zu ihren Hütten zu kommen und sich schlafen zu legen; denn um vier Uhr morgens läutete die Campanilla der Finca und riß sie von ihren Matten herunter, um zur Arbeit anzutreten.

8

Als General bemerkt hatte, daß der große Scheiterhaufen auf dem Feuerstein im Patio seit etwa einer Stunde nicht mehr aufgefrischt worden war und nur hier und da das Blinken einer Kerze in einem der Räume der Finca sichtbar wurde, ließ er das jammervolle Klagen eines Pavo, der auf seinem Ast hockend von einem Gato de Monte überfallen wird, hören, und die vier Heere begannen, gleich ebenso vielen Schlangen, auf dem Boden voranzukriechen. Obgleich sie kein Geräusch verursachten, kläfften doch die Hunde der Finca, die nicht hatten fortgelockt werden können, aufs neue los, und ein Dutzend Hunde der Peones fühlten sich verpflichtet, in das Kläffen mit einzufallen.
Im Patio der Finca vernahm man einige Flüche der dort ruhenden Soldaten, die im Schlafe gestört wurden, und gleich darauf das winselnde Heulen mehrerer Hunde, die einen Knüppel zwischen die Beine gefegt erhalten hatten.
In kleinen Ortschaften, in den Dörfern der Indianer und in den fernen Fincas schenkt kein Mensch dem Kläffen von Hunden irgendwelche Beachtung, weder bei Tage und viel weniger noch bei Nacht. Hunde bellen, wenn eine Kuh, die sich auf der Weide verspätet hat, in den Hof heimkehrt, wenn sich zwei Schweine

zanken, wenn ein Esel versucht, an der Lehmmauer des Maisschuppens einige Maiskolben herauszuzerren, wenn der Mond unheimliche Schatten wirft, und besonders, wenn ein Hund ohne Grund zu bellen anfängt oder wenn das Bellen von Hunden aus weit entfernt liegenden Fincas oder indianischen Siedelungen, von Menschen nicht vernommen, herüberschallt. Meist wohl bellen diese Hunde nur, um überhaupt zu bellen, die langen Nachtstunden abzukürzen und sich davon zu überzeugen, daß sie am Leben sind.
Wären freilich alle Hunde der Finca und der Peones versammelt gewesen, würde ihr Lärm doch so bestimmt und so ungewöhnlich erregt gewesen sein, daß vielleicht die Männer in der Finca begriffen haben würden, daß dieses Bellen eine wirklich ernste Gefahr verkündete. Aber weil die Hunde um mehr als die Hälfte verringert worden waren und von den verbleibenden eine gute Anzahl, mit Steinwürfen und Machetehieben eingeschüchtert, sich verkrochen hatten und nicht mehr bei dem Geheul der wenigen übrigen mitmachten, so erweckte das Bellen und Kläffen der Hunde in niemand auf der Finca einen Verdacht, daß sich in der Nähe etwas Ungewöhnliches vorbereite.
Nun waren die vordersten Gruppen nur noch fünfzig Schritt von den Mauern und Toren entfernt. Sie lagen bereits an dem Verbindungweg zwischen dem Dorf und der Finca, so daß der Weg zum Dorf sowohl für die Peones wie auch für die Leute auf der Finca abgeschnitten war.
Alle Burschen, ohne irgendeinen weiteren Ruf abzuwarten, ergriffen mit festen Händen ihren Machete oder ihr Messer und richteten ihre Oberkörper auf, um den ersten Sprung gleich fünf Schritte weit zu machen.
In langausgezogenen Klagen heulte ein Coyote viermal.
Glimmer wurden sichtbar an zwei Flanken der Finca, wo Schuppen waren und wo sich die schlichten Gebäude der Mayordomos und Capataces befanden, deren Dächer trockene Palmenblätter waren. Gleich darauf zuckte eine gelbrote Flamme zischend auf und rannte wie eine erschreckte Ardilla am Saum des überhängenden Daches entlang. Nur zwei Sekunden währte es, und eine andere Ecke leuchtete grell auf unter einem knisternden Prasseln.

Es war merkwürdig, daß sich nichts rührte, weder im Patio noch in einem der Gebäude der Finca, nichts wenigstens für etwa fünfzehn Sekunden. Nur die Hunde, die bisher gekläfft hatten, gingen in ein jämmerliches Heulen über.
Die Muchachos waren nun über der Mauer. Gleich aufgescheuchten Katzen flitzten sie in Gruppen auf die Räume der massiven Hauptgebäude zu, die alle zu ebener Erde waren und deren Türen, der Hitze wegen, nur angelehnt und von innen nicht verschlossen oder verrammelt waren. Aber weil General angenommen hatte, daß alle Türen verschlossen sein würden, hatte er Gruppen bestimmt, das Dach zu erklettern, die Dachziegel runterzureißen und durch das Dach in die Räume zu kommen, denn bei der Gewandtheit der Muchachos ging das bei weitem schneller und war der Überraschung wegen viel erfolgversprechender, als die Türen durchzubrechen. Denn hinter den Türen würden die Offiziere und Finqueros mit ihren Revolvern in der Hand stehen. So aber geschah der Angriff gleichzeitig vom Dach und von den Türen aus.
Ehe die Gruppen, die für die Räume bestimmt waren, auch nur bei den Türen angelangt waren, da lebte bereits kein Mann mehr von denen, die im offenen Patio schliefen, das waren die Soldaten, die Polizisten, die Mayordomos und Capataces. Die Patiogruppen hatten ihnen die Hälse zerschnitten, noch während die Dachgruppen auf den Gebäuden hockten und die Falzziegel abhackten.
Das Klappern, Herunterfallen und Zerbrechen der Dachziegel war das erste bestimmte Geräusch, das zu hören war. Alles, was bis jetzt sich zugetragen hatte, einschließlich der Vernichtung der mehr als hundertzwanzig Männer, die im Patio schliefen, hatte nichts weiter verursacht als unterdrücktes Stöhnen; ein rasch ersticktes Röcheln; einen beabsichtigten Schrei, der erstarb, ehe er zu einem richtigen Gurgeln sich entwickeln konnte; ein Knirschen von Machetes, wenn deren Spitzen gegen Sand oder Pflastersteine im Patio stießen; ein unerklärlich unbestimmtes patschendes Tasten, das erzeugt wurde, wenn rasch zupackende Hände auf einen menschlichen Körper sausten; und ein gelegentlich dumpfes Fallen, als ob ein Holzklotz auf einem Steinboden umgeworfen werde. Und nun, nach etwa fünfzehn Sekunden, schallte über den Patio

die erste menschliche Stimme. Sie kam aus dem Hause, in dem der Mayordomo mit seiner Familie lebte. »Fuego! Feuer!« rief die Stimme zweimal. Dann erlosch sie.

In den massiven Gebäuden der Finca erklang jetzt hier und da das helle Peitschen von Revolverschüssen innerhalb geschlossener Räume. Aber wo auch immer ein, zwei, drei Schüsse fielen, am Klang der Schüsse konnte man hören, daß sie aus derselben Waffe nur höchstens zweimal wiederholt wurden und daß der nächste Schuß aus anderen Räumen oder aus anderen Winkeln kam.

Merkwürdig war, daß auch in den Gebäuden weder gerufen, noch geschrien, noch gejammert wurde. Mut war es gewiß nicht, der die tapferen Offiziere der Federales und der Rurales und die ebenso kriegerischen Finqueros am Schreien hinderte. Die Überraschung ließ ihre Stimmen vertrocknen. Und ehe sie Zeit gefunden haben würden, Warnungsrufe auszustoßen, waren ihre Kehlen bereits zu weit offen, um noch mit ihrer Hilfe rufen zu können.

Nur das einmalige Aufkreischen dreier weiblicher Stimmen, das jedoch in ein lautes Gurgeln verebbte, wurde weithin vernehmbar. Von dem hellen Schein der prasselnden Palmendächer grell beleuchtet, sah man Profesor oben auf dem Sims des Hauptgebäudes hocken.

Er war der erste, der sprach und laut genug sprach, so daß es über den weiten Patio zu vernehmen war und, über dessen Mauern hinweg, wohl gar bis zum Dorf der Peones hin verstanden wurde. Die Fäuste schüttelnd, sich hoch aufreckend und seiner Stimme alle Kraft gebend, deren sie fähig war, schrie er: »Unter Schrecken und Grauen wurde die Diktatur geboren! Mit Schrecken, Grauen und Peitschenhieben hielt sie sich an der Macht! Unter Grauen, Schrecken und dem Hinschlachten von Millionen von Menschen wird sie wieder abgesetzt! In Strömen roten Blutes wird das goldene Zeitalter der Verlogenheit ersäuft! Viva la revolucion del proletariado! Tierra y Libertad!«

Die Muchachos, plötzlich aufwachend wie aus einer Hypnose, schwangen ihre Messer und Machetes hoch und schrien als Antwort: »Viva la revolucion! Abajos los tiranos! Tierra y Libertad para todos, sin amos y sin capataces! Viva nuestra rebellon! Viva la rebellon de los indios!«

Und so geschah es im Verlauf der Revolution, daß ein solcher Überfall wie der auf die Finca Santa Cecilia sich nicht einmal wiederholte, nicht zehnmal, sondern viele tausendmal im ganzen Lande, bis endlich an das goldene Zeitalter nichts anderes mehr erinnerte als die Ruinen blühender Domänen und die zerhämmerten und nun verrostenden Maschinen Hunderter von Fabriken und eine Verringerung der Volkszahl um beinahe drei Millionen. Das goldene Zeitalter der Diktatur hatte eine unerhörte Steigerung der Produktion möglich zu machen verstanden. Aber darüber hatte es den Menschen und das Individuum vergessen und vergessen, daß alles und jedes Ding zu einem Produkt gemacht werden kann, mit einer einzigen Ausnahme, und die ist das Hirn und die Seele des Menschen.

9

Als der Tag angebrochen war und die Sieger die Finca abzusuchen begannen, kamen sie an jenes Gelände, wo ihre hingerichteten Kameraden mit ihren zermanschten Köpfen über den zerstampften Boden lugten.
»Wir wollen sie ausgraben, unsere armen Compañeros«, sagte Andres, »und wir wollen sie auf dem Friedhof der Peones beerdigen.«
»Das wäre eine Schmach für sie«, erwiderte General.
»General hat recht«, sagte Profesor. »Keine größere Ehre können wir ihnen erweisen, als sie hier so zu lassen, wie wir sie fanden. Hier sind sie verblutet. Hier haben sie ihren letzten Revolutionsschrei den uniformierten Hunden ins Gesicht gegurgelt. Hier bleiben sie. Wir werden nur ihre Köpfe mit Hügeln von Erde überwerfen und dann einen Zaun um ihre letzte Stätte bauen, aus Steinen. Und wenn Gott am Jüngsten Tage hier entlangkommt, um sie aufzurufen, so soll er sie so finden, wie sie von den Tyrannen eingegraben wurden. Dann wird Gott wissen, was er von den Anklagen der Caballeros, die dort von den Geiern abgepellt werden, zu halten hat und wer in diesem Streit zwischen Herrscher und Beherrschten im Rechte war.«
»Wir sind immer im Recht!« rief Celso. »Wir sind immer im Recht, weil wir Rebellen sind. Rebellen haben immer recht. Denn nie-

mand, ob Indianer oder Ladino, hat das Recht, einem andern das Maul zu verbieten; denn das Maul haben wir nicht nur zum Fressen, wie die Schweine und die Ziegen, sondern um damit zu reden, und um damit zu reden, was wir wollen, ob es den Cientificos und Aristocrates gefällt oder nicht.«

»Celso«, sagte Andres leise zu ihm, als der seine Rede geendet hatte, »das hat gestern Modesta zu dir gesagt. Du hast dir das nicht selber ausgedacht.«

»Und warum soll sie das nicht zu mir gesagt haben? Sie ist ebenso klug und gelehrt wie du. Sie versteht recht gut zu lesen, und schreiben kann sie auch. Aber du brauchst das hier nicht aller Welt herum erzählen, daß mir Modesta das gesagt hat. Ich bin jetzt Comandante eines Maschinengewehrs und darf nicht merken lassen, daß ich noch ebenso dumm bin, wie ich vorher war. Überhaupt, das kann ich dir sagen, mit einem solchen Flitzgewehr verstehe ich besser umzugehen als mit einem Bleistift.«

»Das ist jetzt mehr wert, Celso; denn ob es immer so rasch und einfach zugehen wird wie heute nacht, das glaube ich nicht.«

»Ich auch nicht«, sagte General, der herankam und Andres beauftragte, eine Liste aller vorhandenen Waffen, aller Munition und allen Proviantes aufzustellen.

»Profesor hat die Befehle, Telegramme und Meldungen alle durchgesehen, die der Oberst der Federales und der Capitan der Rurales bei sich hatten«, setzte General fort. »Es ist möglich, daß ein ganzes Regiment bereits zwischen Balun Canan und Achlumal auf dem Marsch ist, um die Garnisonen im Norddistrikt zu verstärken. Die kommen auf unserm Wege. Und wir gehen ihnen nicht aus dem Wege. Vorwärts wird marschiert!«

10

Eine Woche blieb das Heer auf dieser reichen, einst so schönen, königlichen Finca.

Am Tage vor dem Abmarsch teilte Profesor die Gelände der Finca auf unter den Peones, die, gleich ihren Vorfahren, diese große Domäne mit ihrem Schweiß, ihrem Blut und ihren Tränen während dreihundert langer Jahre gedüngt hatten.

Als das Heer auf dem Marsch nach Achlumal war und sich nur

gerade fünf Kilometer weit von der Finca entfernt hatte, brannten alle die übrigen Gebäude, die während des Überfalls verschont geblieben waren.
Die Peones blieben in ihren Chozas wohnen wie bisher.
Sie hatten kein Verlangen, gleich Herren zu leben.

Achtes Kapitel

I

Der Marktflecken Achlumal war nur von zwanzig Federal-Soldaten besetzt, weil der größere Teil der Garnison, die gewöhnlich aus sechzig Mann bestand, zur Verstärkung des Trupps geschickt worden war, der in Santa Cecilia jetzt von den Geiern gefressen wurde.

Der Ort brüstete sich aber auch noch mit einer Ortspolizei, einem Kommissar und sechs Mann, die barfuß liefen und als Waffen einen Machete und einen Vorderlader besaßen.

Dann war da noch der Presidente Municipal oder Bürgermeister, der einen Revolver hatte, der Steuerkassierer, der Zivilrichter, der Postmeister und der Stadtschreiber, die gleichfalls Revolver besaßen, als Zeichen ihrer Würde und um sich Respekt zu verschaffen. Ohne Revolver an der Hüfte sahen sie aus wie andere gewöhnliche Bürger, und niemand würde gewußt haben, daß sie hier etwas zu sagen hätten. Auch die Mehrzahl der Ladeninhaber und der selbständigen Handwerker besaßen Revolver; wenn sie auch zum Teil heftig verrostet waren und die Munition nicht immer richtig paßte, so erzeugten sie doch wenigstens den Eindruck tödlicher Waffen. Das ist reichlich genug, um seine Mitmenschen in Schrekken zu versetzen, auch wenn man sonst aussieht wie ein Abteilungsaufseher in einem Warenhaus oder wie ein Filmclown mit einer schwarzen Zahnbürste unter der rotztriefenden Nase.

General hätte Achlumal auf genau die gleiche Weise überfallen und einnehmen können wie Santa Cecilia. Absichtlich jedoch versuchte er eine andere Art des Überfalls.

Er schickte dreißig Muchachos, alle mit ihrem Machete bewaffnet, auf den Markt von Achlumal, als ob sie indianische Kleinbauern wären, die zum Einkaufen kämen. Jeder Indianer trägt überall seinen Machete mit sich. Es würde Aufsehen erregen, käme er ohne Machete.

Die Federal-Soldaten, unter dem Kommando eines Leutnants, waren untergebracht im Stadthause, in einem Raum, der ihnen als Wachstube diente und der, wie alle übrigen Räume des einstöckigen Gebäudes, zu ebener Erde lag und dessen Tür in den Portico hinausführte. Wie alle übrigen Räume im Cabildo, hatte auch dieser keine zweite Tür nach hinten hinaus und auch keine Fenster.

Im Portico hockten, wie gewöhnlich, eine große Anzahl von Indianern herum, teils um im Schatten zu sitzen, teils weil sie irgendwelche Geschäfte im Stadthause oder in einem der Ämter, die in diesem Gebäude untergebracht waren, zu erledigen hatten. Nachts schlafen in dem Portico des Cabildo reisende Händler und wandernde Indianer.

Ein Soldat ging mit geschultertem Gewehr vor der Tür der Wachstube auf und ab, weil ja ein Soldat wenigstens etwas tun muß, damit die Steuerzahler sehen, daß ihr Geld nicht unnütz vergeudet wird. Der Cabo saß, seinen Kattunrock ausgezogen und die Ärmel aufgekrempt, an einem winzig kleinen Tischchen in der Wachstube vor Zetteln und Papierchen und kaute gelangweilt an einem Bleistift. Der Leutnant war nicht zugegen. Wahrscheinlich war er in einer Cantina auf der Plaza, um sich zu betrinken, oder er war auf der Suche nach einer Bettgenossin für die Nacht. Zwei Soldaten lagen in der Wachstube auf einer Matte und schnarchten. Weil der Cabo nicht ewig an seinem Bleistift kauen konnte, um nicht völlig zu verblöden, fügte er eine weitere Beschäftigung seinen Obliegenheiten hinzu. Wenn einer der schlafenden Soldaten zu laut schnarchte, dann stand er auf, trat dem Mann in den Hintern, bis der sich umwandte und darüber sein Schnarchen vergaß. Dann ging der Cabo wieder zurück zum Tischchen und kaute an seinem Bleistift weiter.

Die übrigen Soldaten hockten im Portico, ihre Uniformblusen von oben bis unten aufgeknöpft. Ein paar spielten Karten. Einer stocherte sich in den Zähnen herum. Ein anderer las in einer Fibel, was ihm so viel Schwierigkeiten bereitete, daß er sich unaufhörlich den Kopf kratzte und dann gedankenlos die Fingernägel abschleckte.

Es war so friedlich ringsherum, daß man die Fliegen summen hören konnte. Bald aus diesem, bald aus jenem Hause auf dem Platze plärrte ein Kind, wodurch der Eindruck molligen Bürgerfriedens noch vertieft wurde. Die Bürger des Städtchens erholten sich von ihren Anstrengungen und schaukelten sich in Hängematten oder wälzten sich auf ihren harten Betten. Hin und wieder huschte ein Mädchen oder eine eilige Frau in einen Laden, um rasch etwas zu kaufen, was sie im Hause brauchte. Und die Frau, die im Laden verkaufte, kam faul aus ihrem Nickereckchen hervorgewatschelt, und halb verdöst, halb verärgert, suchte sie in der Tischschublade nach den einzelnen Centavos, um der Kundin, die für drei Centavos Salz oder für sechs Centavos Canela eingekauft hatte, herausgeben zu können. Es war brütend heiß um diese Stunden, und jeder ehrenhafte Bürger betrachtete es als Sünde gegen Gott und als einen Verstoß gegen die Moral und Sitte, um diese Zeit zu arbeiten oder zu handeln oder auf den Straßen herumzulaufen.

Die Muchachos arbeiteten so rasch und sicher, daß, als sie in die Wachstube kamen, der Cabo nur gerade noch Zeit hatte, einmal aufzusehen und sich für eine Viertelsekunde über die Frechheit indianischer Burschen zu verwundern, hier in die Wachstube gerannt zu kommen, ohne sich erst beim Posten zu melden. Aber sowohl der Posten als auch die übrigen Soldaten, die im Portico gehockt hatten, wurden im selben Augenblick hereingeschleift in einer Weise, daß, hätte jemand von der Plaza aus hergesehen, er geglaubt haben würde, die Soldaten hätten die Muchachos ergriffen und schleppten sie nun zum Verhör vor den Unteroffizier. Jedoch die Soldaten waren bereits nicht mehr am Leben. Ehe der Cabo das überhaupt begriff, war er schon in dasselbe Bataillon der Abmarschierten eingereiht. Die Soldaten, die auf dem Boden ausgestreckt schliefen, hörten mit einem Ruck zu schnarchen auf. Sie ließen ein Geräusch vernehmen ähnlich dem, wenn das letzte Wasser durch die Abflußöffnung einer Badewanne entwischt.

Im nächsten Augenblick waren die Soldaten entkleidet, die Muchachos zogen sich die Uniformen an, und ruhig marschierte ein Posten mit geschultertem Gewehr vor der Wachstube auf und ab, als der Leutnant angezockelt kam, um von dem Cabo zu hören, ob sich irgend etwas ereignet habe, während er mit guten zahlungswilligen Bürgern in der Cantina die Werte der verschiedenen Sorten alten Comitecos stundenlang abgeschätzt hatte.

Ein wenig in den Hüften schwankend, kam er auf den Posten zu

und sagte: »Du wirst auch nie in deinem Leben lernen, wie eine Spritze richtig zu schultern ist.« Dabei gab er ihm eine Backpfeife und sagte, unsicher mit den Worten herumhakend: »Ich werde mit dem Cabo deinetwegen reden. Er soll dich einmal gründlich vornehmen und dir die Kanone, die du wie einen Besen hältst, so lange in die Schultern wuchten, bis sie dir bis zum Kinn hinauf anschwellen. Dann wirst du wohl endlich lernen, wie ein Soldat den Knüppel anzufassen hat. Verflucht noch mal, daß ich mich doch hier in einer so verlausten und verdreckten Garnison, wo man bei jedem Schritt zweimal in die Schitt schlittert, mit verlausten und stinkenden Indianern herumärgern muß, die behaupten, daß sie Soldaten seien.«
Er ging auf die offene Tür der Wachstube los und rief: »He, Cabo, komm raus hier und sieh dir doch mal das Schwein an und leck ihm den Dreck aus den Ohren, damit sie in Zukunft gewaschen antreten.« Er ging noch einen halben Schritt näher und stützte sich mit ausgestrecktem Arm gegen den Türpfosten. Dann, als ob er sich an dem Pfosten um sich selbst herum drehe, um in die Wachstube zu gelangen, ohne die Hände von dem Pfosten loszulassen, verschwand er in dem Raum. Alles, was zu hören war, glich dem Fallen eines schwer gefüllten Sackes und dem Hinwegschleifen des Sackes über einen mit Ziegelsteinen gepflasterten Boden. Die Lederhacken seiner Schuhe verursachten bei diesem Hinwegschleifen über die Steine einen quieckenden Ton.

2

Einige Minuten darauf wimmelten von allen Seiten die Muchachos auf Achlumal los. Es erhob sich ein Angstgeschrei in dem kleinen Städtchen, das auch den faulsten Schläfer von seinem Lager riß oder aus seiner Hängematte warf.
Dann begann ein wildes verwirrtes Durcheinanderrennen in den paar Straßen und auf der Plaza. Frauen schrien, Kinder weinten, Männer fluchten, Hunde bellten. Im Cabildo wurde geschossen. Alle Beamten und Angestellten der Stadtbehörde und der Federal-Agenturen, die Revolver trugen, bezahlten diese Ehre jetzt teuer, ohne sich mit dem schönen Bewußtsein verabschieden zu können, ein paar der Rebellen zur Begleitung auf ihrem Höhen-

flug erfolgreich eingeladen zu haben. Denn die Muchachos waren für die verschlafenen Leute zu rasch und zu geschickt.
Alles, was in dem Stadthause an Katastern, Papieren, Listen, Büchern, Zetteln und Verordnungen gefunden wurde, kam auf einen Haufen und wurde verbrannt. Das Gefängnis, das sich im Patio des Cabildo befand und in dem, wie in allen Gefängnissen des Staates, nur indianische Peones und indianische Kleinbauern hockten, ein jeder beinahe verhungert, war bereits aufgebrochen. Die Gefangenen, die keine Sympathie mit irgendeinem verband, der das Gesetz zu vertreten behauptete, verstanden nur eins: Sie mußten nun das Verbrechen endlich begehen, für das sie seit Wochen oder Monaten im Calabozo gesessen hatten. In vielen Fällen war ihr Verbrechen Frechheit gegen Autoritäten oder Finqueros, und es war Meuterei, Rebellion, Arbeitsverweigerung, wie jene Frechheit genannt wurde. Viel rascher, als es den Muchachos, die den Ort nicht kannten, gelungen wäre, wußten die Befreiten alle die zu finden, mit denen sie eine Rechnung zu begleichen hatten, Beamte, Bürger und Denunzianten. Sie waren diejenigen, die jetzt im Ort das verrichteten, was weder General noch sonst einer der Muchachos im Sinn gehabt hatte. Ihre Wut und ihr Wunsch nach Rache kannte keine Grenzen. Wo sie in ein Haus einbrachen, blieben weder Mann noch Frau, noch Kind leben. Obgleich sie nichts stahlen, nicht einmal Geld suchten, sondern nur eine Decke, einen Machete oder eine Jagdflinte, so verließen sie das Haus erst dann, wenn alles und jedes im Hause völlig zerstört, zerbrochen, zerhackt und zerschnitten war. Und dann stellten sie Kerzen, die sie im Hause gefunden und angezündet hatten, in die aufgehäuften Trümmer zerbrochener Möbel, gegen die Holzwände, gegen die Türen und in Kisten.
Es währte nicht lange, und das Städtchen, der wichtigste Marktflecken der Region, brannte an einem Dutzend verschiedener Stellen. Niemand bemühte sich um das Feuer. Die Rebellen waren die Herren der Stadt. Aber da sie hier die Herren nicht zu bleiben gedachten, sondern größere Aufgaben vor sich sahen, was kümmerte sie das Wohlergehen der Stadt, die nie auch nur einem von ihnen je etwas Gutes getan oder gegeben hatte. Wo immer sie eine Stadt antrafen, die einen Cabildo besaß und ein Gefängnis, da

wußten sie, daß es eine Burg des Diktators war, in der sie keine Menschen antrafen, sondern nur menschenähnlich aussehende Kreaturen, die das Recht hatten, ihnen zu befehlen, und denen sie blind gehorchen mußten. Selbst die Schulen waren nur für die Kinder der Ladinos. Und wenn die Kinder indianischer Bewohner der Stadt, des Proletariats, das in zusammenbrechenden Lehmbuden an den Rändern der Stadt lebte, in der Schule zugelassen wurden, so waren sie die Kinder, an denen der Lehrer seine Gelüste im Prügeln ausließ; denn die Väter der Ladinokinder kamen mit dem Revolver zur Schule und hatten eine Unterredung mit dem Lehrer, falls er sich so weit vergessen haben sollte, einem ihrer Kinder auch nur einen Klaps auf die Hand zu geben. Proletarier lassen sich gefallen, daß ihre Kinder in der Schule verprügelt werden, darum werden nicht nur deren Kinder verprügelt, sondern auch noch die Väter, wenn sie in die Klauen der Wachstubenbestien fallen.

Auf der Plaza, dem Zocalo, befand sich in jedem Hause ein Laden; darum war der Ort ja auch ein Marktflecken, wo die gesamte Bevölkerung vom Handeln und Tauschen mit den Indianern der Region lebte. Selbst die vielen kleinen Handwerker des Ortes besaßen außer ihrem Geschäft als Zimmerer, Maurer oder Schmied gleichfalls noch einen Laden, der ihnen ein sicheres, wenn auch kleines Einkommen verbürgte, und mehr als in den meisten Fällen ihr Handwerk. Die Mehrzahl der Läden freilich waren so winzig, daß es schwierig gewesen wäre, in ihnen für mehr als zehn Pesos an Waren zu finden.

Als die Muchachos in den Ort einbrachen und die Bürger begriffen, um was es sich handelte, schlossen sie sofort ihre Läden. Richtiger, sie versuchten, ihre Läden zu schließen. Aber die Mehrzahl hatte nicht genügend Zeit dazu und zog vor, zu rennen oder sich zu verstecken.

Selbst die Läden, die verschlossen waren, brachen bei den ersten Fußtritten oder Stößen mit den Karabinerkolben durch. Denn wenn ein Laden nicht größer ist, als Ware im Werte von hundert Pesos zu beherbergen, kann man von dem Besitzer nicht gut erwarten, daß er dicke Türen mit Eisen beschlagen und den besten Schlössern versehen läßt, was ihn zwei- oder dreitausend Pesos kosten würde. Die Sicherheit der Läden stand im Verhältnis zu dem Wert der Waren. Unbekannte Leute, die hierherkamen, waren stets verdächtig und konnten keinen Schritt tun, ohne beobachtet zu werden. Diebe kamen nur dann in den Ort, wenn die Feria, das große Heiligenfest, abgehalten wurde. Und weil Stehlen unter den gewöhnlichen alltäglichen Verhältnissen selten war, lag keine Ursache vor, sich große Ausgaben zu machen, um den armseligen Bestand an Waren zu schützen.

Alle Läden wurden ausgeräumt. Aber die Muchachos nahmen nur, was sie für ihren Weitermarsch brauchten. Nicht darum etwa plünderten sie weniger gründlich, weil sie keine Diebe sein wollten, sondern weil sie alles auf ihrem Rücken zu schleppen haben würden. Keiner schleppte mehr, als er für seinen Unterhalt benötigte. Ob sie jemand Diebe, Plünderer, Salvajes oder Vandalos nannte, das kümmerte keinen von ihnen. Nach dieser Richtung hin besaßen sie keine Ehre. Ihre Ehre war, die Rebellion zu gewinnen und die Diktatur zu entthronen. War das geschehen, dann konnte auch wieder an andere Ehren gedacht werden.

Obgleich nur jeder sich nahm, was er brauchte, so kam es natürlich am Ende darauf hinaus, daß die Bürger recht hatten, wenn sie später erklärten: »Achlumal wurde so völlig ausgeplündert, daß auch nicht einmal mehr ein Körnchen Salz zu finden war und kein Stein auf dem andern und keine Decke auf den Bettgestellen blieb.« Rebellen müssen leben, wenn sie eine Rebellion gewinnen wollen; und wenn sie keine Industriebarone und Bankdirektoren finden, die ihnen das Geld für eine Rebellion leihen, dann muß sich eine Rebellion eben selbst bezahlen. So oder so. Aber Rebellionen müssen sein, wenn die Welt vorankommen soll. Ein See, der kein fließendes Wasser hat oder nicht zuweilen heftig von Stürmen aufgerüttelt wird, fängt zu stinken an und versumpft endlich.

3

General ließ das Signal zum Weitermarsch blasen. Es fehlten noch drei Stunden bis Sonnenuntergang.

»Wir könnten doch recht gut hier im Ort die Nacht verbringen«, meinte Coronel.

»Freilich könnten wir«, erwiderte General, »aber wir tun es nicht.

Ich habe es wieder mal irgendwo in meinem Magen oder im Zwerchfell, daß ein Bataillon gegen uns auf dem Marsch ist oder vielleicht eine Division. Wie leicht man eine ganze Stadt nehmen kann, das habt ihr alle heute gesehen. Wenn wir hier im Ort bleiben, ohne es nötig zu haben, sitzen wir ganz elend und verlassen in einer Falle. Ich bin für die Prärie oder den Busch, da haben wir mehr Platz. Und überhaupt, hier wird nichts mehr geredet. Ich sage, es wird losmarschiert, und dann marschiert ein jeder, der Beine hat. Aufgepackt!« rief er mit schallender Stimme über die Plaza hin.

Eine Stunde, nachdem die Muchachos Achlumal verlassen hatten, begann es sich im Ort langsam wieder zu regen. Die Bevölkerung kam aus den Schlupfwinkeln in den Patios und Hintergärten ihrer Häuser hervorgekrochen. Eine gute Anzahl hatten sich unter und hinter den zahlreichen Altären in der Kathedrale versteckt. Aus irgendeinem Grunde war keiner der Muchachos in die Kathedrale gegangen, um zu sehen, wie sie von innen aussehe. Es war nicht Scheu oder Aberglaube, es war lediglich, daß keiner von ihnen glaubte, in der Kathedrale etwas zu finden, was ihnen für ihren Weitermarsch nützlich sein könnte. Was ihnen am wichtigsten war, das waren Waffen, und daß der Cura Waffen verborgen haben könnte, das glaubten sie nicht. Alle Waffen, die im Ort zu erhoffen waren, hatten sie erobert. Um auch noch die letzten verrosteten Flinten und Pistolen herauszuholen, nur darum haschten sie überhaupt nach den Bürgern. Sobald sie einem nahe kamen und der Verfolgte einen Revolver besaß, beeilte er sich, ihn hinzuwerfen.

Jeder Bürger fühlte, daß der Nichtbesitz einer Waffe ihm die Haut schützte.

Obgleich die Bürger es reichlich genug verdient haben würden, daß die Muchachos alte Rechnungen mit ihnen beglichen, so war, wie die Bewohner in einer Zählung feststellten, der Verlust nicht größer, als er gewöhnlich zu sein pflegte, wenn die schwarzen Pocken in den Ort kamen. Freilich, alle Soldaten und die Beamten im Stadthause in ihrer Mehrzahl waren für die Ehre des Caudillo gefallen, wie später in den Zeitungen zu lesen war.

Die ehrsamen Bürgerweibchen gingen in ihre Häuser; und mit den

verbliebenen Töpfen und Resten von Reis, Mais und Trockenfleisch begannen sie das Essen für die Nacht herzurichten. Während sich die Frauen damit beschäftigten, standen ihre Männer auf der Plaza herum und erzählten sich gegenseitig, wie tapfer jeder einzelne sich gegenüber den Rebellen verhalten habe und wie er es ihnen gezeigt habe, um wieviel mehr wert ein Ladino sei als ein dreckiger Indianer. Die Klügeren unter den Bürgern jedoch vergeudeten keine Zeit mit solchen Prahlereien, die nichts einbrachten. Sie beeilten sich, die verwahrlosten Ämter der Stadt rasch unter sich zu verteilen, ehe die übrigen Leute wieder Zeit gewannen, sich von ihren Abenteuern zu erholen und bei der Neubesetzung der Ämter mitzureden oder gar von Neuwahlen zu faseln. Endlich sagte einer der Männer, die auf der Plaza in Gruppen herumstanden und Heldengesänge dichteten: »Caramba, Vecinos, wir müssen ja wohl nun auch an eine neue Behörde denken; ich glaube, Compañeros, ich habe immer bewiesen, daß ich ehrenhaften Charakters bin und daß ich durchaus nicht abgeneigt bin, in dieser schweren Zeit des Vaterlandes die Mühen des Postens als Bürgermeister von Achlumal auf meine Schultern zu laden.«
»Das wollen wir jetzt gleich besprechen, Don Aurelio«, erwiderte Don Jesus Maria, »ich bin überzeugt, daß Sie wohl kaum im Ernst bestreiten können, daß ich die ehrliche Gesinnung, das richtige Gefühl für Gerechtigkeit besitze, um den Posten als Zivilrichter auszufüllen.«
»Freilich, freilich, Don Chucho«, sagte darauf eilfertig Don Aurelio, sofort begreifend, daß er auf alle Fälle in Don Jesus Maria bereits einen einflußreichen Bürger gefunden habe, der auf seiner Seite war.
»Caballeros!« sagte Don Pablo, mit einem halben Dutzend von Bürgern auf die redenden Gruppen zukommend: »Darf ich Ihnen unsere neue Stadtbehörde und unsere neue Federal-Verwaltung vorstellen? Ich habe, dem dringenden Zureden der hochehrenhaften Bürger hier endlich folgend, das schwierige Amt des Presidente Municipal übernommen. Wir sind überzeugt, Caballeros, daß Sie unter den obwaltenden Umständen keine Einwendungen machen werden; denn wir rechnen mit Ihrem Patriotismus und mit Ihrer wohlwollenden Unterstützung als gute Bürger.«

»Gewiß, gewiß, Don Pablo«, sagte Don Aurelio sauer, »wir, mein Freund, Don Jesus Maria und ich, wir haben nichts einzuwenden. Ich dachte, daß ich vielleicht –«
»Wir haben auch an Sie gedacht, Don Aurelio«, unterbrach ihn Don Pablo eiligst, »sowie auch an Don Jesus Maria. Aber wir sahen ein, daß Sie mit Ihren Tabakeinkäufen und Don Jesus mit seinen Schweineaufkäufen zur Zeit sehr beschäftigt sind und wir nicht erwarten dürfen, daß Sie Ihre guten Geschäfte aufgeben sollen, um der Bürgerschaft und dem Lande zu dienen.«
›Was für eine Gemeinheit der Mann zeigt, mein jämmerlich armseliges Geschäft mit der fetten Pfründe des Bürgermeisters zu vergleichen‹, dachte Don Aurelio verärgert. Laut jedoch sagte er: »Ich bin überzeugt, Don Pablo, daß unsere Stadt keinen besseren Presidente finden könnte als Sie.«
»Muchas gracias, Don Aurelio, vielen, vielen Dank für Ihre gute Meinung«, erwiderte Don Pablo. Er ging auf Don Aurelio zu und umarmte ihn. »Ich wünschte, ich hätte mehr so aufrichtige Freunde wie Sie, Don Aurelio. Kommen Sie doch heute abend mit Don Chucho ein wenig rüber in mein Haus. Ich habe da noch ein paar Flaschen guten alten Comitecos im Hintergrunde, die von den verlausten Dreckschweinen nicht gefunden wurden.«
»Glauben Sie denn nicht, daß diese Räuber und Banditen noch einmal hierher zurückkommen?« fragte Don Emilio den neuen Bürgermeister.
»Seien Sie unbesorgt, Ciudadano, hierher kommen keine Rebellen mehr, nicht solange ich hier Presidente Municipal bin. Das kann ich versichern. Ich habe bereits zwei Muchachos nach Balun Canan und zwei nach Jovel geschickt, zu den militärischen Jefes, und den Weg beschrieben, den diese räudigen Hunde marschieren. Da wird in den nächsten Tagen ein gründliches Aufräumen sein. Im Keime muß diese verruchte Meuterei erstickt werden. Wir sind nur immer zu gnädig mit allen Burschen hier umgegangen. Ich bin von jeher dafür gewesen, daß freche Peones und schreiende Campesinos nicht ins Gefängnis gesteckt, sondern sofort aufgehenkt werden, sobald sie auch nur ihr stinkiges Maul aufmachen und davon reden, daß sie keine Gerechtigkeit hier hätten.«

Neuntes Kapitel

I

Auf einer Prärie, zwischen Achlumal und Balun Canan, lag das Heer der Rebellen in Ruhe. Viele Gründe bewogen den General, den Marsch auf Balun Canan zu verzögern.

Balun Canan war nicht ein kleiner Marktflecken wie Achlumal, auch keine kleine Stadt wie Hucutsin. Der Ort mit seinen mehr als zehntausend Einwohnern gehörte zu den bedeutendsten und wichtigsten im Staate, der nur sechs Städte mit mehr als fünftausend Einwohnern zählte.

Starke Truppen lagen hier in Garnison.

Die Stadt einfach anzugreifen, wie die Muchachos es mit Achlumal getan hatten, wäre undurchführbar gewesen; oder wenn es versucht worden wäre, so hätte es mit der völligen Vernichtung des Rebellenheeres geendet. Darüber hatte keiner der Muchachos einen Zweifel.

General überdachte sorgfältig Pläne, wie er jene Truppen besiegen und vernichten könne, ohne gezwungen zu sein, auf die Stadt loszugehen, solange sie von den Truppen besetzt war. Wenn er auf die Hauptstadt des Staates losziehen wollte, durfte er sich diese Truppen von Balun Canan nicht im Rücken lassen, um so weniger, als die Truppen, die er in der Regierungsstadt antreffen würde, bei weitem zahlreicher und besser bewaffnet waren als die, die in Balun Canan lagen.

2

»Kann ich dir nicht etwas helfen?« fragte Modesta, auf Celso zukommend. Celso hatte sein Maschinengewehr vor, putzte es, ölte es und untersuchte es mit unendlicher Geduld nach locker gewordenen Schrauben und nach Sand.

»Natürlich kannst du mir hier helfen, Muchacha«, erwiderte Celso. »Geh mal da rüber zu jenem Feuer und brate Schweinefett aus, damit ich hier gut schmieren und ölen kann. Verflucht, als wir in Achlumal waren, hätte ich mir in einer Tienda eine Kanne Olivenöl mitnehmen sollen. Weißt du, Modesta, Olivenöl, spani-

sches Olivenöl ist das Beste, womit man ein Maschinengewehr ölen muß, solange man nicht das richtige Öl für Maschinen zur Hand hat.«
Modesta brachte einen dicken Bausch Lappen, den sie auf den Boden legte. »Das ist das Beste zum Blankputzen einer so wunderschönen Kanone«, sagte sie lachend.
»Wo hast du denn diese Fetzen her, Modesta? Das sieht ja aus wie Seide.«
»Das ist auch Seide, Celso. Das ist mein Seidenkleid, das du mir in der Tienda der Monteria gabst. Aber was brauche ich ein Seidenkleid, wenn wir im Kriege sind. Es ist jetzt viel besser, diese weiche Seide zum Putzen der Ametralladora zu gebrauchen.« Während sie das sagte, hatte sie bereits begonnen, an den Messingteilchen zu polieren, die so funkelten, daß man sich darin spiegeln konnte.
»Erst hole mir das Schweinefett, dann kannst du hier weiterputzen«, sagte Celso.
»Das kann ich ja holen«, sagte der kleine Pedrito, der mit Modesta gekommen war.
»Richtig, Chamaquito«, grinste Celso gutgelaunt, »das kannst du ebensogut holen wie Modesta. Und dann werde ich dir auch zeigen, wie man ein Maschinengewehr richtig und nach Vorschrift ölt. Denn wenn wir erst einmal wieder im Gefecht sind, dann ist keine Zeit, zu ölen oder zu putzen, und wenn der Zug steckenbleibt, gerade im unrichtigen Augenblick, dann kommen die Uniformierten auf uns los, und Adios, mein schönes Maschinengewehr. Wenn du einmal ein tüchtiger Maschinengewehrsoldat werden willst, dann merke dir eins: Das Wichtigste ist, immer einen Tag vorher fertig zu sein als der Gegner und immer zwei Stunden vorher auf dem Schlachtfelde zu sein, ehe die Soldknechte anrücken.«
»Das werde ich mir merken, mi comandante!« erwiderte Pedrito und salutierte. Dann rannte er fort, ein Gefäß zu suchen, um in ihm das heiße Schweinefett herbeizubringen.
Modesta zerrieb, ein wenig nachdenklich, in ihren Händen die seidenen Fetzen, um sie noch weicher zu machen, als sie ohnehin schon waren. Aufmerksam beobachtete sie jede Handbewegung des Celso, der Schrauben nachzog, mit einem Hölzchen Sand und

Staub aus den Läufen, Gängen und Ritzen kratzte, an den Kurbeln drehte, das Visier bald so, bald so einstellte und hindurchlinste, den Lauf nach rechts und nach links herumwarf und dann wieder durch den Lauf blickte, um sich an seinen polierten Windungen zu erfreuen.

Als Modesta ihm eine Weile so zugesehen hatte, seufzte sie tief auf und sagte dann leise und verschüchtert: »Celso, weißt du, was ich lieber als sonst irgend etwas in der Welt möchte?«

»Was denn, Muchacha?« fragte er, ohne aufzublicken von dem gerichteten Visier.

»Ich möchte, daß du mich lehrtest, wie so eine Kanone wie die hier arbeitet und wie man mit ihr losspritzt auf die uniformierten Knechte und Ohrenabschneider.«

Celso stand auf und sah sie an. »Ich glaube wirklich, Modesta, daß du ein sehr tüchtiger und brauchbarer Soldat an meinem Maschinengewehr werden kannst, wenn du gut aufmerkst, was ich dich lehre. Weißt du, Mädchen, ich habe alle die Nächte nicht gerade gut schlafen können. Immer muß ich denken, was eigentlich geschieht, wenn ich einen Knaller wegkriegen sollte. Wer übernimmt dann mein Maschinengewehr, möchte ich wissen? Jeder andere Mann hat selbst seinen Posten und seine Arbeit. Der Ambrosio und der Eulodio, meine beiden Hilfssoldaten, die sind keinen alten zerrissenen Salzsack wert, das muß ich dir schon bekennen. Die rennen nicht weg. Die rennen nie weg, wer auch auf sie zukommen sollte. Aber wenn die Kanone hier nicht losgeht, weil etwas an der Maschine nicht stimmt, dann wissen sie nicht, was tun, und nehmen ihren Machete, das einzige Ding, womit sie teuflisch zuzuschlagen verstehen, und dieses schöne Gewehr ist außer Dienst, wenn wir es vielleicht nötiger brauchen als die reine Luft, die wir atmen. Hundertmal habe ich es ihnen gezeigt. Aber diese Burros lernen es nicht. Nicht einmal zielen können sie. Sie halten drauflos und denken, die Bohnen fliegen von selbst da hin, wo sie gern möchten, daß sie hinsausen, auf die Rurales los. General geht es gerade so wie mir. Wir machen uns alle dicke Sorgen, weil keiner weiß, wie er mit den Spritzen umzugehen hat, die er sich erobert. Aber du kannst das lernen, Modesta, das weiß ich recht gut. Du bist klug. Dir kann ich das Gewehr überlassen, wenn

wir es im Gefecht nötig brauchen sollten und ich sollte einen bösen Hieb reingefegt kriegen in meine Gedärme. Und warum nicht? Du kannst ebensogut Soldat sein wie ich auch. Ich lehre dich alles, was ich weiß. Und ich bin sicher, du wirst einer der besten Maschinengewehrsoldaten hier bei den Rebellen werden.«
Modesta sah ihn an und sagte leise: »Du bist ein so guter Junge, Celso. Und ich denke, ich muß dich umarmen, weil du ein so guter Muchacho bist, mit einem guten Herzen, wirklich, Celso, das bist du. Das wollte ich dir schon lange sagen. Und jetzt kann ich es, weil ich mit dir hier an deinem schönen Gewehr arbeiten darf.« Modesta hatte kaum begonnen, das Maschinengewehr erneut und kräftiger zu polieren, als Coronel herangestolpert kam. »Das sind mir aber auch einmal ein paar Maschinengewehrschützen im Felde und vor dem Feinde! Gottverflucht noch mal, was habe ich mir da großgezogen.« Beide, Celso und Modesta, sahen erschrocken auf.
»Braucht nicht zu erschrecken, ihr Hasen.« Coronel lachte. »Bis jetzt nichts Schlimmes geschehen. Ein guter Soldat soll sein Gewehr immer gut in Ordnung halten und so blank geputzt, daß er keinen Spiegel braucht. In der Garnison. Und im Frieden heißt das. Aber wir sind im Kriege. Schmiert allen Dreck auf das polierte Messing und laßt den Dreck verkrusten, das sage ich euch. Dann bindet Zweige mit vielen Blättern rund um das Gewehr, sobald ihr die Uniformierten nahe wißt. Freilich laßt den Dreck nicht in den Lauf und nicht in die Gänge und an den Zug kommen, damit die Maschinerie nicht klemmt. Wenn das so funkelt, wie es jetzt funkelt, verflucht noch mal, dann kann man es ja gleich auf hundert Meilen weit sehen und braucht noch nicht einmal ein Fernrohr. Farbe solltet ihr draufschmieren oder Fett, und dann Asche draufgestreut. Das ist das Richtige im Kriege. Wenn die gottverfluchten Hunde anmarschieren, muß das spritzen wie aus Bullenklöten, aber sie dürfen nicht sehen, wo das Gespritze herkommt. Verstehst du nun die Canela, Celso?«
»Du hast recht, Coronel. Daran habe ich nicht gedacht.«
»Das konntest du auch nicht. Niemand hat es dir vorher gesagt. Aber von jetzt an weißt du es. Es ist ein Gebot der Klugheit.«
»Nun tut es dir leid um dein schönes Seidenkleid?« fragte Celso, als Coronel wieder fortgestolpert war.

»Nicht um einen Centavito«, antwortete Modesta. »Es war mir auf alle Fälle immer im Wege. Ich schämte mich, daß ich es hatte. Es sah ganz so aus wie die Kleider der reichen Ladino-Frauen. Wozu brauche ich ein Seidenkleid, wenn wir doch Rebellen sind.«
»Wo bleibst du denn mit dem heißen Schweinefett?« rief Celso laut, als er Pedrito, ein Krügchen vorsichtig in den Händen haltend, angestürmt kommen sah.
»Hier ist es, Celso, das Schweinchen mußte erst geschlachtet werden«, brüllte Pedrito, so kräftig er konnte. Aber die Antwort war schuld, daß er nicht auf den steinigen Boden achten konnte. Er fiel der Länge nach hin, das Krügchen zerbrach, und das Fett lag breit auf dem Erdboden.
»Und da liegt der Pedro mit der Brühe im Dreck«, rief Celso lachend und ging auf den Jungen zu. »Springe nur gleich wieder rüber zu einem der Feuer und hole neues Fett.«
»Es ist keines mehr da«, sagte der Junge und fing an zu heulen.
»Warum denn keines?« fragte Celso. »Ein Schweinchen hat doch mehr Fett als nur gerade das kleine Krügchen voll.«
»Ja«, heulte der Junge, »aber als ich sagte, wofür du das Fett brauchen wolltest, da kamen alle Muchachos mit ihren Gewehren und Revolvern und wollten einfetten und einölen, und da war im Augenblick alles weg.« Celso bückte sich nieder bei den Scherben und begann, mit Hilfe der Modesta, vorsichtig das obere Fett, das noch nicht mit dem Sande in Berührung gekommen war, abzuschaben und in eine der Scherben zu füllen.

3

Es war Nacht geworden. General kam zu einem der Außenfeuer, die als Wachzentrale galten für die weiter hinausgeschickten Posten. An dem Feuer lagen zwei Muchachos, grölend und singend.
»Steh auf!« kommandierte General.
»Du hast uns nichts zu befehlen, verstehst du?« sagte der eine, während der andere sich schwerfällig bemühte, aufzustehen.
»Was stehst du denn da auf, bleib liegen«, riet ihm der erste. Einige der Muchachos, die General begleiteten, sprangen hinzu und hoben mit kräftigen, unsanften Griffen die beiden betrunkenen Muchachos in die Höhe und stellten sie auf die Füße.

»Wie heißt du?« fragte General den ersten.
»Einen Schitt geht dich das an«, war die Antwort.
»Ein guter Name für dich«, sagte darauf General. »Genauso siehst du aus, wie ein Haufen Schitt.«
»Und du?« fragte General den zweiten.
»Davila, Angelo Davila.«
»Wo habt ihr denn den Aguardiente her, den ihr gesoffen habt?«
»Da hinten von dem kleinen Ranchito. Ist auch ein armer Peon, geradeso wie wir«, sagte Angelo Davila.
»Ich habe euch beide, und noch vier mehr, hier als Wachen beordert, weil ihr Karabiner hattet.«
»Das waren unsere Waffen«, sagte der erste schreiend, »die haben wir uns erobert, und damit können wir machen, was wir wollen.«
»Wo habt ihr sie denn, die Karabiner meine ich?« fragte General ruhig.
»General«, sagte nun Angelo vertraulich, »General, du mußt nicht denken, daß der Peon im Ranchito uns Aguardiente schenken kann. Er ist ebenso arm, wie wir sind.«
»Nicht ganz so arm, wie ihr beide seid«, berichtigte ihn General. Dann wandte er sich an die Muchachos, die jene beiden aufrecht hielten: »Laßt sie los, es ist Aas.«
Die Muchachos traten zurück, und die beiden Burschen taumelten hin und her, ohne jedoch zu Boden zu fallen. General schoß zweimal. »Schmeißt sie ins Feuer«, sagte er zu den Muchachos. »Stoßt sie mit den Füßen rein und schüttet das Feuer zu.«
Dann gab er vier Muchachos den Befehl, zu jenem Ranchito zu gehen, dem Peon einen Peso zu geben, den er aus seiner Tasche hergab, und die Karabiner wiederzubringen.
Darauf ging er zu den weiter draußen liegenden Plätzen, wo die Außenposten zu wachen hatten. Er ging allein. Die Muchachos, die hier beim Feuer zurückgeblieben waren, um zu vollführen, was General ihnen befohlen hatte, hörten vier Schüsse.
»Die da draußen«, sagte General, als er zurückkam, »lassen wir den Coyotes und den Geiern. Und außerdem«, fügte er hinzu und sah die Muchachos an, »wer glaubt, daß wir hier herumziehen und herummarschieren zu unserm Vergnügen, der ist im Irrtum. Das sollte doch endlich ein jeder begreifen. Entweder wir machen

Rebellion oder wir gehen spazieren. Aber wenn wir uns überzeugt haben, daß wir eine Rebellion machen, dann ist es eben eine Rebellion und kein Ferienausflug. Richtig oder nicht richtig?«
»Richtig, General«, erwiderte Profesor, »richtig gedacht, richtig gehandelt. Wer das nicht versteht und nicht begreift, hat hier bei uns nichts verloren und darum auch hier nichts zu suchen. Wir brauchen ihn nicht und sind besser dran ohne seine Mithilfe. Das Viva-Schreien gewinnt uns keine Revolution. Auf das Viva-Brüllen können wir recht gut verzichten, nicht aber auf Rebellen, die wissen, warum sie Rebellen sind.«
General bestimmte Muchachos zur Neubesetzung der Außenwachen.

4

Am Spätnachmittag des folgenden Tages kamen vier Peones in das Lager. Ein Posten brachte sie vor Profesor, damit er hören möge, was sie wollten.
»Was bringt euch hierher?« fragte er. Und er fragte in einer Weise und mit einer Miene, als ob solche Besuche alle Tage zehnmal vorkämen.
In Wahrheit kamen nie Peones oder andere Indianer ins Lager, ausgenommen, wenn sie rein zufällig auf ihrem Wege auf das Lager stießen. Selbst in solchen Fällen beeilte sich ein jeder dieser Leute, das Lager rasch zu verlassen, sobald er nur den ersten Posten erblickte. Der Indianer war in vierhundert Jahren der Rechtlosigkeit so mißtrauisch geworden, daß er mit seinen Lippen ja zu allem sagte, aber mit seinem Verstand niemand Glauben und niemand irgendwelches Vertrauen schenkte, am allerwenigsten denen, die zu ihm kamen mit der Behauptung, daß sie seine Freunde seien oder werden möchten.
Es war also zu verstehen, warum Profesor sich die vier Peones aufmerksam betrachtete, freilich ohne es sie merken zu lassen.
Einer der Peones antwortete: »Da wird so viel geredet in den Fincas über euch Leute von den Monterias, daß ihr alle befreien wollt und jedem Erde und Land, Freiheit und Unabhängigkeit geben wollt, wenn ihr gewinnt. Wenn das so richtig ist, dann sind wir hierhergekommen, mit eurem Jefe zu reden, daß er auch auf

unsere Finca kommen soll und auch uns befreien; denn wir werden sehr geknechtet.«
Die Art, wie der Mann sprach, verstärkte den Verdacht Profesors, daß hier etwas nicht richtig sei. Er bemerkte, daß der Sprecher sich bemühte, Fehler in seinem Spanisch zu machen, wie es die Peones unbewußt und ungewollt tun, weil sie mehr an ihre eigene indianische Sprache gewöhnt sind als an Spanisch. Insbesondere fiel Profesor die Wendung ›denn wir werden sehr geknechtet‹ als merkwürdig und fremd auf. Die Peones, wie die Indianer alle, drücken ihre böse ökonomische und traurige soziale Lage nicht mit solchen Worten aus. Sie werden von Jugend an daran gewöhnt, zu arbeiten, solange auch nur ein Fünkchen Kraft in ihnen ist. Baren Lohn sehen sie nie, und sie reden nicht davon, daß sie geknechtet oder ausgebeutet seien, sondern höchstens, daß sie zu arm seien, um ihre Schulden beim Patron bezahlen zu können, um die Finca verlassen zu dürfen und sich irgendwo auf einem unbewohnten Fleckchen Erde niederzulassen und als unabhängige Siedler zu leben.
»Unser Jefe ist jetzt nicht hier anwesend, Muchachos«, erwiderte Profesor in gleichgültigem Tone. »Er exerziert mit den Leuten da hinten auf der Prärie, wo ihr es knallen hört. Maschinengewehre haben wir auch.«
Der Sprecher der besuchenden Peones machte ein erstauntes Gesicht. Aber als er sich dessen bewußt wurde dadurch, daß ihn Profesor fest anblickte, ließ er sein Gesicht sofort wieder in das einfältige untergebene und demütige Aussehen zurückfallen, das er bis jetzt aufgesetzt hatte. Dieser Wechsel im Ausdruck des Gesichts gab Profesor nur um so mehr die Gewißheit, daß mit diesen Besuchern etwas nicht ganz in Ordnung sei. Jedoch er konnte sich nicht denken, was die Männer hier wollten.
Jetzt kam Coronel näher, der ebenfalls exerziert hatte und neue Gruppen zusammenrufen wollte. Er sah sich die vier Mann an, drehte sich eine Zigarette, sagte aber nichts.
»Von welcher Finca seid ihr?« fragte Profesor.
»Von Las Margaritas.«
»Wer ist denn euer Patron?«
»Unser Patron?«

»Ja, euer Patron.«
»Unser Patron ist, ja das ist, unser Patron ist Don Fernando, ja das ist unser Patron.«
»Wie ist denn sein Zuname?«
»Sosa, Don Fernando Sosa.«
»Dann seid ihr also hierhergekommen, um uns zu eurer Finca zu führen und um dort die Finca unter euch Peones aufzuteilen?«
»Das ist es, Jefecito. Darum sind wir hierhergekommen. Und das wollten wir mit eurem Jefe besprechen.«
»Setzt euch nur gleich hierher an das Feuer«, sagte nun Profesor mit einem Grinsen, das zur Hälfte ähnlich dem einer Hausfrau war, die unerwartet Besuch bekommt, der zum Abendessen bleiben will, und die nur Aufgewärmtes von einem Mittagessen am Waschtage im Hause weiß, und zur Hälfte war es wie das Grinsen Satans, der am Tor steht, wenn die neue Fuhre anlangt und er ein halbes Dutzend Methodistenprediger und ein Dutzend vertrocknete Kirchenschwestern darunter bemerkt. »Ja, setzt euch hier an das Feuerchen. Ihr seid natürlich hungrig von dem langen Weg, die Muchachos werden euch Frijoles geben, Tortillas und Kaffee. So gut und so schlecht, wie wir es haben.«

5

Profesor schlenderte hinüber zu einer Gruppe von Burschen, die Andres lesen und schreiben lehrte.
»Andresillo«, sagte er unauffällig, »komm einmal rüber zum Stabsfeuer, ich glaube, wir haben Chinches, Wanzen, ins Lager bekommen.«
»Wie meinst du denn das, Profesor, Chinches?«
»Weißt du, wo die Finca Las Margaritas ist?«
»Ungefähr. Als ich noch bei den Carretas war, hatten wir häufig Ladung für Don Susano in Las Margaritas.«
»So, also Don Susano ist der Finquero von Las Margaritas. Ich dachte, er hieße Don Fernando Sosa.«
»Warum soll er denn Don Fernando heißen, wenn er Don Susano heißt?«
»Das habe ich mir gedacht. Kennst du die Finca Las Margaritas?«
»Ich war nie dort. Wir haben die Ladungen für Las Margaritas

immer nur bis Balun Canan gebracht, weil der Weg nach Las Margaritas eng und elend ist und keine Carretas da fahren können. Die Finca schickte ihre Arrieros nach Balun Canan, um dort die Fracht abzuholen und dann auf Mules bis zur Finca zu befördern. Es mögen so etwa sechs bis acht Leguas von Balun Canan aus sein.«

»Welche Sprache reden denn wohl die Peones in Las Margaritas?«

»Die reden Tojolabal und Spanisch. Freilich unter sich, und in ihren Chozas, da reden sie nur Tojulabal.«

»Du bist überzeugt, daß alle Peones, die auf Las Margaritas leben, auch wenn sie Spanisch verstehen und reden können, dennoch auch Tojolabal verstehen?«

»Alle, ohne Ausnahme. Sogar Don Susano kann einen guten Teil Tojolabal sprechen, und der Mayordomo und die Capataces sprechen es so gut wie die Peones. Sind ja alle aus der Gegend, da geboren und da aufgewachsen. Der Mayordomo ist ein natürlicher Sohn von Don Susano, den er mit einem Tojolabalmädchen hatte. Sie hat noch mehr Kinder von ihm, von Don Susano meine ich. Und obwohl er nun schon mehr als zwanzig Jahre mit Doña Paulina von Balun Canan zivil und kirchlich verheiratet ist und mit der auch so seine neun oder zehn Kinder hat, da ist er doch jeden zweiten Tag, am Nachmittag, bei seiner guten alten Soledad, der er einen schönen Jacal hat bauen lassen, und hat ihr Land gegeben, und zwei Dutzend kleine Schweine gibt er ihr jeden Los Reyes als Geschenk. Geld gibt er ihr auch.«

»Du, das alles will ich nicht wissen.«

»Nur daß du verstehen sollst, daß da auch nicht einer rumläuft in Las Margaritas, der nicht Tojolabal versteht.«

»Das ist, was ich wissen will. Da sind vier Vögelchen angekommen. Ich weiß nur noch nicht ganz, wer sie schickt, ob der Gouverneur oder die Finqueros, oder die Rurales oder die Federales. Komm mal mit rüber und sieh sie dir an und rede Tojolabal mit ihnen.«

»Viel Tojolabal weiß ich nicht, ich bin Tseltal; aber ich kann genug, um herauszukriegen, ob sie Peones von Las Margaritas sind.«

Profesor und Andres gingen gemächlich zum Feuer, wo die vier

Leute saßen und sich mit Essen beschäftigten, während ein Dutzend Muchachos herumhockten, teils mit ihnen plauderten, teils rauchten und unter sich redeten.
Im Heer waren mehr als dreißig oder vierzig Tojolabalindianer, vielleicht sogar Muchachos, die von dem Patron der Finca Las Margaritas in die Monteria verkauft worden oder von jener Finca geflüchtet waren. Aber sie jetzt zu suchen, hatte Schwierigkeiten, und außerdem hätten sie vielleicht nicht gut verstanden, was Profesor von ihnen wollte. Andres war auf alle Fälle der Geeignetste, die vier Besucher auszuhorchen.
Er kam wie zufällig zum Feuer und rollte sich eine Zigarre. Dann bückte er sich nieder beim Feuer und zog einen glimmenden Ast hervor. Ohne einen der vier Leute anzusehen, sagte er laut in Tojolabal: »Ihr seid ausgerückt von eurer Finca, nicht wahr?«
Die vier Leute aßen ruhig weiter und warfen hier und da ein Wort hin zu den Muchachos, die mit ihnen spanisch sprachen.
Nun wandte sich Andres, während er sich erhob und einen Zug aus seiner Zigarre tat, unmittelbar an einen der vier, der ihm am nächsten war. Wieder sprach er in Tojolabal: »Habt ihr immer noch auf der Finca den alten Arriero, der sich in Balun Canan immer besoff, wenn er Fracht abholte?«
Der Sprecher der Gruppe begriff nun, daß er gemeint sei und zu antworten hatte. Er wurde verlegen und kniff das Gesicht zusammen, als müsse er nachdenken. Dann sah er scheu von unten herauf und suchte Profesor, ob der zuhörte. Profesor stand abseits und redete mit einem Muchacho, verlor jedoch kein Wort und keine Geste des Sprechers.
Endlich redete der Sprecher der vier Besucher. Er sagte mit einem schiefgezogenen Lachen: »Wir haben einen sehr langen Weg gehabt, amigos, das ist richtig.« Er sagte es in Spanisch und versuchte, die Laute tief in der Kehle zu bilden, wie es die Indianer, an ihre eigene Sprache gewöhnt, meist tun.
»Ja, das konnte ich mir denken«, sagte darauf Andres, diesmal in gutem Spanisch, »das konnte ich mir recht gut denken, darum habe ich ja auch gefragt. Es ist ein sehr weiter Weg.«
Andres bückte sich abermals und zündete seine Zigarre erneut an. Sie brannte gut, aber er wollte sich von etwas, was er beim Spre-

cher bemerkt hatte, noch genauer überzeugen. Er zog heftig an seiner Zigarre und ging gemächlich auf Profesor zu.
»Sprechen die Tojolabal?« fragte Profesor.
»Sage mir einmal: Hast du jemals einen armen Peon in deinem ganzen Leben gesehen, der Zähne mit Gold geflickt im Munde hatte?«
»Hat der mit Gold geflickte Zähne? Das habe ich nicht bemerkt.«
»Aber ich. Und außerdem verstehen sie auch nicht ein einziges Wort Tojolabal.«
Profesor bestimmte drei Muchachos, die vier Besucher zu bewachen, aber so zu bewachen, daß sie es nicht merkten, und sollten sie aufstehen, so könnten sie es tun, aber die Wächter dürften sie auf keinen Fall aus den Augen lassen und hätten unbedingt zu verhindern, daß die vier etwa das Lager verließen.

6

Nun war es Nacht. Alle Feuer im Lager loderten.
General langte beim Stabsfeuer an, schleppend und müde. Den ganzen langen Tag hindurch hatte er mit den Muchachos, von Coronel, Matias, Celso, Fidel und anderen intelligenteren Muchachos unterstützt, Zielübungen und Schießdrill abgehalten, war mit den Muchachos wie ein Rekrut herumgelaufen; Nieder-Auf, Nieder-Auf hatte er mit ihnen geübt, so lange, bis er sich kaum noch selbst erheben konnte. Dann hatte er sie gelehrt, in losen Schützenlinien vorzugehen, gute Deckungen zu suchen beim Hinwerfen; sie belehrt, keinen Sand in die Läufe oder Kammern der Karabiner kommen zu lassen, wenn sie auf dem Boden lagen oder krochen; hatte sie unterrichtet, im Knien und im Liegen zu schießen, und ihnen beigebracht, flache Gruben in weichem Boden rasch auszuwerfen und sich darin niederzulegen, um nur geringe Zielpunkte zu geben. Alles, was er sich nur erinnern konnte, je selbst gelernt und als Sergeant gelehrt zu haben, lehrte er nun die Muchachos. Das Material, das er zur Verfügung hatte, war zwanzigmal spröder als das, was er in Gestalt neuer Rekruten bei seinem Bataillon zu erhalten pflegte. Würden die Muchachos nicht guten Willen gehabt haben und eine überschäumende Begeisterung für die nächste Schlacht, so hätte er wohl verzweifeln

können angesichts der geringen Ergebnisse, die sein Exerzieren erzeugte.
So war es nicht zu verwundern, daß er hier zum Feuer kam wie ein zusammenknickender Lappen.
»Und das ist ihr Jefe, ihr General«, sagte einer der vier Besucher leise zu seinem Nachbar, als sie aus dem Grüßen und Anreden der Muchachos wahrnahmen, daß dieser müde, schlappe, torkelnde, verdreckte, ungekämmte braune Bursche, der zum Feuer gekommen war, der Hauptmann der Rebellen war.
»Dem wird eins in die Fresse gehauen, und dann fällt er lang in den Dreck«, sagte der nächste Nachbar flüsternd. »Das verlauste und verpißte Pack treiben wir mit Knüppeln zusammen. Weiß nicht, was der Alte da so viel Wesen macht und drei Bataillone schicken will. Mit einer Kompanie prügele ich sie zusammen, die Schweine.«
»Verflucht noch mal«, sagte leise der nächste, kaum seine Lippen öffnend und die Worte zwischen den Zähnen hindurchpressend, »verflucht noch mal, haltet eure Weiberklappen doch endlich, seht schon, wie der da hier rübersieht und uns beobachtet.« Es war Profesor, der die vier immer wieder anblicken mußte, um sich auszudenken, wer sie wohl sein mochten und was für einen Zweck sie verfolgten.
Coronel sagte, sich an die Muchachos wendend, die zum Stab gehörten: »Laßt uns da rüber zu dem Feuer gehen, an dem Celsos Muchacha sitzt und kocht. Die haben ein Schwein am Kragen. Hier bei uns sieht es mager aus.«
»Wo habt ihr denn das Schwein her?« fragte Profesor Celso, der neben ihm hinschlenderte.
»Ich weiß nicht, wer was von einem Schwein gesagt hat. Ist kein Schwein. Ist Antilope. Ich war mit Modesta im Busch und ließ sie so ungefähr zehn Schuß runtermühlen vom Maschinengewehr, damit sie Zielschießen lernt. Und da kam die Antilope gerade so mit in den Weg gelaufen, und Modesta knipste los, und da war sie nieder beim zweiten Schuß. Beide Schüsse getroffen.«
»Dann werde ich sie morgen zum Cabo befördern«, sagte General mit einem müden Lachen in der Stimme. »Und du, Coronel, kannst etwas lernen von der Muchacha. Du pfefferst zwanzig Gra-

naten auf den Baum los, wie ich heute nachmittag gesehen habe, und bohrst eine einzige in den dicken Stamm.«
»Du mußt die Entfernung mit in Betracht ziehen«, erwiderte Coronel. »Die Antilope konntest du mit der Hand am Schwanz pakken, so dicht war sie.«
»Da wirst du dich wundern, Coronel«, lachte Celso. »Mit der Hand greifen? Da möchte ich doch gleich so rausbrüllen. Mit der Hand greifen. Und auch noch am Schwanz. Zweihundert Schritt war sie wenigstens.«
»Bist du die zweihundert Schritt abgegangen?« fragte Coronel.
»Brauche ich nicht abgehen. Ich werde doch wohl wissen, wie weit zweihundert Schritte sind.«

7

Als sie nun bei dem Feuer der Modesta hockten und geröstete Antilope aßen, mit keiner anderen Zugabe als einer Tortilla und frischen grünen Blättern, gepflückt am Rande des Busches, sagte nach einer Weile Profesor: »Wir hätten auch bei unserm Feuer essen können. Aber dann hätten wir die vier fortschicken müssen, wenn wir reden wollen. Ich wollte sie aber da sitzen lassen, damit sie nicht merken, daß wir wissen, was für eine Art von Peones sie sind.«
General sagte nichts darauf. Aber während er aß und sich anstrengte, dabei nicht einzuschlafen, kamen mehrfach Muchachos, die ihm leise Meldungen ins Ohr flüsterten und denen er Befehle gab, die er ebenso leise zu ihnen sagte.
Seine Offiziere kümmerten sich nicht darum, was er anordnete und in welcher Weise er seine Pläne vorbereitete. Zuweilen fragte er Coronel etwas, dann wieder Profesor, oder Andres, oder Matias, und die Antworten, die er erhielt, schien er in seine Befehle, mit denen er die Muchachos fortschickte, mit aufzunehmen.
Dann ließ er sich von Matias eine Zigarre drehen und zündete sie an. Nachdem er mehrere Züge getan hatte, ohne zu sprechen, schien seine Müdigkeit nachzulassen. Es erweckte den Eindruck, als habe er halb geschlafen und sich ausgeruht und erholt, während er aß. Er wie auch die Mehrzahl seiner Berater hier am Feuer hockten nicht auf dem Boden, wie es gewöhnlich der Fall war,

sondern sie saßen auf kurzgehackten Baumstämmen, die hier herumlagen und später für größere Feuer bestimmt waren, um dem Lager ein freundlicheres und lustigeres Aussehen zu geben und alle Muchachos vergnügt zu halten.
An dem Stabsfeuer loderte jetzt ein mächtiger Holzstoß auf, der gleichzeitig das Signal war, alle übrigen großen Feuer anzuzünden und mit Gesang, Musik, Tanz und allgemeiner Fröhlichkeit den Tag abzuschließen.
Wieder kam ein Muchacho und brachte ihm eine leise Meldung. General stand auf und winkte allen, ihm zu folgen.

8

Sie gingen hinüber zu dem Stabsfeuer, wo sie sich auf Stämmen niedersetzten.
»Da seid ihr vier Würmer ja immer noch«, sagte er zu den Besuchern, die sich an dem großen Feuer wohlig zu fühlen schienen, oder wenigstens einen solchen Eindruck zu erwecken versuchten.
»Ja, Jefecito, wir sind noch immer hier«, antwortete der Mann mit den goldgeflickten Zähnen. »Aber mit Ihrer Erlaubnis möchten wir uns nun aufmachen, wir haben einen sehr langen Weg.«
»Was habt ihr für den Weg bezahlt bekommen, Hombres?« fragte General trocken.
Alle vier wurden darauf ein wenig bleich. Der Sprecher aber faßte sich rasch und sagte: »Uns hat niemand bezahlt, Jefecito. Wir sind arme Peones und wollten nur wissen, wann ihr zu unserer Finca kommt, uns aus der Knechtschaft und der Servitud zu befreien.«
Als das Wort ›aus der Knechtschaft zu befreien‹ fiel, grinste Professor und sah General ins Gesicht, um zu erfahren, wie der diesen Ausdruck wohl aufnehme.
»Arme Peones von Las Margaritas seid ihr?« fragte General, vielleicht noch trockener als vorher.
»Ja, Jefecito, a sus muy amables ordenes!«
»Du«, sagte darauf General, seine Stimme völlig ändernd und alle Müdigkeit aus dem Gesicht verschwunden, »du bist Erster Leutnant Ruben Bailleres, dritte Compañia Bataillon siebenundsechzig, Garnison Yalanchen. Wer die drei anderen sind, weiß ich jetzt noch nicht, aber morgen abend weiß ich auch das.«

Die vier versuchten, ihre Lippen naß zu lecken, was ihnen nicht zu gelingen schien, denn sie arbeiteten mit den Kiefern, weil ihnen der Speichel plötzlich ausgebrannt war.
Profesor riß die Augen weit auf und stierte General hilflos an. Die übrigen Muchachos waren nicht weniger verwundert als die vier Besucher; nur hatten sie weniger Mühe, neuen Speichel im Mund zu erzeugen.
Es währte sicher drei oder vier Minuten, ehe der Leutnant sprach. Endlich sagte er in einer Weise, als wollten ihm die Laute in der Kehle ersticken: »Das ist ein Irrtum, Jefecito. Wir sind Peones von Las Margaritas, und das ist wirklich und wahrhaftig wahr.«
»Auch bei der Allerheiligsten Jungfrau?«
»Ja, Jefecito, por la Madre Santisima!«
»Ihr seid hier nicht eingeladen worden.«
»Das ist richtig, aber wir wollten die Wahrheit erfahren.«
»Welche Wahrheit?«
»Daß ihr uns, den Peones, Land und Freiheit gebt.«
»Den Peones ja. Den Oficiales der Federales und der Rurales und allen uniformierten Knechten und Urschleckern geben wir etwas anderes. Vielleicht wollt ihr nun auch noch unser Waffenlager sehen.«
»Nein, Jefecito, wir möchten jetzt heimgehen, zu unseren Jacalitos.«
»Wir alle, alle die Muchachos wollen schon seit Jahren heimkehren zu ihren Hütten und zu ihren Familien und können es nicht. So wirst wohl auch du noch eine Stunde warten können.«
General winkte fünf Muchachos nahe zu sich und sprach mit ihnen leise. Die Burschen, die am Feuer hockten, vernahmen nur den letzten Satz, den er den Muchachos nachrief: »Sucht euch einen kräftigen Sack, und dann kommt hier zurück.«
Die vier Burschen standen auf und schickten sich an zu gehen. In diesem Augenblick aber kamen die Muchachos herbeigeeilt und schwenkten einen leeren Sack.
»Folgt den Muchachos und seht euch erst unser Waffenlager an, ehe ihr wieder heimkehrt nach Las Margaritas«, sagte General zu den vier. Er unterstrich Las Margaritas mit einem ironischen Grinsen.

Als die vier Besucher etwa zehn Schritte gegangen waren und in der Dunkelheit zu verschwinden begannen, rief General: »Nein, du, Teniente, du bleibst noch einen Augenblick hier. Deine drei Compañeros werden mehr als genug zu sehen bekommen.«
Von nun an kümmerten sich weder er noch die übrigen Burschen am Feuer weiter um den Leutnant, der unausgesetzt und mit ruckartigen und zerrenden Gesten in die Nacht hinausblickte, nach der Richtung hin, wo die Muchachos mit den drei abgezogen waren. Es lagen einige große Felder in jener Richtung, aber er schien dennoch nicht zu sehen, was er sehen wollte.
Es waren wohl nur zehn Minuten vergangen, als die Muchachos zurückkehrten ohne die drei Besucher. Sie warfen einen Sack vor sich auf die Erde. Der Sack war zugebunden mit Baststreifen. Er war über und über schmutzig und feucht, als wäre er durch schlammige Erde geschleift worden.
General gab zwei Muchachos einen Wink. Mit einem Sprung waren sie auf dem Leutnant. Und als sie wieder von ihm wegsprangen, lief ihm das Blut über das Gesicht und an den Seiten herunter. Er hatte keinen Laut von sich gegeben, sondern nur versucht, sich zu wehren. Ihm war die Nase bis zum Knochenanfang und beide Ohren der Länge nach zur Hälfte abgeschnitten.
»Die Muchachos hätten dir auch noch die Lippen aufschneiden müssen für deine infame Lüge, zu der du auch noch die Heilige Jungfrau anriefst, um besser lügen zu können. Aber deine Lippen brauche ich, Teniente Primero Ruben Bailleres. Du hast einen Auftrag von mir auszurichten an deinen Jefe, Divisionario Don Petronio Bringas. Und damit ich dich erkenne, wenn ich dich wieder treffen sollte und dich frage, ob du auch alles so ausgerichtet hast an deinen General, wie ich dich beauftragte, darum mußte ich deine Nase kürzen lassen. In Zukunft wird man dich nun Chato rufen. Auch ein schöner Name. Warum nicht.«
Der Leutnant sagte nichts. Mit seinem Hemdärmel wischte er sich das Blut ab, das ihm in den Mund rann und am Halse hinunterlief. Er gab keinen Schmerzenslaut von sich. Jedoch General wußte, oder konnte sich leicht denken, daß der Leutnant in diesem Augenblick alle seine Schmerzen vergaß und nur an jene Stunde dachte, wo er General so als Gefangenen vor sich haben würde, wie

er jetzt vor ihm hockte. Wenngleich es nicht sicher war, ob er je General fangen würde, so tat ihm doch das Denken daran ungemein wohl.
»Ich hätte dich natürlich aufhängen lassen können, Teniente«, sprach General weiter, »aber ich habe wichtige Meldungen an Don Petronio zu senden. Und du bist der beste Meldereiter, den ich schicken kann. Eure Pferde stehen in dem Ranchito La Primavera. Morgen früh um acht oder neun kannst du schon bei deinem Bataillon sein. Darum gebe ich dir hier den Sack mit. In dem Sack ist das Frühstück, das ich deinem Jefe schicke, aus Anerkennung, daß er an mich gedacht hat und mir drei Offiziere und einen Sergeanten herschickte, um sich nach meinem Wohlbefinden zu erkundigen. Oder ist der vierte von euch gar auch noch ein Leutnant. Aber dann hätten die anderen drei ja keinen Pferdeburschen.«
General zog einen Krug mit Kaffee aus dem Feuer und goß sich seinen kleinen Becher voll, den er mit beiden Händen umklammerte, als wolle er sich die Hände daran wärmen. Mehrere Male quirlte er den Becher in seinen Händen um; dann, als er sich ein wenig abgekühlt hatte, nahm er einige Schluck.
Mehr und mehr Muchachos waren zu dem Stabsfeuer gekommen. Sie drängten sich dicht heran, damit ihnen auch kein Wort verlorengehen sollte von dem, was General dem Divisionario der Federal-Armee mitzuteilen hatte.
»Don Petronio steht mit zwei Bataillonen Infanterie, einem Regiment Kavallerie und einer Maschinengewehrabteilung dicht hinter La Peña Alta, wo er sich versteckt hält und darauf wartet, daß ich ihm in den langen Hohlweg reinrutsche. Du sagst ihm, daß ich ihm diesen Gefallen nicht tun kann, weil ich in keine Falle gehe, die so dumm aufgestellt wurde.«
Der Leutnant stierte General an, als sähe er einen Geist hinter ihm auftauchen.
»Er möchte mich gern nach Las Margaritas ködern, um mich auch noch in die Flanke zu nehmen. Das kann ich nicht gut machen. Ich erwarte ihn hier, wo du ja nun den Platz kennengelernt hast. Der alte Hurenbock von einem Cabron, der seine eigene Mutter vorn und hinten hurt und sogar seine Großmutter gehurt hat wie auch

du, dieser Hundesohn wird sich doch nicht etwa vor so verlausten und verdreckten Stinkschweinen, wie wir sind, fürchten? Was für ein trauriger, stinkiger Sohn einer vereiterten Hündin ist denn euer Divisionario, wenn er uns nur anzugreifen wagt, wenn wir in einem morastigen Hohlweg stecken? Wenn er der große Soldat ist, der seine Klöten richtig baumeln hat und ein Recht auf seine Orden haben will, dann soll der Hurensohn hierherkommen und uns hier den Ursch versohlen. Daß du mir das nicht vergißt, ihm zu sagen, was ich von ihm denke, und daß seine Mutter eine alte Soldatenhure ist wie auch deine Mutter, und daß ihr beiden Cabrones zwischen Hunden aufgelesen worden seid, sonst wäret ihr nie geboren worden.«
Der Leutnant, der maßlosen Beleidigungen halber so in Wut geratend, daß er völlig vergaß, wo er war, sprang auf, und mit einem Satz war er dicht vor General.
General war gleichzeitig aufgesprungen. Keiner der Muchachos mischte sich hinein. Das mochte darum sein, weil es zu überraschend gekommen war, oder darum, weil sie glaubten, es gehöre mit zu dem Programm.
Der Leutnant holte mit der Faust aus. Aber ehe er General ins Gesicht schlagen konnte, hatte er schon dessen Faust mit aller Kraft auf der Kinnlade sitzen. Der Leutnant taumelte zurück und fiel so ziemlich genau wieder dort hin, wo er bisher gehockt hatte.
»Schade, daß du deinen Revolver nicht mit dir hast, das denkst du jetzt, ist es nicht so?« fragte General. »Du bist nicht der erste Offizier, den ich in die Fresse gehauen habe. Darum bin ich jetzt auch General von Muchachos, die keine so elenden Knechte sind wie die, denen du in die Fresse schlagen kannst und die sich nicht wehren können. Was ich von deinem Jefe und von dir und euren Müttern denke, das weißt du nun. Und wenn dein Divisionario nicht in vier Tagen hier ist und sich hier von uns verlausten und verdreckten indianischen Schweinen abschlachten läßt, dann trifft er mich nicht mehr hier. Dann marschiere ich in einem weiten Bogen um Balun Canan herum und gehe auf Shimojol los. Auch das ist ein schönes reiches Städtchen, wo wir allerlei Freuden haben werden. Dann weiter auf Huninquibal, dann nehme ich Yalanchen, darauf Tsobtajal, dann Acayan, dann Nihich und

endlich Socton. Und dann der Angriff auf Tullum, wo wir den Gouverneur besuchen werden, falls er nicht abgereist sein sollte, einer Hochzeit wegen. Vielleicht ändern wir auch unsere Pläne. Aber das sage ich dir hier nur, damit du weißt, daß ich nicht auf La Peña Alta loszugehen brauche, wo die Falle gestellt ist. Das ist alles, was du deinem Jefe zu melden hast. Und wenn du ein Wort vergißt und wir kriegen dich wieder, dann gehen auch die beiden anderen Hälften der Ohren runter. Und vergiß nicht, dem Divisionario wiederzusagen, was ich dir von seiner Hurenmutter erzählt habe.«

General trank seinen Becher leer und schüttete den Satz aus.

»Wer hat eine dicke Zigarre für mich fertig?« fragte er, sich umsehend.

»Damit du den Weg nicht verlierst, schicke ich dir zwei von unseren Muchachos mit, bis du nahe dem Ranchito bist, wo eure Pferde warten.«

Der Leutnant stand auf. »Wo sind meine Compañeros?« fragte er.

»Die sehen sich noch unsere Waffenlager an. Erst haben sie sich die Schätze von oben angesehen, jetzt betrachten sie sich die Schönheiten von unten. Darum bleiben sie vorläufig noch hier. Wahrscheinlich bleiben sie für immer hier. Keiner von uns hatte sie eingeladen. Morgen beim Frühstück wird dir ja dein Divisionario sagen, ob er sie mit seinen Bataillonen hier abholen kommen will oder ob er uns den Umweg machen läßt. Und ehe du gehst, vergiß nicht ›Muchas Gracias!‹ zu sagen für die Frijoles, die Tortillas und den Kaffee. Ihr seid hier doch gut verpflegt worden. Oder etwa nicht?«

Ohne ein Wort zu erwidern, wandte sich der Leutnant um und folgte den beiden Muchachos, die ihn auf den Pfad bringen sollten.

9

Kaum waren die drei Leute in der Nacht verschwunden, da begannen die Muchachos am Feuer aufgeregt zu werden. »Aber, Hombre, General, woher weißt du denn das alles? Ist es wahr, daß die Federales hinter den Felsen auf uns warten? Woher wußtest du denn, wer die vier sind?«

»Das ist ganz leicht«, antwortete General, seine Zigarre anzündend und seinen Becher noch einmal mit heißem Kaffee füllend. »Viel leichter, als ihr euch denken könnt. Ich habe gar nichts dazu getan. Es lief mir gerade so in meine Arme hinein. Es sind wirklich heute Peones hier ins Lager gekommen. Drei. Nicht von Las Margaritas. Von einer anderen Finca. Aber das waren richtige Peones und keine Spione. In einer Minute wußte ich, daß sie echte Muchachos sind. Darum habt ihr sie auch nicht gesehen. Ins Lager, hier mitten rein, ist keiner von ihnen gekommen. Sie lagen draußen im Busch, weit von unsern Außenpatrouillen weg. Drei oder vier Stunden lagen sie da versteckt im Busch, bis sie sicher waren, daß ich der sei, den sie suchten. Ich war da beim Exerzieren und Üben im Busch. Als ich einen Augenblick allein war und die Muchachos in Sprüngen vorgegangen waren, da hörte ich leise rufen: ›Oye, hör einmal, Brüderchen, wir wollen mit dir reden!‹ Ich ließ die Muchachos da draußen weiter springen und auf Ziele üben und ging mit den Peones tiefer in den Busch hinein. Sie kamen, mich vor dem Anmarsch der Truppen zu warnen, und erzählten mit von dem Hohlweg, in den wir hineinrutschen sollten zum Vergnügen der Federales. Sie wußten auch von den vier maskierten Offizieren.«

Coronel lachte laut auf. »Dann freilich kann ein jeder seine Pläne machen, wenn er so gute Kundschafter hat.«

»Zu dir wären sie vielleicht nicht gekommen, Coronel«, meinte General, ihn grinsend von der Seite ansehend.

»Warum nicht zu mir ebensogut?«

»Du machst keinen so vertrauenerweckenden Eindruck wie ich. Was mich am meisten aufgeregt hat, war nicht die gute Botschaft, die sie mir brachten. Was mein Herz erfreute, ist die Tatsache, daß zum ersten Male während unserer Rebellion Peones freiwillig zu uns gekommen sind und uns unerhofften, aber um so mehr willkommenen Beistand zu leisten. Das ist ein gutes Merkmal, daß die Revolution nun langsam anfängt, sogar in den Köpfen dieser verschüchterten und furchtsamen Peones zu rumoren. Wenn einmal die Hunderttausende Peones zu uns kommen, wenn sie erst einmal ganz von selbst anfangen, auf ihren Fincas zu rebellieren, dann ist der Sieg der Revolution gesichert, auch wenn der Kampf noch zwei oder drei Jahre weitergehen sollte.«

»Das hätte ich nicht um ein einziges Wort besser erklären können, als du das getan hast, General«, sagte Profesor mit einem langen Gähnen. Er stand auf, suchte sich seine Matte und seine Decke und verkroch sich hinter einen Busch, dort die Nacht zu verbringen.
»Ich verstehe nicht viel bis jetzt vom Kriegführen«, meinte endlich Matias, als niemand Lust zum Reden zu haben schien, »aber ich denke, General, du hast hier eine Eselei gemacht.«
»Was für eine Eselei meinst du denn?« fragte General, der halb in Schlaf gesunken war, aber doch beim Feuer hocken blieb und an seiner Zigarre schmökte. Er hatte gefragt in einer Weise, als ob er auf keine Antwort warte, als ob ihm die Frage rein automatisch entschlüpft war.
»Du hättest dem Leutnant nicht zu sagen brauchen, was du vorhast.«
»Eselei? Ich eine Eselei gemacht? Nun ja, warum soll ich denn nicht auch einmal Eseleien machen dürfen, wo so viele Eseleien gemacht werden von uns, und noch viel mehr von diesen gottverfluchten Cabrones, hinter La Peña Alta und im Hohlweg hockend. Eseleien. Ich mußte ihm etwas erzählen, damit er sich nun überhaupt nicht mehr zurechtfindet, was wir machen werden. Hätte ich ihm nichts gesagt von seinen Plänen, die ich kenne, dann hätte er keine Sorgen gehabt und wäre auf uns losmarschiert. Jetzt aber ist er nicht mehr sicher, was er tun soll. Und was wird der alte fette Lutscher tun? Er wird ein Bataillon dorthin und ein anderes dahin flitzen, weil er nicht genau weiß, wo wir auftauchen werden. Und die armen Peones, die so tapfer hergekommen sind, mir alles zu sagen, wenn sie nicht gut erklären können, wo sie den Tag über gewesen sind, da werden sie wohl bis an den Nacken eingegraben werden und dann zertrampelt. Hoffentlich werden sie noch genug Fett in ihrem Kopfe haben, um zu wissen, was zu erzählen. Sie können ja einer entlaufenen Kuh nachgerannt sein. Gottverflucht noch mal, Muchachos, was bin ich müde.«
Gleich darauf hörten ihn die Muchachos schnarchen. Fidel stand auf, suchte eine Decke, mit der er ihn zudeckte, und dann schob er ihm einen Sattel unter den Kopf. General streckte wohlig seine Beine aus. Einige nackte Zehen lugten hervor; denn die Stiefel, die

einst einem Capitan gehört hatten, waren ihm zu eng gewesen, und er hatte sie an den Seiten aufschlitzen müssen und einige Löcher noch ausschneiden, damit seine Zehen Platz fänden.
Die Muchachos räumten eilig das Feuer weiter zurück, denn General hatte mit seinen Stiefeln, die dick von trockenem Schlamm verkrustet waren, ins Feuer gestoßen, und das Leder fing an zu schmoren.

Zehntes Kapitel

I

Don Petronio Bringas, Divisions-General und Kommandant der Armee, die von der Regierung ausgeschickt war, die Rebellen zu vernichten, saß beim Frühstück. Es war ein Frühstück eines Divisionarios würdig, obgleich es in dem Herrenhaus eines kleinen Ranchos vorgesetzt wurde, in dem der General sein Hauptquartier eingerichtet hatte. Je länger das Hauptquartier in dem Rancho verweilte, um so magerer und zerknitterter im Gesicht wurde der bedauernswerte Mann, dem der Rancho gehörte. Freilich, der General war ja kein Banditenhäuptling. Er war ein richtiger General der Federal-Truppen. Er bezahlte für jede Mahlzeit einen halben Peso. Das war dasselbe, was jeder Reisende, jeder Händler, der des Weges zu reisen hatte und in dem Rancho Herberge für die Nacht erbat und bekam, auch zu zahlen hatte. Hotels gibt es auf jenen langen einsamen Pfaden nicht; der Reisende übernachtet in dem Rancho, den er auf dem Wege spät am Nachmittag antrifft und wo er erfährt, daß er den nächsten Rancho nicht innerhalb der nächsten drei Stunden erreichen kann, während es in einer Stunde dicke Nacht sein wird.

Jeder Reisende ist zufrieden mit dem, was ihm die Ranchera, die Frau des Rancheros, vorsetzt, und für jede besondere Zutat, sogar für ein wackliges Bettgestell, ist er dankbar. So aber kann ein Ranchero natürlich nicht einem Divisions-General gegenüber handeln. Was der General vorgesetzt bekommt, ist für jede Mahlzeit wenigstens vier Pesos wert, aber er bezahlt nur einen halben Peso. Der Ranchero fürchtet sich, mehr als den üblichen Preis zu verlangen, um den Zorn und Unwillen des Generals nicht zu erregen und in Ungnade zu fallen bei allen den kleinen Diktatoren, die sein Schicksal bestimmen. Wäre der General allein, so wäre das gerade noch zu ertragen, und der Ranchero würde sich sagen, daß man für das Wohl des Vaterlandes auch etwas tun müsse. Aber an dem General hängt ein langer Schwanz von Offizieren, Burschen und Ordonnanzen, die alle dabei helfen, den armen Rancho kahl zu fressen, alle für einen halben Peso die Mahlzeit, und allen muß

vorgesetzt werden, wie so ein armer Bauer glaubt, daß Generale, Majore und Leutnants zu essen gewohnt sind.
Der General und die übrigen Offiziere langweilen sich, weil die verfluchten Rebellen nicht in den Hohlweg gehen wollen, der zu ihrer Abschlachtung ausersehen wurde. Und so kommen jeden Tag Frauen zu Besuch, die sich der General und die Offiziere von der Stadt aus, wo sie in Garnison liegen, herbestellen. Der Ranchero und seine Familie verbringen die Nacht in eine Ecke des Portico gequetscht, damit die Einquartierung die guten Räume und sonst alles haben kann. Die zwanzig oder dreißig Burschen, die alle mit an dem Schwanze hängen, können keinen halben Peso bezahlen, sie zahlen nur fünfzehn Centavos. Aber keiner darf hungrig aufstehen. Das alles, schmerzhaft wie es auch ist, gehört nicht zu den größeren Sorgen des Rancheros, dem das Glück zuteil geworden ist, Reichtümer durch die Einquartierung zu erwerben, wie ihm täglich fünfzigmal erzählt wird. Es verschwinden Hühner, Schweine, Kälber, ganze Säcke von Mais, und die Mädchen des Ranchos laufen herum mit graugelben Flecken im Gesicht und erzählen der Frau, daß sie sicher seien, es habe geschnappt.
So wird man recht gut verstehen, warum der Ranchero jeden Tag vierzehnmal vor sich hinbetete: »Oh, lieber Gott im Himmel droben, laß doch schon endlich die Rebellen anrücken, daß sie geschlachtet werden und daß der ganze gräßliche Unfug hier vorüber ist und ich wieder meinen Rancho habe, auch wenn es nur noch Ruinen sind.«
Der Divisionario hatte gegenwärtig keine Eile, auf die Rebellen loszugehen. Er bekam Kriegslöhnung, solange er im Felde stand. Waren die Rebellen erst einmal alle erschlagen, dann mußte er zur Garnison zurück, und die Kriegslöhnung und die reichen Mahlzeiten für einen halben Peso hörten auf.

2

Es war zehn Uhr morgens, als er sich behäbig, gut gelaunt, schwer und mächtig in den rohen Stuhl fallen ließ, den ihm der Ranchero mit einem »Ya listo, mi general!« angeboten hatte, um damit gleichzeitig anzudeuten, daß alles bereit sei und die Mädchen auf dem Wege seien, mit den Schüsseln anzumarschieren. Der Divi-

sionario wetzte das Messer gegen die Gabel, während er mit dikken Lippen schmatzte und dann sagte: »He, Don Rosendo, was haben wir denn heute Schönes zum almuerzo? Hoffentlich etwas recht Gutes. Verflucht, hier draußen auf dem Lande, da habe ich ewig Hunger und kann den ganzen Tag und die halbe Nacht nur am Essen bleiben.«
Der Ranchero zog einen schmerzlich pfeifenden Atem ein und sagte: »Hühnerbrühe, mi general, gerösteten Reis mit rotem Chili und Tomaten, Eier à la Ranchera, gerösteten Hahn, junges Schwein, Barbacoa mit besoffener Sauce, ich meine natürlich, barbacoa con salsa borracha, dann Bohnenbrei, Papaya und Kaffee.«
»Das ist alles, Don Rosendo?« fragte der Divisionario mit einer enttäuschten Gebärde. »Keinen Mole Poblano de Guajolote heute?«
»Siento muchisimo, ich bedauere außerordentlich, mi general«, erwiderte der geplagte Mann mit einem Achselzucken. »Die Truthähne, die mir noch verbleiben, sind zu jung, sie schon zu schlachten. Die drei Dutzend gute und fette, die ich hatte, nun Sie wissen ja, mi general, wo die hingekommen sind.«
»Aber, mein lieber Don Rosendo, auf einem Rancho, wie Sie einen so schönen haben, da wachsen doch diese Vögel wild und wie blöd drauflos. Da müssen sie eben mehr Eier legen.«
»Wer, ich?«
»Glauben Sie vielleicht, ich werde das auch noch für Sie tun, Don Rosendo? Das können Sie aber mit dem besten Willen nicht von mir verlangen.« Der Divisionario war so erfreut über seinen Witz, daß er in einem brüllenden Gelächter herausplatzte und immer noch lachte, als nach und nach die übrigen Offiziere in den Raum kamen, um sich ebenfalls zu Tisch zu setzen.
»Caballeros«, rief er sie an, während er aufs neue vor Lachen aufzuplatzen versuchte, »Caballeros, nein, Sie werden es nicht für möglich halten, aber hier Don Rosendo hat mich aufgefordert, Eier für ihn zu legen. Was sagen Sie dazu?« Mit beiden Fäusten, in der einen das Messer, in der anderen die Gabel haltend, paukte er auf den Tisch, um seinem brüllenden Gelächter größere musikalische Kraft zu geben.

»Was sollten Sie denn für Eier legen, mi general?« fragte Capitan Segu mit unschuldiger Miene. Nur seine Miene war unschuldig, nicht seine Frage. Er wollte seinem Vorgesetzten das Vergnügen noch erhöhen. Der Divisionario hätte den Capitan küssen mögen, daß er ihm eine Gelegenheit gab, das Gelächter zu erneuern und noch zu verstärken.
»Haben Sie alle das gehört, Caballeros, was hier Capitan Segu mich gefragt hat? Haben Sie das gehört, Caballeros?« Er konnte kaum die Worte richtig formen, so sehr brüllte er in seinem Gelächter. »Fragt mich hier auch noch Capitan Segu, was für Eier ich legen sollte.«
Der Capitan ließ sein Gesicht versteinern, und nicht einmal mit einem Augenzwinkern deutete er an, daß er den Witz begriff. Das erregte nur um so mehr das Gelächter des Divisionarios, den Capitan so unschuldig dreinblicken zu sehen. Mit der Gabel zeigte er jetzt auf den Capitan und wandte sich nach allen Seiten zu den lachenden Offizieren, sie zu veranlassen, der Richtung seiner Gabel zu folgen. »Fragt mich der Capitan Segu, was für Eier ich legen soll. Caballeros, Caballeros, was für Eier soll ich legen?«
Der Capitan veränderte abermals seine Miene. Er griff seinen Stuhl bei der Lehne und zog ihn dicht an sich heran, um sich an den Tisch zu setzen. Dabei blickte er verwundert und fragend um sich, als ob er unter keinen Umständen begreifen könne, warum denn hier so gelacht würde. Er setzte sich langsam und sagte nun mit ärgerlicher Stimme: »Verflucht noch mal, Caballeros, da ist doch nichts zu lachen, daß ich gefragt habe, was für Eier gelegt werden sollen; es gibt doch alle möglichen Arten von Eiern, auf denen ein Divisions-General sitzen kann.« Nicht so sehr seine Antwort, als vielmehr der beleidigte und verärgerte Tonfall, mit dem er das zu sagen wußte und wodurch er nun seine vermeintliche Unschuld im Begreifen eines albernen Witzes auf die Spitze trieb, war es, was den Divisionario vor Lachen die Brühe in die unrechte Kehle schlucken ließ. Er erholte sich, zeigte mit dem Eßlöffel auf den Capitan, während er vor Lachen zu ersticken drohte, und brüllte: »Capitan Segu, Sie hätten Leichenbestatter werden sollen, nicht aber Offizier, mit dem Gesicht, das Sie aufmachen, wenn es rundherum fröhlich und lustig zugeht.«

»Bitte um Entschuldigung, mi Jefe, ich bin ja Leichenbestatter«, sagte der Capitan ungerührt.

»He?« fragte der Divisionario kurz, »Sie, ein Leichenbestattungsgeschäft? Wo denn? Habe nie davon gehört.«

»Aber Caballeros, ist das so schwer zu verstehen?« fragte der Capitan. Er verzog keine Miene, als er trocken hinzufügte: »Wir sind doch alle hier Leichenbestatter. Oder wozu denken Sie denn, meine Herren, wozu wir Revolver an der Seite haben und draußen die Leute Karabiner und Maschinengewehre?«

»Oder mit anderen Worten, Capitan, wollen Sie damit sagen, daß ich ein eierlegender Leichenbestatter bin?« Wieder brüllte der Divisionario sein heftiges Lachen. Alle übrigen Offiziere fielen mit ein, einige wenige aus Höflichkeit, die Mehrzahl jedoch, weil sie gleich ihrem General die Unterhaltung als die geistreichste und witzigste betrachteten, die sie seit langer Zeit gehabt hatten.

Als das Lachen dünner wurde, fand der Capitan Gelegenheit zu antworten: »Das sind nicht meine Worte, mi General, das sind Ihre Worte, bitte vielmals um Entschuldigung.«

»Hombre«, sagte nun der Divisionario, »Sie sind wirklich der humorloseste, geistloseste und witzloseste Mann, der mir je in meinem Leben vorgekommen ist. Nicht ein Krümelchen von Humor hat der Mann in sich. Mann, Sie vertrocknen ja. Aber das soll uns alles nicht hindern, das schöne junge Saugschweinchen, das uns die ebenso schönen Mägdelein auf nicht ganz so schönen Schüsseln hier jetzt hereinbringen und vorsetzen, mit Bedacht und Wohlgenuß auf seine Schmackhaftigkeit zu untersuchen. Ola, Leutnant Cosio, schieben Sie mir die liebliche Comiteco-Flasche herüber, ich muß die knusperige Fettschwarte dieses Säuglings mit einem guten Trunk alkoholisieren, um sie von Mikroben und Bazillen zu befreien. Und bei dieser Gelegenheit, Capitan Segu, wie denken Sie über Mikroben?«

»Es kommt darauf an, welche Art von Mikroben Sie meinen, mi general.« Der Capitan hatte ein Stückchen Fleisch auf der Gabel aufgespießt und drehte es nachdenklich, seinen Blick darauf gerichtet, mehrere Male herum, ehe er es in den Mund schob. Als er es endlich hinuntergeschluckt hatte, der Divisionario sicher längst nicht mehr an seine Frage dachte, sagte der Capitan: »Welche Art von Mikroben meinen Sie, mi Jefe? Es kommt darauf an, wer die Frage stellt. Vielleicht sind wir alle, die wir hier herumsitzen und Schwein essen, nichts anderes als Mikroben, und wahrscheinlich betrachten uns die Schweine als deren Mikroben. Fragen wir einmal bei denen an, wie sich ihr Weltbild, von ihnen aus gesehen, gestaltet. Ein jeder Parasit fühlt sich als das wichtigste Wesen im Universum, während er gleichzeitig das Wesen, dem er sein Leben verdankt, als zu keinem anderen Zweck geschaffen betrachtet, als ihm zur Nahrung zu dienen.«

Soweit vermochte der Divisionario, völlig beschäftigt mit seinem mächtigen Stück Braten, nicht zu folgen. Er war nicht weitergekommen als bis zum ersten Satze. Den letzten Bissen noch im Munde, prustete er wieder sein breites Lachen hervor. »Erst lege ich Eier für Don Rosendo. Und Sie fragen mich, welche Art von Eiern ich denn nun lege? Dann machen Sie mich zu einem eierlegenden Leichenbestatter. Und nun gar zu einer Mikrobe. Und das tun Sie Ihrem kommandierenden General an, Capitan? Ich muß das später mit Leutnant Ochoa eingehend besprechen, ob nicht die Mikrobe gar ein Anlaß für das Kriegsgericht sein könnte, sich näher damit zu befassen. Aber zuerst, Capitan Segu, lassen Sie uns mit einem guten hohen Glase Comiteco die Milliarden von Mikroben, die wir in den letzten zehn Minuten runtergeschluckt haben, wieder einmal alkoholisieren. Ich weiß aus langer Erfahrung, meine Mikroben vermögen einen nichtswürdigen vergifteten Mescal von einem so eleganten Comiteco Añejo, wie wir hier vor uns haben, sehr gut zu unterscheiden. Und meine Mikroben begehen in dieser Hinsicht nie einen Irrtum. Also, und da kommt die Barbacoa anmarschiert, begrüßt mit Jubel und Kriegsgeschrei. Hören Sie, Don Rosendo, die Tunke könnte besoffener sein, fehlt frischer grüner Chili. Nicht bissig genug. Reichen Sie mir mal das Tellerchen rüber, mit den jungfräulichen Schoten. Muchas gracias!«

3

Der Divisionario blickte auf.
In der offenen Tür stand eine menschliche Gestalt, die er nicht genau zu erkennen vermochte. Der Raum, in dem die Offiziere aßen, hatte keine Fenster. Alles Licht kam durch die Türe, die darum immer offenstand.
Der Divisionario saß mit dem Gesicht der offenen Tür zu. Das grelle Tageslicht fiel ihm in die Augen. Darum vermochte er wohl zu sehen, daß in der Tür jemand stand, jedoch konnte er das Gesicht nicht sofort erkennen. Er bemerkte nur, daß der Mann ein gewöhnliches rotes Taschentuch um den Kopf gewickelt hatte, so als habe er Zahnschmerzen. Hinter dem Mann tauchte nun ein indianischer Bursche auf, der einen verdreckten Sack auf dem Rücken schleppte und diesen Sack jetzt polternd im Portico niederfallen ließ.
»Was gibt's, Hombre?« fragte der Divisionario.
»Teniente Primero Ruben Bailleres a sus ordenes, mi general, meldet sich zurück von Erkundungsritt und Nachtpatrouille.«
»Adelante, Teniente Bailleres, kommen Sie herein, wir sind beim Frühstück. Ola, Don Rosendo, lassen Sie einen Stuhl bringen für Leutnant Bailleres.«
Der Leutnant kam nun völlig herein.
»Mann, wie sehen Sie denn aus? Die Nase abgeschossen? Teufel noch mal.« Der Divisionario fand es komisch und lachte. »Läßt sich besser küssen ohne Nase, Leutnant. War überhaupt viel zu lang.« Er fiel mit diesen Worten erneut in sein brüllendes Lachen. »Was sagen Sie, Caballeros, waren wir nicht stets alle der Meinung, daß die Nase unseres Kameraden Bailleres viel zu lang war, um nach guter und ausgeprobter Soldatenart küssen zu können?«
Die Offiziere lachten nicht, sondern verzogen aus Höflichkeit ihre Gesichter zu einem sauren Grinsen.
Das Lachen seines kommandierenden Generals brachte den Leutnant in heftige Wut, die er jedoch vorerst nicht merken ließ, und er bewahrte Haltung.
Inzwischen brachte ein indianischer Junge einen Stuhl herein, und der Leutnant setzte sich nieder.

Ein Mädchen legte ihm ein Besteck vor und stellte Teller für ihn auf.
In dem kleinen Rancho, wo der Leutnant und seine Begleiter ihre Pferde zurückgelassen hatten, waren ihm zwei junge Burschen mit auf den Weg gegeben worden, um die Pferde zu bringen und den Sack, den er an den General zum Frühstück abliefern sollte.
Der eine dieser beiden indianischen Burschen, und zwar derjenige, der den Sack gebracht hatte, kauerte im Portico und wartete darauf, daß man ihn rufe. Der andere Bursche sattelte im Patio die Pferde ab und übergab sie den Soldaten.
»Hören Sie, Teniente«, redete der Divisionario den Leutnant an, »so kalt ist es doch jetzt um diese Stunde nicht mehr, daß Sie da mit dem Rotzfetzen um den Kopf gebunden herumlaufen, wie ein altes Weib. Oder haben Sie Zahnschmerzen? Mann, reden Sie, was ist denn los?«
Der Leutnant hatte sich, auf dem Wege hierher, in einem Bach das Blut und den verkrusteten Dreck abgewaschen. Der Stumpf der Nase hatte aufgehört zu bluten. In dem kleinen Rancho hatte er sich den Stumpf mit Aguardiente gereinigt, und die Wunde war nun trocken, obgleich häßlich genug.
Der Offizier zögerte einige Sekunden, dann begann er, den Knoten des rotgeblümten Tuches unter dem Kinn zu lösen. Es war seine Absicht gewesen, das Tuch mit einer raschen Geste runterzureißen, als Antwort auf die Ansprache des Divisionarios, die er lächerlich und blöde gefunden hatte. Jedoch das Tuch klebte an beiden Ohren fest, und als der Leutnant daran zerrte, tat es ihm weh.
»Bitte, Compañeros«, sagte er, reichen Sie mir die Flasche rüber.«
Ein Offizier, der ihm zunächst saß, sagte: »Sie brauchen einen, Kamerad. Blaß genug sehen Sie aus.« Er goß ihm ein Wasserglas voll ein.
Der Leutnant goß es mit vier großen, glucksenden Schlucken hinunter. Dann nahm er die Flasche zur Hand und goß den Inhalt über seinen Schädel.
»He, he, Sie da!« rief der Divisionario. »Ich habe gedacht, Sie seien längst getauft. Und nun noch dazu mit diesem kostbaren Añejo. Das ist mir aber doch ein unerhörter Luxus hier draußen, wo man

das Zeug so schwer beschaffen kann und wo man – ja, Hombre, Mensch, was ist denn das?«
Der Leutnant, als er fühlte, daß der Branntwein das Tuch an den Ohren genügend aufweichte und löste, hatte mit einem mutigen Ruck das Tuch heruntergerissen. Sofort begann das Blut wieder an seinem Halse herabzulaufen. Den Kopf zum Divisionario hinstreckend, rief er: »Darum, mi general, hatte ich das Tuch um den Kopf. Wie gefällt Ihnen das?«
»Auch abgeschossen?«
»Nichts abgeschossen. Alles abgeschnitten. Von den Wilden, den Bestien.«
»Leutnant Bailleres, Sie werden mir nun nicht erzählen wollen, daß ich Sie dort auf Kundschaft geschickt habe? Sicher nicht. Sie schlugen es vor. Und ich ließ Sie gehen. Wo sind die beiden Unterleutnants und der Unteroffizier, die Sie mit sich nahmen?«
»Die Wilden haben sie dortbehalten.«
»Als Geiseln?«
»Das weiß ich nicht, mi general. Darüber wurde mir nichts gesagt. Ich wurde aus dem Lager gebracht, um Ihnen die Botschaft auszurichten, die das dreckige Schwein, das sich da General nennen läßt, an Sie zu schicken wünschte.«
»Wie sieht denn der Verbrecher aus? Ein Chamula?«
»Nein, mi general. Chamula ist er nicht. Aber er ist Indigena. Wie er deren General sein kann, das verstehe ich nicht. Er knickt zusammen wie ein lahmer Hund. Kann kaum gerade stehen. Weiß nicht einmal, wie er einen Gewehrkolben anfassen soll. Niemand respektiert ihn. Die sagen alle du zu ihm. Frißt wie die ganze Bande mit den Fingern. Schläft auf einem Petate wie die Schweine alle. Mit der verlausten Schweinegesellschaft sind wir fertig in drei Stunden. Alles Gesindel.«
»Das ist uns nichts neues, Leutnant. Ich hätte mehr erwartet.« Der Divisionario begann glucksend zu lachen. »Die Schönheit, Leutnant, ist dahingegangen. Und es waren so schöne Öhrchen. Es scheint mir dennoch, der verlauste General, von dem Sie hier sagen, daß er zusammenknickt wie ein lahmer Hund, hat auf alle Fälle keinen Respekt vor Ihnen gehabt. Vielleicht war er nicht ganz so dumm, wie Sie ihn hielten, als Sie den Vorschlag machten,

sich als Peones zu maskieren, um deren Stellung, Stärke, Bewaffnung und Pläne zu erfahren. Er hat durch Ihre Maskierung hindurchgesehen. Und wenn Sie nun das nächste Mal den Karneval irgendwo mitmachen, müssen Sie schon den ganzen Kopf einwikkeln, eine Maske vor dem Gesicht allein tut es nicht mehr bei Ihnen. Wie kann man auch ein solcher Esel sein und sich von den Räubern die Ohren abschneiden lassen.«

Mitleid hatte der Leutnant ja nicht erwartet, weder von seinem kommandierenden General noch von seinen Kameraden. Er würde es sich verbeten haben, hätte man ihm Mitleid gezeigt, und würde behauptet haben, daß ein Soldat sich zu opfern habe, denn darum sei er Soldat. Daß aber nun niemand ihn als Helden feierte, ja nicht einmal als einen tapferen Offizier, der es gewagt hatte, sich mitten unter den Feind zu begeben, Schmerzen und Schändung erlitten hatte, um sich einen Namen in seinem Bataillon zu verdienen, das ärgerte ihn.

Es war richtig, der kommandierende Divisionario hatte ihm nicht befohlen, auf Kundschaft zu gehen. Er hatte sich freiwillig angeboten, mehr um gegenüber seinen Kameraden zu protzen, als um eine notwendige Aufgabe zu erfüllen.

Es lag dem General gar nichts oder nur sehr wenig an irgendwelchen Erkundigungen hinsichtlich der Rebellen. Er nahm die Rebellen militärisch nicht ernst und betrachtete es in vieler Hinsicht als seiner Stellung und seines Ranges unwürdig, daß man ihn, den göttlichen Divisionario, ausgeschickt hatte, eine Bande verlauster Peones zu bekämpfen. Das konnte, nach seiner Ansicht, ein Mayor mit einem halben Bataillon besorgen. Aber irgendwer im Kriegsministerium hatte ihm den Befehl erteilt, mit so und so vielen Truppen gegen die Rebellen loszugehen, und diesem Befehl hatte er zu gehorchen. Wenn die drei jungen Offiziere sich nach einem Abenteuer sehnten, weil es ihnen zu langweilig wurde, hier im Dreck herumzustampfen und auf die Ankunft der Rebellen zu warten, so war das ihre Sache. Er gab ihnen die Erlaubnis, weil sie darum ersucht hatten. Daß ihr Abenteuer für sie unglücklich ausgegangen war, das kümmerte ihn nicht. Warum sollte er sich also nun nicht das Vergnügen gönnen, den Leutnant aufzuziehen, sich an seinem traurigen Aussehen zu ergötzen, so wie er sich ergötzt

haben würde, wenn ein Leutnant in einem Liebesabenteuer mit der Leiter zusammengebrochen wäre.
Leutnant Bailleres dachte freilich anders darüber. Er fühlte sich als Held. Und weil ihm diese Anerkennung verweigert wurde, gedachte er nun gleichfalls ein Vergnügen zu haben, und zwar auf Kosten des Divisionarios, der schmatzend und mit viel Lärm und Klappern sein dickes Frühstück bewältigte und mehr auf die richtige Zugabe von Salz, Pfeffer, Chili und Tomatentunke achtete als auf die Leiden und den gedemütigten Stolz seines Leutnants.
»Der Lausegeneral hat mir eine Botschaft aufgetragen, die ich an Sie überbringen soll, mi general«, sagte der Leutnant, als er mit der Suppe gerade fertig war.
»Diese Botschaft wird recht lustig sein, Caballeros, und idiotisch obendrein. An mich eine Botschaft von verlausten Peones. Dann kommen Sie nur raus damit, Teniente.« Der Divisionario lachte breit, verschluckte sich und hustete.
»Die Botschaft ist nicht gerade sehr respektvoll, mi general.«
»Das habe ich Sie nicht gefragt, Teniente Bailleres. Aber ich hoffe, daß sie wenigstens lustig ist.« Der Divisionario blickte die Offiziere an und grinste. »Meine Herren, nun bekommen wir Unterhaltung.«
»Ganz sicher, mi general. Aber geben Sie mir nicht die Schuld. Ich richte nur aus, was mir aufgetragen wurde. Ihre Mutter ist eine alte Hure.«
»Was sagen Sie da? Was fällt Ihnen ein, Teniente Bailleres?«
»Sie wollten hören, was der General der verlausten Schweine Ihnen zu sagen hat.«
»Das ist etwas anderes. Gut denn, kommen Sie heraus.«
»Und Sie haben Ihre Mutter gehurt und Ihre beiden Großmütter. Und er läßt Ihnen sagen, daß er Sie, mitsamt Ihren Heerscharen, zu Fetzen hauen wird und daß er sich das Vergnügen machen wird, Sie persönlich aus Ihrem Stab herauszuzerren, um Ihnen Ohren, Nase und einige andere Anhängsel abzuschneiden. Er wird Ihnen nicht den Gefallen tun, sich von Ihnen im Hohlweg von La Peña Alta abschlachten zu lassen, sondern er wird in weitem Bogen um Sie herumgehen und alle großen Fincas und Orte, die Sie im Rücken haben, anzünden und alle ihre Bewohner an

den nächsten Bäumen aufhängen und sie dort baumeln lassen mit der Absicht, daß Sie vom Kriegsministerium schmachvoll degradiert werden sollen wegen Faulheit, und weil Sie die Hosen zu voll haben, ihn anzugreifen. Und wenn Sie auch nur einen Funken von Mut haben und ein richtiger Mann und Soldat sein wollen, dann sollen Sie doch dort hinkommen, wo er Sie erwartet. Aber Sie seien ja nur ein alter, wackliger Hurenbock, der sich nicht raus traut gegen verlauste Rebellen und nur an sein Fressen denkt und an seine Kriegsdiäten. Sie seien hundertmal verlauster und verhurter als der dreckigste und idiotischste seiner Muchachos, die genug Saft in den Schwänzen haben, um Sie, Ihre ganzen Heerscharen und alles, was Uniform trägt und mit Revolvern, Karabinern und Maschinengewehren herumspaziert, mit morschen Knüppeln anzugreifen, und die nicht einmal einen zerbrochenen Machete zu Hilfe nehmen, um Sie alle miteinander vereiterten Hunden und alten Schweinen zum Fraße vorzuwerfen. Denn zu irgend etwas anderem, als Ihre eigenen Mütter zu huren und Ihre Großmütter zu notzüchtigen, sei ja keiner von Ihnen nütze, und Soldaten seien Sie nur darum, weil, wenn Sie keine Uniformen anziehen könnten, sich keiner von Ihnen auch nur ein Stück Brot oder eine verschimmelte Tortilla durch ehrliche Arbeit verdienen könnte. Und Sie, mi general, sind der größte, dümmste, faulste, verfressenste, vereitertste Hurenbock Ihrer eigenen Mutter, den es auf Erden gibt; in Ihrem Kopfe haben Sie nur eine Blase mit lauwarmem Wasser, wenn man Sie gegen das Schienbein stößt, bricht es um wie ein wurmzerfressener Knüppel, weil Sie den Knochenfraß haben, und Ihre Mutter geht in Tapachula für zehn Centavos mit gewöhnlichen Soldaten unter Bäumen huren. Und Sie seien überhaupt kein General, sondern nur, weil Ihre Frau und alle Ihre Töchter in den Betten aller Leute gelegen hätten, die etwas zu sagen haben, nur darum sind Sie heute Divisionario. Und wenn Ihre Frau nicht überall herumhuren würde und Ihre Töchter ihr dabei helfen würden, dann wären Sie jetzt noch nicht einmal Sergeant, sondern Muletreiber. Perdoneme, mi general, entschuldigen Sie mich, aber Sie wollten die Botschaft hören. Und ich, als untergebener Offizier, habe Ihrem Befehl nachzukommen, mi general, und wie immer bin ich zu Ihren Diensten und mit allem

Respekt. Und nun habe ich noch etwas an Sie zu überbringen, das Ihnen der Lausegeneral zum Frühstück schickt.«

Weder der General noch einer der übrigen Offiziere, die am Tisch saßen oder hereingekommen waren und herumstanden, hatten den Leutnant unterbrochen. Sie ließen ihn ausreden, als wäre er ein Irrsinniger, der für das, was er sagte, nicht verantwortlich gemacht werden könne. Aber als er nun zu Ende war, begriffen sie alle, insbesondere der Divisionario, daß der Leutnant nicht für sich gesprochen hatte, sondern daß er, in der Tat, nur das ausrichtete, was ihm der General der Rebellen aufgetragen hatte. Eine einzige dieser Redewendungen würde den Leutnant vor das Kriegsgericht gebracht haben, und die ganze Rede würde ihn sicher zweihundertundfünfzig Jahre Haft im Militärgefängnis Santiago gekostet haben. Abgesehen von dem allen, die Redewendungen waren derart, daß sie ein Offizier nicht gut selbst erfinden konnte, auch wenn er sich jede Mühe gegeben hätte. Das alles waren die Gründe, warum sowohl der Divisionario als auch die übrigen Offiziere den Leutnant mit keinem Wort unterbrochen hatten.

Der Divisionario wie auch die Offiziere hatten aufgehört zu essen, als die ersten bedeutungsvollen Worte fielen. Erst wurde der Divisionario dunkelrot im Gesicht, dann blaß, dann wieder rot. Die Offiziere, besonders die jüngeren, wurden blaß und blieben blaß. Ein jeder im Raum erwartete, daß der General seinen Revolver ziehen und den Leutnant erschießen würde. Aber sowenig, wie der Leutnant unterbrochen worden war, so wenig machte auch nur einer die Geste, ihn zu erschießen oder ins Gesicht zu schlagen. Ohne zu stocken hatte der Leutnant seine Rede vorgetragen. Seine Verärgerung gab ihm den Mut, drauflos zu berichten, ohne sich mit einem ›Perdon‹ gelegentlich zu entschuldigen. Das hob er sich für den Schluß auf. In der Gemütsverfassung, in der er sich befand, ermüdet von dem langen Ritt durch die Nacht, gedemütigt infolge der Schändung, gleichgültig und beinahe kraftlos infolge des Blutverlustes und der Schmerzen, wäre es ihm gleichgültig gewesen, hätte ihn der Divisionario erschossen. Er hätte es als Gnade betrachtet.

4

Der Rede folgte eine Stille von mehreren Sekunden, die allen Anwesenden erschienen, als wären es Minuten. Niemand wußte etwas zu sagen oder zu tun, um die lastende Spannung aufzulösen. Dann aber wurde diese Stille hart unterbrochen von dem lauten Ruf des Leutnant Bailleres: »He, Chamaco, bring den Sack herein, den du am Sattelknopf getragen hast.«

Der Junge hatte sich im Portico hingehockt und darauf gewartet, daß er von irgendwem etwas zu essen bekommen würde. Den Sack hatte er gleich bei der Ankunft vom Sattel abgebunden und neben sich im Portico hingelegt. Jetzt nahm er den Sack auf und brachte ihn in den großen Raum, wo die Offiziere versammelt waren.

»Hier, mi general«, sagte Leutnant Bailleres, »ist das Geschenk, das Ihnen der räudige Hund von einem Banditenhauptmann übersendet.«

»Mir ein Geschenk. Von diesem verlausten Schwein.« Der Divisionario war noch nicht ganz wieder aufgewacht von der Flut schamloser und schmachvoller Beleidigungen, die über ihn hinweggesaust waren. »Schmeiß das Geschenk auf den Mist. Was kann mir dieser Stinkknochen von einem respektlosen und gottlosen Indianerlümmel zum Geschenk machen? Vielleicht einen gestohlenen Schinken, den er vergiftet hat. Schmeiß den Sack raus auf den Mist, Chamaco!«

Der Junge vom Rancho nahm den Sack wieder auf. Als er bereits über die Türschwelle gegangen war und schon wieder im Portico stand, packte den Divisionario die Neugier, zu wissen, was in dem Sack sei. Gleichzeitig dachte er, daß vielleicht der Inhalt des Sacks einen Aufschluß geben möchte hinsichtlich der Pläne, die der Rebellenhauptmann habe. »Leutnant Bailleres, wissen Sie, was in dem Sack ist?«

»No, mi general. Ich habe, ehrlich gestanden, auf dem elenden Ritt an andere Dinge gedacht als daran, nachzusehen, was in dem Sack sei. Außerdem, mi jefe, fühle ich mich nicht berechtigt, einen zugeschnürten Sack mit einem Inhalt, der Ihnen gehört oder Ihnen übersandt wird, zu öffnen.«

»Das ist richtig, Leutnant Bailleres, danke!«

Er winkte einem der jüngeren Offiziere: »Rufen Sie mir den Jungen mit dem Sack wieder her!«
Der Junge kam zurück und ließ den Sack auf den hartgestampften Lehmboden des Raumes fallen. Alle Anwesenden blickten auf den Sack, als ob sie erraten wollten, was drin sein möchte. Es mochten wirklich vergiftete Schinken sein, oder Kokosnüsse, oder Kürbisse. Vielleicht, und dieser Gedanke kam allen zu gleicher Zeit, vielleicht waren es Bomben, aufzufliegen im selben Augenblick, in dem sie aus dem Sack rollten.
Ein Capitan gab diesem Gedanken Ausdruck: »Mi general, wir sollten Vorsicht üben, das scheinen Bomben zu sein.«
»Reden Sie hier nicht so unvernünftig, Capitan. Wenn das Bomben wären, dann wäre auf alle Fälle der Junge mit dem Sack nicht hier.«
Die Offiziere lachten, und der Capitan verzog das Gesicht.
»Binde den Sack schon endlich auf, Chamaco«, befahl der Divisionario dem Jungen.
Der Junge hockte sich neben den Sack nieder und nahm den Knoten zwischen seine Zähne, um ihn zu lösen, so fest war er geknüpft. Das dauerte Leutnant Ochoa zu lange. Er nahm ein Messer vom Tisch, und mit einem Ruck schnitt er den Baststreifen durch.
»Schütte den Sack aus, Chamaco«, sagte der Divisionario, sich von seinem Stuhl erhebend, um besser über den Tisch sehen zu können.
Der Junge nahm den Sack an seinen unteren Zipfeln, hob ihn auf, und heraus kollerten die abgeschnittenen Köpfe der drei Begleiter des Leutnant Bailleres.
»Das sollen sie aber hart büßen, diese Wilden, diese barbarischen Henker!« schrie der Divisionario, als er sich von seinem Schreck erholt hatte. »Und meine heilige Mutter, mi santa madre, meine Mutter in sein dreckiges Maul zu nehmen und sie zu besudeln! Das Fell ziehe ich ihm langsam ab, tagelang, hinter einem Esel. Diese Bestien von zuchtlosen, verwilderten Tigern. Was habe ich von jeher gesagt und vorgeschlagen, meine Herren, ich wiederhole das und werde es so lange wiederholen, bis es endlich einmal bei der Regierung gehört wird: Alle Indianer sind auszurotten, mitleidlos zu vernichten wie das giftigste Getier, das wir im Lande

haben. Und ehe wir nicht alles, was Indianer ist, vom Erdboden vertilgt haben, eher wird dieses schöne Land keine Ruhe und keinen Frieden haben. Meine mir so heilige Mutter zu besudeln, dieser Wicht, dieser verlauste Fetzen von einem stinkenden Indigena. Und hier, unser Kamerad, Leutnant Bailleres, für sein Leben schimpfiert, und drei unserer Kameraden in bestialischer Weise abgeschlachtet. Was hat der räudige Hund mir sagen lassen? Ich ihn nicht verdreschen kommen, wo er mich erwartet? Er mich erwarten? Er, so ein dreckiges Schwein von einem verlausten Rebellen, mich erwarten? So ein Lappen, so ein Spritzer von Hundedreck, und sagt mir, daß ich mich vor ihm verstecke und nicht rauskomme aus dem Loch, ihm das Leder abzuziehen. Caballeros, mit einem einzigen Bataillon nehme ich mir das Dreckhäufchen jetzt vor. Und verflucht, Caballeros, Sie alle mögen mir ins Gesicht spucken, wenn ich nicht die ganze Lausebande in drei Tagen bis auf das letzte Krümchen zermalmt habe. Nur dem Hund von einem stinkenden Indianer lasse ich nicht die Gnade zuteil werden, ihn mit einem Knüppel zu erschlagen wie das ganze andere Gesindel. Den bringe ich, seine zerfressenen Knochen zusammengeschnürt, hergeschleift hinter einem alten lahmen Mule. Coronel Viaña, Sie übernehmen das Oberkommando der hier zurückbleibenden Truppe während meiner Abwesenheit.«

Elftes Kapitel

I

Der Divisionario nahm sich Zeit, sein Frühstück völlig zu beenden. Er bestimmte, daß jenes Strafbataillon um vier Uhr marschbereit zu sein habe.

Während er die Befehle gab, unterbrach er sich jede drei Minuten zweimal mit der Ableierung seiner Phrase: »Meine mir so heilige Mutter zu besudeln, der Wicht, der Fetzen, dieser Spritzer von Hunderotz, meine heilige Mutter zu besudeln.«

Nachdem alle Befehle erteilt waren und die Truppe marschbereit war, hielt es Coronel Viaña für geraten, dem Divisionario etwas Kühlung zuzufächeln. »Mit Ihrer Erlaubnis, mi general, wenn ich mir erlauben darf, ich würde raten, wenigstens zwei Bataillone und eine Maschinengewehrabteilung abrücken zu lassen. Wir wissen nicht, wie stark die Rebellen sein mögen.«

»Lieber Coronel«, erwiderte der Divisionario, »machen Sie sich, bitte, doch nicht lächerlich. Ursprünglich wollte ich überhaupt nur ein halbes Bataillon gegen das meuternde Pack abschicken. Das wäre reichlich gewesen. Aber der kommandierende Chef befahl beinahe eine ganze Brigade, weiß der Teufel, warum, vielleicht bringt ihm das fünftausend Pesos in seine Tasche, oder was weiß ich, und als Untergebener habe ich zu gehorchen und die Brigade ins Feld zu führen. Ich würde mich bis an mein Lebensende schämen und keinem anständigen Offizier mehr ins Gesicht sehen können, wenn ich gegen einen Haufen verlaustes indianisches Gesindel mit einer Brigade losgezogen wäre. Gut, ich habe die Brigade hierhergeführt, höheren Befehlen gehorchend, als Schutzwall gegen Balun Canan. Das aber heißt nicht, daß ich eine Brigade herzunehmen habe, um diesem verlausten Hundepack das Leder zu gerben.«

»Sie sind mein kommandierender General, Señor, und ich habe zu gehorchen. Aber dennoch möchte ich den Vorschlag machen, wenigstens ein halbes Regiment Caballeria mitzunehmen.«

»Nur um Sie zu beruhigen, Oberst Angsthäschen, gut, ich werde Caballeria mitnehmen, siebzig Mann. Geben Sie Capitan Ampu-

dia die entsprechenden Befehle. Er ist der versoffenste. Wird ihn ein wenig aufmuntern.«
»A sus ordenes, mi general.«
Der Oberst grüßte und entfernte sich.
Der Divisionario befahl Leutnant Bailleres zu sich. »Wie fühlen Sie sich, Teniente? Marschfähig?«
»Müde, mi general. Aber ich bitte um die Erlaubnis, an der Expedition teilnehmen zu dürfen.«
»Sollen Sie, Teniente. Sie haben mit den Wilden eine persönliche Rechnung zu begleichen. Und um diese Quittung möchte ich Sie nicht betrügen. Sie sind mir von großem Wert. Sie kennen das Gelände dort und ungefähr die Stellungen. Sie führen die erste compañia, Teniente!«
»Danke, mi general!«
»Wir übernachten auf dem Wege. Da können Sie ausschlafen. Können wir, nach Ihrem Urteil, mit der Truppe morgen etwa gegen die Mitte des Nachmittags auf deren Tanzboden sein?«
»Das können wir mit Sicherheit, mi general. Und es erscheint mir die günstigste Zeit für den Angriff, weil um diese Stunde niemand dort einen Angriff erwartet. Um diese Zeit jagen sie herum, und die nicht jagen oder exerzieren, die schlafen. Was ich erfahren konnte, ist, daß sie überhaupt da draußen auf keinen Angriff rechnen, sondern näher hierher, näher zu den Felsen, wo wir auf sie warten. Sollte von uns aus ein Angriff unternommen werden, so sind sie überzeugt, daß er entweder nur am frühen Morgen erfolgt oder kurz nach Einbruch der Nacht, wo sie glauben, daß wir voraussetzen, sie seien dann alle müde, hocken bei ihren Feuern, tanzen, schlafen, essen und liegen bei ihren Weibern. Das alles konnte ich aus ihren Unterhaltungen erfahren, mi general.«
»Wir werden sie schon gründlich abledern. Meine heilige Mutter so zu besudeln, mit einem so verdreckten und stinkigen Maul eines elenden Fetzens von einem Schwein von einem verlausten Indianer. Meine heilige Mutter so in den Kot –«

2

Um drei Uhr sah der Divisionario die Zeit gekommen, sich wieder mit einer kräftigen Mahlzeit zu beschäftigen. Während er aß, beklagte er die schweren Pflichten eines kommandierenden Generals, die ihn heute am Vormittag verhindert hätten, sein Frühstück in Ruhe und mit dem üblichen Vergnügen zu beenden. Das Essen wurde diesmal nicht, wie am Vormittag, verschönt durch die witzigen Reden des Divisionarios. Es ging ernster zu. Nicht etwa insofern, daß der Divisionario sich und den Offizieren, die mit ihm am Tisch saßen, die Verdauung erschwert hätte, um bei dieser Gelegenheit Kriegspläne zu beraten. Nein, der Ernst der bevorstehenden Prügel, die er den Rebellen zu geben gedachte, kam darin zum Ausdruck, daß er jeden zweiten Satz, den er sprach, halb kauend, halb schluckend, begann: »Diesen verlausten Schweinen werde ich es eindreschen, meine heilige Mutter mit ihren stinkigen Mäulern zu besudeln, erst alle umzingelt, dann verknüppelt und dann bis an den Hals eingegraben und dann alle Compañias Laufschritt darüber gemacht und hinterher die Caballeria. Sehr gut von Ihnen, Coronel Viaña, daß Sie mir rieten, etwas Caballeria mitzunehmen. Hätte mir gefehlt, die Köpfe der Schweine in die Erde zu stampfen.« Dann wieder fiel ihm etwas anderes ein: »Eigentlich, ganz ehrlich gesagt, Caballeros, schäme ich mich, gegen solche dreckigen Hunde zu marschieren. Ein Sergeant könnte es tun. Habe ich recht, meine Herren?«
»In jeder Hinsicht, mi general!«
Kurz nach vier Uhr marschierte die Straftruppe ab. Vor sieben Uhr erreichte sie einen Rancho, wo der Divisionario befahl, für die Nacht in Ruhe zu gehen, um morgen mit vollen Kräften den Marsch fortzusetzen. Es war nicht ratsam, in der Nacht weiterzumarschieren, denn es hätte sein können, daß die Rebellen sich an der Truppe auf einem Umwege vorbeischlichen.
Leutnant Bailleres behauptete freilich, daß er nicht glaube, die Rebellen würden auf geradem Wege in der Richtung nach Balun Canan marschieren, weil sie wüßten, daß sie dabei den Federales in die Arme laufen würden, und sie hätten sowenig Ursache, sich in ein Nachtgefecht einzulassen, wie die Truppe.

Der Divisionario zog den Mund schief, mit der Absicht, hämisch zu grinsen oder einen Eindruck von Unwichtigkeit zu erwecken gegenüber den wenigen Offizieren, die er mitgenommen hatte, um sie an einem Vergnügen teilnehmen zu lassen. Es handelte sich nur um ein Vergnügen, denn im Abschlachten von Rebellenpack kann sich kein ehrenhafter Soldat Lorbeeren verdienen oder Orden. Und mit diesem schiefgezogenen Munde sagte er: »Gefecht. Ich höre immer nur Gefecht, Leutnant Bailleres. Gefecht. Sie sprechen doch nicht etwa von einem Gefecht mit diesen verlausten Banditen. Mit Meuterern, mit Rebellen, mit Streikenden hat man kein Gefecht und führt man kein Gefecht, sondern man verprügelt sie, und dann hängt man sie auf, oder man gräbt sie ein, um den Strick zu sparen und die Arbeit des Henkens. Gefecht. Wenn ich so etwas höre von einem Offizier, da wird mir doch gleich so übel, daß ich kotzen könnte. Lassen Sie uns einen trinken vor dem lausigen Abendessen, das wir hier vorgesetzt bekommen. Verlauster Rancho. Fressen hier nichts als Bohnen, Tortillas und Chili. Kaffee kennen sie nicht und kochen irgendwelches Gemüse, das sie von den Bäumen abrupfen, und nennen das Gebrüh Tee. Und das heißt ein Rancho hier. Weiß der Teufel, der alte Nußknacker da oben auf seinem Thrönchen macht sich keinen einzigen blassen Gedanken darüber, wie hier in dieser gottverlassenen Wüste ein Divisionario, der gegen verlauste Indianer geschickt wird, von Flöhen zu leiden hat, und kein weiches Kissen unterm Hintern, und frühmorgens steht man auf mit wundgescheuerten Knochen. Dios mio, diese Prügelei vorüber, und es geht zurück zur Garnison, wo man seine Ruhe hat und sein richtiges Bett. Habe ich recht, Caballeros?«
»Vollkommen recht, mi general«, erwiderte Capitan Ampudia, im Namen der jüngeren Offiziere, die pflichtgemäß nickten.

3

Die Truppe lagerte im Patio des Ranchos. Die Offiziere in einem Raume des Herrenhauses. Dieses Herrenhaus war eine elende Lehmhütte, die bereits schief zu werden begann und nur zwei Räume besaß. Die Küche befand sich im Hofe, in einer Hütte aus dünnen Stämmchen mit einem Palmdach darüber.

Die Umzäunung des Patio war eine Mauer, errichtet aus lose aufeinandergelegten rohen Steinen.
Etwa fünfzig Schritte entfernt von dieser Mauer befanden sich einige armselige Palmhütten, in denen drei indianische Familien wohnten, die als Peones im Rancho arbeiteten. Die Pferde der Truppe waren auf einer Weide, wo sie, ihre Vorderbeine gekoppelt, sich ihr Futter zu suchen hatten. Der Ranchero erhielt für jedes Pferd fünf Centavos Weidegeld, wie er auch für jeden Mann zwanzig Centavos erhielt. Laut Verordnung und laut Quittung, die er zu unterschreiben hatte. Wieviel er wirklich in barem Gelde erhielt, hing davon ab, wieviel Geld dem Zahlmeister in der Kasse fehlte. Jedoch der Ranchero kannte sein Vaterland und kannte die Gewohnheiten aller der kleinen Diktatoren, die der große Diktator an der Krippe zu halten verpflichtet war, um nicht selbst zu fallen. Deshalb kümmerte sich der Ranchero nicht darum, wie viele Mannschaften und wie viele Pferde er auf seinem mageren Rancho zu mästen hatte. Sich darum zu kümmern oder es gar in seinem Notizbüchelchen aufzuschreiben, würde ihm nur Kopfschmerzen bereitet haben, ohne ihn um einen einzigen Peso wohlhabender zu machen. Den Einquartierungszettel sah sich niemand an, der ihn erhielt. Er wurde an einem rostigen Nagel aufgehängt, wo er so lange hängenblieb, bis der Nagel durchrostete oder das Papier zermürbte oder von den Cucarachas aufgefressen wurde. Nur ein sechsjähriger Junge würde den Zettel genommen und zum Zahlmeister in die Garnison gebracht haben, um ihn dort einzukassieren. Jeder, der älter als sechs Jahre war, wußte, daß über die Richtigkeit des Zettels so lange gestritten werden würde, bis der Ranchero inzwischen so wütend geworden war, daß er den Zettel vor den Augen des Zahlmeisters zerriß und ihm die Fetzen vor die Füße warf. Denn wozu ist eine Diktatur gut, wenn dabei nichts verdient werden kann.

4

Das Tor in der Steinmauer, die den Patio umzäunte, bestand aus sechs starken Pfählen, die quer in eingerammte Stämme gequetscht wurden und die der Junge, wenn er am Abend die Kühe und Ziegen heimbrachte, herauszerrte, damit das Vieh die Nacht über im Patio bleiben könne, des besseren Schutzes gegenüber Jaguaren wegen.
Jetzt stand vor diesem Tor ein Posten mit aufgepflanztem Bajonett, der auf- und abging, und wenn er jemanden sich nähern sah, nahm er das Gewehr in beide Hände und rief: »Quien vive?« Wenn der Angerufene erwiderte: »Amigo, Freund!«, so durfte er passieren. Hätte er jedoch geantwortet: »Enemigo, Feind!« so würde der Posten, als tapferer Soldat, den bösen Feind sofort erschossen haben.
Irgendwelche andere Posten aufzustellen, war nicht notwendig. Gegen Rebellen stellt man keine Posten auf. Man würde sie dadurch ja als Soldaten anerkennen. Rebellen, Meuterer, Streikende sind Feinde der Staatsordnung, Verbrecher und Zuchthäusler, die man ehren würde, wollte ein Offizier ihnen gegenüber die üblichen militärischen Vorsichtsmaßregeln anwenden, die nur dem Landesfeind gebühren, weil der fähig ist, eine schläfrige Munitionsindustrie aufzuwecken und zu beleben. Und das verdient militärische Ehren.
Überhaupt war es auf alle Fälle überflüssig, eine Menge Mannschaften zu ermüden und sie für den harten Marsch am nächsten Tage unfähig zu machen dadurch, daß man sie um ihre Nachtruhe brachte nur der Wachen und Patrouillen wegen. Die Mannschaften der Infanterie schliefen im offenen Patio. Draußen, vor dem Patio, bei den Hütten der Peones, schliefen die Berittenen. Die Mannschaft lagerte im Freien, völlig angekleidet, in der Nähe ihrer in Pyramiden aufgestellten Gewehre.
Der Divisionario hatte am Abend nach drei Richtungen hin Erkundigungspatrouillen ausgesandt, die zurückkamen mit der Meldung, daß sie noch nicht einmal einen lahmen Esel angetroffen hätten, gar nicht zu reden von einem Manne. Indianische kleine Bauern, die den Weg gewandert kamen und aufgehalten

worden waren, um sie über Neuigkeiten zu befragen, gestanden, daß sie keine Rebellen gesehen, aber daß sie wohl gehört hätten, daß weit hinten auf den Prärien eine Horde von Banditen sich aufhalte, die dort rauben, plündern und alles Vieh stehlen würden. »Das läßt keinen Zweifel, meine Herren, daß diese Stinksäue immer noch da draußen herumlungern, wo Teniente Bailleres sie besuchte. Schade eigentlich, daß sie nicht näher herankommen und uns den langen Marsch bis dorthin wenigstens zur Hälfte ersparen. Das sind ungefähr sieben oder acht Stunden Marsch, die wir morgen vor uns haben, ehe wir das Pack an den Ohren nehmen können.« Der Divisionario gähnte, goß sich einen kräftigen Zwitscher durch die Kehle, goß sich noch ein zweites Glas voll und schob die Flasche weiter.
Es wurden drei weitere Flaschen gebracht.
Der Divisionario spielte mit drei Offizieren Domino. Seitdem ihm der Ranchero das Domino gebracht hatte, dachte er höher von dem Manne und sah ihn als zivilisierten Menschen an; denn Menschen ohne Kultur und Intelligenz haben kein Verständnis für die geistigen Anstrengungen, die ein Dominospieler aufzubringen hat, um auszuklügeln, welche Klötzchen noch ausstehen und wer von den Mitspielern sie vor sich aufgebaut hat. Es ist ein Spiel, würdig nur sehr großer Strategen und ähnlicher Geisteshelden. Halbidioten mühen sich mit Schach ab. Aber was ist Schach? Da braucht man nicht zu raten, nicht zu klügeln; denn man hat ja alle Figuren vor sich aufgebaut, man sieht, was der Gegner besitzt, und man beobachtet genau, was er tut. Das ist ein Spiel für kleine Schuljungen und für Geistesschwache. Domino dagegen! Der Divisionario wußte recht gut, warum er Domino als das intelligenteste Spiel betrachtete, das Menschen je erfunden hatten. Als einer der Offiziere vorzog, einen vierten Mann beim Kartenspiel zu machen, lud der Divisionario seinen Gastgeber, den Ranchero, ein, mit am Domino teilzunehmen.
»Entschuldigen Sie, Don Facundo, daß ich mich in Ihnen geirrt habe«, sagte er, ihn freundschaftlich anlachend, als sich der Ranchero ihm gegenübersetzte, »ich habe Sie nur gerade für einen der üblichen dummen Kleingutsbesitzer gehalten, von denen wir hier im Staate eine solche Unmasse haben, die nur an ihr Rindvieh

denken können und an sonst nichts. Freut mich, in Ihnen eine angenehme Ausnahme zu sehen, einen Mann mit Intelligenz und Begabung. Salud. Auf Ihre Gesundheit, Don Facundo. So, und da lassen Sie uns nun mal sehen, was ich hier habe.« Mit einem mächtigen Tatzenhieb schlug der Divisionario sein Klötzchen auf den Tisch und schob die Fünf gegen die aufgelegte Fünf mit einer Miene, als könne niemand sonst auf Erden eine Fünf gegen eine andere Fünf anlegen. Als er mit dieser gewaltigen Leistung fertig war, klappte er beide Handflächen gegeneinander, rieb sie heftig, während er mit gierigen Augen auf die gelegten Klötzchen blickte, um zu sehen, was der nächste Spieler anlegen würde. Sobald das Klötzchen gelegt war und er fand, daß an beiden Enden eine Sechs auf Anschluß wartete, glaubte er sich berechtigt, ein neues Glas als Belohnung runterzugießen.

Es war elf Uhr, als er entschied, daß es Zeit sei, sich nun endlich hinzulegen und damit den übrigen Offizieren Gelegenheit zu geben, sich für die Nacht zu verabschieden.

Um zwölf bebte das Gelände, auf dem der Rancho lag, von dem Schnarchen aller derer, die zu schnarchen verstanden. Soviel gesundes Schnarchen um sich herum konnte der Posten am Tor nicht lange ertragen. Er stellte sich bequem gegen einen Pfosten und ließ das Gewehr mit dem aufgepflanzten Bajonett zwischen seinen Beinen hinuntergleiten. Gesetzt den Fall, so dachte er, als er dröselnd einnickte, der Cabo kommt mit dem neuen Posten und findet mich eingeschlafen, dann haut er mir ein paar in die Fresse und läßt mich zwei Stunden länger stehen. Ein paar mehr oder weniger in die Fresse gehauen macht mich ja doch nicht zu einem Sergeanten mit höherer Löhnung, und tausendmal habe ich auf Posten nicht gerasselt und bin doch nicht einmal Cabo geworden, also was hat es für Zweck, hier zu stehen und ein dummes Gesicht zu machen, wenn die ganze Erde schnarcht und ich armer Soldat hier allein wach bleiben soll. Was die Gabina doch für schöne, fette, dicke Waden hat. Wenigstens auf alle Fälle sechs Tage noch, ehe wir wieder zurück sind und ich sie rumschleifen kann beim Tanz. Und eine gute Musik hat der Don Teodulo, wenn er Tanz hat, und einen verflucht guten Comiteco schenkt er aus. Verdammt, die Augen brennen mir, als ob mir ein altes Mule rein-

gepißt hätte. Ja, die Musik beim Don Teodulo, dagegen kann man nichts sagen. Die ist gut. Und die Gabina, fette, speckige, dicke Waden. Und morgen wieder den ganzen Tag rennen, wie verrückt. Dios mio, wenn doch nur einmal auf Gottes weiter Erde das Soldatenleben ein Ende hätte und man ruhig auf seinem Petate schlafen kann, wenn man will, und niemand einem in die Fresse hauen kann, ohne daß man ihm gleich dreimal in seine schiefe Fratze haut. Müde bin ich wie eine alte Sau, das weiß Gott im Himmel.
Bei diesen Worten räkelte er sich noch bequemer, seinen Rücken gegen den Pfosten schabend, und zog den Kopf dicht in die Schultern, um sich wärmer zu fühlen.

Zwölftes Kapitel

I

Niemand, weder Soldat noch Offizier, wußte mit Bestimmtheit zu sagen, ob er nur gerade fünfzehn Minuten geschlafen habe oder vier Stunden. Niemand wußte genau anzugeben, ob es ein Uhr morgens sei oder vier Uhr. Jedoch es war kalt und windig, und daraus schloß ein jeder, der das Land kannte, daß es näher gegen vier Uhr sein müßte als gegen ein Uhr. Und merkwürdigerweise dachte niemand, nicht einmal einer der Offiziere daran, einfach nach seiner Uhr zu sehen, um zu wissen, welche Zeit es sei. Jeder fürchtete, ein Zündholz aufleuchten zu lassen oder eine elektrische Taschenlampe anzuknipsen. Denn ein jeder fühlte, daß, würde er auch nur durch ein Fünkchen seine Stellung verraten, es ihn das Leben kosten könnte. Die Aufmerksamkeit eines jeden war von anderen Dingen so gefesselt, daß es lächerlich erschienen wäre, zu wissen, welche Stunde in der Nacht es sei. Denn wenn es nicht lichter Morgen sein konnte innerhalb der nächsten zwanzig Sekunden, so war es schon völlig gleich, ob es ein Uhr nachts war oder vier Uhr morgens.

Das Seltsame geschah. Alles, was im Rancho lagerte, wachte auf. Alle beinahe zur selben Sekunde, alle wie von einer Stimme gerufen, die sie nicht gehört hatten, jedoch glaubten, gehört zu haben. Das erste bestimmte Geräusch, das alle hörten, war ein plötzliches Bellen der Hunde, das sich verstärkte. Die Hunde, wie gewöhnlich, bellten die ganze Nacht hindurch und ohne Unterlaß. Sie bellten der zahlreichen Pferde und Mules wegen, die herumhoppelten; sie bellten der großen Zahl schlafender Soldaten wegen, und sie bellten sich gegenseitig an, die Hunde des Ranchos und die der Peones auf der einen Seite, und die Hunde, die der Truppe nachliefen und von der Truppe geduldet wurden, auf der andern. Darum achtete niemand auf das Bellen der Hunde. Nur als das Bellen heftiger wurde und sich auf einen bestimmten starken, wütenden Ton sammelte, wußte ein jeder im Rancho, daß hier etwas vorging, was ungewöhnlich sein mußte.

Ein jeder aber, Mann und Offizier, blieb auf seinem Lager, richtete sich nur verschlafen auf und bemerkte in der tiefschwarzen Nacht, daß eine Menge von Pferden in den Patio gebrochen waren und hier scheu und unruhig herumstampften. Dazwischen bemerkten die verschlafenen Leute die Schatten von Gestalten, die hin und her rannten, offenbar die Pferde zusammenjagend und aus dem Patio treibend. Die Gestalten kamen dicht zu den Schlafenden, stolperten über sie hin, fielen auf sie, erhoben sich mit einem kurzen Fluch und strauchelten wieder weiter, die Pferde zusammentreibend.

Die Pferde, die im Patio herumwirtschafteten und die Schläfer störten, hatten die Koppeln an den Vorderbeinen verloren. Das war die Ursache, daß sie bis hierher in den Patio gekommen waren, entweder aus Furcht vor einem hungrigen Jaguar, der auf der Weide herumschlich, oder herangelockt von dem Mais, der hier in Säcken aufgeschichtet war und zum Füttern der Pferde am Morgen diente.

Hier und da hörte man Schimpfen und Fluchen der Mannschaften, die aus dem Schlaf aufgescheucht und von einem Kameraden, der den Patio verließ und außerhalb der Umzäunung private Geschäfte erledigen mußte, getreten worden waren, weil der schweren Finsternis wegen ja niemand sehen konnte, wohin er trat.

In weniger als fünf Minuten erstarben die merkwürdigen Geräusche, das Schimpfen und Fluchen der Leute, das unruhige Herumstampfen der Pferde, ebenso plötzlich, wie sie aufgetaucht waren. Die Hunde änderten den Ton ihres Bellens wieder und bellten nur ihre gewöhnlichen Nachtgespräche. Einige der Leute, die aufgestanden waren, ohne sich aber von ihrem Platze zu begeben, ließen sich, immer noch halb im Schlafe, wieder fallen und schliefen weiter, froh darüber, daß sie noch nicht aufgeschüttelt waren und daß sicher noch einige schöne Stunden fehlten, ehe El Corneta zu trompeten begann.

In zehn Minuten schnarchte das ganze Lager, tiefer und wohliger als vorher.

2

Als die Hornsignale über den Rancho blecherten, jeder sich zu recken begann, jeder so weit gähnte, daß er sich selbst zu verschlingen drohte, dann jeder sich Kopf, Rücken, Brust und Beine kratzte, als fühle er eine Lage Haut zuviel an seinem Leibe, waren die ersten Worte, die jeder, Mann oder Offizier, zu seinem Nachbarn sagte: »Verflucht, habe ich das in der Nacht geträumt, oder war hier wirklich für eine Weile die Hölle los!« Worauf der Nachbar erwiderte: »Also dann habe ich das nicht geträumt, wenn du das auch gehört hast. Da müssen ein halbes Hundert Jaguare auf der Prärie gewesen sein, die alle Pferde hier hereinjagten und mir auf dem Bauche rumtrappelten.« Und der Divisionario sagte zum Capitan, der auf der benachbarten Pritsche saß, gähnte und sich kratzte: »Dem Sergeanten von der Kavallerie werde ich eine hinter die Ohren wischen, daß er die Gäule nicht besser bewachen läßt. He, gottverflucht noch mal, wo habe ich denn meine Kanone hingelegt? So besoffen war ich doch nicht, daß ich nicht mehr weiß, wo ich den Gürtel mit meiner Kanone hingefeuert habe. Ich weiß genau, ich habe den Gürtel hier über die Kante gehängt, dicht zur Hand.« Der Divisionario suchte nach rechts, suchte nach links, suchte unter der Pritsche, suchte an den Holzpflöcken, in der Lehmwand, tastete sich am Bauche rundherum ab und sagte dann mit erstauntem Gesicht: »Ja, gottverflucht noch mal, wo zu tausend Teufeln habe ich denn meine Artillerie nur hingeschmissen letzte Nacht? Sagen Sie, Capitan, war ich denn wirklich so besoffen, daß ich nicht mehr wußte, was ich mache?«

»Sicher nicht, mi general. Ich hatte den Eindruck, daß Sie nüchtern waren wie ein Pfaffe vor der ersten Frühmesse.«

»Ob ein Pfaffe immer nüchtern ist vor der Frühmesse, das will ich ja noch bezweifeln«, antwortete der Divisionario aufstehend und an seinen Beinen heruntersehend, in der Hoffnung, zu finden, daß seine Kanone ihm zwischen den Beinen baumele. »Aber Pfaffe oder nicht Pfaffe in der Frühmesse, meine Pistole ist weg, das eine weiß ich bestimmt.«

»Vielleicht hat der Bursche sie sich geholt, um sie zu putzen«, sagte ein Leutnant.

»Er scheint gleich alle Revolver zum Putzen mit hinausgenommen zu haben«, meinte ein anderer der Offiziere, der ebenfalls seit einigen Minuten mit der flackernden Kerze unter der Matte, in seinen Stiefeln, unter seinem Haufen Kleider nach seiner Pistole gesucht hatte.
Draußen vor dem Hause, in dem weiten Patio, ging das übliche Gewimmel der Mannschaft nach dem Wecken vor sich. Es war immer noch stockfinstere Nacht, jedoch an mehreren Stellen im Patio brannten nun kleine Feuerchen, die den Hof erleuchten sollten.
»Du, Claudio!« hörte man einen Mann laut aus dem Gewimmel heraus rufen: »Hast du denn nicht meinen gottverdammten Karabiner gesehen? Weiß der Teufel, wo er hingekommen ist.«
»Frage mich nicht, du Esel, seit einer halben Stunde mache ich nichts anderes, als nach meiner Schießbüchse zu suchen. Auch das Bajonett ist, ich weiß nicht wo.«
Ein Sergeant schrie ärgerlich über die Leute hin: »Wer von euch Rotzlumpen hat denn die Gewehrpyramiden umgeschmissen. Nicht ein einziger Knüppel ist zu sehen.«
Das Gewimmel der Leute wurde dicker und unruhiger.
Gleich darauf hörte man von allen Ecken und Winkeln des Patio immer nur dieselbe ärgerliche und wütende Frage: »Welcher gemeine Hurenhund hat denn meinen Karabiner verstellt?« Dann wieder: »Wo ist denn mein Schießknüppel, verflucht noch mal?« Aus einer anderen Ecke: »Das kann ich dem verdammten Cabron aber schwören, wenn ich den erwische, der mir meine Flinte versteckt hat, ich schlage ihm alle seine Zähne aus dem Rachen; zur Hölle mit der ganzen Bande, wo ist denn das gottverfluchte Gewehr nur hingekommen? Die ganze Nacht lag es dicht an meiner Seite wie eine dürre Braut, und nun ist es verschwunden.«
Der Hornist blies zum Antreten und zur Morgenparade. Der Tag begann zu grauen. Als abgezählt wurde, stellte es sich heraus, daß hundertdreißig Karabiner fehlten, acht Offiziersrevolver, zwei Maschinengewehre, vier Kisten Maschinengewehrmunition, alle Tragsättel der Maschinengewehrabteilung, hundertfünfzig gefüllte Patronengürtel und eine unbestimmte Zahl von Bajonetten, Messern, kleinen Feldbeilen, und ungefähr zwanzig Säcke

voll Mais. Als die Kavallerie dann zur Parade anzureiten begann, rutschten die Soldaten nach und nach von den Rücken der Pferde, und die Pferde, scheu gemacht, rannten wild davon. Es fand sich, daß alle Sattelriemen zu dreiviertel durchgeschnitten waren und durchreißen mußten, sobald das Pferd zu galoppieren anfing oder unruhige Sprünge versuchte.

»Ihr seid mir auch eine verlauste Bande von Soldaten!« schrie der Divisionario. »Ist so etwas je vorgekommen in einer Armee? Lassen sich ihre Schießknüppel unterm Ursch wegziehen. Drei Monate lasse ich euch strafexerzieren, daß euch die grüne Suppe aus allen Nähten spritzen soll. Und jeder, dem seine Spritze fehlt, kriegt zehn Tage aufgebrannt. Ich werde euch lehren, was eure Waffen wert sind, schäbiges Gesindel. Jeder, der kein Gewehr hat, schneidet sich einen Knüppel ab, und mit Knüppeln geht es jetzt los gegen die verdreckten Schweine, die euch die Waffen unterm Hintern weggestohlen haben. Oder, verflucht noch mal, ich lasse die ganze Bande hier füsilieren. Abtreten zum Frühstück!«

3

»Und Sie, Caballeros«, sagte der Divisionario, während sich die Offiziere zum Frühstück niedersetzten, ,,ich bemerke auch, Sie haben keine Revolver. Was haben Sie denn zu Ihrer Entschuldigung zu antworten?«

Die Offiziere, die wohl wußten, daß nicht nur ihnen, sondern auch ihrem kommandierenden General der Revolver spurlos abhanden gekommen war, sagten zuerst nichts. Sie versuchten lediglich, ihren General mit einem vertraulichen Zwinkern anzulächeln. Der Divisionario jedoch erwiderte mit einer ernsten Grimasse, die jede weitere Vertraulichkeit ausschloß.

Ein Leutnant, der rasch jene ernste und unnahbare Grimasse verstanden zu haben schien, blickte auf die rechte Hüfte des Divisionarios und gab seinen Kameraden mit einem zugekniffenen Auge einen Wink, der Richtung seines Blickes zu folgen.

Auf der rechten Hüfte des Divisionarios baumelte ein vorschriftsmäßiger 45er Armeerevolver. Sie alle waren der Meinung, daß der Divisionario bisher keinen Armeerevolver, sondern einen vorschriftsmäßigen Automatic geführt hatte. Aber jeder von ihnen

glaubte, daß er sich getäuscht haben könnte und daß der Divisionario für diesen Marsch gegen die Rebellen seinen Automatic gegen einen Revolver ausgetauscht hätte, ohne daß es einem bis jetzt aufgefallen wäre.
Der Divisionario freilich hatte es leicht, ein gewaltiges Wort zu führen gegen jeden, dem seine Waffe in der Nacht gestohlen worden war. Gleich nachdem er für einige Sekunden herumgesucht hatte und seinen Automatic nicht finden konnte und sich des merkwürdigen Getümmels der Nacht erinnerte, kam ihm eine leise Idee dessen, was geschehen sein mochte. Ohne länger zu suchen, lief er hastig aus dem Raum und ging zu der Tür des zweiten Raumes im Hause, in dem der Ranchero mit seiner Familie schlief. Am Abend vorher hatte er bemerkt, daß der Ranchero einen beinahe neuen schweren 45er Revolver besaß. Und mit einer Summe, sofort bezahlt in bar, für die sich der Ranchero zwei Revolver kaufen konnte und noch genug übrigbehielt, um sich auch noch mehrere Schachteln Munition hinzuzukaufen, erwarb sich der Divisionario diesen Revolver mit der Bedingung, daß der Ranchero sein Ehrenwort zu geben hatte, nichts von diesem Handel zu verraten.
»Ich frage noch einmal, meine Herren, was haben Sie zu Ihrer Entschuldigung zu sagen?« Der Divisionario wiederholte seine Frage mit dem ganzen Ingrimm, den er empfand, daß ihm die Rebellen einen solchen Streich spielen konnten. Was seinen Ingrimm aber zum höchsten Zorn entfachte, war nicht der Raub der Waffen an sich, sondern daß diese dreckigen und verlausten Muchachos es gewagt hatten, sich in dieser Weise an ihm und den regulären Federal-Truppen, dem Stolz der Nation, zu vergreifen, daß sie sowenig Respekt vor den Flaggen gezeigt hatten, die im Patio aufgepflanzt waren, und daß sie diese Flaggen in kleine Fetzen zerschneiden und mit gewöhnlichem frischem Schitt beschmieren konnten.
Der nächstälteste Offizier stand auf, salutierte und sagte: »Mit Ihrer Erlaubnis, mi general, im Namen meiner Kameraden habe ich die Erklärung abzugeben: Wir haben nichts zu unserer Entschuldigung zu sagen und stehen zu Ihren Befehlen!«
Der Divisionario sah seinen jüngsten Leutnant scharf und ver-

nichtend an: »Sie, Leutnant Manero, haben doch Lagerdienst. Richtig?«
»Si, mi general, ich habe Lagerdienst.«
»Wir werden uns sprechen, Teniente Manero, später.«
»Au sus ordenes, mi general!«
Der Divisionario nickte vor sich hin.
In diesem Augenblick brachten die Mädchen auf Tellern aufgeschnittene Papayas zum Tisch, als Frühstücksfrucht.
Der Divisionario, der zuerst bedient worden war, blickte auf den Teller mit leeren Augen, als sähe er ihn nicht. Er nickte nochmals. Dann griff er mechanisch nach dem Messer und der Gabel, schnitt sich ein Stück der saftigen Frucht ab und schob es in den Mund, den er ungewöhnlich weit öffnete, als wolle er ein Stück einschieben, das dreimal größer sei.
Während er die Frucht zwischen Gaumen und gewölbter Zunge leicht zerdrückte, um ihren Geschmack voll auszukosten, nickte er abermals vor sich hin. Als er den Teller geleert hatte und einige Minuten warten mußte, ehe die Eier hereingebracht wurden, sagte er, alle Offiziere der Reihe nach ansehend: »Nach uralten militärischen Regeln und Grundsätzen, die freilich nie in den Regulationen aufgenommen wurden, habe ich nun eigentlich die Verpflichtung, einen ehrenvollen Abschied von dieser Erde zu nehmen durch einen guten Schuß in meinen oberen Kasten.«
Ein lauter Protest der Offiziere erfolgte, wie es ja auch deren Pflicht war gegenüber einem Vorgesetzten. »Wir sind nicht im Kriege, mi jefe.« »Das ist ja alter blöder Unsinn.« »Wir sind moderne Soldaten, mi general.« »Das ist alter vermoderter Aberglaube.«
Leutnant Manero zeichnete sich besonders aus durch ein lautes und energisches: »Ich, mi general, ich allein habe alle Schuld. Ich habe Lagerdienst. Ich habe in meiner Pflicht gefehlt. Ich bin es, der Abschied zu nehmen hat. Ich bitte um die Erlaubnis, mich in Ehren verabschieden zu dürfen.«
Was für ein Mann! Welch eine Größe als Offizier! Er würde in der Geschichte des Bataillons für ewig fortleben als der Offizier, der den Tod der verlorenen Ehre vorgezogen hatte. Das war das Material, aus dem die Offiziere der glorreichen Armee geformt wurden.

Solange ein solcher Geist unter den Offizieren bestand, so lange bestand auch nicht die geringste Gefahr, daß die Nation vielleicht gar ausgelöscht werden könnte. Ohne Arbeiter und ähnliches Gesindel, das ewig vom Hungern faselte, ewig streiken wollte, ewig an der Regierung zu nörgeln wußte, konnte eine Nation recht wohl bestehen und die gebührende Achtung vor allen zivilisierten Nationen der Erde beanspruchen; aber ohne solche Offiziere, wie Leutnant Manero einer war, konnte keine Nation auch nur einen Tag lang leben.

Das wurde sofort und richtig von allen anwesenden Offizieren begriffen, die in ein dreimaliges »Viva, Manero!« ausbrachen, während sich alle, mit Ausnahme des Divisionario, erhoben.

Der Divisionario unterbrach das Geheul der von Ehre übertriefenden Feuertänzer mit einem kurzen harten: »Leutnant Manero, für einen solchen kindischen Unfug gebe ich Ihnen meine Erlaubnis nicht. Verstanden? Was sogar mehr ist, ich verbiete Ihnen hiermit als Ihr höchster Vorgesetzter, die Waffe gegen sich selbst zu richten. Die Truppe ist im Felde. Selbstmord im Felde kommt gleich einer Desertion vor dem Feinde. Verstanden, Leutnant Manero!«

»A sus ordenes, mi general!« Der Leutnant war aufgestanden und salutierte seinem General.

Es war eine höchst ehrenhafte, zweifelsfreie und gut militärische Rettung der Lage. An Logik ließ diese Art von Rettung nichts zu wünschen übrig hinsichtlich ihrer Unangreifbarkeit. Der Divisionario konnte keine Befehle geben, die er selbst zu befolgen nicht willens war. Ein Befehl von ihm gegeben galt für die gesamte Truppe. Er war ein Teil dieser Truppe. Selbstmord im Felde war schamlose und ehrlose Desertion. Weniger als sonst jemand konnte sich der kommandierende General einer Truppe der Desertion schuldig machen. Karabiner konnten ersetzt werden. Ein General nicht. Auch das war zu bedenken. So blieb nichts anderes übrig, als das Frühstück mit dem üblichen Genuß zu beenden, ohne die Verdauung durch Selbstmordgedanken nachteilig zu beeinflussen.

4

Als das Frühstück in allen seinen Teilen vorüber war und auch die Zahnstocher aufgebraucht waren, gab es keine Entschuldigung mehr, noch länger hier am Tische sitzen zu bleiben.

Der Divisionario rief einige Soldaten herbei, die rohen steifen Stühle, auf denen die Offiziere gesessen hatten, in den Portico zu bringen, wohin er alle Offiziere und die ersten Sergeanten zu einem Kriegsrat befahl.

»Sergeant Morones, wieviel Gewehre bleiben uns?« fragte er den Obersergeanten, den er beauftragt hatte, alle verbleibenden verfügbaren Waffen und Munitionen zu zählen.

Es war nach Meinung des Divisionarios reichlich genug, den geplanten Vormarsch nicht aufzugeben. Die Muchachos, auch wenn sie dreimal mehr Waffen besitzen sollten als die Federales, verstanden mit den Waffen so wenig umzugehen, daß, wie alle Offiziere übereinstimmend glaubten, jeder bewaffnete Soldat zwanzig bewaffnete Rebeldes wert war. Die Indianer hielten, wie er wohl wußte und wie alle übrigen Offiziere ebenfalls wußten, den Kolben gegen den Feind statt gegen ihre eigene Schulter. Diejenigen der Aufwiegler, die aber die Mündung in die Richtung gegen den Feind zu halten verstanden, quetschten den Kolben zwischen ihre Knie oder vor den Bauch, oder stellten ihn glatt auf den Boden und hockten sich beim Schießen daneben hin, in der Hoffnung, daß die Kugeln genau dahingehen würden, wohin der Indianer wünscht, daß sie gehen sollen. Mit Steinen, Lanzen oder Pfeilen würde der verdreckte Indianer ja richtiger umzugehen wissen, aber moderne Schußwaffen schießen ganz von selbst auf das Ziel, das man treffen will. Das war völlig klar, und jedem Offizier und Sergeanten war es auch noch persönlich aus den zahlreichen Kämpfen gegen Streikende, Aufständische und rebellische indianische Bauern bekannt. Hier war das nicht anders, um so weniger, als der Bursche, der sich von den Rebellen General nennen ließ, sich benahm und bewegte, als wäre er ein alter Waschlumpen. Dafür hatte der Divisionario den Bericht eines zuverlässigen Augenzeugen, des Leutnants Bailleres.

Die Zahl der Rebellen war auch bekannt. Nach allen Erkundigun-

gen und genau berechnet, wie viele gefallen und hingerichtet waren, konnte ihre Zahl jetzt nicht viel mehr sein als nur noch höchstens hundert oder hundertzwanzig Mann, von denen eine gute Anzahl verwundet sein mußte und eine gleich große Zahl völlig unfähig, eine Waffe zu gebrauchen und regulären Soldaten gefährlich zu werden.
Durch diesen Angriff erhielten aber auch die Soldaten ihre gestohlenen Waffen wieder; sie gewannen außerdem die Waffen, die früher gestohlen oder sonstwie in die Hände der Rebellen gelangt waren, und die Truppe konnte daraufhin mit vollen Ehren in die Garnison heimmarschieren.
Allem, was der Divisionario in diesem Offiziersrat vorschlug, wurde ohne Widerspruch zugestimmt, weil es militärisch richtig und, vom Standpunkt der Ehre aus betrachtet, unvermeidlich war. »Zuerst stets die Ehre, Caballeros!« wiederholte der Divisionario bei jeder Gelegenheit, wenn er sonst nicht wußte, was zu sagen, was zu befehlen und was zur Diskussion vorzuschlagen.
Obersergeant Morones, der diesem Offiziersrat mit den übrigen ersten Sergeanten beiwohnte, war infolge seiner langen Dienstzeit und seiner Erfahrung bei dem Divisionario sehr beliebt. Der Kommandierende betrachtete den Sergeanten gleich einem Offizier, und er hatte bereits vor längerer Zeit beim Kriegsministerium die Eingabe gemacht, den Sergeanten Morones zum Unterleutnant zu ernennen und damit in das Offizierskorps einzureihen. Diese Eingabe würde bestimmt bewilligt.
Morones durfte sich in allen Dingen viel mehr Freiheiten erlauben als die jüngeren Offiziere, die gerade von der Akademie gekommen waren und in jeder Hinsicht als grün galten, mit Fetzen ihrer Windeln noch am Hintern klebend.
Es war nun Sergeant Morones, der sagte: »Wenn Sie mir gestatten wollen, mi general!«
»Reden Sie, Sergeant Morones, dazu sind wir hier, um zu reden und Vorschläge zu machen. Freilich, viel ist hier nicht zu beraten. Wir ziehen los und verknüppeln dieses nichtswürdige respektlose Gesindel ein für allemal. Daß wir überhaupt hier beraten, ist nur, weil uns Waffen fehlen und die Munition nicht allzu reichlich ist. Also, was haben Sie, Morones?«

»Ich denke, mi general, daß hier in der ganzen Sache etwas nicht in Ordnung ist, wenn ich so sprechen darf, mi general.«
»Was denn? Was meinen Sie, Sergeant Morones?« Der Divisionario fragte merkwürdig kurz und hart. Er fürchtete, Sergeant Morones möchte gar Kritik an den genialen Vorschlägen des Kommandierenden üben, oder was schlimmer war, er hätte gar einen Fehler in den Plänen entdeckt. Aber er war sich auch bewußt, daß der Sergeant gut erzogen war, insbesondere als Soldat, und sehr geschickt vermeiden würde, Fehler in den Plänen eines hohen Vorgesetzten zu entdecken.
Junge Leutnants waren in dieser Hinsicht viel ungeschickter und taktloser. Sie kamen zuweilen mit einem halben Dutzend neuer eleganter Ideen, die sie zwar nicht als Kadett gelernt hatten, wo immer noch nach den Methoden Cäsars, Hannibals und Alexanders unterrichtet wurde und die Methoden Napoleons als modern galten; sondern sie hatten solche hypermodernen Ideen in einem Buche moderner französischer Taktik gefunden, halb verstanden und nicht verdaut, und versuchten dann bei Gelegenheit, mit diesen Ideen zu glänzen, wenn der Kommandierende die Pläne für Feldübungen ausarbeitete und dazu die grünen Offiziere befahl, um sich an deren Unbeholfenheit zu ergötzen.
Aber das Gesicht des Divisionarios leuchtete wohlgefällig auf, als der Sergeant, beinahe wie ein Schüler, ganz unschuldig fragte: »Warum glauben Sie wohl, mi general, warum die Rebellen nicht alle unsere Mannschaften in der Nacht ermordet haben? So leicht und geräuschlos, wie sie zwischen unsern Leuten herumgeschlichen sind, um unsere Waffen zu stehlen, so leicht hätten sie wohl auch jedem von uns den Hals abschneiden können. Und weil sie das nicht getan haben, mi general, darum dachte ich, daß hier etwas nicht in Ordnung sein müsse.«
Der Divisionario lächelte. Mit diesem väterlichen Lächeln auf den rosigen und schmalzigen Lippen sah er die Offiziere der Reihe nach an. Dann nickte er dem Sergeanten zu und sagte versöhnlich, wohlwollend und belehrend: »Sergeant Morones, Ihre Frage und Ihre Bemerkung zeugen davon, daß Sie ein tüchtiger Soldat sind, und daß Sie selbst zu denken vermögen und sich Fragen stellen in ungewöhnlichen Vorkommnissen wie dem der vergangenen

Nacht. Jedoch die Frage ist leicht beantwortet, Sergeant Morones.«
Die Offiziere, von denen keiner dieses merkwürdige Verhalten der Rebellen erwähnenswert gefunden hatte, obgleich es auffallend war, warteten mit angespannten Mienen auf die Erklärung ihres Kommandierenden. Die Wichtigkeit der Bemerkung des Sergeanten kam ihnen in diesem Augenblick zur Erkenntnis. Jedoch der Divisionario übersah diese Wichtigkeit völlig. Seine Erklärung war ein Beispiel für das erschlaffte Denkvermögen aller Männer, die unter der Diktatur ein Amt oder eine Würde bekleideten. Intelligente Männer vermochten sich kein halbes Jahr in irgendeiner öffentlichen Stellung im Staate zu halten.
»Einfach, meine Herren. Nichts ist einfacher auf Erden zu erklären als das Verhalten der verdreckten Säue. Diese verlausten Schweine wissen recht gut, daß mit dem Tode ein jeder bestraft wird, der sich am Leben irgendeiner Person vergreift, die eine Autorität darstellt. Das bezieht sich nicht nur auf El Caudillo, sondern ebenso auf Offiziere, Soldaten und Polizeimannschaften. Selbst der Versuch, das Leben einer Autorität anzutasten, ja nur zu bedrohen, wird mit Füsilieren oder Hängen bestraft. Das ist es, Caballeros, wovor dieses schamlose Gesindel Furcht hat. Sie wissen recht gut, diese räudigen Hunde, daß Stehlen der Waffen in Friedenszeiten nur wie anderes Stehlen bestraft wird, mit einigen Monaten Gefängnis, nichts weiter. Darum wurde keinem von unsern Leuten auch nur ein Haar gekrümmt. Es ist die blasse Angst dieser Hundesöhne; und sie alle handeln genau so, wie es von solchen verlausten Spitzbuben zu erwarten ist. Schleichen sich in der Nacht herbei, um zu stehlen. Am hellen lichten Tag, wenn Gottes Sonne scheint, da verkriechen sie sich in ihren Aashöhlen. Das ist ja auch der Grund, der alleinige Grund, warum sie nicht auf uns losmarschieren und dort hinkommen, wo wir willens waren, auf sie zu warten, um ihnen ihre längst verdienten derben Prügel zu verabfolgen und sie dann aufzuhängen, wenn die Stricke langen. An Wehrlosen, wie hier an Leutnant Bailleres, und an unsern drei verunglückten Kameraden, da vergreifen sie sich, da haben sie Mut. Aber einem ehrlichen Soldaten offen im Felde gegenüberzutreten, da fehlt diesen Läusefressern der Pfeffer in

den Eingeweiden. Das ist Ihnen klar, Sergeant Morones, denke ich.«

»Si, mi general, muchas gracias, das ist mir nun völlig klar.« Sergeant Morones sagte es mit aller schuldigen Ehrfurcht des Untergebenen gegenüber einem so hohen Vorgesetzten. Aber in seinem Ton lag es, mitklingend ohne seinen Willen, daß er um nichts klüger geworden war und daß er anders darüber dachte. Als guter und erfahrener Soldat, der außerdem auch wußte, daß seine Beförderung zum Offizier davon abhing, Vorgesetzten immer recht zu geben, stets taktvoll gegen Höhere zu sein und sich um nichts zu bekümmern, was ihm nicht ausdrücklich befohlen worden war, hütete er sich wohl, irgendwelche Bedenken, die ihm geblieben waren, noch einmal zu erwähnen, nachdem der hohe Vorgesetzte seine Meinung ausgesprochen hatte.

Dreizehntes Kapitel

I

Die militärische Ausbildung Generals hatte sich auf die praktischen Kenntnisse beschränkt, die einem jeden gewöhnlichen Soldaten in einer Armee mit mehr oder weniger Rippenstößen, Backpfeifen und Anbrüllen in einem Jahr beigebracht werden können. Die tiefen Geheimnisse der höheren Kriegskunst waren ihm verschlossen geblieben, darum hatte er keinerlei Aussicht, es als Soldat in der Armee weiterzubringen als bestenfalls zu einem ersten Sergeanten, und als Sergeant hatte er keine andere Verantwortung, als darauf zu achten, daß die Leute seiner Gruppe zu der befohlenen Zeit aus ihren Bunks gezerrt wurden und zu befohlener Zeit an der befohlenen Stelle aufgereiht dastanden.
Der Divisionario hingegen, Sohn einer alten vornehmen Familie, zur Hälfte italienischer und zur anderen Hälfte französisch-spanischer Herkunft, hatte die Militärakademie mit Erfolg besucht, wo er alles das lernte, was Heerführer von den Zeiten der Babylonier her bis Wellington getan, gesagt, gelehrt, angeordnet und empfohlen hatten. Durch dieses Studium wurde er allmählich von der gewöhnlichen Rasse von Menschen, den Zivil-Unken, geschieden und den Göttern eine gute Anzahl von Stufen näher gerückt. Diese Wandlung von einem gewöhnlichen Sterblichen zu einem allerhöchsten Vertreter Gottes auf Erden begann, vom ersten Tage seines Eintritts in die Militärakademie an, sich genau nach lang ausgeprobten Regeln zu vollziehen.
Das erste war, daß er sich einer neuen und völlig veränderten Sprache zu bedienen und den Tonfall dieser Sprache so zu ändern hatte, daß, sobald er auch nur seine Kinnladen aufhakte, ein jeder gewöhnliche Mensch sofort erkannte, daß er die Ehre des Vaterlandes verkörpere und von Gott dazu ausersehen sei, ein oder mehrere neue Kapitel der ruhm- und glorreichen Geschichte der Armee hinzuzufügen.
Die Vorbereitung für eine solche hehre Aufgabe kostete freilich Mühe, Opfer, Geduld und harte Arbeit.
In den ersten Wochen nach ihrem Eintritt in die Militärakademie

hatten die Kadetten, die hofften, einstmals Divisionsgenerale zu werden, um Mitternacht, nur mit Nachthemden bekleidet und eine brennende Kerze in der Hand tragend, in den Räumen der älteren Kadetten anzutreten und durch Vorzeigen des Objektes zu offenbaren, wie weit sie es schon gebracht hatten, einen Militärstiefel richtig vorschriftsmäßig putzen zu können.
Während des Mittagessens, wenn vor ihnen gerade ein herrliches Stück saftigen Bratens hingestellt worden war und sie mit wässerndem Munde darüber herzufallen gedachten, wurden sie von einem älteren Kadetten aufgerufen, der Tafelrunde zu erzählen, was Sand sei.
Für einen werdenden General ist Sand nicht das, was ein Zivilschwein für Sand hält. So einfach wird es einem zukünftigen Heerführer in der Diktatur nicht gemacht.
Für einen pflichteifrigen, patriotischen, dienstbeflissenen, lernbegierigen und wissenshungrigen lausigen Kadetten im ersten Jahr war Sand etwas wesentlich anderes. Er mußte begreifen lernen, schon in jungen Jahren, daß für einen Kadetten Sand war: Eine aus mehr oder weniger kleinen geologischen Gebilden, die teils körnerartig, teils kristallähnlich in Erscheinung treten, teils aber auch wieder in allen nur möglichen und denkbaren bekannten und unbekannten geometrischen Formen sich zeigen und deren Herkunft, nach ihrer in Augenschein tretenden Beschaffenheit zu schließen, durch Erosion oder ständige Beeinflussung atmosphärischer Verhältnisse auf die felsigen Bestandteile des Erdkörpers entstanden ist, bestehende, lose miteinander verbundene Masse, die, wenn entsprechend geebnet und auf einem Exerzierplatz ausgebreitet, der alleinigen, jedoch lebenswichtigen Aufgabe dient, daß auf ihr eine Gruppe neueingetretener grüner, unreifer, halb uniformierter, schlecht geputzter, lümmelhafter, Sünden frönender Kadetten sich stets verspätet aufstellen, Richtung nehmen, Einzelmarsch üben und in durchaus reglementswidriger Weise und immer in verkehrter Richtung in Sektionen schwenken und zugleich einige weitere Äußerungen physisch motorischer Kräfte vollführen können zu dem endgültigen Zwecke, endlich begreifen zu lernen, daß die Beine eines lausigen Kadetten nicht dazu gebraucht werden dürften, sich oder einem Kadetten älteren

Jahrgangs, der stets und immer als sein Vorgesetzter anzusehen ist, damit in der Nase herumzubohren, sondern damit die Knie fest durchzudrücken, den Bauch einzuziehen, die Brust herauszubeulen, zu gleicher Zeit nicht dazustehen, wie eine schwangere Indianerin, und die Hände so an die äußere, aber nicht an die innere, weil das Schwierigkeiten erzeugen würde, Hosennaht zu legen, und in solcher traditionellen Gepflogenheiten folgenden Form und Weise, daß der kleine Finger mit seinem ersten Gliede gerade noch in seidenweicher Weise das militärische Tuch, aus dem die Hose gemacht ist, berührt, während das Handinnere sich nach außen zu wölbt, so daß, von vorn betrachtet, sich darin eine halbausgewachsene Maus der gewöhnlichen Art, wissenschaftlich ausgedrückt Muridae, verstecken kann und der ausgestreckte Zeigefinger in leichter Fühlung mit dem bereits vorher erwähnten und näher bezeichneten Tuche bleibt, ohne es aber direkt zu berühren, wobei durch leise Fühlung darauf zu achten ist, daß die beiden Ellbogen ein wenig gekrümmt sind, ohne affektiert zu scheinen, und nicht näher, aber auch nicht weiter von dem Riemen entfernt zu halten sind, daß man zwischen Ellbogen und Riemen gerade noch die flache Hand eines anderweitig normal gewachsenen Unteroffiziers sanft hindurchschieben kann, ohne besondere physische oder geistige Kraftanstrengungen hierfür zu benötigen, das ist militärisch richtig und vorschriftsmäßig ausgedrückt: Sand. Das oder ähnliches jeden Tag, mit Ausnahme des Sonntags, aufsagen zu müssen, gerade wenn die beste Schüssel vor ihm stand, wurde von den älteren Kadetten dem Neueinzuweihenden so lange als kleiner Scherz aufgehalst, bis der junge zukünftige General diesen Satz fehlerfrei und ohne Stocken so rasch herunterrasseln konnte, daß er damit zu Ende war, ehe die begehrte Schüssel von den bedienenden Soldaten wieder abgeräumt worden war, weil die Süßspeise nun kam.
Im Laufe der Zeit war dann der Divisionario selbst älterer Kadett geworden und verübte nun an den jungen genau dasselbe, was an ihm verübt worden war, ohne daß jemals die geistigen Kräfte eines dieser zukünftigen Heerführer ausgereicht hätten, etwas Neues auf diesen Gebieten zu erfinden oder zu begreifen, wie idiotisch sie ihr eigenes Leben zu gestalten wußten.

Krieg mit dem Erbfeind kam nicht, weil der Erbfeind ohne Krieg mehr aus dem Lande herauszuwirtschaften verstand, als er das je mit einem Kriege vermocht hätte. Im Grunde betrachtet war ja überhaupt kein Erbfeind vorhanden. Das Wort Erbfeind wurde nur hin und wieder gebraucht, um das Interesse der Steuerzahler an der Notwendigkeit einer starken Landesverteidigung nicht erlahmen zu lassen. Es war der Erbfeind, von dem alle Kanonen, Maschinengewehre, Karabiner, Revolver, Säbel, Militärausrüstung gekauft werden mußten, weil im eigenen Lande die Industrie nicht genügend entwickelt war, jene Waffen und Ausrüstungsgegenstände selbst herzustellen.

Als Capitan, Mayor und Oberst hatte der Divisionario zuweilen Gelegenheit gehabt, Schlachtpläne Hannibals, Alexanders, Attilas und Napoleons auf ihre Brauchbarkeit und Genialität hin zu prüfen gegenüber streikenden Textilarbeitern, aufsässigen Minenarbeitern und Revolten indianischer Kleinbauern. Es erwies sich in allen diesen Feldzügen, daß die Grundsätze in Strategie und Taktik, wie sie von Hannibal und Napoleon mit Erfolg angewendet worden waren, noch immer ihre volle Gültigkeit hatten und keine Ursache vorlag, sich die Köpfe über neue Theorien zu zerbrechen.

2

Der Divisionario würde es als Schmach betrachtet haben, hätte er dem Rebellenhauptmann gegenüber gleiche oder ähnliche militärische Taktiken gebraucht, die er in Manövern gegenüber gleich gebildeten Generalen, den Soldaten vom Fach, wie er sie nannte, in Anwendung brachte. Rebellen gegenüber verfuhr er nicht wie ein General, sondern wie der Inspektor einer Polizeimannschaft, die ausgeschickt wird, entlaufene Verbrecher einzufangen.

Das erste, was er zu tun gedachte, sobald er die Rebellen umzingelt haben würde, war, sie aufzufordern, sich bedingungslos zu ergeben auf Gnade und Ungnade, ihre Anführer auszuliefern und alle Waffen innerhalb einer halben Stunde abzuliefern. War das geschehen, dann würde er die Anführer aufhängen lassen. Von den übrigen Rebellenschweinen würde er jeden fünften Mann auszählen und ebenfalls aufhängen lassen. Den Rest der Meuterer,

Männer, Weiber und Brut, würde er gegen Bezahlung der Kosten, die jene Strafexpedition verursacht hatte, an Kaffeeplantagen, Monterias und Fincas verkaufen.
Ein Offizier, der auch nur etwas auf seine Ehre hält, wendet keine der militärischen Maßnahmen an, in denen er unterrichtet wurde und die nur Geltung haben dürfen gegen organisierte Militärtruppen. Der Divisionario würde sich unsagbar lächerlich vorgekommen sein, hätte er den Rebellenhauptmann auch nur für eine Viertelstunde militärisch ernst genommen, um ihm zu begegnen gleich einem Soldaten. Rebellen wurden nicht bekämpft. Rebellen wurden einfach gejagt wie Hasen, und der Angriff hatte sich zu gestalten wie eine Treibjagd.
General dahingegen, keine Ehre besitzend, keine Maximen Napoleons kennend, dachte nicht eine Minute lang an eine Treibjagd. Er nahm den Divisionario genügend ernst. Er nahm alles ernst, was der Divisionario nach seiner Meinung gelernt haben mußte und in einer langen militärischen Laufbahn durch Erfahrung hinzugelernt haben mochte. Er nahm erst recht die Soldaten ernst; denn er wußte, sie konnten besser und genauer schießen als die Muchachos, sie waren besser gedrillt, besser organisiert und führten befohlene Bewegungen rascher und geschickter aus.
Und so, weil er sich niemals eines Sieges sicher war, weil er auch nicht sicher war, das bevorstehende Gefecht zu gewinnen, darum unterließ er keine einzige aller jener Vorbereitungen, von denen er glaubte, daß sie ihm den Sieg sichern könnten.

3

Der Divisionario, als seine Truppe etwa acht Kilometer weit von dem Lager der Rebellen entfernt war, kommandierte Halt und Nachtruhe. Er beschloß, nicht sofort anzugreifen, wie es ursprünglich seine Absicht gewesen war, sondern den nächsten Morgen abzuwarten, um die Treibjagd erfolgreicher zu gestalten. Die Nähe der Nacht hätte es vielen Hasen ermöglicht, in den Busch oder in die Berge zu entwischen. Veranstaltete er jedoch die Treibjagd am Morgen und mit ausgeruhten Truppen, so hatte er den langen Tag vor sich, und seine Scharfschützen würden darauf achten, daß nicht ein einziger dieser Rebellenhunde entkomme.

Nachdem ihm ein schönes hohes Zelt aufgebaut worden war und er mit dem Koch eine lange Unterredung gehabt hatte, was er zum Abendessen bevorzöge und was er zum Frühstück begehre, überließ er es den jüngeren Offizieren, sich um das übrige zu bekümmern. Dazu waren sie ja da, die grünen Jungen, ihm solche nebensächlichen Arbeiten abzunehmen. Er hatte die Schlacht zu schlagen, dafür war er der Divisionario. Und weil es sich ja nur um eine Treibjagd auf verlauste Rebellen handelte und nicht um eine geordnete, kriegsmäßige Schlacht, so fühlte er sich verpflichtet, die jungen Offiziere nicht um die Gelegenheit zu betrügen, sich betätigen zu dürfen und alles das einmal praktisch anzuwenden, was sie auf der Militärakademie gelernt hatten.
Diese Offiziere, von der Wichtigkeit ihrer Aufgabe überzeugt und völlig bewußt, daß sie, auch wenn es gegen ihre Volksgenossen ging, dennoch dem Vaterlande dienten, wurden geschäftig.
Sie schickten drei Späher aus, um das Lager und die Stellung der Rebellen auszukundschaften. Nachdem sie das getan hatten, ließen sie die Soldaten, die sich bereits ihr Abendessen kochten, wieder aufrufen und mit gereinigten Gewehren antreten. Es geschah einmal der Kriegsbereitschaft wegen. Zum andern wurde es getan, weil dadurch der Divisionario den Eindruck gewann, daß etwas ernstes von den Offizieren unternommen wurde. Es sah wichtig aus. Immer wenn ein Offizier, ein hoher oder ein niedriger, nicht weiß, was er nun tun soll, dann läßt er seine Soldaten zu einer Inspizierung antreten. Es gibt immer etwas zu inspizieren, und man braucht nichts Neues auszudenken. Selbst wenn einmal ein intelligenter Mensch Offizier wird und er wohl fähig wäre, wirklich neue Methoden auszuarbeiten, hütet er sich, sie anzuwenden oder sie auch nur gegenüber anderen Offizieren auszusprechen. Und um nicht lächerlich zu erscheinen oder sonstwie aufzufallen, was ihrer Laufbahn nicht günstig ist, so bemühen sie sich, über den Durchschnittsintelligenzgrad ihrer Kameraden nicht hinauszuragen. Denn das wäre taktlos und unkameradschaftlich zugleich. Im ganzen Militärwesen, sei es, wo es auch immer sei, läßt sich eine jede Lücke, gleich welcher Art, stets erfolgreich ausfüllen mit Inspizierungen und mit Einzelmarsch im Gänseschritt. In keinem anderen Berufe vermag man Fehler, Unvollkommenhei-

ten und Nachlässigkeiten, besonders aber Mangel an Intelligenz, so leicht und mit so geringen Mitteln zu verschleiern. Die Brauchbarkeit nicht nur eines guten Soldaten, sondern erst recht die eines Offiziers, auch eines Generals, wird überall danach bemessen und beurteilt, wie wenig er von seinem Hirn Gebrauch macht. Trägheit im Denken wird unter einer Diktatur zur Tugend; während sie in einer Demokratie Fäulnis bedeutet.

4

Als die drei Späher zurückkamen und sich zum Rapport meldeten, saßen alle Offiziere beim Abendessen. Der Divisionario, mit vollem Munde kauend und mit dem Messer winkend, sagte: »Abtreten! Das alles könnt ihr mir morgen erzählen, wenn ich Laufschritt über die Schweine kommandiert haben werde.«
Aber eine Vorsicht übte er diesmal. Er rief den Offizier vom Dienst und gab ihm den Befehl, die Wachen nicht zu vernachlässigen; denn diese Spitzbuben und Verbrecher könnten es wagen, sich wieder ein halbes Hundert Karabiner zu holen, und die könnte man diesmal nicht entbehren.
Auch General sandte Späher aus. Er jedoch hörte sich aufmerksam an, was sie berichteten; so aufmerksam und andächtig, daß er darüber das Abendessen vergaß.
Celso sagte dann: »Was denkst du, General, wir könnten ihnen vielleicht noch den Rest der Karabiner abnehmen, wo sie nun so nahe hier sind.«
»Das können wir freilich«, General nickte. »Und das erwartet sicher auch der Divisionario. Und gerade darum, weil er das von uns erwartet, darum tun wir es nicht. Das ist ein Grund. Der andere Grund ist, daß die Uniformierten uns dann nicht angreifen könnten. Aber wir brauchen ein gesundes Gefecht. Zur Aufmunterung der Muchachos und zur Übung.«
Daraufhin ließ er alle seine Capitanes zusammenrufen, beriet mit ihnen den Plan, den er sich ausgedacht hatte, und gab dann die Befehle aus.

5

Der Divisionario hatte beschlossen, am späten Abend des folgenden Tages im Hauptlager zurück zu sein. Daß er siegreich zurück sein würde, zog er nicht in Zweifel, um so weniger, weil es sich ja nicht um einen Sieg handelte, sondern um eine Treibjagd. Bei einer Treibjagd auf Hasen spricht man nicht von einem Siege, sondern nur von der Zahl der erbeuteten armen Häslein.

Und weil der Divisionario am selben Abend im Hauptlager sein wollte, wo er im Rancho ein richtiges Dach über dem Kopfe hatte und ein Bettgestell vorfand anstelle dieses elenden schmalen Feldbettes, wo er rechts und links auf den Leisten liegen mußte, die ihm Beulen und Löcher in seinem fetten Körper verursachten, darum brach er das Lager frühzeitig ab, und seine Truppe war bei Sonnenaufgang vor dem Lager der Muchachos. Er nahm mit seinem Adjutanten und dem Hornisten Aufstellung auf einem Hügel, während seine Soldaten, durch den Unterbusch und durch das Präriegras kriechend, geschickt das Lager der Muchachos umzingelten, damit auch nicht ein Karnickel entspringen sollte.

Es ging alles, wie befohlen. »Was das für Esel sind, diese verlausten Säue, das können Sie jetzt sehen, Teniente«, sagte er zu seinem Adjutanten. »Weder Posten haben sie ausgestellt, noch irgend sonstwie sich um etwas gekümmert. Und gegenüber solchen Schweinen erwartet das Kriegsministerium von mir, daß ich sie ernst nehmen soll. Ist zum Lachen. Da sehen Sie, Teniente, die ganze Banditengesellschaft ist nur auf ihr Fressen bedacht. Noch zehn Minuten, dann werden wir sie springen sehen. Nicht einmal das Maschinengewehr, das sie uns gestohlen haben, halten sie besetzt. Mit einem Lasso könnte man es ihnen wegschnappen, wenn man sich die Mühe machen würde.«

Der Divisionario beobachtete ganz richtig. Die Muchachos hockten um ihre Feuer und kochten ihr Frühstück. Sie waren so vertieft in ihr Kochen, daß sie gebückt dahockten und kaum aufsahen. Hin und wieder, und hier und da, stand einer auf und ging auf eine andere Gruppe zu, um etwas zu holen, oder um zu sehen, was die anderen täten. Sie alle schienen ihre Augen noch verklebt zu haben, so schläfrig war das Lager.

»Wieviel Burschen denken Sie, Teniente, wieviel das da sein könnten?« fragte der Divisionario.
»Mögen hundert sein, oder auch hundertzwanzig oder -dreißig, mi General. Es läßt sich schwer sagen.«
»Können dann auch etwa gegen zweihundert sein?«
»Leicht möglich, mi General. Da sind Senkungen im Gelände, hohes Gras, Gebüsche, Hügelchen, so daß man nicht alles übersehen kann. Dutzende schlafen sicher noch; denn ich sehe eine ganze Anzahl, die da eingerollt in ihren Decken und Lumpen herumliegen.«
»Die sehe ich auch, Teniente. Ich wollte nur gewiß sein, daß ich die ganze Bande beisammen habe und nicht noch einmal drauflosmarschieren brauche. Dieses ewige Herumklettern in diesen Wüsten hier draußen und das nichtswürdige Essen in den verdreckten Ranchos tut meinen alten, mürben Knochen nicht sehr gut. Ihnen kann ich das schon ruhig verraten. Könnte mich pensionieren lassen. Aber ich brauche das Geld. Ich habe zu viele Ausgaben. Und wenn ich mich pensionieren lasse, was bin ich dann? Nichts. Ein Zivilist wie jeder andere Hosenschitter, wie jeder Krämer in Balun Canan, der auf Märkte zieht.«
Der Divisionario blickte auf seine Taschenuhr. Dann nahm er sein Feldglas auf und suchte das Gelände ab. »Da kommen die ersten Signale herüber von Leutnant Manero. Er hat seine Stellung eingenommen und ist fertig. Und da drüben blitzt jetzt auch der Spiegel des Sergeanten Junco, auch er hat seinen Posten besetzt. In fünf Minuten geht das Treiben los.«
Der Divisionario steckte sich eine Zigarette an. Er hockte sich auf den Boden. Sein Pferd hatte er am Fuß des Hügels rückwärts zurückgelassen, um zu vermeiden, daß es getroffen würde, falls einige Schüsse auf diesen Hügel gerichtet werden sollten. Der Hügel war hoch genug, daß der Divisionario, auch auf dem Boden hockend, das Gefechtsgelände gut zu übersehen vermochte.
»Wie lächerlich diese Spitzbuben sich benehmen«, sagte er mit einem Grinsen zu dem Adjutanten, »können Sie auch daraus entnehmen, daß sie nicht für eine Sekunde daran gedacht haben, diesen Hügel hier mit einem Maschinengewehr, oder auch nur mit einem Beobachtungsposten, zu besetzen. Es wäre schwer für uns

gewesen und hätte unnötige Opfer gekostet, wenn die Banditen an diesen Hügel gedacht haben würden.«
Er bemerkte, daß einige hundert Meter weit zur Rechten und zur Linken des Hügels seine Mannschaften ebenfalls in Stellung gegangen waren. Diese Mannschaften hatte er einen Umweg machen lassen, weil hier das Gelände hoch lag und die Rebellen den Aufmarsch hätten sehen können. Als er nun auch von diesen Mannschaften das Signal erhielt, daß sie aufgestellt seien und daß damit der Ring völlig geschlossen war, zog er den Revolver und feuerte drei Schuß in die Luft. Diese drei Schüsse bedeuteten für seine Truppe das Signal zum allgemeinen Angriff auf das Lager. Zugleich ließ er El Corneta ›Adelante!‹ blasen.
Kaum waren die Signalschüsse und das Hornsignal verhallt, da begann sofort ein Maschinengewehr auf das Lager loszuknattern. Der Angriff war eingeleitet, und es zeigte sich kein einziger Fehler in dem vorzüglich geführten Aufmarsch der Truppe.

6

Jedoch nun geschah etwas recht Merkwürdiges. Es war etwas, was der Divisionario in seiner langen glorreichen Laufbahn als Militär niemals gesehen hatte. Es war etwas, was nicht nur das Erstaunen des Divisionarios wachrief, sondern was die erste Verwirrung unter seinen Soldaten und seinen Offizieren verursachte. Im ersten Augenblick offenbarte sich diese Verwirrung nur in einem leichten Zögern im Angreifen.
Der Divisionario, sein Glas dicht vor die Augen haltend, hatte, gleich allen übrigen Offizieren, erwartet, daß bei den ersten Schüssen des Maschinengewehrs das Lager der Muchachos auffahren würde, als hätte ein Blitz eingeschlagen. Aber das Lager, als Ganzes betrachtet, blieb still. Nur einige wenige Muchachos schienen sich einander zuzuneigen und einige andere, offenbar ebenfalls von Schüssen getroffen, sanken um und rührten sich nicht mehr. Hier und da liefen einige Muchachos tief gebückt hin und her, als wollten sie die Leute, die zu schlafen schienen, aufmuntern. Abgesehen von diesen wenigen hin und her flitzenden Burschen war keine Bewegung zu bemerken.
Während das Maschinengewehr gleichmäßig weiterknatterte,

das Lager abmähte, um dadurch den Hauptangriff vorzubereiten und gleichzeitig zu erleichtern, rückten die Soldaten, das Bajonett gefällt, gebückt, von allen Seiten langsam auf das Lager zu, um den Ring dicht zu schließen.
Der Divisionario ließ ein zweites Signal blasen: Caballeria, marsch! Die Kavallerietruppe stand einen halben Kilometer weit zurück, abgesessen und versteckt hinter Gebüsch, auf das Signal des Divisionarios wartend, um in weitem Bogen das Gelände abzusperren und so zu verhüten, daß Rebellen entweichen konnten.
Die Kavallerie saß auf und ritt in leichtem Galopp den Ring aus.
Ehe dieser weite Ring völlig von allen Seiten geschlossen war, rückten die Infanteristen näher an den Kern des Lagers heran.
Der Divisionario hatte, als das Maschinengewehr zu knattern begann, vorausgesetzt, das Lager im Tumult aufspringen zu sehen. Als das aber nicht geschah, glaubte er, es handele sich um eine List der Muchachos, die den Soldaten nicht in eine Falle gehen wollten, sondern nach Lücken spähten, durch die sie zu entweichen gedachten.
Als nun die Infantes näher rückten und vom Lager aus gut gesehen werden konnten, als auch unzweifelhaft nun vom Lager das Aufmarschieren der Caballeria bemerkt worden sein mußte und dennoch das Lager merkwürdig still blieb, wurde der Divisionario unruhig. Er stand auf und blickte durch sein Glas aufmerksamer in das Lager. Wie vorher schon, sah er nur hier und da einen Mann umsinken, getroffen von den Schüssen des Maschinengewehrs, das unaufhörlich weiterknatterte und das den Befehl hatte, erst dann abzusetzen, sobald die Soldaten das Lager erreicht hätten.
Auch der Adjutant hatte sein Glas vor den Augen. Plötzlich sagte er: »Mi general, sehen Sie, was ich sehe, oder täusche ich mich?«
»Was denn?« fragte der Divisionario, ohne das Glas abzunehmen.
»Da sind vier Burschen auf das Maschinengewehr, das mitten im Lager aufgestellt ist, zugegangen, und sie sind verschwunden. Und nun ist auch das Maschinengewehr verschwunden, als wäre es im Erdboden versunken.«
Der Divisionario richtete sein Glas auf die Stelle, wo er nur fünf Minuten vorher sein gestohlenes Maschinengewehr gesehen hatte. Er mußte zugeben, es war nicht mehr da.

Er suchte mit dem Glase das Feld ab und sah, daß seine Soldaten von allen Seiten nur noch etwa fünfzig Meter von den äußersten Gruppen des Lagers der Muchachos entfernt waren.
Im Hintergrunde war auch die Kavallerie mit dem Einschließen fertig geworden. Die Leute saßen auf ihren Pferden, den Karabiner auf das rechte Knie gestützt, den Zügel fest in der linken Hand haltend, darauf wartend, daß die überfallenen Rebellen in einigen Sekunden zu laufen anfangen würden. Die Infanterie, einem Hornsignal und mehreren Pfiffen ihrer Offiziere gehorchend, hielt für einen kurzen Augenblick. Die Leute richteten sich aus ihrer gebückten Stellung auf, rissen sich zusammen, nahmen ihre Karabiner mit den kurzen aufgesteckten Bajonetten fester in die Fäuste und setzten zum Laufschritt an. In dieser Stellung blieben sie etwa zehn Sekunden. Dann erfolgte ein neues Hornsignal, Pfiffe von allen Seiten, und die Soldaten stürmten los.
Kaum hatten sie mit dem Laufschritt begonnen, als auch schon, mitten aus dem Lager heraus, ein Maschinengewehr zu rattern begann, das den ganzen Ring rundherum ruhig und bedachtsam abfegte. Es war das Maschinengewehr, das, vor kurzem noch, so müde und verlassen mitten im Lager der Muchachos aufgebaut gewesen war und von dem jetzt nur die paffenden, dünnen Wölkchen, die aus seiner kreisenden Mündung platzten, sichtbar waren.
Die angreifenden Soldaten stockten für zwei Sekunden nur. Dann setzten sie ihren Laufschritt fort, wenn auch nicht mehr so exerziermäßig wie vorher. Hier und da stolperte einer und fiel um, offenbar getroffen, vielleicht auch absichtlich stolpernd, um aus der ersten Linie zurückbleiben zu können. Denn zehn Sekunden darauf war es auch dem allerdümmsten Soldaten klargeworden, daß der Spaziergang nun zu Ende war und die trübe Aussicht bestand, das frisch-fröhliche Soldatenleben mit einem Maul voll Erde abschließen zu müssen. Das macht auch dem tapfersten Soldaten keine Freude, um so weniger, als er die Lobreden, die man ihm zum Ruhme herunterprasselt, nicht mehr hört und er sich daran nicht ergötzen kann. Nur die anderen haben ihr Vergnügen daran.
Es blieb der Truppe, selbst wenn sie anders gewollt hätte, nichts

weiter übrig, als vorzugehen und das Lager zu nehmen. Kehrte sie jetzt um, so wurde nur um so wilder auf sie losgefegt, und es kam auf dasselbe heraus. Weit wären die anstürmenden Mannschaften auch sonst nicht gekommen, selbst wenn sie heil geblieben wären; denn weiter draußen stand die Caballeria aufgereiht, die sie nicht durchgelassen, sondern zurückgetrieben hätte, gegen das Lager. Der Laufschritt verlor seine schöne Ordnung und ging in ein wildes Drauflosrennen über, um das Lager rascher zu erreichen und das Maschinengewehr zu erwischen, das ernsthaft unangenehm wurde und alle Befehle und Vormarschpläne kalt und mitleidlos zerstörte.

Einige respektvolle Schritte hinter dem Divisionario stehend, befand sich der Stabshornist. Der Divisionario erinnerte sich seiner und gedachte für eine Sekunde lang, ihm zu befehlen, der Kavallerie das Signal zu geben, nicht, wie ursprünglich befohlen, rennende Flüchtlinge gefangenzunehmen, sondern der Infanterie zu folgen, um das Lager schneller in der Gewalt zu haben. Aber gleichzeitig fiel dem Divisionario ein, daß ein solcher Befehl wahrscheinlich Verwirrung hervorrufen würde; denn er hatte dem Kommandanten der Kavallerieabteilung, Capitan Ampudia, den ausdrücklichen Befehl erteilt, auf keinen Fall in das Gefecht einzugreifen, weil die berittene Truppe unbedingt nötig sei, keine Hasen entspringen zu lassen.

Der Divisionario zog heftig und ohne Genuß an seiner Zigarette. Es kam ihm zum Bewußtsein, daß hier etwas nicht in Ordnung sei. Er fühlte, daß sein Plan fehlging, wenn nicht schon fehlgegangen war. Aber nicht mit einem einzigen Gedanken vermochte er zu erfassen, was in Wahrheit geschah.

Die anrennenden Infanteristen waren nun dicht am Rande des Lagers.

Und jetzt glaubte der Divisionario, den Plan der Rebellen endlich zu verstehen. Sie wollten offenbar die Angreifer mitten im Lager haben, um sie hier abzuschlachten. Das war der Grund, daß sie scheinbar so ruhig an ihren Feuern hockten. Sie, als Indianer, fühlten sich ihres Sieges sicherer, wenn es Mann gegen Mann ging, wenn sie das Messer und den Machete gebrauchen konnten, anstatt Gewehre, mit denen sie nicht umzugehen verstanden. In

diesem Falle konnte nur die Kavallerie jetzt eine Wendung herbeiführen. Er gab dem Hornisten Befehl, der Kavallerie das Signal zur Attacke zu blasen. Die Truppe setzte an und begann loszugaloppieren.
Die vorderen Reihen der Infanterie waren nun im Lager.
Mit seinem Glase sah der Divisionario, wie die Leute tapfer mit dem Bajonett auf die Muchachos einstachen und sie über den Haufen warfen. Merkwürdig aber war es, daß die Muchachos sich nicht wehrten, nicht einmal aufsprangen und wegzulaufen versuchten, wenn die Soldaten dicht auf sie losstürmten. Die Muchachos fielen um und regten sich nicht. Dann bemerkte der Divisionario ein verwirrendes Durcheinander innerhalb der angreifenden Mannschaften. Sie versuchten, ihre Bajonette aus den Körpern der Erschlagenen zu zerren, und während sie das taten, flogen die Körper dabei hoch in die Luft. Sie flatterten auseinander. Unter den zerfetzten Decken und abfallenden Hüten wurden trokkene Maisstauden sichtbar.
Da es, abgesehen von den zwanzig oder fünfundzwanzig Muchachos, die im Lager herumgelaufen waren, um das Lager belebt erscheinen zu lassen und die Kriegslist vollkommen zu machen, nichts anzugreifen gab, so hielten die angreifenden Soldaten jetzt, ohne einen Befehl abzuwarten, von selbst in ihrem Lauf inne und blieben ratlos stehen.
Einige jener hin und her rennenden Muchachos waren freilich getroffen worden. Diejenigen unter ihnen, die verwundet gestürzt waren und sich nicht aufhelfen konnten, wurden mitleidlos aufgespießt. Die Mehrzahl der Burschen jedoch erreichte das Loch, aus dem das Maschinengewehr unbekümmert weiterratterte.
Die Offiziere und Sergeanten pfiffen, den Angriff wiederaufzunehmen und den ursprünglich gegebenen Befehlen zu folgen, um auf alle Fälle das Maschinengewehr unschädlich zu machen. Jedoch das Feuer dieses Gewehrs fegte so ruhig und schläfrig gleichmäßig über das Gelände, daß, je näher die Soldaten rückten, um so größer ihre Verluste wurden.
Abermals ertönten Pfiffe. Die Soldaten warfen sich auf den Boden, um nun, auf dem Boden voranrutschend, das Maschinengewehr mit weniger Verlusten zu nehmen.

Kaum aber waren die letzten Pfiffe verhallt, und gerade im gleichen Augenblick, in dem die anreitende Kavallerie den äußersten Rand des Lagers erreicht hatte, da begannen, von weit draußen und aus allen Richtungen her, Schüsse auf das Lager loszuprasseln. Zwischendurch ertönte nun auch noch das hackende Klikkern einiger Maschinengewehre, ebenfalls von weit draußen, außerhalb des Angriffsringes kommend.
Und nun erfolgte ein wildes, nicht menschlich klingendes Brüllen, Schreien, Heulen. Und von den vier Ecken des Geländes her, sich weit über die Prärie ausstreuend, sausten die Scharen der Muchachos an. Auf das Lager zu.
Die Soldaten, die vor zehn Minuten noch geglaubt hatten, daß sie das Lager der Rebellen umzingelt hätten, waren jetzt freilich mitten in dem von ihnen eroberten Lager.
Aber sie waren die Umzingelten.

7

Der Divisionario wandte sich um nach seinem Stabshornisten. Er gedachte, ihm den Befehl zu geben, den Rückmarsch für die ganze Truppe zu blasen und es der Truppe selbst zu überlassen, wie sie sich aus der Umklammerung herausschäle. Von dem Hügel aus, auf dem er stand, vermochte er mehrere Lücken zu erspähen, wo es den Soldaten gelingen konnte, mit nicht zu hohen Verlusten zu entkommen. Aber er wußte nicht, wie und auf welche Weise er seine Kenntnisse den Offizieren anders mitteilen konnte als durch einfachen Rückmarschbefehl. Als er sich nun völlig umgewandt hatte und keinen Hornisten sah, auch nicht seinen Adjutanten, wandte er sich zur Linken, und dort standen zwei der verlumpten Muchachos und grinsten ihm frech ins Gesicht.
Der Divisionario griff rasch nach seinem Revolver und fand, daß das Halfter leer war. Der eine Muchacho hielt den Revolver hoch und sagte: »Ist es der vielleicht, den Sie suchen, Divisionario?«
Der Divisionario erblaßte leicht. Er faßte sich jedoch sofort, langte nach dem Revolver und riß ihn an sich.
»Sie können ihn für einige Minuten ruhig wiederhaben«, lachte der Muchacho, der den Revolver in der Hand gehabt hatte, »geladen ist er nicht, und Unfug können Sie damit nicht anstiften.«

Der Divisionario griff hastig nach seinem Patronengürtel. Aber auch der Gürtel war weg; durchgeschnitten und abgenommen. Das erboste ihn, und er schrie: »Was wollt ihr lausigen Schweine hier? Gehört wohl auch zu den Rebellen?«
»Ja«, erwiderte der eine mit lautem Lachen, »wir gehören schon ein wenig zu den Rebellen. Ich bin nur General. Nichts weiter. Und der hier«, er deutete mit dem Daumen auf seinen Begleiter, der ebenfalls lachte, »der hier ist einer meiner Capitanes.«
Der Divisionario wandte sich suchend um nach allen Seiten und rief dann mit überlauter Stimme, wie er es auf dem Exerzierplatze gewöhnt war, wenn ihn etwas heftig geärgert hatte: »Wo ist denn mein Ayudante und mein Corneta?«
»Abgereist mit unserer Hilfe«, sagte General trocken.
»Abgereist wohin?« fragte der Divisionario kurz. »Wir hatten keine Zeit, sie lange zu fragen«, erwiderte der Capitan. Es war Santiago.
»Macht, daß ihr fortkommt, ihr verfluchten und verlausten Drecksäue, ich werde dafür sorgen, daß ihr beide füsiliert werdet, noch lange, ehe wir in Balun Canan zurück sein werden.« Der Divisionario wurde blaurot im Gesicht.
»Sicher«, sagte General grinsend, ohne sich um die Wut und das Brüllen des Divisionarios auch nur im geringsten zu kümmern. »Sie können uns alle miteinander füsilieren lassen, wenn Sie nach Balun Canan kommen. Vorläufig haben wir erst mal Sie am Wickel, und ob Sie überhaupt je nach Balun Canan kommen werden, das hängt davon ab, wer Sie mitnimmt. Sehen Sie einmal da rüber. Da drüben wartet niemand auf Sie, um Sie mitzunehmen.«

8

Von dem Augenblick an, wo der Divisionario begriffen hatte, daß er in der Gewalt der Muchachos war, wußte er, daß es für ihn keine Hoffnung gab. Sollte es selbst durch ein Wunder geschehen, daß seine Truppe ihn vielleicht hier erreichen und heraushauen könnte, sie würde ihn nicht lebend finden. Die Diktatur hatte kein Erbarmen und keine Gnade gekannt, mit keinem, der sich ihr widersetzte. Und niemand, der El Caudillo in irgendeiner Weise

oder in irgendeinem Amte je gedient hatte, durfte auf Gnade oder Erbarmen hoffen, wo immer Rebellen Sieger waren.
Aber er würde sich tausend Jahre nach seinem Tode noch geschämt haben, hätte er gegenüber verlausten Peones Furcht gezeigt. Diese betonte Furchtlosigkeit hatte ihre Ursachen freilich nicht in persönlicher Tapferkeit. Seine Tapferkeit war nie auf die Probe gestellt worden. Wer auf seiten der Macht ist, braucht nicht tapfer zu sein.
Was ihm in dieser völlig verlorenen Lage noch einen gewissen Mut gab, war lediglich die Kenntnis, daß an seinem Schicksal nichts geändert wurde, ganz gleich, ob er sich fürchtete oder ob er sich tapfer gebärdete; ganz gleich, ob er um Gnade bettelte und all sein Geld versprach oder ob er den Sieger anbrüllte und ihn durch Beleidigungen zur höchsten Wut brachte. Selbst wenn er seine Dienste und Erfahrungen den Rebellen angeboten haben würde, was in seinem Falle wohl unwahrscheinlich gewesen wäre, sie wären nicht angenommen worden, und an seinem Schicksal hätte ein solches Angebot nichts geändert. Und darum, weil es für ihn so gar keine Hoffnung gab, seine Lage zu ändern, konnte er es sich gut leisten, den Rebellen, in deren Hände er gefallen war, mit Würde zu begegnen.
Er nahm sich einige Sekunden Zeit, hinüber auf das Lager zu blicken, wo sich nicht nur sein Schicksal, sondern auch das seiner Truppe, und in vieler Hinsicht sogar das des ganzen Staates, bereits entschieden hatte. Die Soldaten, die noch zu laufen vermochten, hatten alle ihre Waffen abgeworfen, um rascher fliehen zu können. Aber wohin sie auch rannten, liefen sie den Muchachos in die Messer.
Die Maschinengewehre der Muchachos knatterten nicht mehr auf die fliehende Infanterie los, sondern nur noch auf die verstörte Caballeria, die nicht Zeit gehabt hatte, ihre Attacke schwungvoll auszureiten. Die Leute, die der Maschinengewehrabteilung zugehörten, ließen die Mules im Stich, weil sie sich durch die belasteten Tiere an ihrer Flucht gehindert fanden. Sie überließen es den Tieren, ihnen freiwillig zu folgen. Mehrere Infanteristen erreichten die Tragtiere, die wild hin und her rannten, schnitten ihnen rasch die Last ab und schwangen sich auf den Rücken der Tiere, um

keine Möglichkeit ungenützt vorübergehen zu lassen, lebend zu entkommen.
»Santiago«, rief General zu seinem Capitan, »schleife unsern Gast, den so schön uniformierten Divisionario, rüber ins neue Lager. Weißt schon wo. Ich habe mit ihm noch zu reden. Später. Ich muß nun wieder da reinwischen. Die verbrennen mir zuviel Munition. Hat jetzt keinen Wert mehr. Müssen wir sparen.«
Dabei war er den Hügel hinuntergerannt, hatte sich auf das Pferd geworfen, das er dort zurückgelassen hatte, um dem Divisionario einen Respektsbesuch zu machen, und fegte hinüber auf das Schlachtfeld. In dem Loch, wo das Maschinengewehr nun zu stocken begonnen hatte, weil der Lauf überhitzt war, fand er Coronel und dessen Mannschaften.
»Gut, daß das Ding von selber aufgehört hat«, rief er vom Pferde herab. »Laß die paar auf ihren Ziegen ruhig absausen. Ich brauche sie als Briefträger, damit sie zum Hauptlager die Nachricht bringen. Ich möchte so herzlich gern den Rest der Brigade hier haben, damit wir den Weg nach Balun Canan freibekommen.«
Coronel, der, um sich besser bewegen zu können, sein Hemd runtergezogen hatte, begann es nun zu suchen. Es war von den nackten Füssen seiner Mannschaft in den nassen Dreck eingestampft, der sich im Loch, in dem das Maschinengewehr versenkt war, gebildet hatte. »Gib dein schittiges Hemd her«, rief er einen Muchacho an, der am Loch vorüberkam. Ohne lange zu warten, riß er es dem Muchacho über den Kopf weg, griff einen Stecken auf, spießte das Hemd oben auf und wehte es hin und her.
Gleich darauf erstarb in allen Ecken und Winkeln des Geländes das Knattern der Karabiner. Die Muchachos, die noch hinter fliehenden Soldaten her waren, sandten ihnen ein paar Schüsse nach und ließen sie, falls sie nicht fielen, heimrennen.
General galoppierte auf seinen Hornisten zu und befahl ihm, das Signal ›Sammeln!‹ zu blasen.

9

Wohl hundert der Muchachos, die jetzt auf das Lager zukamen, trugen auch nicht das geringste Kleidungsstück am Leibe. Lediglich die Patronengürtel hingen über den nackten Schultern. An

Riemen, die um die nackten Hüften geknotet waren, steckten ihre Messer oder Machetes.
Sie suchten das Lager ab nach ihren Hosen, Hemden, Hüten und Sandalen, die sie während der Nacht den Puppen aus Maisstroh angezogen hatten, wie ihnen General befohlen hatte.
Als sie ihre Lumpen beisammenhatten und das, was ihnen an Kleidung sonst fehlen sollte, den gefallenen und verwundeten Soldaten abgezogen hatten, wurde das Schlachtfeld aufgeräumt. Kein Verwundeter und kein Gefangener erlebte den Mittag. Den Divisionario hoben sie sich bis zum Abend auf, weil General sich mit ihm zu unterhalten gedachte.
Die Beute an Waffen war so reichlich, daß jetzt nicht nur alle Muchachos bewaffnet waren, sondern auch die Frauen und halbwüchsigen Jungen entweder Revolver oder Karabiner bekommen konnten und immer noch ein Überschuß an Waffen zu verzeichnen war.

10

Profesor riet, alle überflüssigen Waffen im Busch einzugraben und dort aufzubewahren für den Fall, daß sie in einem nächsten Gefecht vielleicht Waffen verlieren würden.
»Eingegrabene Waffen sind wertlos«, sagte darauf General. »Außerdem können die Finqueros sie finden, oder die Rurales, oder die Federales, oder was weiß ich sonst, wer noch alles gegen uns sein mag und diese Waffen gegen uns gebrauchen könnte. Ich habe anderen Gebrauch dafür. Wir greifen uns jetzt in allen den nächsten Fincas, die wir besuchen, und in den Dörfern und Städten, die wir einnehmen, kräftige Burschen, die wir bei uns einreihen, und die Waffen nützen uns dann besser, als wenn wir sie vergraben hier zurücklassen.«
»Ganz gut«, meinte darauf Profesor, »gut gedacht. Es fragt sich nur, ob dieBurschen uns nicht weglaufen werden oder verraten und die Waffen obendrein noch mitnehmen.«
»Nur keine Sorge, Profesor, wenn wir erst einmal etwas weiter sind, werden Tausende von Burschen und Männern froh sein, daß sie überhaupt bei uns eingereiht werden. Sie werden kommen und noch darum betteln, mitmarschieren zu dürfen. Und einmal mit-

marschiert, wird allen das Ende der Revolution zu früh kommen, und Hunderte werden auf eigene Rechnung weiter Rebellion machen. Es ist viel leichter für uns, neue Soldaten und gute Soldaten zu bekommen, als sie dann wieder loszuwerden, wenn sie nicht mehr gebraucht werden und wir in Frieden leben wollen.«

»Dafür sorgen wir frühzeitig genug, daß sie alle gern wieder nach Hause gehen«, mischte sich Andres ein. »Sie marschieren mit uns und kämpfen mit uns, bis sie sicher sind, daß ihnen das Land, das wir ihnen gaben oder das sie sich erkämpften, nicht mehr von den Finqueros genommen werden kann. Dann gehen sie von selber heim. Wen sollen sie denn bekämpfen, wenn niemand mehr da ist, der bekämpft werden kann oder den zu bekämpfen es sich lohnt? Darum denke ich, General hat recht, jetzt brauchen wir erst einmal eine Menge Soldaten, und wenn sie nicht freiwillig kommen, dann holen wir sie uns. Wie wir sie dann später loswerden sollen, darüber können wir beraten, wenn wir im Lande regieren. Denkt ihr nicht, daß ich selbst auch genügend Gründe hätte, schon jetzt heimzuwandern? Genug Gründe, das kann ich euch sagen. Und die meisten werden auch lieber nach Hause gehen wollen, als hier weiter im Dreck herumzuwaten und Soldaten abzuschlachten. Aber ihr wißt es so gut wie ich, wenn wir jetzt heimgehen wollten, wo die Revolution nur gerade angefangen hat, dann sind wir in einem halben Jahre oder früher schon in demselben Elend oder schlimmer noch als vorher, und ob es ein zweites Mal glückt, eine Rebellion in Gang zu bringen, das kann sehr lange dauern.«

»Je häufiger wir uns das sagen, Andresillo, um so besser für alle.« Profesor stöhnte, als er das sagte.

Er hatte zwei Schüsse im Schulterblatt und Fidel bearbeitete die Wunde mit einem Messer, um die eine Kugel, die noch in der Schulter steckte, herauszufischen. Die andere Kugel war hindurchgegangen.

»Um so besser für uns alle und das ganze arbeitende Volk, wiederhole ich. Nur nicht zu früh aufhören und etwa auf das Gesäusel derer hören, die von Frieden unter Brüdern und von Verbrechen am Volke reden. Hohle, leere Worte. Es gibt nur dann Frieden unter den Brüdern und aller Bruderkampf hört nur dann auf, wenn das Gleichgewicht im Lande hergestellt ist und Gerechtigkeit kostenlos zu haben ist, und ein jeder sagen darf, was er auf dem Herzen hat, ob es den andern gefällt oder nicht. Eine Revolution zu früh abgebrochen ist schlimmer als gar keine. Und darum hast auch du recht, General. Holen wir uns die Soldaten, wo wir sie kriegen können. Wenn wir sie uns nicht holen, dann holen sie sich die Krippenfresser.«

Vierzehntes Kapitel

I

Es war ein halb-tropischer Tannenwald, in dem sich das neue Lager der Rebellen befand. Dieses neue Lager war bereits gesucht worden einige Tage vor der Schlacht, in der die Federales eine so unerwartete Niederlage erlitten hatten. Frauen, Kinder, Verwundete und Kranke waren zu diesem Lager gebracht worden, als General Nachricht erhalten hatte von dem Anmarsch des Bataillons, das der Divisionario gegen ihn führte, um mit den Rebellen ein für allemal und gründlich aufzuräumen. Es war die Absicht Generals, in diesem Gebiet eine Art von Wohnlager zu schaffen anstelle der üblichen Feldlager. Sein Plan war, von hier aus Streifzüge zu unternehmen, Fincas zu überfallen, deren Ländereien unter den Peones aufzuteilen, Federal-Truppen und Polizei anzugreifen, wo immer sie zu treffen waren, und träfe er sie nicht, sie durch geschickte Manöver und Überfälle auf kleine Orte und Fincas dort hinzulocken, wo er sie mit Erfolg überwältigen und so ihre Zahl ständig zu verringern vermochte.

Es würde ihm in einem mehr dauernden Lager am besten gelingen, alle Burschen zu brauchbaren Soldaten zu drillen, um sich ein Heer zu schaffen, mit dem er auf die Hauptstadt des Staates ziehen konnte, um das Regierungsgebäude zu besetzen und den Staat in die Gewalt der Revolutionäre zu bringen.

Das Gelände dieses Lagers bestand teils aus Wald, teils aus Prärie und teils aus mehreren Hektaren an Buschland, das mit wenig Mühe in Äcker verwandelt werden konnte, um darauf Mais, Bohnen, Chili zu bauen. In fünf oder sechs Wochen konnte schon geerntet werden.

Das Land gehörte zu einer der großen Fincas, die zwei Wochen vorher besetzt und unter die Peones aufgeteilt worden war.

Das Gelände des Lagers bot alles, was ein Heer von Indianern benötigte, Jahre, ja ganze Generationen dort zu leben. Ein breiter Bach klaren Wassers, das selbst in der Trockenzeit nicht versiegte, zog durch das ganze Gebiet dieses neuen Wohnplatzes der Rebellen.

Gegen Angriffe war es vortrefflich geschützt. Es war an drei Seiten umgeben von Gebirgszügen felsiger Art, über die nur vier schmale steinige Pfade führten, die leicht zu bewachen waren und wo zwanzig Mann den Vormarsch einer halben Brigade verhindern konnten. Die vierte Seite war begrenzt von morastigem Flachland, das jetzt in dieser Jahreszeit überhaupt nicht überschritten werden konnte, und in der Trockenzeit nur an wenigen Stellen, die sich über das flache Gebiet erhoben und zum Teil austrockneten, wenn für lange Zeit kein Regen fiel. Dieser Stellen aber waren so wenige, und sie waren so übersichtlich, daß auch sie, gleich den Gebirgspfaden, mit einigen Mann so gut bewacht werden konnten, daß ein Überfall nur schwer durchführbar war. Sollte es geschehen, daß ein solcher Überfall dennoch glückte, so vermochte das ganze Heer in den Falten, Rinnen, Klüften, Rissen, die alle dicht mit dornigem tropischem Busch bewachsen waren, sich so gut zu verbergen, daß es wohl schwerlich zu erreichen gewesen wäre, das Heer dort herauszuholen, um so weniger, weil die Rebellen das Gelände kannten und von ihren Verstecken hinter Gebüschen und Felsen aus die angreifenden Truppen so gut unter Feuer halten konnten, als säßen sie in einer starken Feste.

Es war darum durchaus natürlich, daß die Muchachos, eines langen Aufenthalts hier gewiß, anfingen, Hütten und Chozas zu bauen, von der leichten Art, wie sie in den Monterias üblich waren. Nur sechs, höchstens zehn Tage würden vergehen, und dieses Lager würde ähnlich aussehen wie irgendein anderes indianisches Dorf. Obgleich gegenwärtig nicht daran gedacht wurde, so war es dennoch möglich, daß die Rebellen sich hier dauernd seßhaft machten. Glückte es, die Diktatur zu stürzen, so konnte es leicht geschehen, daß eine demokratische Regierung, die auf die Diktatur folgen würde, den Rebellen legale Besitzrechte auf diese von ihnen gegründete Siedelung zu verleihen bereit war. Eine demokratische Regierung würde solche durch die Revolution erworbenen Rechte um so bereitwilliger anerkennen, weil dadurch die einstigen Rebellen am besten davor bewahrt werden konnten, sich, von Not getrieben, etwa gar zu gewöhnlichen Banditen zu entwickeln. An einen solchen oder ähnlichen Abschluß ihrer Rebellion hatten in der Tat Profesor, General, Andres, Coronel,

Celso und viele andere der intelligenteren Muchachos, und insbesondere die Frauen im Heer, seit Wochen gedacht und gelegentlich darüber gesprochen.

2

Dieses neue Lager befand sich etwa fünfzehn Kilometer weit entfernt von jenem Lager, auf dem heute die Schlacht geschlagen worden war, die mit dem Siege der Rebellen geendet hatte.
Die Muchachos, die mit dem gefangenen Divisionario zum neuen Lager marschierten, beeilten sich auf ihrem Wege. Der Divisionario war zu fett und zu schwerfällig, um ihnen weglaufen zu können. Alle zehn Minuten stöhnte und ächzte er und mußte sich wieder hinsetzen, um auszuruhen. Vielleicht übertrieb er seine Schwerfälligkeit und Müdigkeit in der Hoffnung, daß vielleicht der Oberst ein Hilfsbataillon nachgeschickt haben würde und daß dieses Bataillon jetzt in der Nähe war, um die Niederlage in einen Sieg zu verwandeln und den Divisionario dabei zu befreien. Jedoch der Divisionario wußte, daß eine solche Hoffnung ganz und gar unbegründet war, denn er selbst hatte dem Obersten befohlen, keine Truppenbewegung zu unternehmen, ohne dafür bestimmten Befehl von ihm erhalten zu haben.
Eine andere Hoffnung war die, daß vielleicht einige versprengte Soldaten seines Bataillons hier herumstreifen möchten, die, ihren Divisionario erblickend, ihn den Händen der drei Muchachos, die ihn ins Lager bringen sollten, entrissen. Auch diese Hoffnung wurde zunichte, je weiter er sich von dem Schlachtfelde entfernte und je näher er dem neuen Lager kam. Es wäre seinen Soldaten, die selbst gehetzt und verstört ihre Sicherheit in heilloser Flucht suchen mußten, nie gelungen, ihn zu befreien. Denn auf dem ganzen Wege, einem elenden, versumpften, frisch aus dem Busch heraus gehackten Pfad, traf er Gruppen von Rebellen an, die zum großen Hauptlager wanderten oder von dort wieder zum Schlachtfeld zurückkamen, um dort auf Posten zu ziehen oder eine Nachlese des Feldes für Waffen und Munition vorzunehmen.
Die grenzenlose Wut, die der Divisionario zuerst empfunden hatte, von verlausten, verdreckten und stinkenden Indianern als Gefangener abgeführt zu werden, hatte sich auf diesem beschwer-

lichen Wege nach und nach verflüchtigt. Er wußte wohl auch, daß es ihm nichts geholfen hätte, wütend zu bleiben und seinen Ärger an den Burschen auszulassen. Hätte er sich geweigert zu marschieren, sie würden ihn sicher verprügelt haben. Die Tatsache allein, daß sie auch nicht ein Fünkchen Respekt ihm gegenüber zeigten, einer Autorität, vor der dieselben Burschen vor einigen Monaten noch auf die Knie fielen, wenn sie ihr gegenübertraten, bewies dem Divisionario besser als die verlorene Schlacht, daß die Geschicke des Landes vor einer Änderung standen wie nie vorher, seit das Land die Herrschaft der spanischen Krone abgeschüttelt hatte.

Zuweilen versuchte er, einige Worte mit den Muchachos zu sprechen. Es geschah mit der dünnen, aber sehr dünnen Hoffnung, daß er vielleicht die Burschen bestechen könnte und ihnen eine hohe Belohnung versprechen, damit sie ihn auf einem Umwege zu seinem Hauptquartier brächten. Aber die ersten Versuche mißglückten bereits. Entweder die Muchachos verstanden wirklich kein Spanisch, oder aber sie verstanden es genügend und gaben sich nur den Anschein, daß sie nicht begriffen, was er ihnen vorschlug.

Wenn er sich auf dem Wege hinsetzte, um auszuruhen und eine neue Zigarette anzuzünden, setzten sich die Muchachos in einiger Entfernung gleichfalls hin, während sie, ihn scheinbar kaum beachtend, miteinander redeten oder lachten. Zeigte er Miene, weiterzugehen, so standen auch sie auf und marschierten hinter ihm her.

Wer die kleine Gruppe getroffen hätte, würde geglaubt haben, der Divisionario sei auf einer Wanderung, und die Muchachos seien Burschen, die ihm zur Begleitung mitgegeben worden waren, damit er den Weg nicht verfehle.

Wieviel Zeit sich auch der Divisionario nehmen mochte, den Marsch zu verzögern, stets in der leichten Hoffnung, daß sich etwas ereignen möchte, was ihn aus seiner Lage befreien könnte, so langte er doch endlich im neuen Lager an.

Er war von seinen Begleitern, auch ohne daß sie den Auftrag dazu erhalten hatten, so geschickt auf Umwegen und durch Buschland zum Lager gebracht worden, daß er, falls er etwa entkommen wäre, das Lager wohl kaum je wieder gefunden haben würde. Die Indianer, stets mißtrauisch gegenüber jedem, der nicht zu ihrer Gemeinde gehörte, handelten in dieser Weise aus reinem Instinkt. Sie taten das gleiche, wenn sie jemand, etwa einen Händler, zu ihren Siedlungen führten und es sich um Siedlungen im Busch, im Dschungel, in der Sierra handelte, die sie aus guten Gründen gegenüber der Außenwelt, insbesondere gegenüber Beamten und anderen Autoritäten, verborgen zu halten wünschten.

3

Das ganze Lager war bei der Ankunft des Divisionarios mit nichts anderem beschäftigt als mit dem Kochen des Abendessens. Das Abendessen hatte heute alle die übrigen Mahlzeiten zu ersetzen, die von den Männern in den letzten sechsunddreißig Stunden überschlagen worden waren, weil die Vorbereitung zu der heutigen Schlacht weder Männern noch Frauen Zeit gelassen hatte, an Essen, viel weniger an Kochen zu denken. Hier und da, und hin und wieder, hatte einer wohl ein paar Bissen kalter und zäher Tortillas hinuntergewürgt oder eine Handvoll halb schimmliger Frijoles in den Mund geschoben.

So gab sich das Lager nun dem Kochen, Baden, Waschen und ähnlichen Beschäftigungen hin, die an friedliches häusliches Leben gemahnten, und sie taten es mit einer Hingabe und einer Inbrunst, die beinahe einer Wollust gleichkam.

Nichts erinnerte daran, daß diese selben Männer am Morgen dieses selben Tages eine heiße Schlacht geschlagen hatten, eine Schlacht, in der sie dreißig Gefallene und etwa fünfzig Verwundete gehabt hatten, wenngleich diese Schlacht für sie mit einem entscheidenden Siege geendet hatte.

Da niemand im Lager sich mit irgend etwas beschäftigte, was als Vorbereitung für ein neues Gefecht hätte angesehen werden können, wußte der Divisionario, daß keine Truppe auf dem Wege war, ihn zu befreien. Er hatte inzwischen gelernt, wo er eine der Ursachen seiner Niederlage zu suchen hatte. Der Späherdienst der Rebellen war zehnmal besser und hundertmal genauer und zuverlässiger als der Nachrichtendienst seiner Division. Es bestand für ihn jetzt kein Zweifel mehr, daß jeder Peon einer Finca, jeder

wandernde, scheinbar harmlose und unwissende Indianer, wahrscheinlich selbst Soldaten der Federal-Armee, die indianischer Herkunft waren, Späherdienste für die Rebellen taten.
Niemand im Lager war neugierig, sich den Divisionario, als er eingebracht wurde, näher anzusehen. Niemand kümmerte sich um die Anwesenheit dieses Mannes, dessen Flüche eine Division der Federal-Truppen erzittern ließen. Hier in dem Lager der Rebellen hätte ihn ein jeder ausgelacht, würde dieser angesehene hohe Offizier von einem der verlausten Indianer verlangt haben, daß man ihm den schuldigen Respekt erweise und ihn untertänigst grüße.
Er wurde zu einem großen Lagerfeuer geführt, das in der Mitte brannte und als das Feuer des Estado-Mayor, des Stabes, galt.
Als er näher kam, sah er zu seinem großen Erstaunen dort seinen Ersten Leutnant Bailleres hocken, der mit den verlausten Muchachos Tortillas und Frijoles aß und Kaffee dazu trank.
Leutnant Bailleres befand sich während der Schlacht am Morgen in den Händen eines Muchachos, der dabei war, dem Leutnant die Kehle durchzuschneiden im selben Augenblick, als Andres vorbeikam und den Leutnant erkannte.
»Halt an, Junge!« rief er dem Kameraden zu. »Mit dem wartest du besser. Binde ihn gut, und später bringst du ihn zum Lager. Vielleicht möchte ihn General abermals zu seinem Meldereiter machen. Seine Waffen gehören dir natürlich.«
So war der Leutnant nach dem Aufräumen des Feldes als Gefangener hierhergebracht worden. Dieser Leutnant Bailleres und der Divisionario waren alles, was an Gefangenen das Gefecht überlebt hatte.

4

Der Divisionario wußte in seiner ersten Verwunderung nicht recht, was er aus seinem Ersten Leutnant machen sollte, als er ihn so ruhig, scheinbar ruhig, hier am Feuer hocken und mit den Muchachos essen sah, als ob er dazugehöre.
Sein erster Gedanke war, daß der Leutnant wohl gar die Schuld an dem Waffendiebstahl der vorvergangenen Nacht und erst recht an der beschämenden Niederlage des heutigen Morgens haben

mochte. Es war möglich, daß er im Bündnis mit den Rebellen stand und absichtlich unrichtige Angaben hinsichtlich deren Stärke, Bewaffnung und Stellung gegeben hatte.
Dieser Verdacht jedoch währte nur einige Sekunden. Gegenüber den blutigen Bandagen, die der Leutnant über den Ohren trug, und angesichts des blutverkrusteten Stumpfes seiner Nase war ein solcher Verdacht nicht aufrechtzuerhalten.
Wieder auf seinen Leutnant blickend, wurde der Divisionario aufs neue ungewiß. Es mochte sein, daß der Leutnant nicht von den Rebellen in dieser Weise schimpfiert worden, sondern von einem erbosten Ranchero oder Finquero, dem er die Frau oder die Tochter verführt hatte. Es war keineswegs so selten, daß sich betrogene Ehemänner oder Väter, deren Töchter gewissenlos entehrt worden waren, auf solche Art rächten.
Während die drei Köpfe, die der Leutnant dem Divisionario als Geschenk gebracht hatte, wirklich von den Rebellen abgeschnitten sein mochten, war es möglich, daß der Leutnant seine eigene Schimpfierung den Rebellen gleichfalls zur Last legte, um nicht eingestehen zu müssen, daß er sie einem Abenteuer mit einer Frau verdanke und überhaupt gar nicht im Lager der Rebellen gewesen war, sondern zur selben Zeit in den Händen eines Rancheros, der sich verpflichtet gefühlt hatte, seine besudelte Ehre wieder reinzuwaschen.

5

»Willkommen, Divisionario«, grüßte General, als der Gefangene ohne Zeremonie zum Feuer gebracht wurde. »Bienvenido, Divisionario«, wiederholte General. »Setzen Sie sich auf einen der Konferenzsessel hier, die Sie herumliegen sehen, und fühlen Sie sich ganz wie zu Hause.«
General deutete auf einen der rohen Baumstämme, die nahe dem Feuer lagen und von denen einige noch unbesetzt waren.
»Gracias!« sagte der Divisionario mechanisch und aus Gewohnheit. Hart setzte er aber gleich hinzu: »Das wirst du bitter büßen müssen, Muchacho, das kann ich dir jetzt schon sagen. Geviertelt wirst du und dann aufgenagelt und mit Petroleum begossen.«

»Erfreulich, Divisionario, daß ich das weiß, daß ich das heute schon weiß. Freilich, erst müssen die, die sich ein solches Vergnügen mit mir gönnen möchten, mich wohl erst haben. Und das, Divisionario, wird wohl noch eine gute Weile dauern, so denke ich. Wir könnten ja in der Zwischenzeit uns selbst erst einmal dieses Vergnügen gönnen, und zwar mit Ihnen, Divisionario. Ihr Vorschlag ist gar nicht so übel, wie er auf den ersten Anhieb erscheint. Was sagen Sie dazu, Leutnant Bailleres?«

»Das ist nicht meine Angelegenheit«, sagte der mit kauendem Munde.

Der Divisionario wandte sich zu seinem Leutnant: »Buenas noches, Teniente Bailleres, guten Abend, Leutnant.«

Der Leutnant machte eine kurze Geste, um anzudeuten, daß dies ein Aufstehen bedeute, beugte leicht den Kopf vor und erwiderte: »Muy buenas noches, mi general, gracias!« Er beugte seinen Kopf abermals kurz und rasch und widmete sich wieder seinem unterbrochenen Abendessen.

Der Divisionario saß offenbar nicht gut in dem tiefen weichen Sessel, der ihm von den Muchachos angeboten worden war. Er rückte hin und her auf seinen fetten Schinken. Wenn immer er eine Bewegung tat, so verursachte das ein Geräusch, als ob sein ganzer Körper in trockenes, knarrendes Leder gekleidet sei. Ob das Geräusch nun entstand durch die hohen neuen Reitstiefel, die er trug, oder den sehr breiten Leibgürtel und den etwas schmäleren Brustriemen, oder ob er unter seinem Waffenrock ein fest geschnürtes Lederwams trug, um die mächtige Fülle seines Bauches zu verleugnen, war nicht auf einen Blick hin genau zu sagen. Jedenfalls der Eindruck, den die Muchachos erhielten, war der, daß der ganze Mann, Leib, Gliedmaßen, Kopf, Hirn, Seele, Herz und Eingeweide, aus frischem Leder bestand, das eben vom Sattler gekommen war und noch keinen Regen erlebt hatte.

Er war auf dem beschwerlichen langen Marsch genügend hungrig geworden, so daß sein Stolz nicht ausreichte, das Essen abzulehnen, das ihm die Muchachos anboten und das gleich dem war, das sie selbst verzehrten. Er nahm die heißen Tortillas, die Frijoles mit grünem Chili gewürzt, das auf heißen Kohlen geröstete Trockenfleisch und den brühenden Kaffee an, obgleich das alles von den

verlausten Dreckschweinen kam, denen einmal so nahe sein zu müssen er nicht einmal im Traum für möglich gehalten haben würde. Er nahm das Essen mit Wonne entgegen, obgleich er wohl ahnte, daß dies recht gut seine letzte Mahlzeit in dieser Welt sein könnte. Jedoch er bemühte sich sehr, sich so zu benehmen, daß, von außen betrachtet, man hätte glauben können, er täte den Muchachos eine große Ehre an, mit ihnen am gleichen Feuer zu hocken, mit ihnen die halbzerbrochenen und zersprungenen Tonschüsselchen und Krügchen auszutauschen und gelegentlich halb kleinlaut, halb herablassend zu fragen: »Kann ich etwas Salz haben, Muchachos? Habt ihr noch ein Krügchen heißen Kaffee übrig? Vielleicht könnt ihr mir noch zwei oder drei Tortillas ablassen. Muchas gracias, gracias!«
Die Muchachos, die hier bei diesem großen Feuer hockten, benahmen sich so, als wären sie unter sich und völlig allein. Sie beachteten weder den Divisionario noch den Leutnant. Sie redeten, lachten, grinsten, erzählten sich Geschichten und Witze, die von Saft und Sperma strotzten; und sie gingen so weit, daß sie, ohne irgendwelche Rücksicht auf ihre Tischgäste zu nehmen, sich darüber unterhielten, wie sie beim nächsten Treffen Federales und Rurales noch elender verdreschen würden als heute, wie sie die Finqueros alle aufhängen und deren Frauen und Töchter von Hand zu Hand gehen lassen würden, und endlich, wie sehnlichst sie wünschten, nach Balun Canan und anderen großen Garnisonen zu kommen, sie zu überfallen und zu besetzen, zu keinem andern Zweck, als um dort die Frauen, Töchter und Konkubinen der Offiziere gründlich zu satteln.
Es war nun möglich, daß weder der Divisionario noch der Leutnant von dem, was gesagt wurde, viel verstand, denn die Muchachos unterhielten sich nicht in einem eleganten Spanisch, sondern so wie sie es wußten und gewöhnt waren, und das war ein korrumpiertes Spanisch ohne Regeln, zur Hälfte gemischt mit Worten und Phrasen drei verschiedener indianischer Idiomas. Jedenfalls ließen die beiden Offiziere nicht merken, daß sie überhaupt auch nur hinhörten, was hier geredet wurde. Plötzlich sagte der Divisionario, sich halb zum Leutnant hinwendend: »Freue mich, Teniente Bailleres, Sie zu den Überlebenden zählen zu dürfen.«

Der leicht ironische Ton, in dem der Divisionario das gesagt hatte, verfehlte seine beabsichtigte Wirkung auf den Leutnant nicht. Er verbeugte sich ein wenig und sagte: »Die Freude ist ganz auf meiner Seite, mi general.«
»Sie glauben doch nicht etwa gar, Teniente, daß ich das, was ich in diesem Augenblick noch von meinem Leben mein nennen darf, von diesen verdreckten, stinkigen braunen Säuen erkauft habe?«
Der Leutnant lächelte in einer Weise, daß der Divisionario verstehen sollte, daß dieses Lächeln nur oberflächlich aufgeklebt war und sich dahinter Hohn verbarg. Der Divisionario begriff es recht wohl. Er wartete keine Antwort ab, sondern fügte hinzu: »Ich dürfte das wohl viel eher von Ihnen annehmen, Teniente, wenn ich Sie hier so gut aufgehoben mit diesen Schweinen am Feuer sitzen sehe und finde, daß Sie sogar deren Zigarren rauchen.«
Der Leutnant nickte, lächelte wieder, zog tief an der dicken Zigarre und blies den Rauch aus. »Diese Zigarre ist die letzte, die ich in meinem Leben rauche, mi general. Diese Zigarre, obgleich ungewöhnlich lang und dick, von einem der Muchachos hier selbst gedreht, hat einen anderen Zweck als die elegante Zigarette, die Sie mir anboten. Der letzte Zug aus dem letzten Stümmelchen dieser Zigarre bedeutet für mich das Fanfarensignal für den Abmarsch von dieser Welt. Sie werden sicher noch mehr Zigaretten in Ihrem Leben rauchen als ich Zigarren.«
»Wie meinen Sie das, Teniente Bailleres, Fanfarensignal?«

6

In diesem Augenblick kam General, der für eine Weile sich entfernt hatte, zurück zum Feuer.
»Das Fanfarensignal wird der Feldherr, der uns verdrosch, wohl jetzt gleich hier erklären, so daß ich mir eine Erklärung Ihnen gegenüber sparen kann, mi general.«
General, obgleich er diese Worte gehört haben mußte, sagte nichts. Aber Coronel, der gleichfalls zum Feuer zurückkam, blickte auf die Zigarre des Leutnants und sagte: »Sie sind ein guter Raucher, Teniente. Und bei dieser Gelegenheit fällt mir ein, daß unser Jefe Ihnen dringend geraten hat, sich nie wieder in unserer Nähe sehen zu lassen, als Sie das letzte Mal hier zu Besuch waren.«

Der Divisionario bewegte seinen Kopf so heftig, erst nach der Richtung zu Coronel, dann nach der, wo der Leutnant hockte, daß es schien, als sei er plötzlich aus dem Schlaf gescheucht worden. Es war auf seinem Gesicht zu lesen, daß er ein heftiges Erstaunen erlebte. Sein fetter Mund klappte auf und blieb für eine Weile offenstehen, während er erneut bald Coronel, bald seinen Leutnant ansah.
Der Leutnant zog wieder an seiner Zigarre, betrachtete sie sich andächtig, als wolle er berechnen, wie lange sie dauern könnte, strich mit dem kleinen Finger die Asche ab, griente und sagte dann: »Ja, ich erinnere mich, Muchacho, es ist mir gesagt worden, daß ich meinen Besuch hier nicht wiederholen soll. Das ist richtig.«
»Und damit kein Irrtum entstehen sollte«, setzte Coronel fort, »hinsichtlich der richtigen Person, der wir sagten, daß Ihr Besuch hier nicht erwünscht sei, hielt unser Jefe es für notwendig, die Person mit einem Erkennungsbrief zu versehen, was, leider, einen Verlust zweier schöner Ohren und einer Nasenspitze zur Folge hatte.«
»Das geschah offenbar in der Meinung«, erwiderte der Leutnant ruhig, »daß ich mich vielleicht bei einem zweiten Besuch nicht als Peon, sondern als Schweinetreiber in euer Lager schleichen möchte, und um meiner selbst ganz sicher zu sein, daß ich es bin, mußte ich meine Ohren und meine Nase bei euch zurücklassen.«
»Richtig.«
Coronel trank einen Schluck heißen Kaffee, den er aus dem Blechkännchen in ein irdenes Töpfchen gegossen hatte. »Sie waren damals nicht eingeladen, Leutnant; und Sie sind heute ebensowenig oder noch viel weniger eingeladen. Im Gegenteil, Sie haben uns hier einige Hundert Ihrer Leute hergeschickt, damit wir ihnen die Karabiner, Patronen und das geliebte Leben abnehmen sollten. So war es freilich nicht von Ihnen gemeint. Und gesetzt den Fall, wir hätten die Dresche bekommen und Sie hätten das Lager und das Feld gewonnen, was hätten Sie dann mit uns getan?«
Der Leutnant blickte seinen Divisionario an und sagte: »Wir hätten euch alle bis zum Hals eingegraben und dann Laufschritt über eure Köpfe machen lassen. War das nicht so, mi general?«

»Ich habe einen solchen Befehl nicht gegeben, Teniente«, erwiderte der Divisionario mit einem würgenden Schlucker in der Stimme.
»Das ist wahr, mi general, Sie haben einen solchen Befehl diesmal nicht gegeben. Aber wir haben das stets so getan, wenn es sich um Rebellen, Meuterer und widerspenstige Peones handelte. Lediglich Straßenräuber wurden anders behandelt. Die wurden einfach füsiliert. Jedoch alle diese Dreckschweine, die von Freiheit und von Rechten faselten, denen wurden die Köpfe splitterweise zerstampft, damit nichts von ihren elenden Hirnen vererbt werden sollte.«
Der Divisionario machte ein bekümmertes Gesicht. Er sagte kein Wort. Zuckte nur mit den Schultern.
»Diesmal freilich«, setzte der Leutnant fort mit lauter Stimme, damit es jeder beim Feuer auch verstehen sollte, »diesmal freilich, mi general, gaben Sie einen anderen Befehl aus. Sie bestimmten, es sollte milde mit den Gefangenen verfahren werden. Keiner sollte getötet werden. Sie sollten nur gefangengenommen und nach Balun Canan gebracht werden, um vor einem ordentlichen Kriegsgericht verhört zu werden, wo sich ein jeder in seiner Art verteidigen könnte und seine Richter davon überzeugen, daß er nur aus Not und Quälerei, nicht aber aus Widersetzlichkeit gegen die Regierung sich den Rebellen angeschlossen habe.«
Der Divisionario nickte, als ob er die Worte bestätigen wolle. Er sah jedoch dabei den Leutnant nicht an. Es schien, daß er unter der Einwirkung dieser schönen Lüge um einige Jahre jünger würde, als er während der letzten zwei Stunden geschienen hatte.
Celso rief: »Da hört ihr es, Muchachos, wir sollten nur gefangengenommen werden, ein ganz klein wenig gefangen genommen werden und nichts weiter. Wie schön ist's doch auf dieser Welt, wie lieb und zart sind die Soldaten.«
Das Gelächter wurde lauter. Profesor rief über die Gruppe hinweg: »Schade, daß wir das nicht alles früher gewußt haben, Muchachos, wir würden dann mit Blümchen in den Händen und grüne Zweige an unsere Machetes gebunden den Federales, Rurales und Finqueros entgegenmarschiert sein, und statt unserer Caoba-Lieder und Rebellenchoräle würden wir gesungen haben:

›Wir loben den allmächtigsten Herrn, der alles so weise geleitet!‹«
»He, Divisionario«, rief Celso, »warum hast du uns denn nicht mit deinem Gesandten, diesem Teniente Bailleres, die schöne Botschaft geschickt? Nicht etwa, daß du denkst, wir wären darauf reingefallen. Wir nicht. Aber es hätte einen schönen Eindruck gemacht auf alle, die es gern haben, im Haar gekratzt zu werden, damit sie sich der Läuse wegen nicht selber schaben brauchen. Schöne Reden von Frieden und Menschlichkeit können wir uns selber halten, dazu brauchen wir keine Generale.«
»Es war schön geredet, Teniente Bailleres«, sagte General, sich nun gleichfalls einmischend. »Aber diese schöne Rede hilft dir nichts mehr. Sie kommt zu spät. Wie weit ist denn deine Zigarre? Zehn Minuten langt sie noch zu. Du bist gewarnt worden, dich hier nicht mehr bei uns sehen zu lassen. Ist das richtig oder nicht richtig?«
»Duze mich nicht, du verlaustes Dreckschwein, von einer Hure gezeugt.«
General grinste auf die Beleidigung. »Du solltest dich nicht so dick betragen hinsichtlich des Duzens. Wir sind immer geduzt worden. Jetzt sind wir dran, die andern zu duzen. Was dich anbelangt, Teniente Bailleres, in einer Stunde werden dich sogar die Maden duzen, und das traurige dabei ist, daß du es ihnen nicht einmal wirst verbieten können.«
Er sah sich um, winkte einem Muchacho und sagte zu ihm: »Bringe mir drei Salvajes herbei, Pablo.«
Der Bursche rannte fort, die Wilden herbeizuholen.

7

Als die drei verlangten Burschen nahe gekommen waren, wandte sich General wieder an Leutnant Bailleres. »Ein zweites Mal, Teniente, kann ich dich nicht gehen lassen. Das kann uns wieder dreißig oder gar mehr unserer Muchachos kosten. Du hattest deine Gelegenheit von mir bekommen und hast sehr üblen Gebrauch davon gemacht.«
Der Leutnant wurde rot vor Wut. Der verkrustete Nasenstumpf begann aufzubrechen, als er nun seinen Mund breit aufriß, um allen Hohn, dessen er fähig war, in seine Worte legen zu können. In

jeder anderen Lage und Umgebung würde er clownhaft gewirkt haben, mit den Bandagen fest um den Kopf und unter das Kinn gewickelt. Die Bandagen waren schmutzig geworden, und nasser Dreck hatte sich vermengt mit dem Blut, das durch die Binden hindurchgesickert und nun vertrocknet war. Auf den Schädel hatte er seine Militärmütze aufgepreßt, die infolge der Bandagen viel zu klein für seinen Kopf erschien. Das Gesicht war unrasiert und gleichfalls übersät mit Dreckspritzern, die zum Teil abgefallen waren und grauweiße Flecken zurückgelassen hatten. Jedoch niemand nahm irgendeine Notiz davon, daß er mit seinem Nasenstumpf und den Bandagen wie der Bajazzo eines verarmten Zirkus aussah. Er fletschte seinen Mund breit und häßlich. Dann stieß er ein kurzes Lachen aus. Und mit diesem Lachen zugleich rief er: »Du, du Dreckschwein von einem Deserteur und Verräter, Sohn eines Hurenknechts und einer räudigen Hündin, du, du hast mir eine Gelegenheit gegeben, von der ich einen üblen Gebrauch gemacht habe? Eben gerade darum, weil ich von dir, du stinkiges Rebellenschwein, keine Geschenke und keine Gelegenheit, nicht einmal mein Leben geschenkt von dir annehme, darum habe ich den Gebrauch von der Freilassung gemacht, der mir gefiel und nicht dir, du dreckiger und verlauster Hund von einem Indianer.«

»Deserteur und Verräter? Sehr gut gesagt, Teniente Bailleres. Es ist, so wie man es überall hören kann, die höchste Ehre, in der Armee zu dienen. Es war auch für mich eine Ehre, als ich eintrat. Aber wer von euch, den Offizieren, erlaubte es mir und meinen Kameraden denn, Ehre zu haben? Geprügelt wurde ich als Rekrut, und später auch noch, als ich schon Cabo war. Nicht nur geprügelt, auch ins Gesicht gespukt. Und nicht nur das. Wenn einer von euch Hurenbengeln und Weiberschändern, euch Offiziere meine ich, sich schlechter Laune fühlte oder besoffen war zum Stinken oder wenn er seinen Überschuß im Säckchen nicht bei Weibern loswerden konnte, dann ließ er uns auf Knien oder langgestreckt über den ganzen Barackenhof rutschen oder mit einer Zahnbürste Kloaken reinigen, oder die alten Mannschaften wurden gehetzt, die Rekruten nachts auf ihren Petates zu überfallen und sie elend zu verdreschen, und am nächsten Morgen mußten die Geschundenen auch noch schwindeln, daß sie aus dem

Fenster gefallen seien oder vom Dach herunter, wo sie gar nichts zu suchen hatten. Ich sage dir, Teniente Bailleres, der Deserteur, der diesen Höllen, wo ihm jedes Spritzerchen an Ehre ausgedroschen, ausgequält und herausbeleidigt wird, entläuft und aus dieser Armee desertiert, hat zehnmal mehr Ehre in seinem Leibe als diejenigen, die den Hintern voll elender Furcht haben und das alles mitmachen, ohne aufzutrotzen. Ein solcher Deserteur hat tausendmal mehr Ehre als die Offiziere und Unteroffiziere, die sich an ihrer Autorität ergötzen und erfrischen. Ein Verräter ich? Die großen und wirklichen Verräter sind die, die den Soldaten alles und jedes Ehrgefühl ausprügeln und sie so versklavt machen, daß sie nicht einmal mehr wissen, in welcher Armee sie dienen und welchem Lande sie Respekt erweisen sollen. Verräter sind die, die das Volk so lange knebeln, so lange demütigen, so lange seiner gesunden Rechte berauben, bis das Volk es endlich nicht mehr zu tragen vermag und vorzieht, sich in einem Bürgerkrieg auszutoben, als solche Schmach länger zu erdulden. Das sind die Verräter, die wahren, wirklichen und einzigen Landesverräter, die durch Machthunger, Ehrsucht, Schwindeleien, Betrug und Mord die Ursachen für Rebellionen und Revolutionen schaffen. Vielleicht in zehn Jahren, vielleicht in fünfzig Jahren wird einmal gesagt werden, daß wir, die verlausten und verdreckten Indianerschweine, Rebellen, Meuterer, Banditen, Mordbrenner und was du uns sonst noch alles nennst, die wirklichen Retter des Landes gewesen sind. Das verstehst du nicht, Leutnant Bailleres. Darum bist du ja auch hier wieder hergekommen, obgleich ich dich gewarnt hatte.«
»Was hast du Lausefetzen mich denn zu warnen?« rief der Leutnant erbost aus und warf den Rest seiner Zigarre ins Feuer. »Gar nichts hast du zu warnen. Ich komme und gehe, wie ich will. Daß du das weißt.«
»Wußte ich vorher. Darum wurdest du gekennzeichnet, damit du nicht etwa in Weiberröcken verkleidet wieder in unser Lager kommen könntest und hier herumspionieren. Du bist heute nicht hierhergekommen, um deinem General zu dienen oder der Regierung, das weiß ich auch. Du kamst diesmal, um mich zu fangen, um mich lebendig zu fangen und dich an mir zu vergnügen für deine fehlenden Ohren und deine abgefaulte Nase.«

»Richtig, Cabron«, schrie der Leutnant, sich immer mehr in Wut bringend. »Dich wollte ich mir lebendig fangen. Und daß mir das nicht geglückt ist, das ist der einzige Schmerz, den ich empfinden werde, wenn ich meine aufgerauchte Zigarre bezahle. Damit du auch weißt, was ich mit dir getan haben würde, hätte ich dich erwischt, so will ich es dir sagen, ehe es zu spät ist und mir das Maul zugefroren ist. Ich hätte dich der ganzen Länge nach auf den Erdboden werfen lassen, und dann hätte ich dir einen spitzen Holzpflock durch den Bauch treiben lassen, langsam, Zoll für Zoll, und hätte dich so auf der Erde festnageln lassen, weil du ja so sehr gut und so sehr laut zu schreien weißt: Erde und Freiheit. Mit Erde hätte ich dich vollpumpen lassen, bis du zerplatzt wärest, und du hättest die Freiheit bekommen, langsam zu verrecken.«
»Das ungefähr wußte ich vorher, Teniente, daß du das, genau das tun würdest«, erwiderte General glucksend in seinem Lachen. »Und weil ich das wußte, darum habe ich nicht einige der gewöhnlichen Muchachos hergerufen, dich auf einen Spaziergang mitzunehmen, sondern ich habe die Salvajes für diese Abendunterhaltung bestellt. Gerade solcher kleiner Abendunterhaltungen wegen, die einst an ihnen verübt wurden, sind sie Salvajes geworden. Deine Zigarre ist zu Ende. Wir haben uns nun nichts mehr zu sagen, Teniente Bailleres.«
»Sicher nicht, du Hundesohn.«
General rief den Salvajes zu: »Habt ihr verstanden, welche Art von Spaziergang zur Hölle der Caballero sich ausgewählt hat?«
»Seguro«, antworteten die drei Muchachos gleichzeitig, »sicher, General, wir haben jedes Wort gehört. Tierra y Libertad! Salud, General!«
»Tierra y Libertad, Muchachos!« grüßte General.
Einer der drei Burschen trat auf den Leutnant zu, stieß ihn mit dem Machetegriff in die Rippen und kommandierte: »Komm, Freundchen, ich werde dir ein Wiegenliedchen singen, da draußen, außerhalb des Lagers.«
Der Leutnant sprang auf, als wolle er nicht von diesen Leuten getrieben werden. Er wandte sich an den Divisionario, der während der langen Unterredung auf seinem Holzstamm gehockt hatte, ohne sich mit einem Worte daran zu beteiligen.

»Haben Sie nicht einen ordentlichen Schluck in Ihrer Hüftflasche, mi general?« fragte der Leutnant.
Der Divisionario zerrte eine elegante Kristallflasche hervor, die flach war und leicht gebogen, so daß sie bequem in der Tasche getragen werden konnte. Sie hielt etwa ein Drittel Liter, und sie war noch zur Hälfte gefüllt.
»Trinken Sie halb davon, Teniente«, sagte der Divisionario, als er dem Leutnant die Flasche zureichte. »Lassen Sie mir den Rest. Wahrscheinlich werde ich ihn ein wenig später ebenso nötig haben wie Sie jetzt, den Schluck.«
Der Leutnant hielt einen Finger gegen die Flasche, so daß er das Maß richtig nehmen konnte. Dann goß er sich einen tüchtigen Schluck hinter, setzte die Flasche ab, betrachtete sich seinen Finger, und als er fand, daß er noch einen Schluck guthabe, um seinen Anteil richtig empfangen zu haben, nahm er einen zweiten kleineren Schluck.
»So, mi general, ich denke, ich habe richtig geteilt.« Er lachte mit einer Seite seines Mundes, während er die Flasche zurückgab.
Der Divisionario schraubte sie mit Andacht zu. Dann sah er auf, General mitten ins Gesicht. »Aber Muchacho, du wirst doch nicht wirklich mit meinem Leutnant so etwas Gräßliches tun wollen?«
»Anfangs war das gewiß nicht meine Absicht, Divisionario. Aber du hast doch gehört, so gut wie ich und wie alle hier, was dein Teniente mit mir zu machen gedachte, wäre ich ihm in die Hände gefallen.«
»Das war nur ein Soldatenscherz«, beruhigte ihn der Divisionario.
»Dann waren das ebenfalls nur Soldatenscherze, als eine Anzahl unserer Kameraden den Rurales als Gefangene in die Hände fielen, vor einigen Wochen, da weiter zurück in der Finca Santa Cecilia, und die daraufhin bis an den Hals eingegraben wurden und Berittene über deren Köpfe so lange hin und her galoppierten bis die Köpfe alle zerstampft waren. Gute Soldatenscherze, Divisionario.«
Der Divisionario zuckte mit den Schultern. »Brutalitäten kommen vor in einem Kriege. Und wir sind im Kriege miteinander. Aber solche Brutalitäten sind Ausnahmen. Ich habe solche und ähnliche Taten nie befohlen. Und wäre ich in der Finca gewesen,

dann hätte ich diese Art von Mißhandlungen nicht zugelassen.«
»Teniente!« rief General den Leutnant an. »Hast du auf den Soldatenscherz, den der Divisionario uns hier erzählt, etwas zu antworten?«
»Nicht dir, du mistiger Hund«, sagte der Leutnant und verzog sein Gesicht zu einer häßlichen Fratze.
»Ich will dir nun etwas sagen, Teniente. Du bist ein tapferer Bursche, das glaubst du gewiß. Ich mache dir einen Vorschlag. Du sollst nicht denken, daß ich mich etwa vor so einem elenden Wicht von einem widerlichen Spion, wie du einer bist, fürchte.«
General zog ein Messer aus der Scheide an seinem Gurt. Während er das tat, wandte er sich zu den Muchachos, die herumstanden, und rief: »Gebt dem Hurensohn von einem stinkenden Coyote und Spion ein Messer, von derselben Länge, wie ich es habe.«
Einer der Burschen zog sein Messer und sah General an, als ob er nicht wisse, habe er richtig verstanden oder nicht.
»Gibt's ihm schon hin.« General machte eine Bewegung mit dem Kopfe.
Der Leutnant ergriff das Messer mit unbestimmter Geste.
»Nicht daß du denkst, ich habe es nötig, mich an einem Wehrlosen zu vergreifen. Ich nicht, und niemand von denen, die hier bei uns etwas mitzureden und zu befehlen haben. Los, nimm dein Messer, ich nehme meines, und wer von uns beiden gewinnt, soll mit dem andern tun, was du mit mir zu tun gedachtest, falls ich in deine Hände fallen sollte.«
»Bist du denn verrückt, General?« rief einer der Muchachos.
»Warum verrückt, Sebio? Ich bin in guter Laune. Nur sollen diese räudigen Hunde von Offizieren nicht denken, daß wir uns vor ihnen fürchten, wenn die Bedingungen die gleichen sind. In den Kasernen reißen sie ihre Fressen weit auf und gebärden sich, als ob sie einen jeden von uns verschlingen könnten, wenn sie uns auch nur ansehen, und treten jeden in den Ursch, wenn einer an ihnen vorüberkommt. Da sind wir, die Soldaten, die Wehrlosen, und wenn einer so einem Hund eine kräftige Backpfeife versetzt, wie er sie jeden Tag zwanzigmal verdient, wird er füsiliert.«
General wandte sich dem Leutnant zu und grinste ihn an. »Komm, komm, mein Lämmchen, jetzt sind wir beide gleich, du,

ein Hund von einem Leutnant, und ich, ein desertierter Sergeant. Du hast ein gleiches Messer wie ich; und es ist niemand hier, der mich jetzt füsiliert, wenn ich dir deine Fresse breitschlage. Wenn du willst, ich pfeffere sogar mein Messer hin. Ich brauche es gar nicht einmal, so einem Fetzen von Offizier gegenüber.« Er warf sein Messer in weitem Bogen zurück.

»Du magst dein Messer behalten.« General griente wieder. »Du kannst das Messer gebrauchen, ich gebrauche nur meine beiden Fäuste, nichts weiter, und wenn du gewinnst, magst du unbehelligt von uns zurückgehen zu deiner verrotzten Horde und mich an einem Lasso hinterherzerren.«

Der Leutnant blickte sich um.

Ein großer Haufen Muchachos war in wenigen Sekunden herbeigeeilt, um das Duell zu sehen. Für einen kurzen Augenblick war er wohl bereit gewesen, den angebotenen Zweikampf aufzunehmen. Daß aber General das Messer fortwarf und sich anschickte, ihn, der das Messer behalten durfte, mit den bloßen Händen anzugreifen, und ihm wahrscheinlich mit jenen dreckigen knorrigen Händen den Hals abdrehen wollte wie einem Hahn, der geschlachtet werden sollte, fühlte der Leutnant als einen solchen Schimpf, angesichts der großen Schar grinsender, lachender und ihn verhöhnender Muchachos, daß er den Kampf ablehnen mußte. Nur dadurch, daß er es ablehnte, sich mit General in so ungleicher Weise zu duellieren, war es ihm möglich, den Rest von Ehre, der ihm bis jetzt noch geblieben war, zu erhalten und mit sich hinüberzunehmen ins Jenseits. Denn selbst wenn er gewinnen sollte, die Schmach, sich mit einem verlumpten und verlausten halbindianischen Rebellen in einen ungleichen Zweikampf eingelassen zu haben, um seine Haut zu retten, hätte er nicht ertragen können. Es wäre ihm von allen, die davon gehört hätten, als Furcht ausgelegt worden, eines Offiziers unwürdig. Eine tiefere Erniedrigung hätte ihm nicht angetan werden können als die, die ihm General antat durch die einfache Geste, das Messer fortzuwerfen und ihm das Messer zu gestatten. Sein Gesicht hätte er sich zerkratzen mögen aus Wut, daß er nicht sein Messer zuerst fortgeworfen hatte und daß er General erlaubt hatte, ihm mit dieser Geste zuvorzukommen. Ohne Messer hätte er freilich gegen den stämmigen arbeits-

gehärteten Proletarier nicht gewinnen können, nicht, wenn es auf die Fäuste allein ankam. Aber seine Kameraden würden von einem ruhmvollen Tode gesprochen haben.
So blieb ihm jetzt nichts anderes übrig, als in einer Weise zu antworten, die nach seiner Auffassung eines Offiziers allein würdig war.
Er trat einen Schritt vor. Voller Wut General einige Sekunden anblickend, dabei seine Zähne vorstoßend, als wolle er ihn auffressen, hob er seinen Arm hoch, und mit heftiger Gebärde warf er das Messer gegen den Boden, so daß es bis an das Heft in die Erde spießte. Darauf spuckte er, dick aus der Kehle hervorholend, einen Klecks auf den Erdboden dicht vor die Füße seines Gegners und schrie, mit dem Finger auf den Klecks zeigend: »Da, du drekkiger, stinkender Hund von einem verlausten Auswurf einer indianischen Hündin, da schleck das auf. Du glaubst doch nicht im Ernst, daß sich ein Offizier mit einem solchen Mistwurm, wie du bist, hier herumprügeln wird. Einem Wicht wie dir haue ich ein halbes Dutzend Backpfeifen ins Gesicht, aber ich schlage mich nicht mit dir herum, du Schwein.«
Bei diesem Brüllen war der Leutnant tiefrot im Gesicht geworden. Aus den Krusten seiner Wunden sickerte Blut hervor. Jedoch die Wirkung, die er erwartet hatte und die ihn, gegenüber dem Divisionario und dem Haufen herumstehender Muchachos, als Helden offenbaren sollte, blieb völlig aus. Er hatte gehofft, General würde gegenüber dieser Schimpfrede in namenlose Wut verfallen und ihn niederknallen, damit diese Tragikomödie rasch beendend.
Aber statt des erwarteten Wutgebrülls folgte nur ein höhnisches Gelächter von allen Seiten. General brüllte wohl, aber nicht vor Wut, sondern vor Lachen. Derartige Kraftausdrücke von Offizieren hatte er als Soldat und Sergeant viel zu oft gehört, als daß sie auch nur den geringsten Eindruck auf ihn hätten machen können. In der gegenwärtigen Situation mußten die Beleidigungen des Leutnants auf jeden Anwesenden lächerlich wirken; denn alle, die hier herumstanden und die Situation richtig erfaßten, vermochten in dem Getobe des Leutnants, das unter den Umständen gegenstandslos war, nichts anderes zu erblicken als das Fauchen, Kläf-

fen und Zähnefletschen eines Coyoten, der hilflos in einer Falle festgeklemmt ist und nun den Jäger mit lachendem Gesicht vor sich stehen sieht. Und weil diese Dschungelarbeiter zu häufig das Fauchen, Brüllen und Zähnefletschen gefangener wilder Tiere des Dschungels erlebt hatten, darum war das Gebaren des Leutnants für sie so ungemein lächerlich, weil es sie an das Verhalten eingefangener Coyotes erinnerte.

Der Leutnant freilich konnte nicht wissen, warum sein Schimpfen und seine Gebärden den heldenhaften Eindruck, den er hervorzubringen gedacht hatte, so durchaus verfehlten und lediglich ein Gelächter erzeugten, daß er für eine Sekunde sich vorkam wie ein Komiker.

Als die Wirkung, die er erhofft hatte und die ihm den Abschied von der Welt hatte versüßen sollen, nicht nur ausblieb, sondern sich in einer Form äußerte, die er nie erwartet, ja nicht einmal für möglich gehalten hatte, überkam ihn zum ersten Mal seit seiner Gefangennahme ein ungemein trauriges Gefühl von Hilflosigkeit und von Verlassensein. Er sah seinen kommandierenden General an mit weiten, verstörten Augen, die um Hilfe flehten. Er hoffte, wenigstens bei ihm Verständnis für das zu finden, was hier geschah. Es hätte ihm wohlgetan, wäre der Divisionario jetzt auf ihn zugekommen und hätte ihn kameradschaftlich umarmt. Aber der Divisionario stand der Situation genauso hilflos gegenüber wie sein Leutnant; denn auch er hatte einen Wutausbruch Generals und der Muchachos erwartet, genausogut wie der Leutnant, und er war vielleicht noch mehr überrascht von der unerwarteten Wirkung als der Mann, der ihn jetzt um moralischen Beistand bat.

8

Obgleich die Situation kaum dreißig Sekunden anhielt, so dünkten sie den Leutnant Ewigkeiten zu sein. Seine Traurigkeit vertiefte sich mit jeder weiteren Sekunde, je länger er in die lachenden und grinsenden Gesichter der Muchachos sah. Es stieß und würgte in seiner Kehle. Wäre er zehn Jahre jünger gewesen, würde er jetzt nach seiner Mutter geschrien haben, so hilflos und so verlassen fühlte er sich. Für einige Sekunden vergaß er seine Umgebung, und er erinnerte sich, mit der Raschheit, Kürze und Klar-

heit eines Blitzes, einer Episode seines Lebens, die er für die traurigste hielt, die er je erlebt hatte.
Noch ehe er als Kadett in die Militärakademie eintrat, kannte er ein Mädchen, das damals noch nicht vierzehn Jahre alt war. Sie verliebten sich tief ineinander, und sie gelobten, sich zu heiraten, sobald er Leutnant geworden sei. Sie schrieben sich jede Woche zweimal, und wenn er auf Urlaub war, verbrachten sie jeden Nachmittag miteinander. Sie war seine Göttin und seine Heilige. Jeder hatte dem andern Treue bis über das Grab hinaus versprochen. Jedoch als er mitten in seinem letzten Jahr auf der Akademie war, erhielt er einen Brief von ihr, in dem sie ihn um Verzeihung bat, daß sie sich vor sechs Wochen verheiratet habe. Sein erster Gedanke war, das Leben, mit einem Stück Blei in den Schädel gebrummt, abzuschließen. Aber er ging nur auf seine Stube. Und als er alles überdachte, was das Mädchen ihm gewesen war und wie sie ihm hundertmal ewige Treue geschworen hatte, sogar in der Kirche kniend vor dem Bilde eines Heiligen, da fühlte er sich so einsam in der Welt, so trostlos, so hilflos, daß er stundenlang weinte. Später erzählte er seinen Kameraden, die ihn des verquollenen Gesichts wegen aufzogen, daß er die niederträchtigsten Zahnschmerzen habe, die ein Kadett nur haben könne.
Diese Episode, ganz unerwartet plötzlich in sein Gedächtnis springend, erfüllte jetzt seinen Geist. Es überkam ihn dieselbe Traurigkeit, das gleiche Gefühl des Verlassenseins wie damals, als er den Brief erhielt, und er fühlte Tränen in sich aufkommen.
Er hätte wirklich zu weinen angefangen, würde er auch nur zehn Sekunden länger Zeit gehabt haben, sich auf jene Episode weiter konzentrieren zu können und die Umwelt auszuschalten. Aber daran wurde er verhindert durch einen Ausruf.
»Caray!« rief General, die Arme kräftig in die Hüften stützend, »da seht ihn euch an. Das habe ich doch gewußt, daß ich einen elenden Cobarde vor mir habe, einen erbärmlichen Fetzen von einem Feigling, und er hat auch noch Uniform an. Zuerst fürchtet er sich, weil ich ein Messer habe und er keines; dann fürchtet er sich, weil ich ihm ein Messer gebe und meines in den Dreck schmeiße. Und nun fürchtet er sich, auf der Erde angepflöckt zu werden, wie er das mit mir tun wollte. Auch da hat er Angst, das

Würmchen. Darum spuckte mich diese uniformierte Kröte an und blökte mich an, damit ich in Wut kommen sollte und ihm sechs brennen, um es ihm zu ersparen, aufgepflöckt zu werden. Und das ist ein Leutnant! Ein Offizier der glorreichen Armee! Ein Cobarde, nichts weiter; und jetzt schäme ich mich, daß ich mich mit einem solchen Cobarde hier herumschlagen wollte. Ein altes lahmes Weib in unserm Heer hat mehr Mut in einem wackligen Zahn als so ein Luder von einem Offizier. Da will ich doch, verflucht noch mal, lieber heute zum Abendessen nur reinen Hundedreck fressen, als mein anständiges Messer in seinen elenden Kadaver rennen.«
Ein höhnisches Gelächter der Muchachos folgte. Der Leutnant hatte der Rede zugehört mit einem Schrecken, der sich mit jedem weiteren Wort vertiefte. Er schüttelte seinen Kopf, als fürchte er, daß sich sein Hirn verwirre. Halblaut sagte er: »O Dios mio, o mein guter Gott im Himmel, wie kannst du es nur zulassen, daß ein Mensch so tief gedemütigt werden kann wie ich!«
Dann öffnete er weit den Mund, um laut dazwischenzuschreien, hinein in die höhnische Rede Generals, und zu brüllen, daß dies ein Mißverständnis sei, daß er nicht darum General vor die Füße gespuckt habe, um ihn zu veranlassen, ihn aus Wut zu erschießen, sondern gerade im Gegenteil, aus Furchtlosigkeit und Tapferkeit habe er General so gemein beleidigt.
Aber ehe er so sprach, fand er, daß er sich nur noch immer mehr lächerlich machen konnte, falls er davon spreche, daß hier ein Mißverständnis vorläge. Idiotisch hätte es wirken müssen, wenn er behauptet hätte, daß er, um seine Tapferkeit zu offenbaren, vor General hingespuckt habe.
Als General endlich seine Rede beendet hatte, war der Leutnant so bleich und so zusammengefallen, daß es schien, als habe ihn die Rede bereits getötet. Wieder sah er seinen Divisionario an. Diesmal nicht, um moralische Hilfe bei ihm zu suchen, sondern nur um zu ergründen, wie er die demütigende Rede aufgenommen haben mochte.
Der Divisionario sah ihn nicht an, sondern blickte, wie der Leutnant wohl fühlte, absichtlich von ihm weg. Da wußte er, die Rede hatte selbst den Divisionario überzeugt, daß sein Leutnant aus

Furcht und nicht aus Tapferkeit General in Wut zu bringen versucht hatte, um ein rasches schmerzloses Ende herbeizuführen. Und jetzt geschah es, daß der Leutnant seine Tränen nicht mehr zurückzuhalten vermochte. Er begann zu schluchzen, nahm ein Tuch hervor und verbarg sein Gesicht.

9

General hatte sich umgewandt und war ein paar Schritte zurückgegangen, näher zum Feuer. Er blieb stehen, winkte einen der Salvajes zu sich heran und sagte: »Hänge den Wurm einfach auf, kurz und schnell, und beeile dich!«

Der Leutnant trocknete hastig seine Augen, ging auf den Divisionario zu und sagte zu ihm: »Mi General, glauben Sie im Ernst von mir, daß ich diesen Hund nur darum anschrie, weil ich wollte –« Er sprach nicht weiter. Er wandte sich halb um. In sich sagte er: »Was hat das für einen Zweck? Ich weiß es, und das beruhigt mich für alle Ewigkeit. Ob es andere auch wissen und ob ich überhaupt je fähig sein würde, es irgend jemand klarzumachen, das ist in fünf Minuten ohne jede Bedeutung.«

Er richtete sich auf. Trat dicht vor seinen Kommandierenden hin, sah ihm gerade ins Gesicht und sagte militärisch gehackt: »Entschuldigen, mi general, wollte mich lediglich für unbestimmte Zeit von Ihnen beurlauben lassen. Bitte darum!« Darauf salutierte er: »Mi general, a sus ordenes! Adios, mi general!«

Der Divisionario streckte ihm die Hand hin, zog ihn dicht an sich, umarmte ihn, ließ ihn wieder los, salutierte ebenfalls und sagte: »Adios, Muchacho! Urlaub bewilligt! Adios, Teniente Bailleres! Wir treffen uns in einigen Stunden. Hasta la vista!«

Ein leichtes Lächeln kräuselte über die Lippen des Leutnants, als er abermals salutierte.

Darauf drehte er sich eiligst um. Ohne zu zögern oder ein Kommando abzuwarten, ging er den Burschen, die ihn abführen sollten und von denen der eine einen von Schlamm verdreckten Lasso über die Schulter geworfen hatte, rasch voraus.

Einige Sekunden später hörte man einen der Burschen rufen: »No, Tenientito, nicht da rüber, hier, in diese Richtung. Los! Los! Die Beine gerührt!«

Fünfzehntes Kapitel

I

Der Divisionario hockte sich nieder. Er sackte in sich zusammen und schien jegliches Interesse an seiner Umgebung zu verlieren. Automatisch zerrte er aus seinem schwergoldenen Etui eine Zigarette hervor und zündete sie an einem glimmenden Ast an.

Nach und nach hockten sich auch die Muchachos, die zum Stab gehörten, wieder hin zum Feuer, während die übrigen sich zu ihren Gruppen verzogen.

Da kam ein Bursche, der Agapito hieß, herbei, blieb stehen und betrachtete sich den Divisionario und dann General, als ob er die beiden gegen einander abschätzen wolle für einen Boxkampf.

Endlich sagte er: »General, du könntest gewiß die Uniform des Divisionario gut gebrauchen. Dann würdest du recht vornehm aussehen und jeder, der dich sieht, würde gleich wissen, daß du unser General bist. Ich denke, die Uniform wird dir wohl gut passen. Ihr seid so etwa dieselbe Länge. Nur bist du mager wie ein Stecken, und der große Armeeführer, den wir hier haben, der ist gemästet wie eine alte Sau.« Seine ruhige, humoristische Rede plötzlich abbrechend und den Ton ändernd, schrie er auf den Divisionario ein: »Los, hopse und springe, Generalchen, und ziehe mal deine Lappen alle runter, damit wir hier anprobieren können.«

Der Divisionario munterte auf und sah sich um zu dem Sprecher. Er rückte zögernd auf seinen Schinken hin und her und wußte offenbar nicht, was zu tun, ob er diesem zerlumpten Indianerburschen nun gehorchen solle oder nicht. Unschlüssig sah er General und Profesor an, die er als die einzigen Autoritäten hier anerkannte oder wenigstens anzuerkennen gewillt war, weil ihm ja keine andere Wahl blieb. Jedoch sowohl General als auch Profesor, Celso und die übrigen, die das Recht zu haben schienen, ernsthaft mitzureden, ließen sich in ihrer Unterhaltung nicht stören. Sie taten, als hätte keiner von ihnen gehört, was Agapito gesagt hatte.

Als nun der Divisionario keine Miene machte, seinen Rock auszuziehen, und offenbar darauf wartete, daß General etwas dazu sa-

gen solle, stieß ihn Agapito mit dem nackten Fuß so heftig in die Rippen, daß der Divisionario umkippte. »Hast doch gehört, was ich dir gesagt habe?« rief Agapito. »Die Lumpen runter, und rasch dabei.«
Der Divisionario raffte sich nun auf und wurde wütend. »Du Hund von einem verlausten Indianer willst hier einem General etwas befehlen. Das Fell laß ich dir abziehen für deine Frechheit.«
»Rede kein ausgedroschenes Bohnenstroh«, erwiderte Agapito, ohne sich über den Wutausbruch des Divisionarios auch nur im geringsten aufzuhalten. Mit kräftigen Armen riß er den Divisionario hoch, winkte einige der herumstehenden Muchachos näher, und eine Viertelminute später stand der Divisionario vor den Muchachos in einer heftig verdreckten grünen Unterhose, die ihm bis an die Knie reichte. Erst jetzt schienen die Muchachos, die mit General plauderten, den Vorfall zu bemerken. General betrachtete sich den Haufen von Kleidungsstücken. Er ging darauf zu, hob jedes einzelne Stück hoch mit einer Hand und schätzte es ab, als ob es ihm ein Altkleider-Händler zum Kaufe anbieten wolle.
»Also diese Fetzen«, sagte er endlich und sehr geringschätzig, »also solche Fetzen mit blanken Knöpfen und einem goldenen Adler auf den Schultern machen einen großen General.«
Die Muchachos lachten laut auf und sahen den Divisionario an, der gegenüber so vielen höhnischen Gesichtern zusammenschrumpfte, nachdem er für einige Sekunden versucht hatte, sich wild zu gebärden. Es fröstelte ihn. Er kroch näher zum Feuer und kroch eng in sich zusammen. Es war nicht allein die Kühle des regnerischen Nachmittags, die ihn so frösteln ließ. Es war vielmehr die Ungewißheit seines Schicksals, die ihn aus seiner Würde brachte, und erst recht noch die Unbehaglichkeit, daß er, ein Gefangener, erdulden mußte, was diese Burschen an ihm verübten. Er hätte es zehnmal vorgezogen, mit seiner Uniform auf dem Leibe, und stolz und würdig dastehend, von den Muchachos füsiliert zu werden, als jetzt, angetan nur mit einer kurzen Unterhose, die auch noch sehr dreckig war, von den Muchachos verlacht zu werden.
»So, was bist du denn nun?« fragte ihn Profesor. »So wie du da jetzt hockst, selbst El Caudillo würde dich nicht für einen General

halten. Und wenn du so, wie du jetzt aussiehst, vor deine Division hintrittst, auch nicht einer wird ›Atencion!‹ schreien. Du mußt schon recht nahe herangehen, damit dich der eine oder der andere erkennt, und dann vielleicht sagt: ›Oh, Dios mio, das ist ja unser Divisionario, wie sieht denn der aus!‹ Ohne Uniform siehst du ganz erbärmlich aus, Divisionario, das muß ich dir schon sagen. Bei dir ist es nur die Uniform, die dich zu einem General macht; denn wärest du wirklich ein General, dann stündest du jetzt nicht hier nackt vor uns in deiner ganzen Winzigkeit, sondern wir wären deine Gefangenen, und du ließest uns alle eingraben.«
Arcadio nickte bestätigend und sagte: »Was Profesor gesagt hat, ist richtig. Hier, sieh dir einmal unsern General an, den wir haben. Der hat keine so schöne Uniform, wie du hast, er hat überhaupt keine Uniform. Die beiden Ledergamaschen, die er an seinen Knochen trägt, sind beide rechts, weil ein anderer die beiden linken hat, oder die beiden linken sind zweien deiner Offiziere auf den Stelzen geblieben, als sie abstelzten.«
»No, Arcadio«, unterbrach ihn General, »so ist das nicht. Die beiden linken waren so zerschossen, daß ich sie nicht gebrauchen konnte, darum habe ich nur die rechten.«
»Du betrachtest natürlich unsern General nicht als einen richtigen General Divisionario, nicht wahr?« fragte Celso. »Und du denkst, er sei kein richtiger General, weil er keine so schöne Uniform anhat wie du. Aber wir brauchen keine Uniformen. Wir brauchen auch keine Fahnen und andere Lappen, um marschieren zu können, wie ihr sie benötigt, um Mut zu bekommen. Wir haben Mut ohne Fahnen und ohne Trommeln und Pauken, und wir wissen immer, wohin wir gehören und wo unser Bataillon steht. Wir brauchen auch keine Streifen auf den Ärmeln und keine Sterne oder Adler auf den Schultern, um Federales und Rurales abzuschlachten. Wir wissen, was wir wollen. Jeder einzelne von uns weiß, was er will. Ihr und alle eure Soldaten müssen für jede Stunde am Tage kommandiert werden, damit sie wissen, was ihr wollt; denn keiner weiß selbst, was er will. Ihr uniformierten Soldaten seid wie Schafe, die hin und her rennen, wenn der Schäfer sie mit Dreckklumpen beschmeißt oder wenn er ihnen die Hunde in die Beine jagt.«

»Richtig gesagt«, mischte sich Profesor wieder ein, »ganz richtig gesagt, Manito. Das ist der Grund, warum wir die Revolution gewinnen. Ihr verliert, und wir gewinnen, auch wenn die Revolution fünf Jahre oder zehn dauern sollte; denn wir alle wissen, was wir wollen, und eure Schafe wissen das nicht, weil ihr es ihnen nicht erlaubt, daß sie selbst etwas wollen oder selbst etwas für sich denken. Wenn du frierst, Divisionario, komme nur ruhig näher heran zum Feuer. Wir fressen dich nicht auf. Wenigstens jetzt noch nicht.«

2

General bückte sich, hob den Uniformrock des Divisionarios auf, hielt ihn hoch in die Höhe und rief: »He, Muchachos, wer von euch will eine gute Jacke haben?«
Ein Muchacho, der ein ganz und gar zerrissenes Hemd trug und eine zerlöcherte Hose, rief: »Ich kann die Jacke gebrauchen. Nachts, wenn ich auf Wache bin, ist es verdammt kalt.«
General schleuderte sie ihm zu. Der Bursche fing den Rock auf und zog ihn sofort an. Er knöpfte ihn zu und fand ihn zu weit. »Das macht nichts«, lachte er, »die nächste Hacienda, die wir nehmen, wird das Futter liefern, da werde ich mich so dick anfressen, daß mir der Rock von diesem Hurenbock schon gut passen soll.«
»Laß die Adler ruhig auf den Schultern sitzen«, rief Celso dem Muchacho zu, »von uns wird dich ja doch keiner für einen General halten.«
Profesor lachte. »Ja, Esteban, laß die Adler ruhig da hocken, die sehen schön aus. Wenn du nun eines Tages nach Jovel kommst und gehst an der Kaserne vorüber, da springt die ganze Wache ins Gewehr. Du kannst reingehen in die Kaserne und das ganze Regiment abmarschieren lassen, wohin du willst, und hierherbringen mit allen Kanonen und Patronen. Es sieht dir kein Soldat ins Gesicht, da brauchst du keine Angst zu haben. Die sehen nur auf deine Schultern, und wenn sie da drei Sterne sehen oder gar den Adler, da verlieren sie jeden Verstand und werden eine Maschine. Die Maschine brauchst du nur anzuschreien, und da rennt sie los, mitten in einen See hinein, wenn du sie rennen läßt. Jeder Esel kann die Maschine rennen lassen, wenn er sich nur einen

Adler oder ein paar Sterne auf die Schultern klebt. Das glaubst du freilich nicht, aber es ist so.«

»Und wer will die Pantalones haben, die Hose? Sie hat einen Hintern aus weichem Leder«, setzte General hinzu, als er die Hose hoch hielt, um sie gleichfalls zu verteilen.

»Gib sie schon her«, antwortete Cecilio. Mit einem Ruck zog er sich den Fetzen aus, den er als Hose trug, und zog sich die elegante Hose des Divisionarios an. Als er dann aufstand und an der Hose herumstrich, zu sehen, wie sie ihm paßte, sagte er: »Da fehlt unten ein Stück, wo ist denn das?«

Die Muchachos lachten. Einer rief: »Die sind nicht länger, die Pantalones, die so ein Hurensohn von einem General trägt. Siehst du denn da unten nicht die Knöpfe? Die sind dazu da, damit diese Caballeros sich unten die Hose zuknöpfen können.«

Und ein anderer sagte: »Das ist sehr nötig für diese Offiziere, weißt du, Cecilio, daß sie die Hosen unten zuknöpfen können. Dann sieht man nicht, wenn ihnen die Drecksuppe unten rausrennt, weil sie sich vor Angst vollgemacht haben. Das geht ihnen immer so, wenn sie gegen uns Rebellen geschickt werden, und wir haben Karabiner und Maschinengewehre. Nur wenn wir gar nichts in den Händen haben, nur Machetes, oder gar nur Knüppel, dann haben sie einen Mut wie hungrige Löwen.«

3

Der Divisionario wußte nicht, was er mit sich selbst machen sollte. Alles, was hier geredet, gehöhnt und gelacht wurde, ging auf seine Kosten. So unwürdig, so entblößt aller seiner erlauchten Hoheit, so unwichtig erschien er sich selbst, daß er nicht einmal mehr vermochte, sich zu bemitleiden. Hätte er seinen Automatic zur Hand gehabt, so würde er ein Ende im Augenblick herbeigeführt haben. Als er das dachte, kam ihm aber eine andere Idee, daß er sich nicht erschießen würde, sondern er würde ihn bis auf den letzten Schuß auf die Muchachos abfeuern und wohl darauf achten, daß General den ersten gutgezielten Treffer erhalte. In dem Hinundherwandern seiner Gedanken verfiel er darauf, sich einen anderen Ausweg vorzustellen, den er vielleicht erfolgreich versuchen könnte: Aufspringen und einfach davonlaufen. Vielleicht würde es glücken, daß einer der Muchachos hinter ihm herknallte und ihn niederstreckte, wodurch dann alle Entwürdigungen und Beschämungen, die er erduldete und wahrscheinlich noch weiter zu erdulden haben würde, mit einem Schlag zu Ende kämen. Er erhob sich schon in den Knien und stützte beide Hände auf den Boden, um einen guten Ansprung zu nehmen. Aber da bemerkte er, daß er nur die kurzen Unterhosen anhatte und keine Stiefel, sondern nur zerlöcherte Strümpfe an den Füßen. In Strümpfen hätte er auf diesem Boden nur sehr schlecht laufen können, und mit einer Hand hätte er die Unterhose festhalten müssen, damit sie ihm nicht ganz runterrutschte. Als er sich das ausmalte, wußte er, daß in der Kleidung, in der er sich befand, und unter den Umständen, unter denen er hätte rennen müssen, er sich so unglaublich lächerlich gemacht haben würde, daß demgegenüber die gegenwärtige Beschämung seiner Person noch erträglich erschien, um so mehr, weil er diese Entwürdigung nicht hervorgerufen hatte und auch nicht verhindern konnte, während er durch ein Fortrennen sich selbst beschämte und entwürdigte. So blieb er sitzen und wartete auf sein Todesurteil, das, wie er wußte, in dieser selben Stunde noch gefällt werden würde.

4

Es kamen jetzt die Muchachos zurück, die den Leutnant abgeführt hatten, und meldeten: »General, er hängt.«

»Gut«, erwiderte General, »wenn er lange genug gehangen hat, dann geht hin und bringt mir den Lasso wieder. Wir brauchen ihn hier für unsern Nachbar, den General de Division. Wir können es uns nicht leisten, daß wir für jeden Offizier einen neuen Strick nehmen. So reichlich haben wir es nicht, und Zeit, ihn mit Steinen totzuschmeißen, haben wir auch nicht. Was denkst du, Divisionario?«

»Ihr könnt mir doch wohl auch das winzige Stückchen Ehre gönnen, mich zu erschießen. Mehr als eine Kugel braucht ihr nicht auf mich verschwenden.« Der Divisionario versuchte, sich zu einem Lachen aufzuraffen; aber es verrutschte ihm und blieb kleben in einer Falte, die sich von dem linken Mundwinkel zur äußersten Ecke des unteren Kinnbackens zog.

Der Muchacho, der die Hose des Divisionarios erhalten hatte, warf seine zerlöcherte und zerfetzte herüber, dem Divisionario vor die Füße.
»Die darf ich mir ja wohl anziehen?« fragte der Divisionario.
»Natürlich«, sagte Celso. »Wir sind viel zu anständig. Wir lassen niemand, nicht einmal einen Divisionsgeneral, immer und ewig in seinen dreckigen Unterhosen herumlaufen. Was würden unsere Frauen hier denken? Man könnte gar noch glauben, wir seien eine unmoralische Horde wilder Indianer.«
Er wandte sich um und rief hinüber zu einer Gruppe: »Wer von euch hat ein altes Hemd übrig hier für unsern Gast? Ihr habt heute genug neue Hemden gekriegt, die uns die Uniformados hergebracht haben aus reiner Liebe für uns und zu unserer großen Freude. Los, her mit einem Hemd, wenn es auch nur ein Fetzen sein sollte. Wir geben gern den Armen und Nackten von dem, was wir entbehren können.«
Ein gelbes zerlöchertes Baumwollhemd, das nach Schweiß stank wie die Pest, flog herbei, von irgendwoher. Celso fing es auf.
»So, da hast du nun auch ein Hemdchen, Divisionario«, sagte Celso, ihm den Fetzen zuwerfend. »Du sollst nicht etwa denken, daß wir nicht wissen, wie Gäste, die uns besuchen kommen, behandelt werden müssen, wenn es auch Gäste sein sollten, die wir nicht eingeladen haben.«
Wieder rief er hinaus: »Hat jemand ein Paar abgetretene Huaraches, die er nicht mehr gebrauchen kann? Her damit.«
Ein paar alte Sandalen kamen durch die Luft gesaust. Sie fielen vor dem Divisionario hin, der sich bemühte, das zerfetzte Hemd über seinen fetten Körper zu zerren.
Ein Muchacho schob mit einem Fuße die Sandalen dichter zu dem Divisionario. »Da sind die Reitstiefel für dich, Divisionario, damit du dir keine Dornen in deine zierlichen Füßchen eintrittst«, sagte er, seiner Stimme einen schmeichelnden Ton gebend. Gleich darauf aber änderte er den weichen Ton und sagte roh und halb schreiend: »Um uns hat sich nie jemand bekümmert, ob wir uns Dornen eintraten oder auf giftige Skorpione traten oder uns die nackten Füße an spitzen Steinen blutig rissen. Wir aber sind nicht so schamlos, wie du glaubst, Divisionario. Wir sind hochanständi-

ge Menschen. Wir wissen, wie es tut, wenn man sich Dornen drei Zoll weit in die Füße rennt, so daß die Spitze oben hindurch kommt.«

5

»Nun könnten wir uns einmal das Lager ansehen, was die Muchachos tun und was sie in ihren Schüsseln und Pfannen haben für das Abendessen«, sagte General, während er dabei aufstand.
Alle Muchachos, die zum Stab gehörten, folgten ihm.
Als sie ein Stück gegangen waren, drehte sich General um und rief zurück: »He, Divisionario, du gehst natürlich mit uns. Komm, komm, oder wir helfen dir auf die Beine.«
Der Divisionario kam, unwillig genug, daß er einem Befehl dieses verlausten Dreckschweines folgen mußte, weil, wäre er nicht gefolgt, er sicher verprügelt worden wäre. Und das wollte er doch vermeiden.
Die Gruppe schlenderte durch das Camp.
»Wir haben hier ein ganz vorzügliches Lager«, sagte General beiläufig.
»Das ist wahr«, bestätigte der Divisionario. »Dieses Camp, geschickt besetzt und zur Prärie hin mit einigen Gräben ausgeworfen, ist nicht leicht zu nehmen von einer Truppe, die das Gelände nicht kennt und nicht weiß, wie es besetzt und befestigt ist. Ich könnte das Camp mit zwei Bataillonen gegen eine ganze Division halten, monatelang kann ich wohl sagen.«
»Das freut mich, Divisionario, das von dir bestätigt zu finden.«
General nickte, offenbar befriedigt. »Ich habe dieses Camp selbst ausgesucht und zum Lager bestimmt, weil wir für eine gute lange Zeit hin Ruhe benötigen. Wir sind runter mit unsern Kräften, und wir müssen auch Munition sparen. So sehr dick haben wir es nicht. Ich kann dir das ja ruhig erzählen, weil du keinen Gebrauch davon machen kannst. Denn in einer Stunde etwa werden wir dich ja wohl endlich ins Jenseits abschieben müssen, so leid es uns auch tut, einen so vornehmen Gast, wie du bist, zu verlieren, und noch dazu so plötzlich.«
Sie gingen weiter, nach dieser Richtung hin und nach jener. General zeigte dem Divisionario ein Maschinengewehrnest und ließ ihn

sehen, daß die Munition wirklich nicht reichlich war. Scheinbar. Denn die großen Lager an Munition und an überzähligen Waffen waren gut versteckt.

»Hast du in Balun Canan Geschütze, Divisionario?« fragte General, ohne ihn dabei anzusehen.

»Sechs haben wir. Leichte. Fünfundsiebziger. Und das kann ich dir sagen, wenn wir nur drei heute hier gehabt hätten, dann wäre nicht ein Stumpf von euch übriggeblieben.«

»Vielleicht. Wer weiß. Das kommt vor. Ich hoffe auf alle Fälle, daß dein Brigadier oder einer deiner Coronels, wenn er das nächste Mal kommt, um uns endlich unsern Ursch zu versohlen, nicht nur drei, sondern alle sechs Geschütze mitbringt, oder ich würde es ihm sehr übelnehmen. Kannst du ihm schreiben, wenn du willst. Ich gebe dir ein Stück Papier. Wir könnten die Geschütze gut gebrauchen. Auch ein paar Kanoniere dazu, die uns zeigen, wie diese Dinger behandelt werden müssen. Ich bin sicher, es sind Geschütze, die auseinandergenommen werden können und auf Mules verladen.«

»Das können sie freilich«, erwiderte der Divisionario. »Aber darüber mach dir die wenigste Sorge, Muchacho, ob sie verladen werden können oder nicht. Wäre ich hier nicht ein so elender Gefangener, ich würde dir auf mein Wort versprechen, daß du die Geschütze wohl zu sehen bekommen solltest. Aber nur die Mündungen, versteht sich.«

»Natürlich versteht sich das«, lachte General. »Schade, daß wir das alles nun nicht mehr ändern können. Du hast zuviel hier gesehen. Kennst jetzt das Lager zu gut. Freilich, ich kann es ja wieder verlegen. Oder ich komme euch auf einem anderen Wege entgegen. Wirklich, wenn ich darüber nachdenke, Divisionario, ich könnte mich beinahe verleiten lassen, dich frei gehen zu lassen. Nein, nein, rede mir nicht drein. Es ist in der Tat so, ich möchte dich gern der glorreichen Armee des El Caudillo zum Geschenk machen. So eine Art Gegengeschenk, weißt du, für die vielen schönen Karabiner, Revolver und Maschinengewehre mit allem Zubehör, die du mir in so freundschaftlicher Weise geschenkt hast. Ich denke wirklich ganz ernsthaft darüber nach, dich laufenzulassen, wie du da bist. Wäre es auch nur, damit du das nächste Mal deine Geschütze alle mitbringst und nun endlich einmal mit uns ein Ende machst. Unter uns gesagt, Divisionario, wir sind es leid. Richtig leid. Die ganze Geschichte. Die Muchachos wollen alle heim. Auch ich möchte heim. So, wenn du dann die Geschütze mitbringen wolltest, dann würde das nicht lange dauern, und wir hätten einen guten Grund, alle wegzurennen. Munition ist knapp, wie du gesehen hast, zu knapp, als daß wir noch lange aushalten können.«

Der Divisionario nickte mehrere Male. Es war aber ersichtlich, daß er nur halb hinhörte. In seinen Gedanken arbeitete er einen Plan aus. Der Plan verwirrte sich aber in ihm, weil er zwei Pläne hatte und er beide Pläne fortgesetzt miteinander verwechselte. Einmal dachte er daran, ob es nicht vielleicht doch noch möglich sein könnte, irgendwie zu entkommen. Dann wieder ließ ihn der Soldat, der er war, nicht zur Ruhe kommen. Er arbeitete Angriffspläne und Überrumpelungsmanöver aus hinsichtlich der Art, wie er dieses Lager überwältigen könnte, vorausgesetzt, es würde ihm eine Möglichkeit geboten, sein Hauptquartier zu erreichen.

Endlich jedoch wurden seine hin und her wehenden Gedanken hart unterbrochen dadurch, daß General plötzlich ganz kurz sagte: »Muchachos, bringt ihn zurück zum Stabsfeuer.«

6

General ließ die drei Muchachos rufen, die den Leutnant aufgehängt hatte.

Sie kamen zum großen Feuer.

General nahm sie beiseite und sprach lange mit ihnen. Aus den Gesten der Muchachos ließ sich erkennen, daß General sich durch Fragen und Antworten vergewisserte, ob sie auch alles richtig verstanden hätten.

Sie entfernten sich endlich und kamen nach einiger Zeit zurück zum Stabsfeuer. Der eine von ihnen trug jetzt über der linken Schulter einen Lasso, der von trockenem Schlamm verdreckt war. Sie standen eine Weile da, auf weitere Befehle wartend.

Als General sie erblickte, wandte er sich an seinen Ehrengast und sagte: »Wie ich zu meinem Bedauern sehe, Divisionario, bist du nun willens, uns zu verlassen, um deinem Leutnant nachzufolgen,

der schon weit voran ist. Es ist in mancher Hinsicht schade, daß wir uns nicht länger mehr mit dir beschäftigen können. Siehst du, Brüderchen, es wird auf die Dauer langweilig, miteinander herumzuspielen. Wir hätten dich gleich bei der Überraschung auf dem Hügel, von dem aus du die große Schlacht lenktest, auf eine Machete spießen sollen. Aber siehst du, es kommt so selten vor, daß uns ein richtiger Divisionsgeneral besucht. Und wie wir nun schon beschaffen sind, wir sind so sehr begierig, uns aristokratische Umgangsformen anzugewöhnen, und die können wir nur von unsern aristokratischen Besuchern lernen. Einer von uns kann vielleicht eines guten Tages Gouverneur sein, und wenn zu ihm der englische Gesandte kommen sollte, kann er doch nicht gut zu ihm sagen: ›Ay, que chingue a tu madre, cabron!‹ Denkst du nicht auch so, Divisionario!«
Er wandte sich um und rief: »He, wer hat die Hüftflasche unseres Gastes, du? Gib sie dem Caballero wieder.«
Der Muchacho reichte sie dem Divisionario hin. General lachte. »Sag danke, Divisionario. Du wirst jeden Schluck dieser Flasche benötigen innerhalb der nächsten halben Stunde.«
»Dafür kann ich ja wohl wirklich ›Gracias‹ sagen. Gracias!«
»No hay porque. Keine Ursache, gern geschehen.«
Der Divisionario nahm einen kräftigen Schluck und ließ die Flasche in einer Tasche der zerlumpten Baumwollhose, die er jetzt trug, verschwinden. Die Hose war ihm so eng, daß sie an den Beinen aufzuplatzen begonnen hatte. Am Leib klaffte sie mehrere Zoll weit auseinander, und sie hielt nur zusammen mit Hilfe des Bindfadens, den der Divisionario fest herumgeschnürt hatte.
»Hast du Zigaretten auf deinen Weg, Divisionario? Unsere Gäste sollen uns nicht nachreden, daß wir sie in die dürre Wüste gehen lassen ohne kleine Gaben der Freundschaft. Freilich, was wir rauchen, Divisionario, wird deinem Magen nicht bekommen.«
Er wandte sich wieder um und rief: »He, Muchachos, wer hat denn das goldene Zigarettenetui unseres guten Divisionarios?«
Die Muchachos sahen sich an. Dann rief einer: »Hier ist es, General. Hier in der Tasche des Rockes, den ich anhabe. Das habe ich erst jetzt gefühlt, was es ist. Und hier ist auch sein elegantes Feuer-

zeug. Verflucht! Das ist wirklich elegant. Ich kann keinen Funken rauskriegen.«
General öffnete das Etui, überzählte die Zigaretten und sagte, den Behälter dem Divisionario hinreichend: »Damit kommst du genügend aus, Divisionario, für die nächste Stunde. Später wird es deinen Lungen an Bewegungsfreiheit fehlen, mehr zu benötigen.«
»Gracias!« sagte der Divisionario wieder, das Etui annehmend.
General nickte nun und grinste. »Das wäre ja wohl alles, Divisionario. Vielen Dank für den Besuch. Adios, adiosito, Divisionario, es war mir eine Freude, dich kennenzulernen. Adios. Vaya bien!«
Die drei Muchachos, die den Divisionario begleiten sollten, kamen auf den Divisionario zu.
Der Divisionario ging einige Schritte voraus.
Dann blieb er stehen, drehte sich um und rief: »Aber du bist doch ein verlauster dreckiger Hund von einer stinkenden Indianerin im Schlamm zur Welt gebracht. Das wollte ich dich doch zu guter Letzt noch wissen lassen, was ich von dir denke, ehe ich abgeschickt werde.«
»Und das nennt er aristokratische Höflichkeit«, rief General mit einem hellen Gelächter ihm nach. »Wir haben ihn gefüttert, wir haben ihn gekleidet, wir haben ihn zu seiner Verdauung spazierengeführt, wir haben ihm eine wunderschöne Kristallflasche mit feinstem Cognac zum Geschenk gemacht, wir haben ihm ein schwergoldenes Etui, gefüllt mit importierten Zigaretten, mit auf den Weg gegeben, und nun schreit er uns zum Abschied eine Saugemeinheit ins Gesicht. Das ist die Höflichkeit von Divisionsgeneralen. Nicht einmal danke hat er für die Tortillas und die Frijoles gesagt, die wir ihm gaben, um ihn von einem bitteren Hungertode zu retten. Aber so geht es zu in der Welt, und wir müssen uns trösten mit dem, was wir haben.«
Alles dies rief General mit Lachen. Nun änderte er die Stimme und schrie hinter den Burschen, die den Divisionario abführten, her: »Gebt dem alten Schitter fünf Minuten, damit er beten kann und seine Rechnung begleichen. Führt ihn weit genug hinaus, damit er uns nicht das Lager verpestet. Morgen wissen wir, wer mehr stinkt, ein Divisionario oder ein indianischer Rebell. Also weit raus, sechs Kilometer wenigstens, versteht ihr, Muchachos!«

»Seguro, General, sicher«, riefen die Burschen zurück und stießen den Divisionario in die Rippen, damit er sich rascher bewegen möge.

7

Als die Muchachos mit dem Divisionario nun auf dem Wege waren und weit genug vom Camp, blieben sie stehen.
Einer von ihnen sagte:»Wir haben ja alle keine große Eile, nicht wahr, Divisionario. Warum sollen wir uns also hier nicht hinsetzen und eine Zigarette drehen.«
»Wollt ihr eine von meinen Zigaretten kosten? Sie kommen von Ägypten.«
»Mag sein. Vielleicht sind sie gut. Aber wir rauchen unsere mit größerem Vergnügen. Gracias.«
Der Divisionario zog seine Hüftflasche und tat einen sehr kleinen Schluck. Dann rieb er seinen Daumen quietschend gegen die Flasche und reichte die Flasche dem Muchacho zu, der ihm am nächsten saß.
»Nimm dir einen, Muchacho«, sagte er vertraulich. »Deine beiden compañeros mögen auch einen nehmen. Es bleibt mir immer noch genug in der Flasche.«
»Ich werde lieber keinen nehmen, Señor General, denn wenn unser Jefe mein Maul riecht und findet, daß ich nach Aguardiente stinke, dann haut er mir eins in die Fresse. Ist das nicht so, compañeros?«
»Es ist viel schlimmer«, erwiderte einer der beiden, »er schießt uns glatt ein Stück Blei in den Magen, wenn wir nach Aguardiente stinken.«
Der Divisionario fing die Anrede ›Señor General‹ sofort auf, denn seit seiner Gefangennahme hatte er sie nicht mehr vernommen. Sie tat ihm wohl, so wohl wie einem Zuchthäusler die Mitteilung tut, daß er entlassen wird, weil sich endlich herausgestellt hat, daß er unschuldig verurteilt worden sei und nun eine öffentliche Ehrenerklärung erhalten werde.
»Euer Jefe ist gewiß ein ganz strenger Tyrann, der keinem Muchacho auch nur die geringste Freude gönnt«, sagte lauernd der Divisionario.

»Das ist er freilich. Aber was können wir machen, er hat die Gewalt über uns.«
»Und was habt ihr überhaupt hier zu erwarten, Muchachos? Er und Profesor heulen euch jeden Tag hundertmal vor ›Tierra y Libertad‹. Aber wenn alle Erde zerstört ist, wo könnt ihr denn da Erde haben?«
»Das ist richtig, Señor General. Daran haben wir nie gedacht.«
»Und ich kann euch auch noch etwas anderes sagen, Muchachos. Augenblicklich seid ihr ja im Vorteil. Aber das dauert nicht lange, und ganze Brigaden und gleich auch noch mit dreihundert Maschinengewehren und fünfhundert großen Kanonen werden gegen euch geschickt, und es bleibt auch nicht einmal ein Haarbüschel von euch übrig. Was macht ihr dann mit eurer Tierra y Libertad, wenn ihr alle tot seid?«
»Ja, was machen wir dann, compañeros?« fragte einer seine beiden Begleiter. »Der Señor General hat ganz recht. Aber was können wir machen?«
»Ihr seid alle drei gesunde und starke Burschen«, meinte nun der Divisionario. »Ich könnte euch wohl gut als Soldaten gebrauchen, mit voller Kriegslöhnung. Das ist eine Menge Geld. Und wenn ihr dann drei Jahre oder fünf gedient habt, dann habt ihr so viel Geld, daß ihr euch gut irgendeinen Rancho kaufen könnt, der euch gefällt. Da könnt ihr in Frieden leben und euren Acker bestellen, und alles, was ihr verkauft, ist euer, und es kann euch niemand wegnehmen.«
»Der Señor General hat wirklich recht, compañeros. Genau so, wie er sagt, geht es zu. Aber was machen wir denn nur?«
»Ich werde euch etwas sagen, Muchachos. Wie heißt ihr denn? So. Gut. Die Namen werde ich mir merken. Und nun hört gut her. Warum müßt ihr mich denn hier aufhängen? Das ist Mord. Und es ist eine große Sünde. Da könnt ihr jeden Cura fragen. Und ihr kommt dafür nicht in den Himmel, sondern in die Hölle. Warum wollt ihr denn alle in die Hölle kommen, wenn euch der Himmel offensteht? Ich bin ein alter Mann und lebe nicht mehr lange, das könnt ihr sehen. Ich werde euch etwas sagen. Ihr bringt mich zum nächsten kleinen Rancho, wo ich ein Pferd borgen kann und zurückreiten und in Frieden den Rest meines Lebens verbringen.

Dann geht ihr zurück zum Lager und erzählt eurem Jefe, daß ich gut aufgehängt bin und daß mir die Zunge einen halben Meter weit aus dem Munde hängt. Ihr müßt wieder zurück zum Camp, sonst wird das verdächtig, und euer Jefe schickt ein paar Muchachos auf Pferden hinter uns her. Sonst könnte ich euch gleich mitnehmen, und gleich morgen könntet ihr Soldaten sein.«
Die Muchachos hörten mit aller Aufmerksamkeit zu.
»Aber es ist besser, ihr geht zurück und sagt, daß ich aufgehängt bin. Dann schickt euer Jefe niemand hinter mir her. Dann, morgen oder übermorgen, schleicht ihr euch davon und kommt in unser Hauptlager. Und da werde ich jedem von euch hundert Pesos geben.«
»Hundert Pesos, Señor General?« fragten die Muchachos ungläubig.
»Jedem von euch einhundert silberne Pesos. Und wenn ihr wollt, könnt ihr Soldaten noch obendrein werden. Aber wenn ihr keine Soldaten werden wollt, dann mögt ihr jeder eure hundert Pesos nehmen und damit heimgehen zu euren Dörfern. Ich schreibe euch auch noch einen Brief für eure Gemeinde, daß ihr gute Leute seid und daß euch niemand in das Gefängnis stecken darf, weil ihr rebelliert habt. Denn alle andern Rebellen werden füsiliert. Aber ihr nicht.«
»Was sagst du dazu?« fragte einer den andern. Und jeder antwortete: »Ich bin damit einverstanden.«
Der schlaueste der drei aber sagte: »Señor General, es ist aber besser, wenn Sie uns vielleicht ein Papier gleich jetzt geben, damit wir auch die hundert Pesos wirklich bekommen.«
»Freilich, freilich«, antwortete der Divisionario, »das ist nur recht, daß ich euch einen Zettel schreibe. Aber ich habe kein Papier. Auch keinen Bleistift. Das ist alles in meinem Rock und in meiner Hose geblieben. Ich habe nur meine Zigaretten und die Flasche noch retten können. Habt ihr denn zu einem General kein Vertrauen, Muchachos?«
»Wir sind so oft von allen Leuten, Generalen oder nicht Generalen, betrogen worden«, sagte einer, »daß wir zu niemand mehr Vertrauen haben können. Aber wir wollen es diesmal tun, Señor General.«

»Ihr werdet nicht enttäuscht werden, Muchachos.« Der Divisionario erhob sich und fügte hinzu: »Dann laßt uns nun gehen, damit es nicht zu spät wird. Es ist ja bereits Nacht.«
»Keine Sorge, Señor General, wir kennen den Weg auch in der Nacht. Wir haben hier Außenposten gehabt.«

8

Sie marschierten etwa eine Viertelstunde. Der Pfad war schlecht, bald steinig, bald morastig, bald dick mit Untergestrüpp bewachsen.
Der Mond kam langsam herauf, wurde sichtbar, leuchtete den Weg auf und verschwand hinter zerrissenen schwarzen Wolken, um nach einigen Minuten wieder hervorzukommen und dann abermals zu verschwinden.
Der Divisionario stöhnte. Sein Gang wurde schwerfällig und müde. Seit drei Uhr morgens war er auf den Beinen. Was er an diesem unendlich lang erscheinenden Tage erlitten hatte, abgesehen von der verlorenen Schlacht, würde selbst einem jungen Mann am Ende eines solchen Tages alle Kraft aus den Beinen rauben.
Der Weg öffnete sich nun in eine Lichtung.
Der Divisionario erblickte einen großen Stein, ging darauf zu, setzte sich schweratmend darauf nieder und sagte: »Muchachos, ich vermute, ich kann nicht mehr weiter. Ich werde wohl hier die Nacht verbringen müssen.«
»Dann wird Sie wohl gleich am frühen Morgen unser Jefe hier abholen kommen, Señor General«, sagte einer der Burschen.
»Das wird wohl so sein. Das wird wohl ganz gewiß so sein. Was kann ich tun?« Er wischte sich mit dem schmutzigen Ärmel des zerfetzten Hemdes, das er auf dem Leibe trug, Gesicht und Stirn ab.
Er zündete eine neue Zigarette an.
Der halbe Mond wurde wieder für einige Minuten sichtbar.
Der Divisionario, an seiner Zigarette paffend, sah sich um, bald nach dieser Seite, bald nach jener. Wohin er blickte, sah er die schwarzen Wände des Busches. Nur die Lichtung war offen und klar, mit helleren Flecken niedriger Grasbüschel und mit dunkeln

Flecken, verursacht von den Schatten jener besenartigen Grasbüschel.
In der weiten Ferne, in der Richtung hin, wo Balun Canan lag, das Standquartier seiner Division, flatterten hin und wieder die Flügel eines Wetterleuchtens über den schwarzen Nachthimmel hin.
›Hauptquartier der Division‹, dachte der Divisionario. ›Wie gut und wohlig, dort jetzt sein zu können. Im Kasino sitzen, eine Batterie von Flaschen guten Bieres zur Seite, Domino spielend mit Mayor Fernandez oder mit Capitan Munguia. Capitan Munguia, verflucht, nicht einen Hundeschitt wert als Soldat, keinen alten Lappen wert als Caballero. Aber in der Not kann man ihn herbeirufen zu einer Partie Domino. Kommt immer. Der Kriecher.‹
Der Divisionario tat einen tiefen Zug an seiner Zigarette. Sie glimmte weißleuchtend auf.
»Dios mio, heiliger Gott im Himmel!« rief er in lautem Ton, und mit einem Ruck schnellte er hoch von dem Stein, auf dem er gesessen hatte. Er warf die Zigarette fort.
»Heilige Maria Mutter Gottes, Madre Santisima, daran habe ich nicht gedacht. Daran habe ich, verflucht, nicht gedacht.« Er sagte das laut, seine Stimme angefüllt von unerhört heftigem Schrecken. Ohne die Absicht dazu gehabt zu haben, ließ er sich wieder auf den Stein zurückfallen. Er ließ seine Augen an den schwarzen Wänden des Busches entlangstreifen, nach rechts und links, nach links und rechts, stetig und gleichmäßig, als bewege sich sein Kopf von selbst. Dabei beugte er den Oberkörper auf und nieder.
Plötzlich und mit einem entschiedenen Ruck hielt er in diesen Bewegungen inne und stieß ein kurzes hartes Lachen hervor.
»Also das ist es, was er mir anzutun beschlossen hat. Also das. Ich hätte ihm nicht zugetraut, niemals zugetraut, daß er so etwas Niederträchtiges zu erfinden imstande gewesen sein sollte. Gracias, o Dios mio, Dank dir, o Gott, daß ich das rechtzeitig erkannte.«
Wie von einer Last befreit, atmete er auf. Er nahm eine neue Zigarette hervor und blies einige Wolken von Rauch vor sich hin.
Die Muchachos äußerten mit keinem Wort und keiner Gebärde, daß sie sich auch nur das Geringste daraus machten, ob der Divisionario Krampfanfälle bekam oder etwa einen unwiderstehli-

chen Drang offenbarte, auf dieser Lichtung wie ein Faun in der Mondnacht herumzuspringen.
Als hätte er die Muchachos, die sich auf dem Prärieboden ausgestreckt hatten, ohne sich jedoch weit von ihm zu entfernen, völlig vergessen, sprach der Divisionario laut zu sich und in einer Weise, als spräche er vor versammelten Offizieren, um ihnen eine bestimmte Situation klarzumachen. Während er sprach, paffte er gewohnheitsgemäß an seiner Zigarette.
»Was, zur Hölle, kann ich denn sagen, wenn ich da ankomme im Hauptquartier? Da stehen sie alle herum und stieren mich an. Ich komme allein, ganz allein komme ich zurück, heil und gesund, ohne einen Kratzer im Gesicht. Nicht ein Kilo meines Gewichts verloren. Und da komme ich an, verkleidet wie ein verwahrloster und verlauster Monteria-Indianer. Ohne Bataillon komme ich zurück. Kein Offizier kommt zurück. Kein Sergeant. Alle tot. Es kommen zwanzig blutende Berittene zurück, und ein paar kommen angehumpelt auf abgesattelten Maultieren. Aber ich, ich, General de Division, komme zurück, ohne Bataillon, ohne Waffe, in Lumpen, ohne Schramme im Gesicht, gesund und munter wie aus einem kurzen Manöver. Das hat er für mich ausgesucht. Darum schickt er mich ab mit diesen Burschen, die er beauftragt hat, sich von mir bestechen zu lassen. Die sich bestechen lassen? Die, die Leutnant Bailleres aufhängten, und die wissen, daß ich das weiß und gesehen habe. Die sich bestechen lassen?«
Er wandte sich an die Muchachos. »He, ihr, wollt ihr mir wohl etwas sagen, wenn ich euch verspreche, daß ich in einer halben Stunde nicht mehr am Leben bin?«
»Vielleicht, Señor General«, sagte einer, ohne aufzustehen.
»Ich habe gesehen, daß euer Jefe eine gute Weile mit euch sprach, allein mit euch sprach, ehe er euch abschickte.«
»Das tat unser Jefe.«
»Er hat euch gesagt, daß ihr mich frei gehen lassen sollt. Hat er das nicht gesagt?«
»Das ist unser Befehl. Und Sie, Señor General, mögen tun, was Sie wollen. Ob Sie in einer halben Stunde tot sind oder nicht, kümmert uns nicht. Wir sagen unserm Jefe, daß wir Ihnen gern berichtet hätten, was wir für einen Befehl gehabt hätten. Er hat uns sogar

gesagt, daß wir Ihnen das erzählen möchten, ehe wir Sie verlassen.«

Der Divisionario begann zu grübeln. Automatisch zündete er eine neue Zigarette an. Dann nahm er einen kräftigen Schluck aus seiner Kristallflasche.

»Je näher ein Mensch seinem Ende ist, desto besser versteht er die Welt und die Menschen, und er sieht in das Innere alles Geschehens. Wer mag das wohl gesagt haben? Irgendwo las ich es. Da möchte er, daß ich zum Hauptquartier gelange, heil und gesund. Und da mag ich eine seltsame Geschichte erzählen, wie ich mich aus deren Gefangenschaft befreite. Und da stehen Sie nun, Caballeros, und blicken mich ungläubig an. Glauben Sie denn, daß ich lüge, ich, ein Divisionsgeneral? Warum sehen Sie mich denn so an, Coronel Arizmendi? Daß ich allein hier vor Ihnen stehe? Daß kein anderer Offizier entkam, nur ich? Daß nur eine Handvoll blutender, verstörter, halb wahnsinniger Leute entkommen konnten, sonst niemand, aber ich, der Divisionsgeneral, heil und gesund hier stehe? Freilich, Uniform, Geld, Uhr, Ringe, Revolver mußte ich zurücklassen. Mußte mich wie ein zerlumpter Indianer verkleiden, um heil und gesund hierherzukommen und in Sicherheit. Hören Sie, Mayor Maldonado, verflucht, was fällt Ihnen denn ein? Achtung! Warum kneifen Sie ein Auge zusammen? Können Sie denn Ihrem Divisionario nicht mehr offen in die Augen sehen? Was? Was haben Sie denn ausgefressen, daß Sie mich ansehen mit einem Auge zugekniffen und die Lippen schief gezogen, als ob Sie grinsen wollten. Achtung, meine Herren! Sie glauben doch nicht etwa gar – ja, Caballeros, was ist denn das? Sie glauben wirklich in der Tat, ich habe jenen indianischen Dreckschweinen mein Geld und meine Uniform und meinen Revolver gegeben, mich frei zu kaufen? Ich, General de Division Petronio Bringas? Ich? Gracias, Caballeros. Das wenigstens nenne ich Ehrlichkeit. Danke, meine Herren. Sie haben mein Urteil gesprochen. Da bleibt mir nun keine andere Wahl. Adios, Caballeros! Adios, camaradas y amigos!«

Der Divisionario schreckte auf. Er stand auf und rief gegen die schwarzen Wände des Busches gellend und immer gellender: »Adios! Adios, Caballeros! Adios! Adios!«

Er schrie es wohl hundertmal. Da wurde er heiser und vermochte seinen Mund kaum mehr zu öffnen.
Er griff an seine Kehle, als wolle er sie zwingen, ihm zu gehorchen. Nun verfiel er in ein Glucksen und leises Lachen. Dann kam er zu sich. Ließ sich niederfallen auf den Stein und atmete tief mit weit offenem Munde.
Er tastete nach einer neuen Zigarette.
Die Muchachos lagen immer noch auf dem Boden in seiner Nähe. Einer reichte ihm das Feuerzeug hin.
Als er es zurückgab, lachte er den Muchacho an. »Ich bin besoffen, Muchachos, besoffen, besoffen, das ist es, was ich bin. Oh, so gräßlich besoffen.« Er nahm die Flasche, setzte sie an seine Lippen und gurgelte so viel in sich hinunter, daß nur gerade ein dünner Rest in der Flasche zurückblieb.
Er hielt die Flasche hoch gegen das Mondlicht. Den dünnen Rest bemerkend, drehte er den goldenen Stopfen wieder ab, goß sich die letzten Tropfen in den Mund und bewegte die Flasche, immer noch in den Lippen haltend, hin und her, als wolle er auch den allerletzten Tropfen herauslecken.
»Da drüben, in jener Ecke, Muchachos, seht ihr den schönen Baum? Ein wunderschöner Baum ist es. Von hier aus gesehen, scheint es Zeder zu sein. Ob Zeder, Mahagoni oder Ebony, das tut nichts. Einer so gut wie der andere. Gib mir den Strick, Muchacho, den du da über deiner Schulter hast.«
Er prüfte den Strick in seinen Händen. »Verflucht hart und kratzig ist das Zeug. Ein elender Strick. Aber fest, Knoten und Schleife hat er auch schon. Um so besser. Ich kann sowieso keine guten Knoten dieser Art machen, die sich so schön und glatt hin- und herschieben lassen.«
Er stutzte, als er die Schleife durch den Knoten hin- und herspielte. »Das ist doch nicht etwa gar derselbe Lasso, der heute am Spätnachmittag meinen ersten Leutnant Bailleres am Halse kratzte, Muchachos?«
»Derselbe, Divisionario«, sagte einer der Muchachos, ohne irgendein besonderes Interesse zu zeigen.
»Dann hat dieser Lasso Übung?« Der Divisionario stieß ein hakkendes Lachen hervor.

»Er hat Übung«, sagte der Muchacho, ebenso gleichgültig wie vorher.
»Muchachos«, sagte nun der Divisionario, endlich seinen ironischen Ton aufgebend und ernst werdend, »ich kann euch nichts geben. Was ich am Leibe trage, sind verlauste und verdreckte Lumpen, die so zerrissen sind, daß selbst eure compañeros sie nicht haben wollten und fortwarfen. Die Kristallflasche und das Zigarettenetui kann ich euch nicht schenken, weil ihr diese Dinge ja doch sowieso nehmt und nicht in meinen Lumpen steckenlassen werdet. Das ist auch recht und billig. Alles, was ich euch geben kann, ist ein ehrlich gemeintes Danke, im voraus gegeben für etwas, das ich möchte, daß ihr es tätet. Ich habe nie zu einem Indianer ›bitte‹ gesagt. Ich sage zu euch: bitte, Muchachos, bitte, schneidet mir nach meinem letzten Hauch mein Gesicht vom Schädel herunter, damit mich niemand, der mich finden sollte, erkennt. Wollt ihr das tun, Muchachos?«
»Das können wir schon tun, Señor General. Macht uns keine besondere Mühe. Nichts Besonderes dabei. Haben wir sogar in den Monterias mit lebendigen Bestien getan, die infolge eines Versehens Gottes menschliche Gesichter erhalten hatten.«
»Mil gracias, Muchachos, für diesen kleinen Liebesdienst. Tausend Dank. Sagt eurem Jefe, er könne morgen hierherkommen und mich am Ursch lecken, noch vor dem Frühstück.«
»Wir werden ihm das bestellen, Señor General.«
»Gut. In fünf Minuten, sagen wir, zehn Minuten, Muchachos, kommt ihr rüber. Da zu jenem Baum. Adios. Und noch einmal, vielen Dank im voraus, Muchachos!«
»No hay porque, Señor General, keine Ursache. Reisen Sie glücklich und zufrieden. Eilen Sie sich. Zehn Minuten, sagten Sie. So lange wollen wir schon noch warten.«

9

Der Divisionario war bereits auf dem Wege, in seiner linken Hand den Strick hin und her pendelnd.
Er ging etwas schwankend. Wahrscheinlich infolge des häufigen Gurgelns aus der Kristallflasche. Hier und da stolperte er über die drahtigen Grasbüschel.

Als er die ausgesuchte Ecke der kleinen Lichtung erreichte, stand das Licht des klaren Mondes voll auf jener Wand des Busches.
Er bekreuzigte sich. Beugte den Kopf. Bekreuzigte sich wieder. Zog an einem Faden, den er um den Hals trug, ein schwarzes Läppchen hervor, auf dem ein Kreuz aufgenäht war. Er nahm das Läppchen in beide Hände und küßte es.
Er bekreuzigte sich abermals.
Nun ließ er prüfend den Lasso durch seine Hände gleiten. Blickte nach aufwärts in das Geäst des Baumes, und mit einem entschlossenen Schwung warf er den Lasso über einen Ast, der weit vom Stamm hinweg in die Lichtung ragte.
Die Muchachos blinzelten gelangweilt hinüber. Einer von ihnen sagte: »Hoffentlich hat er sich einen dicken und kräftigen Ast ausgesucht, damit er nicht auch noch abbricht. Er ist schwer wie ein alter fetter Ochse. Scheint zu halten, der Ast. Gib mir den Tabak her.«

10

Es war etwa eine Viertelstunde später. Die drei Muchachos waren inzwischen hinüber zu jenem dicken Baum gegangen. Einer kam nun zurück in die Lichtung. Er hockte sich nieder und begann seinen Machete an den Grasbüscheln trockenzureiben. Dabei beobachtete er den Himmel. Nun rief er: »Da hinten in Balun Canan haben sie ein verflucht schweres Gewitter. Das fegt nur so dahin.«
Von den beiden, die noch beim Baum waren, rief einer herüber: »Du, was sagst du, sollen wir ihm den Lasso schenken oder was sonst?«
»Nichts wird geschenkt«, rief der Bursche, der seinen Machete trockenrieb, zurück zu den beiden. »Es ist ein so schöner und haltbarer Lasso. Reißt nicht einmal, wenn so ein fetter Klumpen dran hängt. Kann noch oft gebraucht werden, der Lasso. Überhaupt, General macht uns vielleicht auch noch einen stinkigen Lärm, wenn wir den Lasso nicht wiederbringen. Weißt ja, wie er manchmal sein kann. Schickt uns gar hierher zurück, den Lasso zu holen. Wie es aussieht, kommt das verfluchte Gewitter hier herüber, und da möchte ich nicht gerade diesen verdammten elenden Weg noch mal machen.«

»Hast recht, Manito. Besser, wir bringen ihn zurück, den Lasso.«
»Verflucht«, rief der Bursche, der in der Lichtung war, zurück zum Baum, »redet nicht soviel da hinten. Laßt ihn nun schon endlich runter und knotet ihn ab. Er schluckt lange nicht mehr. Eilt euch. Ich bin hungrig wie ein lahmer Coyote.«

Sechzehntes Kapitel

I

Fünf Wochen waren vergangen. Es mochten auch sieben, acht oder zehn sein. Niemand machte sich die Mühe, die Tage und Wochen zu zählen. Daß es auf keinen Fall weniger als fünf Wochen sein konnten, ersahen die Muchachos an dem Stand der Milpas, auf denen die Ernte rasch heranwuchs. Das Lager, mit seinen zahlreichen Chozas, Jacales und Ramadas, die während der letzten Wochen gebaut worden waren, hatte das friedliche, halb geschäftige, halb träumende Aussehen eines üblichen Indianerdorfes angenommen.

Alles war vorhanden, was nötig war, eine Gemeinde zu gründen und zu erhalten. Hier war Wald, Prärie mit gutem Gras, fruchtbares Buschland, ein breiter, nie versiegender Bach mit klarem kühlem Wasser. Die Leute hatten Mais, Bohnen und Chili genug, und neue Ernten reiften heran. Sie besaßen Pferde, Mules, Esel, Kühe, Ochsen, junge Stiere, Ziegen, Schafe und selbst Schweine. Was fehlen sollte, würden die Fincas der Region zu liefern haben, freiwillig oder mit Unterstützung von Karabinern.

Kleine Trupps der Muchachos waren ständig auf Streifzügen. Sie überfielen Militärposten und Patrouillen der Rurales. Hin und wieder ereigneten sich Scharmützel mit bewaffneten Finqueros und deren Vasallen, die sich zu Verteidigungsgruppen zusammengeschlossen hatten, um die Region von Rebellen und Banditen zu säubern.

Die Finqueros waren überzeugt, daß es sich nur um versprengte kleine Horden meuternder Indianer handelte, die nach den Gefechten mit den Federal-Truppen übriggeblieben waren und die nun plündernd herumzogen. Solche kleine Horden waren ständig in der Republik vorhanden, selbst in den Jahren der eisernsten Herrschaft des Diktators, wo niemand es wagte, auch nur an Rebellion zu denken.

Offenbar hatte sich das militärische Oberkommando des Staates der Überzeugung der Finqueros angeschlossen, daß nur sehr kleine, und nur drei oder vier solcher versprengten Horden in der

Region herumschwärmten und daß es nicht nötig sei, dieser zwei Dutzend Banditen wegen größere Massen an Federal-Truppen aufzubieten, wodurch dem Lande nur Kosten erwuchsen. Die Finqueros würden in wenigen Wochen mit diesen Horden schon allein fertig werden, wie sie es vierhundert Jahre hindurch ebenso getan hatten.
So erklärten General, Profesor, Celso und andere Muchachos die Situation, insbesondere die Tatsache, daß sie seit Wochen keine Bataillone, nicht einmal Compañias gegen sich hatten aufmarschieren sehen.

2

»Seht einmal hier, was ich mir für ein Vögelchen geschnappt habe«, sagte Eladio, einen intelligent aussehenden Ladino, der mäßig gut gekleidet, aber seit Tagen nicht rasiert war, ins Lager bringend.
Der Mann führte sein Pferd am Zügel hinter sich her. Ihm folgte ein halbwüchsiger indianischer Bursche, gleichfalls ein Pferd hinter sich herzerrend, während er mit der andern Hand die Leine hielt, an der er ein Mule nachzog, das mit Packen und zwei sehr abgenutzten ledernen Handkoffern beladen war.
Der hereingebrachte Mann sah sich nach allen Seiten um, zeigte aber keine Ängstlichkeit. Auf seinem Gesicht und in seinem Gebaren war zu lesen, daß er sich sagte: ›Es wird schon alles gut ausgehen, und wenn nicht, dann kann ich eben auch nichts daran ändern.‹
Die Ankommenden wurden von einem Rudel heulender und kläffender Hunde des Lagers umringt, so daß es für sie unbequem genug war, Eladio so rasch zu folgen, wie er voranschritt.
Sie kamen zu einer offenen großen Halle, die ein Dach hatte, teils aus Palmen, teils aus Präriegras, und die in der Mitte des Lagers errichtet war. Diese geräumige Halle diente als Stadthaus, Beratungssaal, Kaserne und vorläufig auch noch als Schule für Kinder und Erwachsene.
»Profesor, das scheinen mir die richtigen Vögelchen zu sein, die ich dir hier anbringe«, sagte Eladio wieder. »Sie kamen nicht gerade auf den Weg zu, den wir als Posten besetzt halten. Sie ritten da

vorbei. Aber ich dachte, es sei gut, du siehst dir die beiden einmal an. Ich denke, sie wollen hier herumspionieren.«
»Rede keinen Unsinn, Muchacho«, sagte der Ladino lachend. »Ich herumspionieren? Ich habe andere Sorgen. Das könnt ihr mir glauben. Und wenn ihr das nicht glaubt, so ist mir das auch recht. Ein solches elendes Jammerleben, da kann man ja wirklich nur von Herzen froh sein, wenn es einem jemand abnimmt. Spion? Ich? Macht euch doch nicht so lächerlich.«
Er lachte erneut. Dann sagte er: »Es wäre mir schon lieber, ihr gebt mir etwas zu kauen und zu trinken. Seit gestern mittag habe ich nicht einmal einen Fladen frischen Kuhdreck gesehen, viel weniger eine schimmelige Tortilla. Das ist ein Leben, amigos. Ein Leben, verflucht noch mal. Gebt mir erst etwas Ordentliches zu essen, dann könnt ihr mich meinetwegen ruhig aufhängen, wenn es euch Vergnügen macht. Nur hängt mich nicht auf mit einem leeren Magen. Das wäre grausam von euch, und ihr seht doch alle so friedlich aus.«
Profesor saß in der Halle mit Andres, beide beschäftigt mit einem Buche, das kürzlich eine Finca, die besucht worden war, geliefert hatte.
Sie fielen in das Lachen des eingebrachten Ladinos ein, sich an dem salzigen Humor des Mannes labend.
Es waren noch andere Muchachos in der Halle; denn die Halle war nie leer, weder bei Tage noch viel weniger in der Nacht, wenn sie als Schlafhalle für einige zwanzig, zuweilen dreißig Burschen diente.
Profesor rief den Muchacho, der ihm am nächsten saß, und schickte ihn zur Madre de campo, der Lagermutter, ein gutes Essen für den Ladino zu holen.
»Das nenne ich Freundschaft, amigos«, sagte der Ladino, »einen Hungrigen in der Wüste zu speisen, ist eine so fromme Tat, daß die Engel im Himmel dazu ihre Posaunen blasen, und es soll euch bei San Pedro gut angeschrieben werden. Dafür werde ich sorgen, wenn ich ihn treffe und mir einmal seinen Schlüssel ansehe. Dieser Schlüssel hat mir immer Sorgen gemacht, ob er nun groß ist oder klein, aus Eisen oder Silber, ob er an einem Bindfaden hängt oder an einer goldenen Kette um den Hals des San Pedro. Und was

euch anbetrifft, Muchachos, ob ihr nun Banditen seid oder Mordbrenner oder friedliche Bauern, das kümmert mich nicht, solange ihr mir was zu essen gebt.«

»Ich möchte doch nur wissen, was der Mann ist, daß er einen solchen Hunger hat und nur vom Essen und nichts anderem redet«, sagte Andres leise zu Profesor. In Profesors Augen blitzte ein Verstehen auf. Er lachte und sagte: »Du, ich weiß jetzt, was du bist. Du bist kein Ladino. Du bist kein Händler.«

»Sicher nicht«, sagte der Mann, »ich habe das auch nicht behauptet.«

»Du bist Schullehrer. Was schlimmer ist, Dorfschullehrer.«

»Mann auf Erden, das konnte nur ein Kollege richtig raten. Stimmt. Profesor rural ambulante. Wandernder Dorfschullehrer. Alle zwei Monate werde ich nach einem andern Dorf geschickt, weil das Gehalt, das dem Dorfe für die Schule bewilligt wird, immer gerade nur für zwei Monate reicht. Und die letzten vier Wochen dieser zwei Monate, da sieht es schon recht trübe aus, und ich muß froh sein, daß ich im zweiten Monat wenigstens die Hälfte kriege von dem, was mir versprochen war. Und dann kriege ich einen Brief vom Departamento, wo sie mir schreiben, wie das nächste Dorf heißt, wo ich nun hinkommandiert werde. Das ist manchmal drei oder vier Tagesreisen weit, das nächste Dorf, wo ich hinbestellt werde. Und als Zehrgeld gibt mir der Departamento sechs Reales, fünfundsiebzig Centavos, ganz gleich, ob meine nächste Stelle nur gerade einen Tag weit ist, oder sieben Tage oder acht auf diesen elenden gottverdammten Wegen. Immer nur sechs Reales. Davon soll ich mich beköstigen, davon soll ich das Pferd bezahlen, das ich mir miete, davon den Jungen bezahlen, der mich begleitet und die Pferde wieder zurückbringt, davon die Miete für das Mule, das meine armseligen Lumpen trägt und meine paar Bücher und Hefte, und davon auch noch den Mais für die Pferde. Das soll mir erst einmal der Jefe vom Departamento vormachen, wie man das alles von fünfundsiebzig Centavos bezahlen kann.«

»Das kenne ich«, unterbrach ihn Profesor.

»Dann bist du ebenfalls Profesor?«

»War, Freund und Kollege. War. Zuerst in der Hauptstadt in einer Secundaria mit auskömmlichem Gehalt. Dann runter in eine Primaria. Dann nach einer kleineren Stadt. Dann immer wieder nach einer noch kleineren Stadt, bis ich endlich auch in Dörfern landete.«

»Warum denn das? Wenn man erst einmal gut sitzt in einer Secundaria, kann man gut sitzen bleiben oder weiter raufrücken in die Preparatorias und wer weiß was sonst noch, sogar bis zu einem Direktor-Posten.«

»Das kann man, amigo. Das kann man recht gut. Wenn man das Maul hält. Und das Maul konnte ich nicht halten und werde es auch nie lernen. Darum bin ich jetzt hier Profesor. Hier bekomme ich überhaupt kein Gehalt und fühle mich doch recht wohl. Was ist denn das ganze gute Gehalt wert, wenn du dich nicht wohl fühlst? Und wenn ich das Maul nicht aufmachen darf und sagen, was ich denke, dann können das hundert Pesos Gehalt im Tage nicht wettmachen, was ich an meinem Herzen und an meiner Seele stückweise verliere. Man ist doch kein Tier und keine Marionette. Ich bin doch Mensch, verflucht noch mal! Und hier kann ich Mensch sein. Wir alle hier können Menschen sein. Und das wollen wir bleiben. Und das verteidigen wir bis zum letzten Saftspritzer gegen El Caudillo, gegen die gottverdammte und gottverfluchte Diktatur.«

3

Inzwischen war das Essen in die Halle gebracht worden. An der Art, wie der Angekommene über das Essen herging und wie er jedes Krümchen aufschleckte und jede Fingerspitze abschleckte, vermochten die Muchachos besser als aus seinen Worten zu entnehmen, daß der Mann die Wahrheit gesprochen hatte.

Auch sein Muchacho füllte sich den Magen, der ebenso leer zu sein schien wie der des Profesor rural ambulante.

Als der Lehrer nun gegessen hatte und aufatmete in einem tiefen Wohlgefühl, sagte er: »Ich heiße Villalva, Gabino Villalva, su servidor. Vielen Dank für das Essen.«

»Und was ist denn nun mit ihm, Profesor?« fragte Eladio, der den halb verhungerten Lehrer eingebracht hatte. »Ist er ein Spion oder nicht? Wenn nicht, dann gehe ich wieder auf meinen Posten.«

»Ich werde mich mit ihm beschäftigen, Eladio, und du kannst auf

deinen Posten ziehen. Auf jeden Fall war es gut, ihn herzubringen. Man weiß nie, wer und was ein jeder ist, der da nahe an unsern Grenzen sich vorbeischleicht.«
»Also das ist es, amigos«, sagte nun der Lehrer, »auch ihr habt eure Sorge mit den Banditenhorden, die hier herumschwärmen und die alle Finqueros zur Verzweiflung bringen. Ihr habt recht, seht euch vor, das ist ein böses Gesindel, das da Tag und Nacht herumstreift und niemand zur Ruhe kommen läßt. Ich sehe, ihr habt ja da auch einige Dutzend Karabiner herumhängen. Das ist notwendig in Zeiten wie diesen.«
General war hereingekommen und hatte die letzten Worte gehört. »Die Zeiten sind böse, da hast du recht, Hombre. Um so böser, weil man nicht einmal weiß, wer die wirklichen Banditen sind im Lande.«
»Das hast du gut gesagt, amigo«, erwiderte der Lehrer, sich umwendend zu General, der nun näher kam und sich zu der Gruppe setzte. »Gut gesagt. In diesen Zeiten weiß man nicht, wer regiert und was regiert wird.«
»Darum sagen wir ›Que muere El Caudillo! Abajo la dictadura!‹« mischte sich Andres ein.
Der Lehrer sah ihn an. Dann blickte er alle übrigen an, die herumsaßen und ihm zusahen, mit welcher Behaglichkeit er seinen Kaffee trank, schluckweise und andächtig, als hätte er nie zuvor einen so guten Kaffee getrunken.
Sein Blick blieb endlich fragend auf Andres halten. »Warum sagst du ›Tod dem Führer! Nieder mit der Diktatur?‹ Das möchte ich wissen.«
»Weil wir nicht frei sein und nicht frei leben können, solange der Diktator das Volk knebelt und tyrannisiert«, sagte einer der Muchachos.
»Welchen Führer, welchen Diktator meint ihr denn?« fragte der Lehrer erstaunt.
»Das weiß ein jedes Kind im Lande, wer gemeint ist«, sagte Andres. »Du solltest dich nicht so dumm stellen und so unschuldig. Hier kannst du frei reden, frei heraus. Hier sind keine Angeber und keine Polizeispione.«
Profesor, mit einem mißtrauischen Blick in den Augen, sah den

Lehrer an. »Nun möchte ich doch wissen, was ich von dir halten soll. Du redest so und redest wieder so. Was ist nun das richtige an dir?«
»Bin ich denn hier auf dem Monde oder in Afrika oder mitten in China oder wo?« fragte der Lehrer, mit verständnislosen Augen einen jeden der Reihe nach betrachtend.
»Wir meinen natürlich El Caudillo, den Führer und Lenker, Don Prudencio Dominguez, wen denn sonst?« rief einer der Muchachos.
»Das hätte ich freilich nicht raten können, amigos«, sagte darauf der Lehrer. »Wenn ihr Don Prudencio Dominguez meint, den, der hier dreißig oder ich weiß nicht wieviel Jahre gewirtschaftet hat, ja, dann seid ihr reichlich verspätet, denn der hat vor acht, neun, zehn, dreizehn, ja, vor sechzehn Monaten, da hat er abgedankt, weil er sich nicht mehr halten konnte. Er ist jetzt in London, das ist eine Stadt in Frankreich.«
»England«, warf Profesor ein.
»Meinetwegen auch England, Spanien oder Holland. Jedenfalls ist er abgereist.«
Andres wandte sich Profesor zu und sagte leise: »Sechzehn Monate? Da muß er ja schon nicht mehr regiert haben, als wir von den Monterias auszogen.«
»Das scheint so, Junge. Was für ein Scherz!« sagte er wie zu sich selbst.
»Was für ein göttlicher Scherz!« platzte er nun laut heraus und brüllte vor Lachen.
»Scherz?« meinte der Lehrer. »Da ist nicht viel zum Scherzen heute, im ganzen Lande nicht.«
»Wer regiert denn jetzt?« fragte Profesor.
»Das möchte ich auch gern wissen«, erwiderte der Lehrer. »Das möchte jeder im Lande wissen, Arme und Reiche, Kapitalisten und Arbeiter.«
»Es muß doch wohl eine Regierung da sein«, wandte General ein.
»Eine? Eine Regierung?« Der Lehrer zog seinen Mund schief. »Das sind jetzt fünftausend Regierungen. Fünftausend Politiker reden und schreien, und jeder hat seine eigene Regierung. Da ist nicht ein Parlament, da sind zehn, zwanzig, vierzig, alle zu glei-

cher Zeit. Jeder Staat hat nicht einen Gouverneur, sondern sieben oder acht, und alle zu gleicher Zeit.«

»Ist keine Partei da, um die sich die Leute sammeln, um eine Regierung, vom Volk gewählt, zu erhalten?«

»Da sind auch Parteien da. Eine Unmenge. Constitucionalistas, Institucionalistas, Revisionistas, Reformistas, Re-eleccionistas, Anti-Re-eleccionistas, Laboristas, Comunistas, Comunalistas, Imperialistas, Anti-Imperialistas, Indo-Americanistas, Agraristas, Dominguezistas, Separatistas, Regionalistas, Continentalistas, Unionistas und so etwa zweihundert ›istas‹ mehr. Die Namen kann man nicht behalten. Jeden Tag kommen neue auf, und jeden Tag verschwinden solche, die gestern den meisten Anhang hatten.«

»Und die Armee? Was tut denn die Armee?« fragte General.

»In der Armee weiß kein General, wer befiehlt, wessen Befehle auszuführen sind und wessen nicht. Jeder General, Major oder Oberst bekommt jeden Tag zwanzig verschiedene Telegramme mit Befehlen, und er weiß nicht, welchem Befehl er nun eigentlich folgen soll. So bleibt er einfach mit seinen Leuten sitzen, wo er sitzt, und kassiert die Löhnungen ein, ganz gleich, wer sie ihm anweist. Außerdem gibt es jetzt so etwa zehntausend Generale, die sich vom Abend bis zum Morgen mit dem Titel General belegten und dann mit ihren Leuten loszogen. Die Mehrzahl dieser Generale haben nicht mehr als zwanzig Mann, die ihnen folgen. Und alle die zehntausend Generale gehen jeder auf den andern los, jeder behauptet, eine andere Partei zu unterstützen, und morgen bekämpft er die Partei, auf deren Seite er gestern war.«

»Das ist dann alles wirklich das, was El Caudillo in beinahe vierzig Jahren einer mitleidlosen Diktatur geschaffen hat«, rief Profesor aus, aufspringend und seine Arme hochwerfend, wie er es gewöhnlich tat, wenn er aus seiner gewöhnlichen Rede heraus in eine Ansprache fiel, die er an alle richtete. »Das ist, was die Diktatur erreicht hat. Das ist, was alle die Leute, die Verständnis vom Menschen haben, hundertmal vorausgesagt, geschrien, geschrieben, gedruckt und gebrüllt haben und dafür gemartert und erschlagen wurden wie kranke Hunde. Chaos. Das hat er erreicht, der Idiot von einem Diktator, der Wahnsinnige von einem Staats-

lenker. Er hat das Chaos geschaffen. Wer ist es denn, der jetzt aufgestanden ist und das Volk hin- und herzerrt? Es sind dieselben Leute, die unter seiner Diktatur geboren wurden, unter seiner Diktatur erzogen wurden, unter seiner Diktatur aufwuchsen, unter seiner Diktatur zum Schweigen verdonnert wurden, unter seiner Diktatur kein Recht hatten und keine Gelegenheit, politisch selbst zu denken, sich heranzubilden im politischen Denken. Darum schreit nun jeder. Und jeder, der schreit, schreit seine eigene Melodie, weil er keine andere weiß und keine andere hörte und keine andere lernen konnte. Das ist so natürlich, wie es natürlich ist, daß ein Bach den Berg hinunterläuft und nicht hinauf.«
Die Halle hatte sich mit Männern und Frauen gefüllt, die sich dicht zusammendrängten, um allen Gelegenheit zu geben, zu hören, was Profesor sagte. Die Mehrzahl freilich verstanden nicht ganz, worüber Profesor sprach, weil sie den Anfang nicht gehört hatten.
»Und das ist das grauenvolle Ende der Diktatur, einer Schmach, an der unser Land für hundert Jahre leiden wird. Ich habe gesprochen, Muchachos.«
»Bravo, Profesor!« rief es von allen Seiten. »Abajo la dictadura! Tierra y Libertad!«

4

Der Lehrer, offenbar durch Zeitungen, Broschüren, Flugblätter, Aufrufe, Manifeste, Programme, die jetzt das Land überfluteten, an solche Reden gewöhnt, so sehr, daß sie begonnen hatten, ihn zu ermüden, trank ruhig seinen Kaffee weiter und drehte sich eine Zigarette aus dem Tabak, den ihm einer der Muchachos gereicht hatte.
Profesor setzte sich und sagte zu dem Lehrer: »Das ist wirklich eine große Neuigkeit, die du uns gebracht hast. Wir sind so weit abseits, daß wir nicht gut wissen können, was da draußen vor sich geht.«
»Mag sein. Nur ist mir nicht klar, warum ihr hier alle Tierra y Libertad! schreit wie wild. Ihr habt alle die Tierra, die ihr benötigt, und was Freiheit anbetrifft, ich denke, ihr habt hier mehr Freiheit als irgendeiner sonst, viel mehr Freiheit als selbst ich. In Wahrheit, ich habe überhaupt keine Freiheit. Ich bin ein Sklave. Ein

Schulsklave, wenn du so willst, aber doch ein Sklave. Der Jefe des Departamento ordnet an, wohin ich zu gehen habe, und da muß ich eben gehen, und wenn ich nicht gehe, dann habe ich noch weniger zu essen als jetzt. Und was ich jetzt zu essen habe, das hat mich noch niemals satt gemacht. Freilich, mit der seltenen Ausnahme heute«, setzte er grinsend hinzu. »Ich bin überhaupt niemals in meinem Leben so richtig erfrischend und wohltuend satt gewesen. Heute und hier zum ersten Mal. Dafür muß ich wohl ›Gracias!‹ sagen, und ich sage es vom Herzen, nein, richtiger, vom Magen kommend.«
Er rückte auf seinem niedrigen Sitz unschlüssig herum. »Bueno, es scheint mir, daß ich gerade noch Zeit genug habe, den nächsten Ranchito zu erreichen, ehe es Nacht wird. Da werde ich mich wohl nun auf die Beine machen müssen, mit eurer Erlaubnis. So leid es mir in der Seele tut, ich kann wohl eure Gastfreundschaft nicht länger mit meinem dürren Kadaver belasten.«
Sich umsehend, winkte er dem indianischen Jungen, der ihn begleitete, die Pferde zu bringen und dem Mule die Packen wieder aufzuladen.
Profesor sah ihn nachdenklich an, als ob er seinen Charakter und seine Zukunftspläne aus seinem Gesicht zu erforschen gedachte. Offenbar zufriedengestellt mit seinem Studium, blinzelte er General, Celso, Andres und Coronel zu, mit einer fragenden Geste. Die Geste wurde, so schien es, beantwortet in dem Sinne, den er erwartet hatte.
Im selben Augenblick, als der Lehrer sich aufrichten wollte, um zu gehen, stieß ihn Profesor leicht an der Schulter. Der Lehrer setzte sich wieder.
»Sage, Gabino Villalva, Profesor rural ambulante, warum bleibst du denn eigentlich nicht hier bei uns? Für dauernd, meine ich. Wir können gut einen zweiten Lehrer gebrauchen. Einen für die Großen und einen für die Kleinen, und Andres hilft auch noch mit. Mit dem Gehalt freilich, da wird es zuweilen fehlen. Das kommt darauf an, was die Finqueros an barem Gelde im Hause haben. Aber Gehalt oder nicht Gehalt, ich verspreche dir, daß du, so lange du mit uns bist, immer einen vollen Magen haben sollst.«
»Wenn das so ist, Freund und Berufskamerad, wozu brauche ich

denn da Gehalt? Gehalt hat mir noch nie zum Sattessen gereicht. Natürlich bleibe ich hier. Wie heißt denn überhaupt dieses Dorf hier?«
»Solipaz«, erwiderte Profesor.
»Sonne und Frieden. Ein wunderschöner Name für ein Dorf. Aber, zum Teufel noch mal, wer seid ihr denn eigentlich?«
Profesor neigte sich nahe zu dem Ohr des Lehrers und flüsterte ihm ein Wort zu. laut sagte er, und mit einem offenen Lachen: »Sage es nicht weiter, auch wenn du gefragt werden solltest. Wir sagen es nur weiter bei bestimmten, sehr bestimmten und sehr begrenzten Gelegenheiten. Seitdem wir nun auch noch wissen, amtlich wissen, daß der Diktator gefallen ist, hat sich, was wir waren, geändert zu dem, was wir jetzt sind, amtlich sind, ganz gleich, was für eine Regierung endlich den Palast besetzt.«
»Das also. Beinahe hätte ich es mir ja wohl denken können. Aber in diesen Zeiten, wie sie gegenwärtig sind, ist es schwer, das Richtige zu raten. Freilich, nun bleibe ich erst recht hier. Das habe ich gewollt, seit ich acht Jahre alt war. Und ich mußte siebenunddreißig werden, um euch zu finden.«
Er stand auf. Richtete sich gerade. Hielt die geballte Faust hoch und rief als Gruß: »Muchachos, Tierra y Libertad!«
Und die Muchachos antworteten wie mit einer Stimme: »Tierra y Libertad!«

B. Traven im Diogenes Verlag

Werkausgabe in Einzelbänden
Einzig berechtigte deutsche Ausgabe, vollständig neu herausgegeben von Edgar Päßler in Zusammenarbeit mit der Büchergilde Gutenberg, Frankfurt am Main

Das Totenschiff
Roman. detebe 21098

Die Baumwollpflücker
Roman. detebe 21099

Die Brücke im Dschungel
Roman. detebe 21100

Der Schatz der Sierra Madre
Roman. detebe 21101 X

Die Weiße Rose
Roman. detebe 21102

Aslan Norval
Roman. detebe 21103

Regierung
Roman. detebe 21104 X

Die Carreta
Roman. detebe 21105 X

Der Marsch ins Reich der Caoba
Roman. detebe 21106 X

Trozas
Roman. detebe 21107

Die Rebellion der Gehenkten
Roman. detebe 21108 X

Ein General kommt aus dem Dschungel
Roman. detebe 21109

Die Geschichte vom unbegrabenen Leichnam
Erzählungen. detebe 21110

Ungeladene Gäste
Erzählungen. detebe 21111

Der Banditendoktor
Erzählungen. detebe 21112

Klassiker im Diogenes Verlag

Deutsche Literatur

● Angelus Silesius

Der cherubinische Wandersmann
Auswahl und Einleitung von Erich Brock. detebe 20644

● Ulrich Bräker

Leben und Schriften
in 2 Bänden. Herausgegeben von Samuel Voellmy und Heinz Weder. detebe 20581–20582

● Wilhelm Busch

Studienausgabe
in 7 Bänden. Herausgegeben von Friedrich Bohne. detebe 20107–20113

● Das Diogenes Lesebuch klassischer deutscher Erzähler

Band I:
Geschichten von Wieland bis Kleist

Band II:
Geschichten von Eichendorff bis zu den Brüdern Grimm

Band III:
Geschichten von Mörike bis Busch

Alle drei Bände herausgegeben von Christian Strich und Gerd Haffmans
detebe 20727, 20728, 20669

● Meister Eckehart

Deutsche Predigten und Traktate
Herausgegeben von Josef Quint
detebe 20642

● Theodor Fontane

Gedichte · Erinnerungen · Aufsätze
Nachwort von Kurt Tucholsky
detebe 21074

Schach von Wuthenow · L'Adultera · Stine
Drei Romane. Nachwort von Werner Weber
detebe 21075

Irrungen Wirrungen · Frau Jenny Treibel
Zwei Romane. Nachwort von Otto Brahm
detebe 21076

Effi Briest
Roman. Nachwort von Max Rychner
detebe 21077

Der Stechlin
Roman. Nachwort von Thomas Mann
detebe 21073

● Goethe

Gedichte I
detebe 20437

Gedichte II
Gedankenlyrik / Westöstlicher Diwan
detebe 20438

Faust
Der Tragödie erster und zweiter Teil
detebe 20439

● Jeremias Gotthelf

Ausgewählte Werke
in 12 Bänden. Herausgegeben von Walter Muschg. detebe 20561–20572

● Heinrich Heine

Gedichte
Ausgewählt, eingeleitet und kommentiert von Ludwig Marcuse. detebe 20383

● Gottfried Keller

Zürcher Ausgabe
in 8 Bänden. Edition von Gustav Steiner
detebe 20521–20528

● Conrad Ferdinand Meyer

Jürg Jenatsch / Der Heilige
Roman / Novelle. Mit einem Essay von Hans Mayer. detebe 20965

● Arthur Schopenhauer

Zürcher Ausgabe
in 10 Bänden nach der historisch-kritischen Ausgabe von Arthur Hübscher. Editorische Materialien von Angelika Hübscher
detebe 20421–20430

Englische, irische und amerikanische Literatur

● James Boswell

Dr. Samuel Johnson
Leben und Meinungen. Deutsch von Fritz Güttinger. detebe 20786

● Charles Dickens

David Copperfield
Roman. Deutsch von Gustav Meyrink. Mit einem Nachwort von W. Somerset Maugham. detebe 21034

Oliver Twist
Roman. Deutsch von Gustav Meyrink detebe 21035

Nicholas Nickleby
Roman. Deutsch von Gustav Meyrink detebe 20998

Weitere Werke in Vorbereitung

● Ralph Waldo Emerson

Natur
Essay. Neu übersetzt von Harald Kiczka Diogenes Evergreens

Essays
Herausgegeben und übersetzt von Harald Kiczka. Mit zahlreichen Anmerkungen und einem ausführlichen Index. detebe 21071

● Herman Melville

Moby-Dick
Roman. Deutsch von Thesi Mutzenbecher und Ernst Schnabel. detebe 20385

Billy Budd
Erzählung. Deutsch von Richard Moering detebe 20787

● Edgar Allan Poe

Der Untergang des Hauses Usher
Ausgewählte Erzählungen und sämtliche Detektivgeschichten. Deutsch von Gisela Etzel. detebe 20233

● William Shakespeare

Dramatische Werke
in 10 Bänden. Übersetzung von Schlegel / Tieck. Edition von Hans Matter. Illustrationen von Heinrich Füßli detebe 20631–20640

Sonette
Englisch und deutsch. Übertragen von Karl Kraus. detebe 20381

● Laurence Sterne

Tristram Shandy
Roman. Deutsch von Rudolf Kassner. Nachwort und Anmerkungen von Walther Martin detebe 20950

● R. L. Stevenson

Werke
in 12 Bänden. Edition und Übersetzung von Curt und Marguerite Thesing detebe 20701–20712

● Henri David Thoreau

Walden oder Leben in den Wäldern
Deutsch von Emma Emmerich und Tatjana Fischer. detebe 20019

Über die Pflicht zum Ungehorsam gegen den Staat
Ausgewählte Essays. Deutsch von Walter E. Richartz. detebe 20063

● Mark Twain

Die Million-Pfund-Note
Skizzen und Erzählungen. Deutsch von N. O. Scarpi u.a. detebe 20918

Menschenfresserei in der Eisenbahn
Skizzen und Erzählungen. Deutsch von Marie-Louise Bischof und Ruth Binde detebe 20919

● Oscar Wilde

Der Sozialismus und die Seele des Menschen
Ein Essay. Deutsch von Gustav Landauer und Hedwig Lachmann. detebe 20003

Sämtliche Erzählungen
Mit Zeichnungen von Aubrey Beardsley. Herausgegeben und mit einem Nachwort von Gerd Haffmans. detebe 20985

Französische, italienische und spanische Literatur

● Honoré de Balzac
Die großen Romane
in 10 Bänden. Deutsch von Emil A. Rheinhardt, Otto Flake, Franz Hessel, Paul Zech u.a. detebe 20901–20910

Erzählungen
in 3 Bänden: Pariser Geschichten – Liebesgeschichten – Mystische Geschichten. Deutsch von Otto Flake u. a. detebe 20896, 20897, 20899

Das ungekannte Meisterwerk
Erzählungen. Deutsch von Heinrich E. Jacob und Hete Maass. detebe 20477

● Charles Baudelaire
Die Tänzerin Fanfarlo und Der Spleen von Paris
Sämtliche Prosadichtungen. Deutsch von Walther Küchler. detebe 20387

Die Blumen des Bösen
Gedichte. Deutsch von Terese Robinson detebe 20999

● Calderón
Das große Welttheater
Neu übersetzt von Hans Gerd Kübel und Wolfgang Franke. detebe 20888

● Gustave Flaubert
Werke – Briefe – Materialien
in 8 Bänden. Jeder Band mit einem Anhang zeitgenössischer Rezensionen. detebe

Jugendwerke
Erste Erzählungen. Herausgegeben und übersetzt von Traugott König. Leinen

November
Jugendwerke II. Herausgegeben und übersetzt von Traugott König. Leinen

● Franz von Assisi
Die Werke
Edition und Übersetzung von Wolfram von den Steinen. detebe 20641

● Joris-Karl Huysmans
Gegen den Strich
Roman. Deutsch von Hans Jacob. Einführung von Robert Baldick. Essay von Paul Valéry. detebe 20921

● Guy de Maupassant
Erzählungen
in 5 Bänden: Das Haus Tellier – Hoch zu Roß – Mamsell Fifi – Die kleine Roque – Mein Freund Patience. Deutsch von Georg von der Vring und Walter Widmer. Jeder Band mit zeitgenössischen Illustrationen. detebe

● Prosper Mérimée
Carmen
Novelle. Deutsch von Arthur Schurig Kleine Diogenes Evergreens

● Molière
Komödien
in 7 Bänden. Neuübersetzung von Hans Weigel. detebe

● Luigi Pirandello
Novellen für ein Jahr
in 2 Bänden. Deutsch von Percy Eckstein, Hans Hinterhäuser und Lisa Rüdiger. Auswahl von Lisa Rüdiger. Mit Zeichnungen von Godi Hofmann. detebe 21032 + 21033

● Ernest Renan
Das Leben Jesu
Vom Verfasser autorisierte Übertragung aus dem Französischen. detebe 20419

● Stendhal
Werke
in 10 Bänden. Deutsch von Franz Hessel, Franz Blei, Arthur Schurig u. a. detebe 20966–20975

● Teresa von Avila
Die innere Burg
Edition und Übersetzung von Fritz Vogelgsang. detebe 20643

● Jules Verne
Die Hauptwerke
ungekürzt, originalgetreu, mit allen Stichen der französischen Erstausgabe. Bisher liegen 20 Bände vor. detebe

Russische Literatur

● Anton Čechov
Das erzählende Werk
In der Neuedition von Peter Urban detebe 20261–20270

Das dramatische Werk
In der Neuedition und -übersetzung von Peter Urban. detebe

Briefe – Chronik – Tagebücher. Notizbücher
Übersetzt und herausgegeben von Peter Urban

● Fjodor Dostojewskij
Meistererzählungen
Herausgegeben und übersetzt von Johannes von Guenther. detebe 20951

● Nikolai Gogol
Die Nase
Ausgewählte Erzählungen. Vorwort und Übersetzung von Sigismund von Radecki
detebe 20624

Die toten Seelen
Roman. Deutsch von Philipp Löbenstein
detebe 20384

● Iwan Gontscharow
Ein Monat Mai in Petersburg
Ausgewählte Erzählungen. Deutsch von Johannes von Guenther und Erich Müller-Kamp. detebe 20625

Briefe von einer Weltreise
Deutsch von Erich Müller-Kamp
detebe 21008

● Michail Lermontow
Ein Held unserer Zeit
Roman. Deutsch von Arthur Luther
detebe 21006

● Iwan Turgenjew
Meistererzählungen
Herausgegeben und Deutsch von Johannes von Guenther. detebe 21051

Griechische und lateinische Literatur

● Aristophanes
Lysistrate
Mit Illustrationen von Aubrey Beardsley
detebe 20957

● Homer
Ilias und Odyssee
Übersetzung von Heinrich Voss
Edition von Peter Von der Mühll
detebe 20778–20779

● Thomas Morus
Utopia
Deutsch von Alfred Hartmann
detebe 20420

● Das Neue Testament
in 4 Sprachen: Lateinisch, Griechisch
Deutsch und Englisch. detebe 20925

Deutsche Klassiker im Diogenes Verlag

- **Angelus Silesius**

Der cherubinische Wandersmann
Auswahl und Einleitung von Erich Brock
detebe 20644

- **Ulrich Bräker**

Gesammelte Werke in 2 Bänden
Herausgegeben von Samuel Voellmy und Heinz Weder. Vorwort von Hans Mayer.
detebe 20581–20582

- **Wilhelm Busch**

Schöne Studienausgabe in 7 Bänden
Herausgegeben von Friedrich Bohne
detebe 20107–20113

Das Wilhelm Busch Bilder- und Lesebuch
Ein Querschnitt durch das Werk. Herausgegeben von Gerd Haffmans. detebe 20391

- **Meister Eckehart**

Deutsche Predigten und Traktate
Herausgegeben von Josef Quint
detebe 20642

- **Theodor Fontane**

Gedichte · Erinnerungen · Aufsätze
Nachwort von Kurt Tucholsky
detebe 21074

Schach von Wuthenow · L'Adultera · Stine
Drei Romane. Nachwort von Werner Weber
detebe 21075

Irrungen Wirrungen · Frau Jenny Treibel
Zwei Romane. Nachwort von Otto Brahm
detebe 21076

Effi Briest
Roman. Nachwort von Max Rychner
detebe 21077

Der Stechlin
Roman. Nachwort von Thomas Mann
detebe 21073

- **Geh aus, mein Herz, und suche Freud**

Die Jahreszeiten, gepriesen von Matthias Claudius bis Gottfried Keller, gezeichnet von Ludwig Richter. Herausgegeben von Anton Friedrich. Kleine Diogenes Evergreens

- **Goethe**

Gedichte I
detebe 20437

Gedichte II
Gedankenlyrik / Westöstlicher Diwan
detebe 20438

Faust
Der Tragödie erster und zweiter Teil
detebe 20439

Außerdem liegen vor:

Faust
Eine Tragödie. In einer krassen Bearbeitung von Eberhard Thomas Müller. Mit vielen Zeichnungen von Wilhelm Busch. Kleine Diogenes Evergreens

Unser Goethe
Ein Lesebuch. Herausgegeben von Eckhard Henscheid und F.W. Bernstein. Leinen

- **Jeremias Gotthelf**

Ausgewählte Werke in 12 Bänden
Herausgegeben von Walter Muschg
detebe 20561–20572

Als Ergänzungsband liegt vor:

Keller über Gotthelf
detebe 20573

- **Brüder Grimm**

Märchen
Ausgewählt und illustriert von Maurice Sendak. kunst-detebe 26009

- **Heinrich Heine**

Gedichte
Ausgewählt, eingeleitet und kommentiert von Ludwig Marcuse. detebe 20383

Gottfried Keller

Zürcher Ausgabe
Gesammelte Werke in 8 Bänden. Herausgegeben von Gustav Steiner
detebe 20521–20528

Als Ergänzungsband liegt vor:

Über Gottfried Keller
Herausgegeben von Paul Rilla
detebe 20535

Deutsche Liebesgedichte

von Walther von der Vogelweide bis Gottfried Keller. Auswahl von Christian Strich. Mit Zeichnungen von Ludwig Richter
Kleine Diogenes Evergreens

Conrad Ferdinand Meyer

Jürg Jenatsch / Der Heilige
Herausgegeben von Gustav Steiner
Mit einem Essay von Hans Mayer
detebe 20965

Christian Morgenstern

Alle Galgenlieder
Fotomechanischer Nachdruck der Erstausgabe 1932. detebe 20400

Arthur Schopenhauer

Zürcher Ausgabe
Volks- und Studienausgabe in 10 Bänden. Nach der historisch-kritischen Edition von Arthur Hübscher. Editorische Materialien von Angelika Hübscher.
detebe 20421–20430

Als Ergänzungsband liegt vor:

Über Arthur Schopenhauer
Herausgegeben von Gerd Haffmans
detebe 20431

Das Diogenes Lesebuch klassischer deutscher Erzähler

Band I
Geschichten von Wieland bis Kleist. Mit einem Nachwort von Arthur Schopenhauer
detebe 20727

Band II
Geschichten von Eichendorff bis zu den Brüdern Grimm. Mit einem Nachwort von Franz Grillparzer. detebe 20728

Band III
Geschichten von Mörike bis Busch. Mit einem Nachwort von Fritz Mauthner
detebe 20669

Das Diogenes Lesebuch deutscher Balladen

von August Bürger bis Bertolt Brecht
Herausgegeben von Christian Strich
detebe 20923

Das Neue Testament

in 4 Sprachen: Lateinisch, Griechisch, Deutsch (Luther) und Englisch (King James Bible). detebe 20925

Werk- und Studienausgaben in Diogenes Taschenbüchern

● Alfred Andersch
Studienausgabe in 16 Einzelbänden
detebe
Einige Zeichnungen. Essay. detebe 20399
Das Alfred Andersch Lesebuch. Herausgegeben von Gerd Haffmans. detebe 20695
Über Alfred Andersch. Herausgegeben von Gerd Haffmans. detebe 20819

● Sherwood Anderson
Ich möchte wissen warum. Erzählungen
detebe 20514

● Angelus Silesius
Der cherubinische Wandersmann
detebe 20644

● Honoré de Balzac
Die großen Romane in 10 Bänden
detebe 20901–20910
Erzählungen in 3 Bänden
detebe 20896, 20897, 20899
Das ungekannte Meisterwerk. Erzählungen
detebe 20477
Über Balzac. Herausgegeben von Claudia Schmölders. detebe 20309

● Charles Baudelaire
Die Tänzerin Fanfarlo. Prosadichtungen
detebe 20387
Die Blumen des Bösen. Gedichte
detebe 20999

● Gottfried Benn
Ausgewählte Gedichte. Herausgegeben und mit einem Nachwort von Gerd Haffmans
detebe 20099
Das Gottfried Benn Lesebuch. Ein Querschnitt durch das Prosawerk, herausgegeben von Max Niedermayer und Marguerite Schlüter. detebe 20982

● Ambrose Bierce
Die Spottdrossel. Erzählungen. detebe 20234

● James Boswell
Dr. Samuel Johnson. Biographie
detebe 20786

● Ulrich Bräker
Werke in 2 Bänden. Herausgegeben von Samuel Voellmy und Heinz Weder
detebe 20581 und 20582

● Wilhelm Busch
Schöne Studienausgabe in 7 Einzelbänden
Herausgegeben von Friedrich Bohne in Zusammenarbeit mit dem Wilhelm-Busch-Museum in Hannover
detebe 20107–20113
Das Wilhelm-Busch-Bilder- und Lesebuch
Herausgegeben von Gerd Haffmans
detebe 20391

● Calderón
Das große Welttheater. Neu übersetzt von Hans Gerd Kübel und Wolfgang Franke
detebe 20888

● Anton Čechov
Das dramatische Werk in 8 Bänden in der Neuübersetzung und Neutranskription von Peter Urban. detebe
Das erzählende Werk in 10 Bänden. Herausgegeben von Peter Urban
detebe 20261–20270
Briefe in 5 Bänden. Übersetzt und herausgegeben von Peter Urban. detebe 21069

● Joseph Conrad
Lord Jim. Roman. detebe 20128
Der Geheimagent. Roman. detebe 20212
Herz der Finsternis. Erzählung. detebe 20369

● Charles Dickens
Werkausgabe in der Übersetzung von Gustav Meyrink in bisher 3 Bänden:
David Copperfield. Roman. Mit einem Nachwort von W. Somerset Maugham
detebe 21034
Oliver Twist. Roman. detebe 21035
Nikolas Nickleby. Roman. detebe 20998

● Das Diogenes Lesebuch amerikanischer Erzähler
Geschichten von Poe bis Brodkey
detebe 20271

● Das Diogenes Lesebuch englischer Erzähler
Geschichten von Stevenson bis Sillitoe
detebe 20272

● Das Diogenes Lesebuch irischer Erzähler
Geschichten von Wilde bis O'Brien
detebe 20273

● Das Diogenes Lesebuch klassischer deutscher Erzähler
in 3 Bänden
Band I: von Wieland bis Kleist
Band II: von Grimm bis Hauff
Band III: von Mörike bis Busch
detebe 20727, 20728, 20669

● Das Diogenes Lesebuch moderner deutscher Erzähler
in 2 Bänden
Band I: von Schnitzler bis Kästner
Band II: von Andersch bis Widmer
detebe 20782 und 20776
Alle herausgegeben von Christian Strich und Gerd Haffmans

● Das Diogenes Lesebuch französischer Erzähler
Geschichten von Stendhal bis Simenon. Herausgegeben von Anne Schmucke und Gerda Lheureux. detebe 20304

● Fjodor Dostojewskij
Meistererzählungen. Herausgegeben und übersetzt von Johannes von Guenther
detebe 20951

● Friedrich Dürrenmatt
Das dramatische Werk in 17 Bänden
detebe 20831–20847
Das erzählende Werk in 12 Bänden
detebe 20848–20860
Herausgegeben in Zusammenarbeit mit dem Autor. Alle Bände wurden revidiert und mit neuen Texten ergänzt
Über Friedrich Dürrenmatt. Herausgegeben von Daniel Keel. detebe 20861

● Meister Eckehart
Deutsche Predigten und Traktate
detebe 20642

● Joseph von Eichendorff
Aus dem Leben eines Taugenichts. Novelle
detebe 20516

● Ralph Waldo Emerson
Essays. Herausgegeben und übersetzt von Harald Kiczka. detebe 21071

● William Faulkner
Werkausgabe in 27 Einzelbänden
detebe
Briefe. Herausgegeben und übersetzt von Elisabeth Schnack und Fritz Senn
detebe 20958
Über William Faulkner. Herausgegeben von Gerd Haffmans. detebe 20098

● Federico Fellini
Werkausgabe der Drehbücher und Schriften
Herausgegeben von Christian Strich
detebe

● F. Scott Fitzgerald
Studienausgabe in bisher 9 Einzelbänden
detebe

● Gustave Flaubert
Werkausgabe in 7 Bänden
detebe 20721–20725 und 20386
Über Gustave Flaubert. Herausgegeben von Gerd Haffmans und Franz Cavigelli
detebe 20726

● Theodor Fontane
Werkausgabe in 5 Bänden. Herausgegeben von Hans-Heinrich Reuter
detebe 21073–21077

● Ford Madox Ford
Die allertraurigste Geschichte. Roman
detebe 20532

● Franz von Assisi
Die Werke. detebe 20641

● Goethe
Gedichte I. detebe 20437
Gedichte II. Gedankenlyrik / Westöstlicher Diwan. detebe 20438
Faust. Der Tragödie erster und zweiter Teil
detebe 20439

● Nikolai Gogol
Die Nase. Erzählungen. detebe 20624
Die toten Seelen. Roman. detebe 20384

● Iwan Gontscharow
Ein Monat Mai in Petersburg. Erzählungen
detebe 20625
Briefe von einer Weltreise. Herausgegeben von Erich Müller-Kamp. detebe 21008

● Jeremias Gotthelf
Ausgewählte Werke in 12 Bänden. Herausgegeben von Walter Muschg
detebe 20561–20572
Gottfried Keller über Jeremias Gotthelf
detebe 20573

● Heinrich Heine
Gedichte. Ausgewählt von Ludwig Marcuse
detebe 20383

● O. Henry
Gesammelte Geschichten in 6 Bänden
detebe 20871–20876

● Hermann Hesse
Meistererzählungen. Herausgegeben und mit einem Nachwort von Volker Michels
detebe 20984

● Homer
Ilias. detebe 20778
Odyssee. detebe 20779

● Otto Jägersberg
Werkausgabe in bisher 8 Einzelbänden
detebe

● Jewgeni Jewtuschenko
Ausgewählte Gedichte. Anthologie der besten Nachdichtungen. detebe 20061

● Juan Ramón Jiménez
Herz, stirb oder singe. Gedichte
detebe 20388

● James Joyce
Das James Joyce Lesebuch. Auswahl aus ›Dubliner‹, ›Porträt des Künstlers‹ und ›Ulysses‹. Herausgegeben von Fritz Senn
detebe 20486

● Das Erich Kästner Lesebuch
Herausgegeben von Christian Strich
detebe 20515

● Gottfried Keller
Zürcher Ausgabe. In der Edition von Gustav Steiner. detebe 20521–20528
Über Gottfried Keller. Herausgegeben von Paul Rilla. detebe 20535

● Das Karl Kraus Lesebuch
Herausgegeben von Hans Wollschläger
detebe 20781

● Ring Lardner
Geschichten aus dem Jazz-Zeitalter. Herausgegeben von Fritz Güttinger. detebe 20135

● D. H. Lawrence
Sämtliche Erzählungen und Kurzromane in 8 Einzelbänden. detebe 20184–20191
Liebe, Sex und Emanzipation. Essays
detebe 20955
John Thomas & Lady Jane. Roman
detebe 20299
Briefe. Auswahl von Richard Aldington. Vorwort von Aldous Huxley. Übersetzung und Nachwort von Elisabeth Schnack
detebe 20954

● Doris Lessing
Hunger. Erzählung. detebe 20255
Der Zauber ist nicht verkäuflich. Afrikanische Geschichten. detebe 20886

● Carson McCullers
Werkausgabe in 7 Einzelbänden
detebe 20140–20146
Über Carson McCullers. Herausgegeben von Gerd Haffmans. detebe 20147

● Heinrich Mann
Meistererzählungen. Herausgegeben von Christian Strich. Mit einem Vorwort von Hugo Loetscher und Zeichnungen von George Grosz. detebe 20981

● Thomas Mann
Meistererzählungen. Herausgegeben und mit einem Nachwort von Gerd Haffmans
detebe 20983

● Ludwig Marcuse
Werkausgabe in bisher 12 Einzelbänden
detebe

● W. Somerset Maugham
Werkausgabe in 20 Einzelbänden
detebe

● Guy de Maupassant
Erzählungen in 5 Einzelbänden
detebe

● Hermann Melville
Moby-Dick. Roman. detebe 20385
Billy Budd. Erzählung. detebe 20787

● Conrad Ferdinand Meyer
Jürg Jenatsch / Der Heilige. Mit einem Essay von Hans Mayer. detebe 20965

● Molière
Komödien in 7 Einzelbänden in der Neuübersetzung von Hans Weigel
detebe 20199–20205
Über Molière. Herausgegeben von Christian Strich, Rémy Charbon und Gerd Haffmans
detebe 20067

● Thomas Morus
Utopia. detebe 20420

● Das Neue Testament
Lateinisch, Griechisch, Deutsch, Englisch
detebe 20925

● Sean O'Casey
Purpurstaub. Komödie. detebe 20002
Dubliner Trilogie: Der Schatten eines Rebellen / Juno und der Pfau / Der Pflug und die Sterne. Komödien. detebe 20034
Autobiographie in 6 Einzelbänden
detebe 20394 und 20761–20765
Das Sean O'Casey Lesebuch
Herausgegeben von Urs Widmer
detebe 21126

● Frank O'Connor
Gesammelte Erzählungen in 6 Einzelbänden
detebe

● Sean O'Faolain
Ausgewählte Erzählungen in 3 Einzelbänden. detebe

● Liam O'Flaherty
Armut und Reichtum. Erzählungen
detebe 20232
Ich ging nach Rußland. Reisebericht
detebe 20016

● George Orwell
Werkausgabe in 11 Bänden. detebe
Das George Orwell Lesebuch. Herausgegeben und mit einem Nachwort von Fritz Senn
detebe 20788

● Konstantin Paustowski
Das Sternbild der Jagdhunde. Erzählungen I
detebe 20627
Die Windrose. Erzählungen II
detebe 20647

● Luigi Pirandello
Novellen für ein Jahr. 2 Bände. Auswahl von Lisa Rüdiger. detebe 21032 und 21033

● Edgar Allan Poe
Der Untergang des Hauses Usher. Erzählungen. detebe 20233

● Saki
Die offene Tür. Erzählungen. Zeichnungen von Edward Gorey. detebe 20115

● Jewgenij Samjatin
Attila, die Geißel Gottes. Geschichte
detebe 20626

● Arthur Schnitzler
Meistererzählungen. Herausgegeben und mit einem Nachwort von Hans Weigel
detebe 21016

● Arthur Schopenhauer
Werkausgabe in 10 Bänden nach der historisch-kritischen Ausgabe von Arthur Hübscher. detebe 20421–20430
Über Schopenhauer. Herausgegeben von Gerd Haffmans. detebe 20431

● William Shakespeare
Sonette. Deutsch von Karl Kraus
detebe 20381
Dramatische Werke in 10 Bänden. Illustrationen von Heinrich Füßli
detebe 20631–20640
Shakespeare's Geschichten. Sämtliche Stücke von William Shakespeare nacherzählt von Walter E. Richartz und Urs Widmer
detebe 20791 und 20792

● Alan Sillitoe
Studienausgabe in bisher 9 Einzelbänden
detebe

● Stendhal
Werke in 10 Bänden
detebe 20966–20975
Über Stendhal. Herausgegeben von Irene Riesen. detebe 20976

● Laurence Sterne
Tristram Shandy. Roman. detebe 20950

● R. L. Stevenson
Werke in 12 Bänden in der Edition und Übersetzung von Curt und Marguerite Thesing
detebe 20701–20712

● Teresa von Avila

Die innere Burg. detebe 20643

● Henry D. Thoreau

Walden oder Leben in den Wäldern. Vorwort von Walter E. Richartz. detebe 20019
Über die Pflicht zum Ungehorsam gegen den Staat. Essays. Nachwort von Walter E. Richartz. detebe 20063

● B. Traven

Werkausgabe in 15 Bänden
detebe 21098-21112

● Lydia Tschukowskaja

Ein leeres Haus. Roman. detebe 20008
Untertauchen. Roman. detebe 20393

● Iwan Turgenjew

Meistererzählungen. Herausgegeben und aus dem Russischen von Johannes von Guenther
detebe 21051

● Robert Walser

Der Spaziergang. Erzählungen und Aufsätze. Nachwort von Urs Widmer. detebe 20065
Maler, Poet und Dame. Aufsätze über Kunst und Künstler. Herausgegeben von Daniel Keel. detebe 20794

● H. G. Wells

Der Krieg der Welten. Roman. detebe 20171
Die Zeitmaschine. Roman. detebe 20172

● Nathanael West

Schreiben Sie Miss Lonelyhearts. Roman
detebe 20058
Tag der Heuschrecke. Roman. detebe 20059
Eine glatte Million oder Die Demontage des Mister Lemuel Pitkin. Roman. detebe 20249

● Oscar Wilde

Der Sozialismus und die Seele des Menschen
Essay. detebe 20003
Sämtliche Erzählungen. Mit Zeichnungen von Aubrey Beardsley. Herausgegeben und mit einem Nachwort von Gerd Haffmans
detebe 20985

● Hans Wollschläger

Die bewaffneten Wallfahrten gen Jerusalem
Geschichte der Kreuzzüge. detebe 20082
Die Gegenwart einer Illusion. Essays
detebe 20576
Karl May. Biographie. detebe 20253

Diogenes Evergreens

● **Alfred Andersch**
Sämtliche Erzählungen

● **Raymond Chandler**
Die besten Detektivstories
Aus dem Amerikanischen von Hans Wollschläger

● **Agatha Christie**
Die besten Geschichten
Aus dem Englischen von Maria Meinert, Marfa Berger und Ingrid Jacob

● **F. Scott Fitzgerald**
Zärtlich ist die Nacht
Roman. Neu aus dem Amerikanischen übersetzt von Walter E. Richartz und Hanna Neves. Vorwort von Malcolm Cowley

● **Gespenster · Mehr Gespenster Noch mehr Gespenster**
Die besten Geschichten aus England, Schottland, Irland und dem Rest der Welt in 3 Bänden. Herausgegeben von Mary Hottinger und Dolly Dolittle. Zeichnungen von Paul Flora

● **Horror**
Klassische und moderne Gruselgeschichten von Charles Dickens bis Ernest Hemingway. Herausgegeben von Mary Hottinger. Mit Zeichnungen von Paul Flora

● **Liebesgeschichten aus Frankreich**
Von de Sade bis Georges Simenon. Herausgegeben von Anne Schmucke und Gerda Lheureux

● **Jack London**
Seefahrer- & Goldgräber-Geschichten
Aus dem Amerikanischen von Erwin Magnus. Vorwort von Herbert Eisenreich

● **W. Somerset Maugham**
Der Menschen Hörigkeit
Roman. Aus dem Englischen von Mimi Zoff und Susanne Feigl

Meistererzählungen
Ausgewählt von Gerd Haffmans

● **Mord · Mehr Morde Noch mehr Morde**
Die komplette klassische Anthologie der besten Kriminalgeschichten aus England und Amerika. Herausgegeben von Mary Hottinger. Vignetten von Paul Flora

● **Liam O'Flaherty**
Zornige grüne Insel
Eine irische Saga. Aus dem Englischen von Herbert Roch

● **Die schönsten Hundegeschichten**
von Anton Čechov bis Friedrich Dürrenmatt. Mit Illustrationen von Aubrey Beardsley bis Maurice Sendak

● **Die schönsten Katzengeschichten**
von Edgar Allan Poe bis Patricia Highsmith. Mit Illustrationen von Picasso bis Edward Gorey

● **Die schönsten Pferdegeschichten**
von Tolstoi bis D.H. Lawrence. Mit Illustrationen von Toulouse-Lautrec bis Tomi Ungerer

● **Henry Slesar**
Fiese Geschichten für fixe Leser
Deutsch von Thomas Schlück

● **Spionagegeschichten**
-fälle und -affären von Goethe bis Somerset Maugham. Herausgegeben von Graham Greene u.a. Deutsch von Martin Beheim-Schwarzenbach

● **Mehr Spionagegeschichten**
von John Buchan bis Ian Fleming. Herausgegeben von Eric Ambler. Deutsch von Peter de Mendelssohn

● **B. Traven**
Werkausgabe in Einzelbänden
Einzig berechtigte deutsche Ausgabe, vollständig neu herausgegeben von Edgar Päßler in Zusammenarbeit mit der Büchergilde Gutenberg, Frankfurt am Main

Das Totenschiff
Roman

Die Baumwollpflücker
Roman

Die Brücke im Dschungel
Roman

Der Schatz der Sierra Madre
Roman

Die Weiße Rose
Roman

Aslan Norval
Roman

Regierung
Roman

Die Carreta
Roman

Der Marsch ins Reich der Caoba
Roman

Trozas
Roman

Die Rebellion der Gehenkten
Roman

Ein General kommt aus dem Dschungel
Roman

Die Geschichte vom unbegrabenen Leichnam
Erzählungen

Ungeladene Gäste
Erzählungen

Der Banditendoktor
Erzählungen